河南省"十四五"普通高等教育规划教材

创新地理学

焦士兴◎主　编

张建伟　张志高　冯凤英◎副主编

科学技术文献出版社
SCIENTIFIC AND TECHNICAL DOCUMENTATION PRESS
·北京·

图书在版编目（CIP）数据

创新地理学 / 焦士兴主编；张建伟，张志高，冯凤英副主编. —北京：科学技术文献出版社，2023.3（2024.1重印）

ISBN 978-7-5189-9655-1

Ⅰ.①创… Ⅱ.①焦… ②张… ③张… ④冯… Ⅲ.①技术革新—区域布局—研究 Ⅳ.① F062.4

中国版本图书馆 CIP 数据核字（2022）第 181199 号

创新地理学

策划编辑：张 丹　　责任编辑：张 红　　责任校对：张永霞　　责任出版：张志平

出　版　者	科学技术文献出版社
地　　　址	北京市复兴路15号　邮编 100038
编　务　部	（010）58882938，58882087（传真）
发　行　部	（010）58882868，58882870（传真）
邮　购　部	（010）58882873
官方网址	www.stdp.com.cn
发　行　者	科学技术文献出版社发行　全国各地新华书店经销
印　刷　者	北京虎彩文化传播有限公司
版　　　次	2023 年 3 月第 1 版　2024 年 1 月第 2 次印刷
开　　　本	710×1000　1/16
字　　　数	364千
印　　　张	22.25
书　　　号	ISBN 978-7-5189-9655-1
定　　　价	89.00元

版权所有　违法必究

购买本社图书，凡字迹不清、缺页、倒页、脱页者，本社发行部负责调换

前 言
Foreword

21世纪以来，科学技术迅猛发展，知识经济初现端倪，技术与创新对经济发展发挥着越来越重要的作用，世界各国纷纷出台相关政策推动技术创新，以促进社会经济发展，理论界兴起的诸多区域发展理论也都将创新视为决定和影响区域发展竞争力的首要因素。无论是《美国创新战略》《欧洲2020战略》，还是我国的《国家中长期科学和技术发展规划纲要（2006—2020年）》，都将提高自主创新能力、建设创新型国家作为国家发展战略的核心。在理论分析方面，传统的经济增长理论认为驱动经济增长的主要因素是劳动力和土地等物质要素，而缺乏对于人才、技术等创新要素的关注。伴随着20世纪80年代以来信息网络技术的飞速发展，继农业与工业经济之后，诞生了建立在知识和信息的生产、分配和应用之上的新型经济，即知识经济。在此背景下，有关创新的研究得以复兴，学术界相继提出了"国家创新系统""区域创新系统"等概念体系，并在随后的研究中进一步拓展至区域与城市研究领域，形成了一系列丰富的与创新地理有关的理论成果。

创新地理学的理论源头可以追溯至经济学家熊彼特对于创新所做的思考。熊彼特之后，有关创新的研究逐渐分化成为以索洛为代表的技术创新学派和以诺斯为代表的制度创新学派两个基本分支。创新系统的参与主体包括企业、大学、科研院所及政府部门等，总是客观地存在于一定的地域空间内，系统的创新效率往往取决于所在地域经济、社会、政治及制度因素的影响。基于上述原因，一些学者采用了关注空间范畴的研究方法，分别使用国家与区域等不同的地理边界来区分不同的创新系统。1994年，Feldman提出了创新地理学，创新与经济增长的空间研究已是经济地理学的核心研究议题。我国学者主张建立创新地理学，一批地理学者已从人文地理的视角对"创新"进行了大量的研究工作，如2014年由中国地理学会主办、首都师范大学承办的"中国首届创新地理学术研讨会"，2015年在首都师范大学举办的"2015年创新地理学术沙龙",以及吕拉昌教授编著的《创新地理学》一书。

地理学的核心议题之一就是人地关系系统,是研究地表人类活动与地理环境相互作用的学科。人类的创新活动是人类与自然界联系的重要纽带之一,对人类的其他活动产生重大影响。创新活动具有典型的规律性,硅谷、北京、深圳为什么创新能力比较强?这些创新活动对区域社会经济有何影响?地理与区位因素具有重要作用。因此,从"空间"的视角对地球表层极为重要的人类创新活动进行研究,研究这些活动的空间规律、空间组合特征,研究其与地理环境的关系及其所产生的影响,对社会经济发展具有重要意义。因此,亟须有一定深度又较为通俗易懂的《创新地理学》教材。

基于此,主编焦士兴教授设计编写提纲,并组织副主编张建伟、张志高、冯凤英3位副教授共同编写本书。在本书的编写过程中,我们参考和吸收了很多专家的研究成果,在此特向他们表示崇高的敬意和衷心的感谢。郑志浩、焦国新、李晶晶、李梦真、石馨羽、王惠、张桂娟、牛璐瑶、王佳怡、冯雨欣、翟蕴芝、范丽丽、赵雅洁、孟媛媛、卢兴真、姚新语、单夏冰等同学提供了资料与数据搜集、格式调整等方面的帮助。本书为河南省"十四五"普通高等教育规划教材,非常感谢河南省教育厅、安阳师范学院教务处等部门对本书编写的支持。特别感谢科学技术文献出版社张丹老师对本书出版提供的帮助。由于创新地理学仍在不断发展,加之编者水平有限,书中难免有不足之处,敬请各位同行和读者批评指正。

编　者

2022年6月6日于安阳

目录 Contents

第一篇 理论篇

第一章 绪 论 ... 3
第一节 创新地理学的研究对象 ... 3
第二节 创新地理学的研究内容与任务 ... 8
第三节 创新地理学的发展历程 ... 11

第二章 创新地理学的基本理论与主题 ... 18
第一节 创新地理学的理论追溯 ... 18
第二节 创新地理学的研究主题 ... 20
第三节 创新地理学的研究进展 ... 27
第四节 创新地理学的发展趋势 ... 29

第二篇 布局与机制篇

第三章 全球创新地理时空演化格局 ... 37
第一节 全球企业研发趋势分析 ... 37
第二节 创新人才全球时空分布 ... 41
第三节 专利技术全球时空分布 ... 47
第四节 研发资金全球时空分布 ... 53

第四章 中国创新地理时空演化格局 ... 59
第一节 中国省域创新地理时空演化格局 ... 59
第二节 中国市域创新地理时空演化格局 ... 69

第三节　中国县域创新地理时空演化格局...................................78

第五章　中国省级创新案例分析...................................84
第一节　河南省创新能力时空分布特征...................................84
第二节　浙江省创新能力时空分布特征...................................91

第六章　区域创新差异的影响因素...................................100
第一节　制度与区域创新...................................100
第二节　知识流动与区域创新...................................105
第三节　科技人才与区域创新...................................112
第四节　产业转移与区域创新...................................118

第三篇　创新效应篇

第七章　区域创新的社会效应...................................127
第一节　区域创新与社会发展...................................127
第二节　区域创新要素的社会效应...................................132

第八章　区域创新的经济效应...................................144
第一节　区域创新和经济增长...................................144
第二节　区域创新要素的经济效应...................................152

第九章　区域创新的环境效应...................................170
第一节　环境效应的内涵及分类...................................170
第二节　长三角技术创新对水污染的影响...................................172
第三节　区域创新环境效应的技术路径...................................178

第四篇　创新实践篇

第十章　智慧城市...................................185
第一节　智慧城市的概念...................................185

第二节　智慧城市的标准体系 191
　　第三节　智慧城市的理论 197
　　第四节　我国智慧城市发展水平的空间结构研究案例 203

第十一章　创新城市 211
　　第一节　创新城市发展 211
　　第二节　创新城市的过程机制 215
　　第三节　创新城市的空间体系 220

第十二章　创意城市 224
　　第一节　创意城市的内涵与类型 224
　　第二节　创意城市的驱动因素和发展阶段 234

第十三章　科技创新中心与创新高地 238
　　第一节　科技创新中心 238
　　第二节　科技创新高地 243
　　第三节　科技创新中心案例分析 244
　　第四节　科技创新中心与创新高地建设的路径与政策研究
　　　　　　——以河南省为例 247

第十四章　创新区 251
　　第一节　创新区概述 251
　　第二节　创新区的分布模式及发展机制 256
　　第三节　创新区的社会价值及实证研究 263

第十五章　产业创新 273
　　第一节　产业创新的基本概述 273
　　第二节　产业创新的类型 276
　　第三节　我国产业创新的发展 284
　　第四节　我国产业创新的实现路径 286

第十六章　创新的空间测度与方法 289
第一节　创新空间测度的研究进展 289
第二节　创新的空间测度数据 290
第三节　创新空间测度的主要研究方法 296
第四节　创新的空间测度指标 297

第十七章　创新测度的案例分析 301
第一节　区域创新案例分析 301
第二节　企业创新案例分析 305
第三节　创新网络案例分析 306

第五篇　创新应用篇

第十八章　科技政策演变与发展 313
第一节　政府制度、政策与创新 313
第二节　中国创新系统 316
第三节　中国科技政策演变 318
第四节　欧美国家的科技政策与创新系统 325
第五节　中国科技创新政策建设成就及思考 330

第十九章　创新地理学的规划应用 337
第一节　创新型空间规划体系 337
第二节　创新地理学在国家创新和规划中的应用 339
第三节　创新型城市规划经验与启示 342

Part I

第一篇　理论篇

第一章 绪 论

> **导言**
>
> 从创新地理学的研究对象剖析，厘清其学科定位和学科关系。建立创新地理学的研究内容框架，梳理国内外创新地理学的发展阶段特征。基于中国新时代实践特征，展望创新地理学的发展方向。本章主要从创新地理学的研究对象、研究内容和任务、中西方的研究发展历程3个方向对创新地理学展开论述。

第一节 创新地理学的研究对象

一、创新地理学产生的背景

马克思主义经济学认为，创新是劳动的基本形式，是劳动实践的阶段性发展，也是生产力发展的阶段性标志，就是在原有资源（工序、流程、体系单元等）的基础上，通过资源的再配置、再整合（改进），进而提高（增加）现有价值的一种手段，是人类最高级的实践活动。在知识经济时代，创新替代资本、土地等生产要素，成为推动经济增长的主要驱动力。互联网让万物连接、全球融通成为可能。区位优势与创新功能一起进入地理界的视野，创新地理也成为地理学的重要分支。创新发生在特定的时间与地点，有鲜明的时空性，与地理学有极为密切的关系。

创新地理研究是现代地理学最活跃的研究领域之一。1994年，Feldman等提出了创新地理研究的概念；2003年，Polenske 编著 *The Economic Geography of Innovation*，梳理西方创新地理的概念、测度和实证研究等内容；之后，由多国学者编写的 *The Oxford Handbook of Innovation*、*Handbook of Regional Innovation and Growth* 等一系列成果相继发表。中国的创新地理研究发展很快。早在2001年，甄峰等就阐述了创新地理学的产生背景、研究意义、研究对象及内容；2016年，吕拉昌等再次提出创新地理学是一门独立的人文地理分支学科，并论证了创新地理学的研究对象、学科性质和学科任务。

二、创新地理学的研究对象

创新时代的到来为创新地理学提供了重要的社会经济基础，创新地理学作为现代地理学，特别是人文地理学的重要分支应运而生。创新地理学研究的是作为主题的人、组织及相关要素及其相互作用，以及新旧要素在新的经济形态下的作用机制等，并将创新作为研究的核心问题。具体来讲，创新地理学研究的应该是创新，具体包括知识、技术、人才、信息等的生产、交换、分配和消费在时空上的分布与组合及其在地理环境中的相互作用。

创新地理学作为现代地理学的分支，其研究对象就是关于人类创新活动与地理环境关系的地域系统。研究内容聚焦创新要素的时空分布、特征、组合、集聚规律，创新活动的发生、发展、组织及管理，创新活动的空间特征与规律、时空格局和发展变化，创新系统的区域效应，以及创新系统功能的评估评价及优化研究。

创新地域系统作为创新地理学的研究对象，具备以下3个特征。

① 独特性。独特性是指其他学科没有将其作为研究对象或研究重点。创新地理学将创新与空间联系起来。创新在空间上的集聚与扩散都与空间联系在一起，这正是创新地理研究的独特性。虽然经济学、社会学对创新的研究也涉及创新的空间问题，但揭示创新空间规律不是其研究的重点。例如，经济学关于国家创新系统、区域创新系统的研究关注的是创新主体（大学、研究机构、企业）的关系，以及与创新环境之间的关系，但在区域创新系统研究中，城市的创新职能与分工、创新环境的区域差异、创新能力的区域差异等并不是研究的重点。因此，创新地理学在人类创新活动的空间规律研究方面发挥着重要的作用。

② 关联性。创新地理学与经济地理学、城市地理学、创新资源学、人才地理学都密切相关。创新与地理学的人地关系系统联系在一起，主要表现在：发生在任何空间的知识或技术创新都会带来区域的社会经济重组与调整，从而影响区域的人地关系变化，重大的技术创新甚至会带来人地关系革

命性的转变。例如，工业革命使世界的人地关系格局发生了重大变化，计算机技术及信息技术的变化也带来了世界范围内的人地关系大调整。

③ 地域性。空间是地理学存在的理由，创新的空间性也已被证明。国家之间、区域之间的创新系统存在差异；旧的区域差异会缩小，但新的区域差异会不断产生。结合地理创新研究的特点，刘燕华等认为，地理学至少在知识交流和扩散的空间过程、知识和技术创新群和专业区的形成和演化、国家和地区创新能力的评估体系方面发挥作用。

三、创新地理学的学科性质

（一）创新地理学是一门独立学科

创新不是一个新的概念，它贯穿于人类社会发展的始终，是一个永恒的主题。在全球化时代，知识创新、技术创新、管理与制度创新等成为一切问题的中心，成为社会经济发展的重要推动力，各种创新活动对区域与城市发展空间格局都会产生极大的影响。因此，以创新活动为核心，对知识经济展开系统的研究非常紧迫，由此也就产生了创新地理学的概念。创新地理学不是指地理学的创新，它是一门独立的学科。创新地理学并不是名称上的改变，而应该是从整个地理学发展的困境出发，从知识经济发展的需要出发而构建的一门新的地理分支学科。创新地理学的提出，是现代科学发展趋势在地理学思想中的体现，也是对地理学理论的丰富与完善。以地理学基本理论为基础的创新地理学，将对创新的地域空间分布及组合规律、发展趋势及演变规律等进行系统研究。从这个意义上讲，将创新思想和创新活动单独作为研究对象，建立创新地理学，以此指导国家、区域、城市、产业等的创新活动，具有非常重要的理论意义与实践意义。

（二）创新地理学是人文地理学的分支学科

人文地理学发展深受社会、经济发展背景的影响，先后出现了多个与产业、经济相关的人文地理学分支学科（如农业地理学等），与人类本身及文化相关的人文地理学分支学科（如人类地理学等），从时间尺度研究人地关系相关的人文地理学分支学科（如历史地理学），以及与人类活动区域划分相关的人文地理学分支学科（如城市地理学等）。知识经济和创新时代的到来，为创新地理学提供了重要的社会经济基础，创新地理学作为人文地理学的重要分支应运而生。创新地理学研究人类创新活动的空间规律。创新地理学所研究的人类创新活动与地理环境相关的地域系统，以及社会、经济、技术、政策等多种因素有关。创新活动的发生、发展是多种因素作用的结果，创新活动也引发地理环境各种因素及结构的变化。

（三）创新地理学是一门交叉学科

创新地理学具有交叉学科的性质，体现为外部交叉和内部交叉。

1. 创新地理学与地理学以外的外部交叉

创新活动从本质上讲是一种综合性的社会活动，与社会学、经济学、管理学、政治学等多个学科都有关系，社会学、经济学、管理学、政治学的相关理论是创新地理学的重要理论基础。

经济学与创新地理学的关系。经济学研究人类经济活动的规律，创新活动能带来投入的报酬递增和价值的增长，与创新相关的经济学科较多，如技术创新经济学、制度创新经济学、知识经济学、演化经济学等，经济学注重技术、制度、人力资本、知识等对创新发生与发展过程的影响研究，但经济学的研究很少关注具体的区域空间。创新地理学除关注这些要素对实体区域的作用外，更关注其组合状态及区域环境的协调与适应。

管理学与创新地理学的关系。管理学以人为研究对象，实质上是对组织各层面之间的关系进行协调。创新主体之间的知识流动成为管理学创新研究的重要内容。创新地理学借鉴管理学的组织网络理论、组织学习理论，研究区域的关系资产、知识流动、关系嵌入、产学研网络、行动者网络，以及区域的路径依赖、地区与全球网络。

政治学与创新地理学的关系。政治学的研究对象是以公共权力为中心的政治关系、政治制度、政治思想、政治文化和政治行为及其发展规律。政治学涉及创新的公共政策与环境，创新地理学关注区域的创新环境、政策、法律等方面。政治地理学关注尺度政治，特别是地方分权背景下中央和地方政府的关系，政治地理学事实上也涉及创新地理学的研究内容。

2. 创新地理学与地理学的内部交叉

创新活动所涉及的地理环境包括自然地理环境与人文地理环境。自然地理环境通过气候、生态等因素直接影响创新要素（如创新人才）的人居环境，也通过区位效应影响创新活动。人文地理环境是人类的社会、文化和生产生活活动的地域组合，包括人口、民族、聚落、政治、社团、经济、交通、军事、社会行为等。人文地理学科中已有一些分支学科研究创新活动及空间规律，如社会文化地理关注创新发生的社会与文化环境。创新活动主要与人文地理环境有关，因此，作为人文地理学的分支学科，创新地理学与人文地理学的其他分支学科有较多的交叉点。

此外，还有社会学与创新地理学的关系。社会学注重社会现象、社会关系和社会行为的研究，创新地理学则侧重创新主体空间的差异研究、创新行为的区域差异研究。

四、创新地理学的学科基础

（一）经济地理学与创新地理学

经济地理学是以人类经济活动的空间规律与地域系统为研究内容的一门学科，包括经济部门在地域上的布局和区域经济部门的结构、规模和发展，以及地域布局和部门结构的相互联系等，具有鲜明的综合性、地域性特征。创新地理学在引用经济地理学研究方法研究创新问题的同时，其研究对象也正在成为经济地理学日益关注的热点领域。

（二）创新经济学与创新地理学

创新经济学包括以技术变革和技术推广为对象的技术创新经济学和以制度变革和制度形成为对象的制度创新经济学。主要研究生产要素和生产条件变化实现的新组合、技术进步的扩散对于经济增长的推动、技术进步与市场结构的关系和创新的组织制度和创新环境等。创新地理学从空间角度研究经济学的研究对象，包括技术进步、技术扩散、创新环境、组织制度等；创新经济学形成的技术扩散规律、创新体系理论、创新环境理论及相应的研究方法等能够应用于创新地理学。

（三）制度经济学、演化经济学与创新地理学

制度经济学是将制度作为研究对象的一门经济学分支，研究内容是制度对于经济行为和经济发展的影响，以及经济发展如何影响制度的演变。制度经济学采用结构分析方法、历史分析方法和"成本—收入"方法等分析社会经济现实及其发展趋向，注重分析整体制度对社会经济发展的作用。

演化经济学是在批判新古典经济学的静态均衡分析的基础上发展而来的，注重对"变化"的研究，强调时间与历史在经济演化中的重要地位，强调制度变迁。它以达尔文进化论的3种机制（遗传、变异和选择）为基本分析框架；用动态的、演化的方法看待经济发展过程，看待经济变迁和技术变迁；强调惯例、新奇创新和对创新的模仿在经济演化中的作用，强调经济变迁的路径依赖，强调经济变迁过程中偶然性和不确定性因素的影响。

制度经济学、演化经济学中关于创新、制度变迁等的理论及分析方法是创新地理学日益引用的理论与方法，创新地理学则从空间与地域的角度来分析创新体系演变等问题，制度经济学、演化经济学与创新地理学将更加融合。

第二节　创新地理学的研究内容与任务

创新地理学作为一门独立学科，要加强学术思想的形成、发展、历史回顾及总结，逐渐建立起一套完整的理论体系，对创新地理学的研究目标、研究内容、学科性质、基础理论与原理、学科应用、现实意义、时代特点及与其他学科间的联系等进行纵深研究，做出具有信息和知识社会时代特征的科学回答，促使学科不断完善与发展，以适应当今创新潮流，满足知识经济对创新地理学研究发展的需要。

一、创新要素在空间的地域分布与组合规律

创新地理学的研究内容主要涉及空间的创新，以及空间创新与企业家、人才、资本、技术及信息等之间的内在关系。创新的实质在于通过资源、信息和能力的整合，实现价值增值。创新地理学研究人才、资本、技术、知识及信息等创新要素的区域分布及组合状态，特别是：①企业家的空间分布及其对空间创新格局的影响；②人才的区域流动及人才集聚与创新的关系；③区域技术分布格局、技术通道、技术空间扩散与转移；④区域资本的来源、途径及对区域创新的作用，创新创业的资本如风险投资等的分布及其对创新创业的影响；⑤知识的存量与增量及其区域的转化途径；⑥创新基础设施的投入区域分布及效应。跨国公司是世界人才、技术、资本的主要载体，

跨国公司的区位选择对创新要素的集聚起重要作用，因此，跨国公司的研发区位选择受到广泛关注。城市成为各种创新要素的集聚地，需要研究城市创新资源的分布，以及城市创新生态系统，从更微观的角度也可以研究城市创客空间生态系统。

二、创新环境、创新生态

创新环境是一个由多种环境综合而成的复杂环境，是一个动态的发展过程。创新环境研究关注：①创新环境的基本理论问题，包括概念、基本构成、分类、构建和如何培育等方面；②对创新环境形成机制分析；③创新环境测度与评价；④创新环境对创新能力、创新绩效的影响；⑤创新环境的差异分析。创新生态与创新环境有一定的联系，创新生态更强调创新主体与创新环境的联系。创新生态成为近年来创新研究最为关注的课题之一，如何形成创新循环、创新链、创新流动是创新生态研究关注的问题。政府部门正努力形成创新创业的生态系统，并为此研究针对性的政策体系。

三、创新地理测度、创新空间格局与效应

研究创新的测度是创新地理的核心问题之一，国内外创新地理研究者主要运用创新投入、创新产出、创新主体进行创新空间集聚或分散测量。20世纪90年代以来，创新网络数据逐渐受到了学者们的关注，创新调查的方法也逐步被引入创新的测度中。研究问题主要是：①创新在区域的集聚与分散的研究；②创新格局的内在机制和影响因素；③创新的空间格局如何影响国家和区域的经济发展；④创新的溢出效应的度量及其空间效应产生机制和影响。

四、创新联系、创新网络及创新集群

创新联系显示出区域创新强度与内部协作程度。创新联系是创新网络的基本单元，无数的创新联系构成了创新网络。目前采用引力模型等方法探究创新联系，以及创新网络的组织绩效、空间特征。国内外学者重视对创新集群的形成模式、演化动力的研究，在创新集群的建设模式及生命周期演化方面取得了大量成果。今后需要深入研究的是：①如何采用更有效的方法测

度创新联系，创新联系的种类如何，何种创新联系对区域的发展最为关键；②创新网络主体的相互作用机制、主体与创新环境的作用机制，创新网络主体的组织网络、内外网络关系，不同主体对创新网络的作用及对区域创新的影响，创新网络的学习机制，创新群落的创新生态；③创新集群的结构及形成机制。

五、多尺度的创新系统研究

创新体系包含不同层面，有国家创新体系、区域创新体系、大都市圈创新体系、城市创新体系。各个层面的创新体系研究都关注创新体系运行机制研究、创新能力或绩效的评价、创新系统生命周期研究、创新政策研究、不同区域创新体系比较研究。从创新地理视角研究的创新体系突出空间的重要性，主要研究：①国家创新体系的空间格局；②不同创新体系的区域背景对创新体系形成、运行的影响；③跨区域、超行政边界的区域创新体系。

六、创新城市发展与规划

城市是创新机器，城市创新包括创意与创新，也相应形成两个研究方向，即城市创意地理与城市创新地理。城市创意地理主要研究：城市创意产业集群的形成与发展机制，城市创意产业发展模式、路径，城市创意产业效率评价，城市创意产业支撑条件，城市创意产业园区等内容。城市创新地理主要研究：基于创新的城市化、城市创新的形成条件，城市创新环境及城市创新生态，城市创新体系，城市创新空间，创新城市等内容。城市创意空间与创新空间的兴起，需要在城市规划中加以重视，需要研究：①城市创新空间的区位选择；②城市创新空间与物质空间的关系；③城市创新等级体系与城市规划；④城市知识通道及传播；⑤城市内部空间的创新联系。

第三节 创新地理学的发展历程

一、西方创新地理学研究发展

（一）西方创新地理起源

从20世纪80年代开始，一系列因素促进了创新地理学的产生。其一，以知识为基础的经济逐渐占据国际经济的主导地位，知识经济时代需要知识的不断创新，其发展直接依赖于知识和信息的生产、扩散和应用，增长动力转向创新与创意，这一浪潮促进了地理学家重视对"知识""创新"的研究，促进了创新地理学的产生；其二，社会科学开始重视"空间"，制度经济学、演化经济学等在创新机制中发现了"地理"的重要性，"新区域主义"把创新作为一种相互学习的空间过程；其三，地理学的"社会化"与社会科学相向而行。人文地理学引入社会学概念成为打开区域发展的一把钥匙，促进了创新空间机制的研究。

20世纪80年代以来，关于创新的研究被纳入了地理学的视野与研究内容，提出了一些重要的研究范式，如创新环境学派、产业集群与创新集群学派、新产业区学派、国家创新系统等，这些都奠定了创新地理学发展的理论基础。这一时期，地理学者做了大量的实证研究工作，取得了丰富的研究成果。1994年，Feldman提出了创新地理学，创新地理研究进入学科发展研究的新阶段。

（二）西方创新地理研究的阶段特征

1. 微观技术创新研究阶段（1991—1995年）

建立在古典经济学基础上的区位理论是西方经济地理学最重要的研究内容之一，主要研究经济活动的地理方位及其形成原因。随着经济学家提出新经济地理分析框架，强调经济知识的溢出能带来收益递增，最终带来区域的经济增长，西方经济地理学者开始对企业R&D的区位特征、创新扩散和高新技术产业的区位特征进行描述。此阶段的创新地理研究受到北美学者研究风格的影响，多关注区域创新投入与产出的空间差异和相互关系。创新投入多衡量每万人口中科学家与工程师人数、从业人员大专以上文化程度构成、科技活动经费支出总额、地方科技经费科技拨款总额、基础设施建设投资新增固定资产等；创新产出多衡量专利授权量、每10万人平均发表科技论文数、工业全员劳动生产率、技术市场成交额、全国高技术产品出口额等。此阶段关注的尺度为区域，即国家以下的地域单元。

此阶段的研究主要集中在微观或狭义的科技创新研究，强调了技术创新对区域经济发展的重要性。同时开始反思区域结构等对创新发展的重要性，为之后讨论区域在创新地理研究中的重要地位做了很好的理论铺垫。

2. 城市—区域创新集聚研究阶段（1996—2000年）

此阶段创新地理研究虽然延续上一阶段对创新现象的描述，但更重视区域创新集聚的机制与原理的探索，产生了学习区域、技术区、马歇尔式产业区、创新环境和区域创新系统等众多概念。这些新的概念替代"区位""地理"等宽泛的词汇，成为创新地理研究新的关键词，强调了创新环境对知识交换的重要性。

创新环境主要包括创新政策制定和政府的作用。政策制定和系统管治包括产权制度、激励约束机制、市场状况、调控手段等。地方政府不仅要直接资助公益性或基础性较强的研究项目，还要发挥区域内的制度创新和政策安排方面的相应功能，为区域创新系统内行为主体的高效互动提供良好的制度、政策环境，以期通过软、硬基础设施的建设促进当地创新的持续发展。这一阶段明确了创新地理研究中的广义创新含义、制度与创新密不可分的关系和城市/区域作为研究的基本地理单元，带动了西方创新地理研究的制度转向。

3. 跨区域创新联系研究阶段（2001—2005年）

此阶段凸显创新地理研究的历史演化、新区域思潮转向。对不容易跨距离传播的技能、天赋、能力等隐性知识时空差异的研究，成为支撑"知识地方化"的关键因素，表明区域创新机制研究达到了顶峰阶段。

新区域主义强调创新的空间黏性，实现了从传统的单中心研究向多中心研究的转化，但忽略了区域外知识对区域创新的影响。在个体层面上，区域间知识联系的建立是移民企业家不断流动的结果。全球生产网络和全球价值链框架关注跨区域联系的组织维度，聚焦区域内企业如何在与全球领先企业的垂直合作中收益，主张跨区域垂直联系，使本地企业提高技术水平、增加知识和竞争力。企业被理解为一个组织网络，而产业集群则是一个地方化的组织网络（企业）嵌套形成的网络结构。

此阶段表现出创新地理研究由新区域主义向关系主义、演化主义的转化，标志着创新地理研究的多样性。

4. 创新网络的演化研究阶段（2006年至今）

新区域主义强调本地知识和本地联系的重要性，关系地理学则关注全球通道的重要性，但在两种联系的相对重要性方面存在一定的争论。地理学者们把演化经济学研究理论与方法引入创新地理研究中，利用复杂的定量计算方法，测算不同阶段各类距离、各类知识对创新的影响的相对重要性和作用机制，开启了创新地理的演化研究阶段。

此阶段的创新地理的演化研究可分为两个分支：一是以遗传、变异和选择作为解释社会经济演化的理论基石，侧重于分析创新活动空间分布的历史演进过程；二是基于专利数据，利用社会网络分析方法实现创新网络可视化和机制的研究，同时将产业集群、产业动态与演化理论相结合，构建了企业、产业和网络空间演化理论分析框架。

西方创新地理研究围绕着空间尺度、创新活动和组织形式3个维度展开，探讨创新的地理特征和作用机制。其中，空间是基于垂直尺度来进行划分的，按尺度从大到小依次为全球、国家、区域、城市和地方；创新活动包括知识和技术，其中知识研究围绕着企业或大学展开，技术多以企业为入手点；组织形式包括系统、价值链和网络等，其中系统、价值链侧重知识传播过程中的权力研究，多为定性研究，网络侧重知识传播渠道研究，多为定量衡量（表1-1）。

表1-1　西方创新地理研究各阶段特征

时间	代表人物	空间尺度	研究内容	主要观点	研究方法
1991—1995年	Audrestch D B, Feldman M P	国家、区域	创新的空间分布特征	创新存在着地理差异	Gini系数等传统定量方法
1996—2000年	Morgan K, Storper M, Markusen A	地方、城市—区域	学习区域、产业集群等制度厚度与区域创新	缄默知识的本地传播是区域创新集聚的原因	企业访谈
2001—2005年	Gertler M S, Bathelt H, Storper M	地方、全球	全球通道与本地蜂鸣	全球通道可向地方输入远方知识，促进创新	企业访谈
2006年至今	Boschma R A, Frenken K, Ter Wal A	地方、区域和全球	创新网络的演化	路径依赖和多样性影响创新演化	社会网络分析

表1-1总结了1991年至今各阶段的代表人物、空间尺度、研究内容、主要观点和研究方法，也见证了西方创新地理研究逐步深化的过程。研究伊始，西方创新地理驳斥了地理无用论的观点；之后，地方创新集聚机制成为西方创新地理研究的主流；随着对知识本地传播特征的质疑，西方创新地理研究对其进行反思；关系地理研究学者认为，全球通道可以向地方输入新的知识，便于区域创新的形成，而演化地理学者则将时间和地理要素相结合。

二、我国创新地理学研究发展

（一）研究起源与进展

1. 萌芽阶段

创新发生在特定的时间与地点，创新与地理学有着极为密切的关系。20世纪80年代以来，关于创新的研究被纳入了地理学的视野与研究内容，提出了一些重要的研究范式，如创新环境学派与创新集群学派、新产业区学派、国家创新系统（包括区域创新系统及城市创新系统）、创意城市理论等。这些范式奠定了创新地理学发展的理论基础，创新地理学进入学科发展研究的新阶段。

2. 起步阶段

21世纪初始，已有学者对集群创新、技术扩散、区域创新系统，以及R&D研究创新、知识创新网络等方面进行了深入研究，并提出了创新区的概念，认为创新区包括创新源、联系通道、空间梯度和创新扩散空间，同时探讨了中国城市新产业空间。

3. 起飞阶段

伴随着中国现代化转型，城市创新能力、创新城市、创意城市成为学术界乃至政府关注的热点问题。2001年，甄峰等提出建立创新地理学；2009年，吕拉昌从城市地理视角提出基于创新的城市，并从中国城市创新体系、创新联系、城市创新职能、大都市创新等多个角度进行了深入研究；2013年，龙开元所著的《创新地理学：中国科技布局的理论与实践》一书出版；2014年，中国地理学会主办、首都师范大学承办"中国首届创新地理学术研讨会"；同年，在四川成都召开的"中国地理学2014年学术年会"上开设了"创新地理学与演化地理学"专题；2015年，首都师范大学举办了"2015年创新地理学术沙龙"，标志着创新地理学在中国受到学术界高度关注，成为研究的热点领域，创新地理在中国进入快速发展时期。此外，方创琳对创新城市开展了研究，王承云对城市研发集群进行了探讨，陈秉钊等对知识创新空间的形成机制进行了探讨，隋映辉提出了大城市创新圈的概念。

由此可见，我国创新地理学研究起源与进展包括3个阶段：萌芽阶段，主要探讨创新的含义和地理特征；起步阶段，明确了创新的广义含义及创新地理研究的范围和重点；起飞阶段，各种思潮和理论假设纷繁呈现。2006年至今是深化阶段，主要印证和完善2001—2005年的理论反思。

（二）创新地理学的走向

纵观创新地理学的发展，其研究对象聚焦于创新组织，忽略了创新组织与个人之间的关系探索；理论综述较多，缺乏对实证研究的重视和方法的突破；欧美研究占绝对主流，缺乏基于发展中国家实证的反思。中国作为世界第二大经济体，其国家的创新政策、体系、创新主体等与欧美国家存在着较大的不同，建立创新地理研究体系是非常必要的。

1. 创新主体重视个人与组织互动

目前，创新地理研究关注企业、大学、科研机构等创新组织如何利用来自不同个体的信息和知识以生产新理念、新知识及新技术。但是，个人即微观创新主体，是创新的执行者，知识存在于人体中，而人又位于组织之中。创新如何从微观个体层面上升到组织层面，知识是如何创造和分享的，企业的组织架构和制度对创新能力有何影响。现有研究并未厘清个人和组织之间的关系。创新地理研究理论突破的关键在于对微观创新主体的重视和再认识。

2. 研究方法趋向定性与定量相结合

西方创新地理研究中对方法的科学性重视不足，过于关注实体研究，忽略知识流动研究。西方区域创新研究追踪了地方政府、创新政策在创新发展中的作用，但随着信息化、全球化的日渐深入，企业和区域发展的环境日益由相对稳定性变为湍流变动性，知识流对创新的重要性日益增强。知识流动等创新机制与空间特征研究的缺失，可以通过研究方法的更新来实现，如加大对个人和企业等的实地调研，追踪创新发生的过程和空间特征；研究知识流动的衡量指标和方法，全面追踪知识流动的强度和方向等。

3. 基于发展中国家实践的理论框架建立——以中国为例

重视世界的多样性现实，特别应该关注占世界人口、面积更大比例的发展中国家经济发展的现实，中国地理学者较早关注创新地理研究，也尝试基于中国实践提出新的创新研究框架。从新时代我国科技创新的战略演进看，创新驱动发展战略逐步迈向建设世界科技创新强国的创新引领战略,科技自立自强成为中国建设世界科技强国征程中的主要战略目标;从科技创新的底层逻辑看,新时代中国科技创新的底层逻辑和思想源泉在于以人民为中心,以满足人民需求为逻辑起点,以实现人民发展为最终目标,人民需求是新时代中国科技创新的思想与实践源泉。

从新时代科技创新的战略布局领域来看,创新地理学侧重于农业科技创新、乡村振兴与反贫困创新、新型城镇化与科技创新、创新驱动发展下的制造业创新能力提升、绿色发展理念下的科技创新与生态文明,以及碳中和下的新能源战略、双循环新发展格局下的科技创新战略、公共卫生领域的公共创新战略、国际化进程中"一带一路"与科技创新等多领域、全方位的地理创新战略局部领域。

从新时代科技创新战略的落地实施载体与支撑要素看,新时代科技创新战略的实施主要依托创新型领军企业、新型研究型大学和一流科研院所,以及国家战略科技理论与构建创新联合体等多种形式、多种组织模式和多种组织载体,且需要科技金融、战略性创新人才及优秀传统文化等要素进行系统支撑,并依托新型举国体制实现新时代科技创新战略的传导落地。新时代科技创新的未来战略进路在于打造世界科创中心,系统实现科技自立自强,最终构建人类命运共同体。

> **思考题**
>
> 1. 创新地理学的研究对象及学科特点是什么?
> 2. 创新地理学的研究内容是什么?
> 3. 西方创新地理学发展的阶段及其特征表现是什么?
> 4. 我国创新地理学发展的阶段及其特征表现是什么?
> 5. 创新地理学的发展与走向表现在哪些方面?

参考文献

[1] 甄峰,徐海贤,朱传耿.创新地理学:一门新兴的地理学分支学科[J].地域研究与开发,2001.(1):9-11.

[2] 刘燕华,李秀彬.国家创新系统研究中地理学的视角[J].地理研究,2017(3):2-5.

[3] 吕拉昌,黄茹,廖倩.创新地理学研究的几个理论问题[J].地理科学,2016,36(5):653-661.

[4] 王缉慈.创新的空间[M].北京:北京大学出版社,2001.

[5] 方创琳,马海涛,王振波,等.中国创新型城市建设的综合评估与空间格局分异[J].地理学报,2014,69(4):459-473.

[6] 吕拉昌,梁政骥,黄茹.中国主要城市间的创新联系研究[J]地理科学,2015,35(1):30-37.

[7] 邓羽,司月芳.西方创新地理研究评述[J].地理研究,2016,35(11):2041-2052.

[8] 吕拉昌.创新地理学[M].北京:科学出版社,2017.

[9] 龙开元.创新地理学:中国科技布局的理论与实践[M].北京:科学技术文献出版社,2013.

[10] 陈劲.新时代的中国创新[M].北京:中国大百科全书出版社,2022.

[11] 杨耀武,魏喜武,薛霞.中国区域创新发展前沿热点研究[M].上海:上海交通大学出版社,2021.

[12] 颜子明,杜德斌,刘承良.西方创新地理研究的知识图谱可视化分析[J].地理学报,2018,73(2):362-379.

第二章 创新地理学的基本理论与主题

> **导 言**
>
> 本章主要从创新地理学的基本理论、研究主题与进展、发展趋势3个方向对创新地理学展开论述。创新地理学的主题主要包含4点：一是创新环境及评价机制；二是创新活动地理测度；三是创新联系、创新网络及创新集群；四是多尺度的创新地理研究。

第一节 创新地理学的理论追溯

研究创新地理学的基本理论不仅对提高学科发展水平有重要意义，而且对学科的再发展有重要的影响。创新地理学作为一门独立学科，需要加强学术思想的形成、发展、历史回顾与总结，逐渐建立起一套完整的理论体系，对创新地理学的研究目标、研究内容、学科性质、基础理论与原理、学科应用、现实意义、时代特点及与其他学科间的联系等做纵深研究，做出具有信息和知识社会时代特征的科学回答，促使学科不断完善与发展，以适应当今创新潮流、知识经济对创新地理学研究发展的需要。

创新研究的理论源头可以追溯至经济学家熊彼特对于创新所做的思考。之后，创新研究逐渐分化成技术创新学派和制度创新学派。前者强调技术创新和技术进步在经济发展中的核心作用；后者则认为由于交易成本的存在，使得经济增长的源泉来自有效率的制度安排，而非单纯的技术革新与进步。然而，上述研究在一定程度上忽略了创新赖以进行的历史及空间环境的特殊性。从最本质上说，创新是一个系统现象，或被称作一个集体成就，它是在不同参与主体和组织之间不断相互作用下而产生的。创新系统的参与主体包括企业、大学、科研院所及政府部门等，且总是客观地存在于一定的地域空间内，系统的创新效率往往取决于所在地域经济、社会、政治及制度因素的影响。基于上述原因，一些学者采用了关注空间范畴的研究方法，分别使用国家与区域等不同的地理边界来区分不同的创新系统。

一、国家创新系统

英国经济学家Freeman首先提出了国家创新系统（National Innovation System）的概念，并将之定义为"公共和私营部门中的机构网络，其活动互相激发、引进、扩散新技术"，并运用这一概念分析了第二次世界大战后日本在技术落后的情况下，通过以技术创新为主导，辅以组织与制度创新，迅速实现技术赶超与跨越，成长为工业化大国的过程。Freeman将日本的经济崛起归结为四大要素，分别为企业的研究与开发、政府的政策引导、教育与培训及国家产业结构的合理性，说明了一个国家技术水平的提升是国家创新系统演变的结果。

相关研究以影响创新过程的决定因素来定义国家创新系统。一些学者偏重于个案研究，聚焦于国家的研发系统及相应的支持性机构，将那些促进知识创造与扩散的组织视为创新的主要源泉，又强调制度的设定与功能是决定创新系统效率的关键所在。其他学者的研究更注重理论建构，从微观层面将用户与生产商、企业与供应商之间的交互学习置于创新形成过程分析的中心，随后再将其纳入更为广阔的社会经济系统中，认为政治、文化及经济政策的影响有助于确定创新活动的规模、方向和成功的可能性。

总体来看，国家创新系统理论综合了技术创新和制度创新两种学派的观点和研究方法，注重从社会、政治和经济等宏观视角来解释技术创新实际的差异，强调国家这一特定因素对于技术变迁过程的重大影响。虽然国家创新系统也关注技术创新，重视知识的生产、传播和应用，但更多是作为一个政策工具，重视国家系统的制度安排，以及系统内部不同主体间的相互作用和网络机制研究，因为大多数影响创新过程的公共政策都是在国家层面设计和实施的，并且对于领土较小的国家尤为适用。

二、区域创新系统

受惠于全球化与信息化的迅速发展，经济资源的全球流动正日益突破国家边界的限制，表现出不断向地方区域集聚的强劲态势，区域正逐步取代国家成为世界经济舞台中最为重要的空间载体与经济单元。因此，随着经济发展区域化的出现，国家创新系统逐步让位于区域创新系统。1992年，英国学者Cooke率先提出了区域创新系统（Regional Innovation System）的概念，并从系统构成角度对区域创新系统的概念做了界定。他认为，区域创新系统主要是由地理上相互分工与关联的生产企业、研究机构和高等教育机构等构成的区域性组织体系，并通过这种体系支持产生创新。中国学者胡志坚和苏靖认为，区域创新系统是国家创新系统下的子系统，强调了区域创新系统的网络特性。

相较于国家创新系统，区域创新系统更强调创新过程的地方根植性特征。由于具有黏滞性和难以实现远距离交换的隐性知识存在，使得创新日益基于企业（供应商、顾客、竞争对手）、研究组织（大学、其他公共和私人研究机构）和公共机构（技术转移中心、开发机构）等经济体间网络化的交互学习和知识流动。因而，即使在经济全球化和信息通信技术日益普及的今天，地理空间的邻近性对于创新的形成依然十分重要。创新活动并非均衡或随机地分布在全球各地，越是知识密集型经济，越是表现出集群的趋势，并且这种地理集中化倾向正随着时间的推移而愈发明显。此外，区域创新系统可被视作区域生产结构中支撑创新的制度基础设施，并与区域内长期以来形成的一整套态度、价值观、规范、惯例构成了特有的区域文化，成为其他区域难以复制和模仿的竞争优势。

第二节 创新地理学的研究主题

一、创新环境及评价机制

创新环境是一个由多种环境综合而成的复杂环境，是一个动态的发展过程。良好的创新环境可为创新活动的开展提供支撑条件。创新环境的研究方向包括：一是区域创新环境的基本理论，包括概念、基本构成、具体分类、如何构建和培育创新环境等；二是区域创新环境形成机制怎样进行分析，如何形成，又受哪些因素影响；三是区域创新环境的测度与评价，需要对区域创新环境进行测度，判断其是否可以支撑创新活动的开展，同时对其做出评价；四是创新环境对创新能力、创新绩效的影响，需要研究创新环境是促进还是抑制了创新能力的提升，是增加还是减少了创新成果的产出和转化；五是区域创新环境差异分析，经济水平、空间区位、政策制度等均存在不同程度的差异，影响着区域创新水平的发展，因此，需要对区域内创新环境的差异进行相应研究。

改革开放后，中国区域发展出现更大的经济和制度环境分异，贺灿飞等首次提出了"三化"的概念，即全球化、市场化及财政分权化。全球化和市场化加剧了中国区域经济发展的分异，特别是全球化已成为城市和区域获得高水平创业资源和网络的主要动力，而财政分权化通过赋予地方政府更多财权和事权，塑造了各具特色的地方制度环境。朱晟君等对中国制造业企业的研究指出，在全球化程度较高的城市，外资企业之间的知识溢出更加明显，市场化加强了不同所有制类型企业之间的知识溢出，而地方财政自治程度越高的区域，企业之间享有更高水平的知识溢出。由于知识溢出是创造创业机会和孵化新创企业的重要渠道，可推断全球化、市场化和财政分权化水平的提高会促进创新创业的发展。

总而言之，与发达国家由技术和产业周期内生力量主导的格局有所区别的是，中国改革开放后的出口导向发展模式、发展型地方政府及市场转型下的制度变革，都使得外生力量在技术型新创企业的空间发展历程中扮演着重要的角色。经济贸易时代中形成的国家间非对称相互依赖关系，在全球知识合作和技术转移中被刻画得更加清晰，创新知识的全球流动打破国家间的技术垄断，也成为技术落后国家实现技术追赶的主要方式。

二、创新活动地理测度

较为系统的数据调查和创新测度开始于20世纪60年代，其标志是1963年《弗拉斯卡蒂手册》的首次发布。20世纪50年代以来的创新能力测度可以划分为4个阶段：① 20世纪五六十年代，其指标选取主要关于投入要素，如研发投入、资本强度、科技人才等；② 20世纪七八十年代，指标体系中纳入了部分产出要素，如技术专利、创新产品、成品质量等；③ 20世纪90年代开始，逐步转向以调查统计和公开数据为基础的创新指标体系；④进入21世纪以后，开始进入"第四代"创新测度，强调知识指标、创新网络、创新条件、经济需求、公共政策环境、基础设施条件、社会取向及文化因素等。创新能力测度的4个阶段是学术界、实业界和政府部门对创新活动认知不断深化的过程。

从后续对创新测度和创新理论历史沿革的梳理表明，创新认知、创新理论和创新测度之间遵循着内在逻辑：①特定阶段的创新认知通常会逐步形成相应的创新理论；②创新认知和创新理论为创新测度实践提供了依据，并直接影响着创新数据信息收集方式和创新方法的创立；③随着创新认知和理论的发展，创新测度的方式方法逐渐得到拓展。20世纪50年代开始，创新测度及数据信息收集重点的变化，本质上正是创新理论发展和创新认知深化过程的具体体现。

研究创新测度是创新地理的核心问题之一，主要运用创新投入、创新产出、创新主体3类数据进行空间集聚或分散测量，20世纪90年代以来，创新网络数据逐渐受到了学者们的关注，创新调查的方法也逐步被引入创新测度中，主要的研究问题是：①创新在区域的集聚与分散的研究；②区域创新格局的内在机制和影响因素；③创新的空间格局如何影响国家和区域的经济发展；④创新的溢出效应的度量及其空间效应产生机制和影响。

20世纪50年代以来，在创新测度实践中形成了"单一指标法/投入产出法""综合指标法""DEA效率评价法""建模计量法"等方法。每种方法都能从特定角度反映出创新活动的某些特质，同时也是特定创新理论主要思想的体现。其中，"单一指标法/投入产出法"可以算是"线性创新模型"理论的产物，"综合指标法"对应于"创新体系理论"，"DEA效率评价法"背后兼具"创新线性模型"和"创新体系理论"的双重影响，而"建模计量法"则更多是一种符合主流经济学范式的分析方法。

三、创新联系、创新网络及创新集群

（一）创新联系

创新联系显示出区域创新强度与内部协作程度。创新联系是创新网络的基本单元，无数的创新联系构成了创新网络。目前采用新引力模型、论文合作、专利合作及引用等方法，探究创新联系及创新网络的组织绩效、空间特征。国内外学者重视创新集群的形成模式、演化动力研究，在建设模式及生命周期演化上取得了大量成果，但仍有较多的问题需要深入研究：①如何采用更有效的方法测度创新联系，创新联系的种类如何，何种创新联系对区域的发展最为关键；②创新网络主体的相互作用机制、主体与创新环境的作用机制，创新网络主体的组织网络、"权力关系"、内外网络关系，不同主体对

创新网络的作用及对区域创新的影响，创新网络的学习机制，创新群落的创新生态；③创新集群的结构、形成机制及相应的政策体系研究。

创新联系是创新型都市圈区别于制造型都市圈的主要特征，也是国内外学术研究的焦点。在国际学术界研究中，关于巨型城市区域的知识地理研究发现，区域竞争力的一个重要来源是高水平整合区域内外地方性知识资本；利用多地址合作的科技出版物和专利数据研究发现，科学研究合作对象的选择虽然纯粹以学术水平为主要因素，但地理隔离带来的阻滞作用也非常明显；以区域间的专利合作为研究对象发现，区域间的"距离"包括空间的、技术的和社会的距离，对区域合作联系的发生及其延续都具有明显的副作用。同时，合作者的结构差异对创新联系的发生和延续具有积极的影响等。

基于企业间的技术和产业联系、企业家的社会网络联系及依据社会经济数据分析的系统联系等视角，国内学术界对创新联系进行了分析，并由此对城市创新能力、区域创新系统的范围等进行了判别或者划定。黄擎明等对企业家技术创新社会联系网络的特征进行了研究；吕拉昌探讨了中国城市的创新格局、网络、等级体系及城市的创新联系。

（二）创新网络

进入21世纪，随着全球化的深入发展和产业价值链的细化分解，创新资源突破了组织、地域、国家的界限并在全球范围内流动，世界进入以创新要素全球流动为特征的开放创新时代。在此背景下，以跨国公司为主导的全球技术创新网络、以大学为主导的全球知识创新网络及地方创新系统叠加耦合，交织成立体化的全球—地方创新网络。在这个全球—地方创新网络中，国家间的科技竞争已经转化至以城市为基本空间单元的全球科技创新中心的竞争上，谁拥有世界级的科技创新城市，谁就能最大限度地吸引全球创新要素，从而在国际竞争中获得战略主动权。当前，北京、上海与深圳努力建设全球有影响力的科技创新中心，武汉、成都和重庆等城市也努力创建国家科技创新中心，试图在这个全球—地方创新网络中占据有利地位。《"十三五"国家科技创新规划》指出，深入实施创新驱动发展战略，必须建设高效协同的国家创新体系。因此，探讨城市创新网络的结构复杂性及其生长机制具有重要的现实意义。

在人文社会科学空间转向和新经济地理学关系—文化转向的碰撞下，创新网络逐渐成为研究区域知识溢出、创新与技术扩散、区域发展路径、创新

创新地理学

集群等问题的主要途径。创新网络的研究内容包括拓扑性质、空间格局、演化过程、以邻近性机制为主的演化机制等;研究尺度涉及范围颇广,从以企业、组织为代表的微观创新主体,到以城市、区域、国家甚至全球为代表的宏观空间单元;研究方法多基于复杂网络理论,应用系列网络模型和空间计量模型对网络特征进行挖掘。研究结果普遍揭示出创新网络的无标度性、小世界性、等级层次性、空间集聚性等特性,也验证了认知邻近性、社会邻近性、组织邻近性、制度邻近性及地理邻近性是影响创新网络演化的重要因素。

(三)创新集群

1. 创新集群的概念

波特在《国家竞争优势》一书中分析了技术创新与竞争优势、技术创新与产业集群的关系。波特认为,高层次的竞争优势通常是借由长期累积,并持续对设备、专业技术、高风险研发和营销进行投资而来。波特指出:一个国家的经济体系中,有竞争力的产业通常不是均衡分布的,国家的产业竞争优势趋向集群式分布。一个国家上游的竞争优势同样有助于它的下游产业发展国际竞争力,上游产业所提供的技术可以转化成下游的创造力,上游产业本身也可能加入下游产业的竞争。波特是传统创新集群思想的最后继承者,又是新的创新集群思想的先驱者。"创新集群"概念强调的是"集群"(产业集群),"创新"是用来说明"集群"的。换言之,有的产业集群属于创新集群,有的产业集群不属于创新集群。波特的"产业集群"思想深深影响了后来的学者,引发了创新集群思想的巨大变革。

2001年,经济合作与发展组织(OECD)出版了研究报告《创新集群:国家创新体系的推动力》。OECD认为,集群是企业通过相互作用逐步聚合以提高竞争力的经济现象,强调应从产业集群理论中培育创新理念,创新直接来源于科研商业、教育和公共管理机构不断的相互作用;创新集群可被视为一种简化的国家创新体系,其最关键和最实用的系统要素有助于促进国民经济各领域的创新。OECD认为,集群是国家和部门间有效的分析层面,因为对大部分企业和其他相关者来说,集群在知识基础设施中被公认为"我们运营的空间"的一个层面。

基于上述研究,认为创新集群是由企业、研究机构、大学、风险投资机构和中介服务组织等构成,通过产业链、价值链和知识链形成战略联盟或各种合作,具有集聚经济和大量知识溢出特征的技术—经济网络。创新集群的概念包含 4 层含义：第一，创新集群的构成要素是多元的，从事创新活动的参与者也是多元的；第二，创新集群的内部结构主要是创新活动参与者之间的战略联盟和合作关系；第三，创新集群的外部功能是通过自主创新形成具有竞争优势的产业集群；第四，创新集群是一种创新系统或创新体系。

2. 创新集群的特征

创新集群是一种"以创新为目标"的集群。从结构和功能上看，具有 3 个典型特征。

（1）多元参与的创新活动

在创新集群中，企业、研究机构、大学、政府和中介组织等参与了创新活动。企业是创新活动的主体，主导和支配了集群的创新活动，构成了集群的核心部分。在荷兰多媒体创新集群中，核心由 500～1000 家企业构成，业务活动范围包括开发和生产多媒体硬件，开发适用于多媒体应用的软件组，创造特定应用所需的开发环境、接口设计和网站管理，实现已有后台办公系统和网上应用的融合、电子商务和 Internet 战略咨询等。在创新集群中，研究机构和大学通过合作的形式参与企业的创新活动，研究机构和大学为集群提供研发和相关服务。例如，在挪威农产品创新集群中，参与研发的研究机构有食品研究所、土壤和环境研究所、农作物研究产品控制研究所和农业经济研究所，大学有挪威生命科学大学。

（2）发达的战略联盟与合作关系

在创新集群中，创新合作是立体的和全方位的。以西班牙电信创新集群为例，合作区域涉及欧盟、美国和日本等，合作领域涉及信息通信技术、电子配件、消费电子、电信设备和电信服务，合作对象有顾客、供应商、竞争者、合资者、专家、公共研究机构、大学、研究协会与其他企业等。在创新集群中，合作并没有削弱企业的技术创新主体地位；相反，合作是以企业为参照点。在许多创新集群的合作实例中，均从企业维度来讨论各种合作及合作对象，合作的主要形式是企业—企业，其次才是企业—顾客、企业—研究机构、企业—大学等。在企业—企业合作中，合作对象主要是本国企业，其次是外国企业。另外，创新集群的企业都有与顾客、供应商和竞争对手合作的经历。

（3）大量的知识转移和知识溢出

根据知识转移的路径，可将创新集群的知识转移分为 3 类：外部向内部转移、内部之间转移、内部向外部转移。在知识从集群外部向内部转移的过程中，知识的来源包括招聘的员工、顾客、设备供应商、其他供应商、专利提供方、商业伙伴、产业联系、大专院校、地区研究机构、咨询机构、贸易展销会与出版物等。在创新集群内部，通过区域网络、技术联盟、技术合作和专业人员流动，实现了知识转移。

3. 创新集群的理论意义

当创新网络与特定产业集群融合时，就升华成创新集群。创新集群的出现真正实现了宏观领域的科技与经济结合。创新集群具有普通产业集群的特征，会"放大或加速国内市场竞争时生产要素的创造力"，企业在互相牵连的关系中，投资科技、信息、基础建设和人力资源出现了外溢效果；但创新集群又超越了普通产业集群，这表现为大学、研究机构、中介组织等进入了创新集群，并从事研发、咨询、培训和中介服务等活动。在普通产业集群中这些活动是外在的，而在创新集群中，则是内在的和不可或缺的。创新集群具有研发功能和研究组织属性，但又不等同于学术机构。创新集群具有技术—经济二相性，不能将之描述为产业集群，也不能将之描述为科学领域的集群。

四、多尺度的创新地理研究

创新体系包含不同层面，有国家创新体系、区域创新体系、大都市圈创新体系。各个层面的创新体系研究都关注创新体系运行机制研究、创新能力或绩效评价、创新系统生命周期研究、创新政策研究及不同创新体系比较研究。基于创新地理视角，创新体系突出了空间的重要性，主要研究：①国家创新体系的空间体系研究；②不同创新体系的区域背景对创新体系形成、运行影响的研究；③跨区域、超行政边界的区域创新体系研究。

（一）国家创新体系

20世纪80年代末，在创新经济学领域，一些学者从系统论角度提出了国家创新体系的概念和理论，分析了影响经济体创新能力的因素。创新体系理论的出现源起于对国别创新效果差异的反思，该理论出现之后的20世纪90年代，宏观层面创新是理论界和政策制定者关注的焦点。根据国家创新体系理论，国家层面的创新能力是国家（或经济体）框架内大学、科研机构、政府、企业与社会中介等多方主体，在教育体系、产业关联、科技研发体系、政府政策、文化传统等创新环境中,基于相互信任、网络关系及社会规范不断进行创新活动。

(二)区域创新体系

区域创新体系是一个开放的系统。按照发展动力来看,可将区域创新体系的模式划分为内生动力型和外生动力型两种类型。内生动力型模式的特征是区域创新主要依靠自身资源,通过内在的创新活动来推进。创新资源主要在区域内封闭流动,形成自我循环的区域创新体系模式。外生动力型模式是因国际产业分工和产业转移推动而逐步建立和发展的区域创新体系模式,主要集中在韩国、东盟各国、我国台湾地区及珠江三角洲地区。

(三)大都市圈创新体系

与其他形式的区域创新体系相比,大都市圈创新体系必然具有明显的本质特征,但是理论研究并未对其类型和本质特征进行描述和归纳。大都市圈创新体系理论的研究方向之一应是对已有研究进行总结和评述,对国内外已有的成功经验进行比较研究,探讨大都市圈促进创新活动的动因,从而形成对大都市圈创新体系的内涵、特征与结构等基础理论的认识。

第三节 创新地理学的研究进展

一、创新地理学的提出与内涵

创新地理学是研究人类创新活动与地理环境关系的一门交叉学科。国外对创新地理的研究起步较早,20世纪初,经济学家熊彼特首次提出"创新理论",1994年,英国学者Feldman提出创新地理学,认为创新地理学是研究一个由多维空间因子决定的复杂地理过程。知识的地理集中有利于信息搜寻、增大搜寻强度和任务合作,而创新地理实际上是一个为新产品商业化过程提供所需不同知识的组织在空间上的表现形式。

我国的创新地理研究起步相对较晚,20世纪90年代在经济学、管理学、经济地理学等领域取得了一些研究成果。2000年,研究者数量、研究成果增长迅速,并开始创新地理学科建设。2001年,甄峰等首次提出建立创新地理学，认为创新地理学研究的是创新的生产、分配、交换和消费在时空上的分布与组合及其在地理环境中的相互作用。2006年，全国科技大会提出要把我国建设成为创新型国家，在此背景下，创新成为政府及学术界关注的热点。2009年，童昕等翻译美国Polenske主编的 The Economic Geography of Innovation 一书，加速了国外创新经济地理理论的传播。2013年，《创新地理学：中国科技布局的理论与实践》出版。2014年，首都师范大学举办了首届创新地理大会。与此同时，国内发表了大量创新地理的文献。

二、创新地理学的研究方法

创新地理学的研究方法类型多样，在梳理和总结中国创新地理的研究时，学者使用了NoteExpress对文献进行采集及总体分析，使用了CiteSpace对文献的关键词、术语、引用率等进行共现分析，总结了主要研究方向及发展趋势。周锐波等采用社会网络分析法，构建了城市创新网络，总结了结构演化特征，并利用负二项式重力模型从邻近性视角探讨城市创新网络演化机制。基于探索性空间数据分析和验证性空间面板模型，程叶青等研究了2000年以来中国区域创新的时空动态。郭泉恩等采用总体分异指数、知识生产函数等方法，分析了中国高技术产业创新的空间分布，并运用空间计量模型对其影响因素进行探讨。蒋天颖通过构建总体差异测度指数，并运用核密度估计、空间自相关、趋势面分析等多种空间统计方法，分析了浙江省区域创新产出的空间分异特征及其影响因素。

三、创新要素地域分布与组合状况

创新地理学研究主要涉及空间的创新，以及空间创新与企业家、人才、资本、技术及信息等之间的内在关系。创新的实质在于通过资源、信息和能力的整合，实现价值增值。在各个区域处于不同的创新价值链发展阶段时，如创意产生阶段、转化阶段和扩散阶段，需要不同的资源导入活动，实质上是创新资源的组合与状态。因此，从创新价值链视角，区域创新要素的组合状态一种是按创新活动所需要的要素组合，以一个产品形成的组合；另一种是产品从概念、技术、融资，到制造、销售，形成不同阶段的决策权的组合。这两种组合都影响区域的创新生态。

第二章 创新地理学的基本理论与主题

创新地理学需要研究人才、资本、技术、知识及信息等要素的分布及组合，特别是：①企业家的空间分布及其对空间创新格局的影响；②人才的区域流动及人才集聚与创新的关系；③区域技术分布格局、技术通道、技术空间扩散与转移；④区域资本的来源、途径及对区域创新的作用，一些创新创业资本，如风险投资、天使投资等的分布与对创新创业的影响；⑤知识的存量与增量及其区域的转化途径；⑥创新基础设施的投入区域分布及效应，可以在全球尺度、国家尺度、区域尺度研究创新资源的分布与流动。

目前，中国正处在由自主创新向创新源的过渡阶段，区域和双边自贸发展很快，尤其是"一带一路"倡议创新了南南合作方式。"一带一路"倡议强调国际设施连通和全方位开放，包括沿海边境和内陆地区，将沿线国家串联起来，促进了中国与沿线国家贸易和技术交流的新方式。"一带一路"倡议着眼于全球基础设施布局，以促进经济要素有序自由流动，并进一步推动中国与相关国家的宏观政策协调，有利于推动南南合作的广泛开展。因为创新系统具有非独立性，需要在跨区域或者超国家环境中运行，制度的开放性及与其他制度的相互关系影响创新的发展。中国制度创新的红利不断产生"外溢效应"，中国方案开始为更多国家接纳，助益区域经贸合作和多边开发合作等多个领域。

全球经济重组动态体现在全球生产网络的重组和内卷趋势。欧美等发达国家利用新一代技术、互联网优势，大力发展生物工程、节能环保、新材料、新能源等产业，吸引高端产业和产业高端回流。面对复杂的外部环境和竞争，要求国内企业做出相应的变化，以求在世界经济中站稳脚跟。国内民企在政府的支持下积极拓展海外市场，以期通过低成本的生产要素，赢回创新和竞争力，从而在全球创新网络中占据一席之地。这些鲜活的全球发展现象是对创新地理学理论进行重新概念化的最佳素材。

第四节 创新地理学的发展趋势

一、创新制度日趋科学化

创新发展受到所处国家和区域特定的发展历史、文化传统及其制度等因素的影响。中国创新系统的发展历经了两个时间段的更迭。中华人民共和国成立之初，中国创新制度受到了苏联的全面影响，实行计划经济体制，创新系统有3个主要特点：①计划经济下的"条块部门经济"，主要活动分布在成千上万的功能专业组织，这些组织边界被各种类型的活动所定义；②决策是多角度的，开发、技术创新和扩散等协调经济活动的权力实际控制在下属部门；③衡量的主要性能指标是输出规模，而对效率和质量没有任何明确的关注，普遍缺乏创新动力。直至1978年实行改革开放，计划经济向市场经济转型，各创新主体承担不同功能的组织边界。由计划经济向市场经济制度转变期间，创新系统的变化主要体现在4个方面：①创新系统绩效评价标准发生了根本性的转变；②中国政府通过分权制改革给予创新主体更多决策权和经营权，并引入更多市场主体；③创新主体功能和活动趋向多样化；④政府通过建立各种公共服务平台，促进技术开发和使用方法的交流和对接。

1978年以来，伴随着市场机制的逐步确立，为了提高地方经济发展的积极性，中央政府下放了更多、更大的权力给地方政府。让地方政府有充分的积极性打破条条框框进行创新。通过"放权"，地方政府迅速崛起，成为地区经济发展的主体。除了政策导向，中国从中央到地方对创新系统的投入具有极大的超前性，在短时间内发展起了拥有全球竞争力的创新城市。例如，2018年，深圳研究开发投入占GDP的比例高达5%，上海的比例约为4%，远远高于发达经济体的平均水平。

二、创新生态系统建设合理化

20世纪90年代，美国著名经济学家Moore首次提出"商业生态系统"的概念，将创新型企业及其所形成的商业生态系统与生物生态系统进行了类比分析。此后，"创新生态系统"的概念和理论逐步形成，并为科技政策部门所接受。创新生态系统主要是指由不同行动主体、无形关联等因素相互作用、共生共栖及推动创新活动而形成的，既有较强的稳定性，又不断变化的复杂网络体系，也被称为"区域/国家创新生态系统"。创新生态系统由科技人才、顶尖大学和研究机构，以及能为新创公司和新研究计划提供充足资金的融资机构等要素所构成，具有共生共栖、专业分工、紧密合作及政府持续资助等特征。

城市创新生态系统是创新群落与创新环境相互作用、相互影响形成的复合系统，协同互动是关键生态机制。技术、人才和宽容是城市创新创造增长所必须具备的要素。这些理论虽然从不同的视角出发,但都强调技术与技能、创新创意人才、文化氛围、创新基础设施等是重要的城市创新生态要素。然而,由于社会文化、资源禀赋、产业基础、制度法规等的差异,不同国家和城市形成不同的创新生态系统,如美国建设以创新集群为主导的创新生态系统,以色列注重加强风险投资体系来推动创新发展,德国加强城市创新基础建设,伦敦依托科技和金融协同发展具有金融科技初创公司、独角兽企业的创新生态系统。

中国实施创新驱动发展战略,不断开放市场,加强人才、技术和资本等的投入。中国城市创新生态表现出一定的特征,主要体现在以下方面。

① 从制度层面来看,中国城市创新发展是在政府主导下,通过制定政策、法律法规等不同方式和手段,对城市创新生态中的创新企业、高校、科研机构、孵化器等进行推动和引导调整,形成政府力与市场力共同作用的城市创新生态系统。

② 从空间角度来看,中国城市创新生态水平空间分布不均衡,呈梯度性,差异较大。中国东部沿海城市创新生态水平较中部和西部城市高;北京、上海、深圳、杭州和广州等城市创新生态发展水平较高,南京、成都与武汉等次之,其他城市的创新生态水平相对较低。城市创新生态高水平和低水平间差距较大,经济发展水平较高的城市创新生态水平也较高,省会城市相对其他城市的创新生态水平高。此外,中国城市具有企业、服务业、制造业与数字创新生态系统等。

③ 从创新主体和要素来看,中国城市高科技园区和创新城区内部创新主体联系密切、研发产业高度集聚、知识溢出效应强、产学研高度合作,技术、人才、企业家精神、风险投资和创新基础设施等是重要的创新要素。风险投资通过增加创新创业机会和城市财富促进城市创新创业生态发展,地方政府机构质量差异对城市创新生态也具有重要的作用,法治不足及监管质量低下会严重阻碍创新。

三、创新城市发展与规划

城市创新包括创意与创新,形成了城市创意地理与城市创新地理。城市创意地理的研究内容为:①城市创意产业集群的形成与发展机制;②城市创意产业发展模式、路径研究;③城市创意产业效率评价;④城市创意产业支撑条件研究；⑤城市创意产业园区研究等。城市创新地理的研究内容为：①基于创新的城市化、城市创新的形成条件；②城市创新环境及城市创新生态；③城市创新体系；④城市创新空间；⑤创新城市等。传统的城市规划重视城市物质空间的规划，城市创意空间与创新空间的兴起，需要在城市规划中加以考虑。需要研究的内容有：①城市创新空间的区位选择；②城市创新空间与物质空间的关系；③城市创新等级体系与城市规划；④城市知识通道及传播。

> **思考题**
>
> 1. 如何理解国家创新系统和区域创新系统的概念？
> 2. 简述创新地理学的研究主题。
> 3. 简述创新集群的特征及意义。
> 4. 通过学习本章内容，你认为创新地理学的内涵是什么？
> 5. 评析创新地理学的发展趋势。

参考文献

［1］吕拉昌，赵彩云.中国城市创新地理研究述评与展望［J］.经济地理，2021，41（3）：16-27.

［2］廖倩，吕拉昌，黄茹.基于文献计量的中国创新地理研究进展［J］.地域研究与开发，2016，35（5）：1-6.

［3］吕拉昌，黄茹，廖倩.创新地理学研究的几个理论问题［J］.地理科学，2016，36（5）：653-661.

［4］黄亮，杜德斌.创新型城市研究的理论演进与反思［J］.地理科学，2014，34（7）：773-779.

［5］马静，邓宏兵，张红.空间知识溢出视角下中国城市创新产出空间格局［J］.经济地理，2018，38（9）：96-104.

［6］符文颖，杨家蕊.创新地理学的批判性思考：基于中国情境的理论创新［J］.地理研究，2020，39（5）：1018-1027.

［7］陈琪.基于不同视角的区域创新体系模式研究［J］.科技进步与对策，2009，26（8）：59-60.

［8］王兴平，冯淼，顾惠.城际创新联系的尺度差异特征分析：以长三角核心区为例［J］.东南大学学报（哲学社会科学版），2015，17（6）：108-116，148.

[9] 于晓宇,谢富纪,徐恒敏.大都市圈创新体系理论框架与前沿问题研究[J].科学管理研究,2009,27(3):6-11.

[10] 罗庆朗,蔡跃洲,沈梓鑫.创新认知、创新理论与创新能力测度[J].技术经济,2020,39(2):185-191.

[11] 段德忠,杜德斌,谌颖,等.中国城市创新网络的时空复杂性及生长机制研究[J].地理科学,2018,38(11):1759-1768.

[12] 钟书华.创新集群:概念、特征及理论意义[J].科学学研究,2008(1):178-184.

Part II

第二篇　布局与机制篇

第三章　全球创新地理时空演化格局

> **导　言**
>
> 随着全球创新网络的浮现和发展，一些国际城市通过集聚较多研发机构和活动，成为全球创新网络中的核心节点城市，表现出较强的创新竞争力。借助全球创新网络研究框架，基于内涵分解出全球科技网络、全球知识网络及全球创新服务网络3层子网络，从广义创新概念构筑国际城市创新竞争力比较指标体系，从一个宽泛的创新竞争力视角把握城市创新发展基础、现状和潜力。本章从全球企业、创新人才、专利技术和研发基金等方面判断基于全球创新网络的国际城市创新地理格局。

第一节　全球企业研发趋势分析

一、背景

企业是将人才、技术、资本等创新要素转变为经济价值和现实生产力的关键载体。产业集聚通过大量的同类型或不同类型的企业在同一区域的集中，使得资本、劳动力和技术等生产要素汇集。按资源禀赋来区分，有以劳动密集型、资源密集型为基础发展的农业、制造业，以技术密集型、知识密集型为基础发展的高技术产业、新型信息技术产业等。高技术产业在部门归类中被归入第二产业，高技术产业实际上是先进制造业的代表。制造业作为国民支柱产业，在发展的早期阶段，由于生产力低下，依靠传统资源、劳动力投入等粗放生产方式进行，而后随着生产力技术的提高和工业实体资本的投入，构建了成熟的工业体系。

在德国工业4.0的基础之上，中国提出了"中国制造2025"的宏大计划，计划到2025年，中国从"制造大国"转变为"制造强国"。从"制造大国"向"制造强国"转变的过程中，除了依靠资本势力的加盟和技术创新水平的提高外，尤为重要的一点是地方政府与产业园区的力量共振，政策的扶持引导使得产业链上的企业形成高规格、高质量的产业集群，最终实现生产技术知识迸发的协同发展态势。以中国工博会上的华夏幸福为例，华夏幸福以产业新城为核心产品，持续打造先进产业集群的模范标准。华夏幸福的香河智能机器人产业集群吸引130多家企业进驻，其中美国ATI工业自动化、德国尼玛克等也落户香河。多家机器人企业在香河集聚，能充分发挥高科技设备生产线的互动协同交流作用。

集聚经济内企业及产业之间通过专业化分工和协作，建立了既竞争又合作的密切关系，形成生产的上下游产业链结合。生产规模扩大可带来生产成本的降低，推动区域内公共资源和专业劳动性资源共享，加快同类型行业中知识溢出的频率，尤其是隐含经验知识的交流，能促进新产品创新，激发新思想、新方法的产生与应用，最终促进整体劳动生产率的提高，成为经济增长的重要引擎。

二、全球企业研发趋势

（一）主要表现

1. 中美带动全球创新投入加速

2019年，全球前2500家企业平均研发投入超过3470万欧元，投入总计达9042亿欧元，较上一年（8234亿欧元）增长9.9%，连续10年大幅增长。2500强企业研发投入相当于全球研发总支出的60%以上，约占全球企业研发投入的90%。其中，中国、美国分别以21.0%、10.8%的两位数增速拉动全球研发投入，英国脱欧后研发投入仍保持5.6%的增速。从世界研发投入发展演变的角度观察，美国研发投入的强度和体量具有绝对领导地位，并引领美国乃至全球的科技创新活动。与此同时，中国研发投入增速异军突起，在全球研发投入中的占比持续增长，促进了我国"十三五"时期科技、产业和经济高速高质发展。中美持续稳定的科技创新投入，将进一步强化两国的科技和创新对世界经济格局的影响。

2. 寡头聚集全球创新活动集中

从研发投入分析，创新活动主要集中在欧美亚地区，美国、欧洲、中国、日本的企业研发投入占全球企业研发投入的近九成，且占比逐年上升。

2020年，美国以3477亿欧元的研发投入遥居榜首，英国脱欧后欧盟研发投入为1889亿欧元，中国研发投入总量为1188亿欧元，首次超过日本（1149亿欧元），之后是韩国（329亿欧元）和英国（320亿欧元）。从入榜企业数量分析，2015—2020年，美国、欧盟、中国、日本入榜企业总数逐年上升，2020年，美国有775家企业入榜，排名保持第一，中国以536家企业首次超过英国脱欧后的欧盟（421家），位居第二；从入榜和落榜企业分析，相对于2019年，变化最大的是中国，增加29家企业，美国增加6家，韩国减少11家，日本减少9家，英国减少6家，欧盟27国减少3家。事实证明了熊彼特的技术创新源假设：市场资源聚集优势保证了大规模的研发投入，并使企业具备较强的风险抵御能力，企业规模越大，技术创新就越有效率，创新动力越强。

3. 新兴产业引领产业变革持续重构

以新一代信息技术为引领，生命健康、先进制造、新能源等相互促进、交叉融合，新一轮科技革命和产业变革深入发展。从2017年开始，按照企业收入主要来源和产业分类基准，将进入产业研发投入排行榜的企业分为八大产业，其中，信息通信技术（Information Communications Technology，ICT）产业研发投入占比近40%。ICT服务业占比逐年上升，2020年度以20.5%的增速超过汽车及自动化产业，位居第三。健康产业排名第二，企业数逐年增加，2020年度增加15家，已达530家，研发投入占比为20.5%。新兴产业细分领域中，移动通信、软件和计算机服务、医疗设备和服务、替代能源分别以43.7%、21.2%、13.9%、10.2%的增速驱动研发投入增长。传统产业细分领域中，采矿业、媒体研发投入持续减少，一般工业（0.0%）、化学（2.9%）、汽车及零部件（4.0%）、航空航天与国防（2.7%）等增速缓慢。

（二）新数字化时代开启企业变革

随着数字技术的不断发展和消费者需求的日益旺盛，新一轮技术浪潮汹涌而至，企业已跨入"新数字化时代"。《埃森哲技术展望2019》报告指出，随着企业数字化转型全面、深入发展，新一轮变革的转折点近在眼前，数字化成为企业构建业务体系的基本条件，同时也成为企业在新一轮竞争中突围的破局点。埃森哲调研了包括411位中国企业家在内的全球6600多位业务和信息技术高层管理者，近4/5（79%）的受访者认为，现在企业已经不再孤立地应用数字技术，而是将数字技术视作企业核心技术基础的重要组成部分。

在新数字化时代，领先企业已随时准备为个体消费者量身定制产品、服务乃至生活场景，满足其从生活到工作各个方面的需求。例如，国泰航空旗下奖励计划"亚洲万里通"应用区块链技术，确保交易记录安全透明；中国平安陆金所推出了采用AI算法模型的智能化理财产品，基于用户的真实投资与决策行为，了解用户的风险承受能力与偏好态度，为其推荐个性化的理财方案。这意味着新数字化是时代的大势所趋，企业创新将着眼于发展数字技术，实时满足客户需求，并在恰当的时机为其提供产品和服务。

（三）全球企业技术创新发展路径分析

1. 技术获取型并购成为技术创新的重要手段

在全球化背景下，科技产业、技术资源的并购整合越来越多、比重越来越大。一些跨国公司为巩固自身市场地位，利用强大的资金优势，直接并购技术创新企业，快速进入新兴产业并抢占市场份额。普华永道2019年8月19日发布的数据显示，2019年上半年，中国并购活动交易金额为2644亿美元。波士顿咨询公司的《2017年并购报告：科技并购的复兴》认为，通过科技并购，公司可以在较短的时间内获得急需的科学技术，实现多赢的局面；报告指出，每5起交易中就有一起与技术有直接的联系，这些交易的价值在整个市场交易价值中所占的比例更大。自2012年以来，技术并购交易在每个产业领域所占份额都有明显提升。可以说，技术获取型的并购已成为中国企业乃至全球企业科技创新的重要手段之一。

2. 多元化创新成为拓展优势经营领域的主要路径

随着全球技术创新和互联网快速发展，全球企业的创新领域呈多元化趋势，不再局限于自身的核心业务领域，很多跨国公司沿着多线条多渠道展开创新活动。科睿唯安的数据表明，全球百强创新机构研发投入和技术专利申请十分多样化，主要创新集中在半导体与电池技术、信息传导技术、数据处理技术及医疗设备和制剂等领域。同时，这些企业的技术创新活动都在不断探索新兴领域，并形成多领域创新体系，既有企业寻求自身持续发展的内在需要，也有在物联网、新技术快速发展的背景下，一些传统产品功能已经无法满足多层次、多形式、多样化的消费需要的因素，迫使企业通过多元化创新拓宽经营优势领域，不断培育企业新动能。

3. "全球化布局+技术创新联盟"成为主流合作模式

创新资源加速在全球布局，世界开始进入以创新为核心的全球化时代，与之相伴的是跨区域协同创新发展和创新要素争夺日趋激烈。许多跨国企业充分利用社会资源进行科技协同创新，实现自主创新与技术外包的高效结合。2019年《世界知识产权报告》指出，近年来创新活动合作日趋紧密，国际化程度日益提高。以5G产业为例，2019年，中国联通与西班牙电信集团等8家国际运营商共同成立5G国际合作联盟，旨在与联盟各伙伴共同开发5G技术，推进5G发展速度，助力中国自主品牌5G终端走向全球。可见，各国领先企业在全球布局科技创新中心的同时，也着重打造"强强联合"的技术创新联盟，以国际化合作和创新合作为支点，迅速抢占技术制高点，提升企业价值和市场影响力。

4. 股权激励是推进科技创新与可持续发展的内生动力

随着世界新一轮科技革命不断深化，跨国公司对科技创新人才的需求持续加大，对技术人员的激励机制不断完善，并辅以相应的监督及评估体系，激发员工的创造才能，为创新要素的自由流动创造条件，为企业创造最大价值。从入围2020年度全球创新百强的32家机构来看，均采取了多种有效的薪酬激励组合计划来吸引、激励和留住员工，通过管理发展和薪酬委员会，设立了股票期权和限制性股票单元计划、业绩股票单元计划、长期业绩奖励计划、递延薪酬计划等激励，实现员工利益与公司利益的高度一致，有效激励和推动了企业的科技创新。

第二节 创新人才全球时空分布

研发人才是企业创新活动的重要参与者。随着研发国际化水平不断提高，面对全球劳动力市场对研发人才的巨大需求，以及跨国公司在海外广泛建立研发分支机构的大背景，研发人才开始突破企业内部组织在全球范围内流动。作为重要的创新人才资源，研发人才的跨区域流动对来源地、目的地与地区间的关系均会产生重要影响。

一、全球研发人才分布

（一）时空分布特征

高等教育资源在全球分布的不均衡性及各国在全球价值链中的分工差异，促使不同地区对研发人才发展的不同阶段产生拉力或推力作用。以往观点认为，具有高学历、高素质的研发人才主要集中在发达国家，但是，这一趋势正在缓慢发生变化。目前，新兴国家处于人才累积的快速增长阶段，随着发展中国家对本国高等教育的重视，加之人口基数大及国家经济增长迅速，一些发展中国家中接受高等教育的人才总量正在迅速增加。据统计，2015年，印度人才年增长量为7.3%，居世界首位，巴西第二（5.6%），印度尼西亚第三（4.9%），中国第五（4.6%）。但是，对于发达国家而言，大部分国家面临人口增速缓慢、劳动力市场老龄化的问题。七国集团成员国中，只有美国、加拿大的人才增长率以1.4%和1.3%的微弱优势排名前列，而日本、德国的人才增速分别为0.4%和0。不难预测，未来全球将会有超过一半的大学毕业生来自中国、印度、巴西等新兴国家。

作为全球科技创新活动中重要的人力资源，研发人才不仅是企业提升创新效率的重要动力，也是地区创新系统中关键的资源禀赋。因此，对研发人才资源在全球的空间分布格局及时间演化趋势的研究，将有助于观察创新活动的全球发展规律及评价区域创新竞争力。研发人才作为全球创新活动的主要参与者，属于非常重要的创新稀缺资源。

（二）研发人才受教育地空间分布特征

1. 教育资源高度集聚

研发人才主要集中在美国、加拿大、西欧、东亚等少数国家和地区，分为4个发展阶段。

① 1960—1974年，全球出现两大主要核心集聚区。培养研发人才最多的国家为美国，占比53.09%，主要分布在美国东部地区，并形成以波士顿、纽约、芝加哥为核心的大型高等教育集聚区；西部沿海地区教育功能次一级核心区正在形成，相比于东部地区，研发人才培育数量较少。英国的核心集聚区分布在英国东南部，以伦敦为中心向外扩散。同时，法国西北部以巴黎为中心、荷兰西南部以阿姆斯特丹为中心，以及比利时全境均在西欧核心集聚区内。

② 1975—1989年，美国、西欧核心圈层继续扩大，加拿大东南部渥太华、多伦多等地区也加入美国东部核心集聚区，德国西部地区加入西欧核心圈层。这一阶段，中国以北京、上海为首的东部地区及台湾地区，日本以东京、大阪为首的东南部地区，以及印度以新德里和班加罗尔为首的北部及南部地区都开始形成模糊的研发人才培养集聚区域。

③ 1990—2004年，美国南加州地区教育功能提升，美国西海岸以洛杉矶、旧金山区域为中心的次一级核心集聚区初步形成。印度以班加罗尔为中心的南部核心集聚区发育快速，中国以北京、上海为主要中心的东部集聚圈层也逐渐清晰。

④ 2005—2018年，全球五大研发人才教育集聚中心形成，美国东西海岸各发育了两大核心区，并有与中部相连的趋势，欧洲以英国、法国、德国、荷兰、比利时为主的西欧核心圈层继续扩大，以印度为中心的南亚集聚区和以中国东部地区为主的东亚集聚区出现。

2. 亚洲国家正在扭转全球研发人才的构成

1960—1989年，研发人才主要在美国、英国等北美西欧国家接受高等教育，1990年后，东亚也逐渐成为核心集聚区。表3-1为全球研发人才高等教育毕业地在各国的分布及占比，印度的排名始终位于前十，中国在2004年前一直排名前三，2015—2018年排名第11位。亚洲地区教育资源整体不如欧美国家，但由于人口基数大及对基础教育的重视，所培养的研发人才数量迅速增多。随着中国对高等教育投入的增加，高校竞争力在全球的排名不断上升，2018年，中国6所高校进入夸夸雷利·西蒙兹公司世界大学排名前100名。中国每年吸引的海外留学生数量持续增加，2017年海外生源约50万左右，是亚洲最大留学目的地国家。同时，中国的普通高校毕业生规模已超过美国和欧盟国家，科技劳动力的增长呈现井喷趋势。因此，中国正在成为全球研发人才的"培养皿"。而另一核心国家印度，平均每年以约13%的增长率成为金砖五国中高校毕业生人数增长最快的国家。根据 *Trends in Global Student Mobility* 显示，2016—2017年，美国留学生增长速度全球第一，但是其中主要来自亚洲国家中国和印度。综上，东亚培养研发人才及输送人才到海外留学的人数都非常多，未来全球的研发人才结构将发生巨大改变。

表3-1　全球研发人才高等教育毕业地在各国的分布及占比（前10位）

位次	1960—1974年		1975—1989年		1990—2004年		2005—2018年	
	毕业地	占比	毕业地	占比	毕业地	占比	毕业地	占比
1	美国	0.52	美国	0.33	美国	0.47	美国	0.54
2	印度	0.10	印度	0.13	英国	0.09	英国	0.12
3	中国	0.07	中国	0.11	中国	0.07	印度	0.04
4	英国	0.05	英国	0.06	印度	0.05	日本	0.04
5	意大利	0.02	意大利	0.03	荷兰	0.03	荷兰	0.03
6	荷兰	0.02	法国	0.02	意大利	0.03	澳大利亚	0.03
7	法国	0.02	荷兰	0.02	日本	0.03	意大利	0.02
8	加拿大	0.02	加拿大	0.02	加拿大	0.02	加拿大	0.02
9	澳大利亚	0.01	日本	0.02	法国	0.02	南非	0.01
10	西班牙	0.01	韩国	0.02	澳大利亚	0.01	比利时	0.01

3. 一超多强的研发全球化时期

1990—2004年是研发活动全球化的重要时期，研发活动强度加剧，全球出现规模不同的研发集聚区。美国南部研发活动密度增大，并与美国东部研发核心区相连，以硅谷为中心的西部核心集聚区已成为美国最重要的研发集聚区之一，与美国东部核心集聚区共同成为全球两大重要的研发创新中心。同期，西欧集聚区迅速向东扩张，研发创新活动甚至溢出至捷克、匈牙利、克罗地亚等东欧国家。印度南部核心集聚区成长迅速，中国东部沿海也形成一片较大的研发热点地区。其他研发活跃区还包括亚洲的马来西亚、新加坡、印度尼西亚、阿拉伯半岛地区，以及墨西哥北部与美国相邻地区。

2005—2018年，欧洲研发强度继续增加，但是研发集聚区的范围与上一阶段相比略有缩小。全球其他地区的研发集聚区仍处于迅速扩展的阶段。美国依旧是全球最大的研发活动集中国家，大量研发人才集聚从事研发活动。美国西部研发集聚区与以温哥华为首的加拿大西南地区接壤，并形成南北分布的大型带状集聚区；与此同时，美国东部研发集聚区、南部研发集聚区及加拿大东南部地区相互融合,形成了另一个巨型团块状研发活动集聚区,研发创新活动的空间溢出效应非常显著。印度的研发活动密度略高于中国,并在印度南部海得拉巴及班加罗尔地区形成主要的研发活动集聚区。

美国作为全球科技实力雄厚、创新竞争力排名第一的国家,一直以来都是研发活动的核心集聚地区,并且由点及面向外扩散带动美国其他地区甚至是周边国家。目前,美国几乎全境都分布了来自不同行业的顶尖研发人才,从事各类创新研发活动。20世纪90年代开始,研发全球化速度加快,并迅速东移,南非、印度、中国、印度尼西亚等新兴发展中国家进入全球创新价值链的趋势显著,大量研发活动发生在创新资源较优越的城市或地区。中国出现了3个层级研发活跃区,东部沿海片区最为密集,东南部以深圳为中心的珠三角集中区已开始显现,此外,中部地区的研发人才活动密度变化不大。

二、跨国人才流动

科技人才的全球流动对于科技创新和经济发展产生非常重要的影响。目前,国内关于科技人才全球流动的成果不是很多,但是已经引起了理论界的广泛重视。张瑾考察了第二次世界大战后英国科技人才流失到美国的历史现象,分析了人才流失的原因,进而讨论了英美两国人才战略的差异;杜红亮等分析了人才国际流动的态势,系统梳理了国际上海外高层次科技人才引进政策的实践与启示;邹晓东等介绍了中国海外高层次人才引进政策,并对这些政策进行了比较;郑巧英等梳理了技术移民及人才回流等全球人才流动形式及影响因素,并针对我国如何完善人才制度、利用好全球科技人才提出了政策建议。

研究表明:第一,科技领军人才的流出呈现明显的不平衡性,即流动的基本态势仍然是从发展中国家流向发达国家,并且发达国家之间人才流动也相当频繁;第二,全球科技人才流动网络具有相当强的稳定性,整个网络的稳定不依赖于一个或一组主要的国家或地区,即使部分国家或地区的内外部环境变化,也不会对全球科技人才流动的基本态势造成大的影响。

三、各领域全球创新人才分布

(一) 全球云计算技术领域创新人才

1. 云计算技术领域发明人的区域分布

随着技术的发展,专利申请数量不断增加,从事技术研发的发明人数量也越来越多。通过对云计算技术领域授权专利族的所属国别进行分析,可以了解这些国家从事该技术领域发明人的分布状况。一个国家从事云计算领域的发明人数越多,表明该国家在该技术领域的人力投入规模越大,人才竞争力越强,同时也可反映该国家对于云计算技术领域技术研发和创新的重视程度和发展趋势。

2. 云计算技术领域发明人的重要机构分布

通过对云计算技术领域专利权人专利授权量的分析,可以获知拥有最强技术实力的公司和科研院所等机构。发明人在机构分布的聚集程度体现了该机构在云计算技术领域的人力资源状况。专利权人在云计算技术领域所拥有的发明人数量越多,发明人团队越大,说明其从事技术研发和创新的人力资源储备越丰富。

3. 云计算技术领域的重要发明人

按照专利发明人,对云计算技术领域发明技术的专利族数量进行统计分析,可以了解该技术领域中研发最活跃的专利发明人。

(二) 全球航空航天基础研究人才

1. 基础研究人才国家分布

对2019年度全球航空航天基础研究人才进行分析,发现人才分布于161个国家或地区,不同国家航空航天基础研究人才数量差别较大,中国人才数量最多,达73 998人,占总人数的26.82%,美国次之,达64 934人,占比为23.54%。

2. 基础研究人才机构分布

对2010—2019年全球航空航天基础研究人才所在机构进行分析,发现人才遍布于6895个机构,其中,中国机构有839家。在人才数量排名前十的机构中,中国机构最多,共8个。基础研究人才数量位居前三的机构分别是北京航空航天大学、南京航空航天大学、西北工业大学,皆为隶属于中国的机构。此外,从前10位机构的论文质量来看,国外研究机构都表现较为优异，多高于全球平均水平，而国内的机构发文质量多数低于全球平均水平。

3. 基础研究高科研产出成就人才分布

全球航空航天工程领域内，在2019年发文量居前20位的高科研产出人才中，仅4位人才成果影响力在全球平均水平以上，5位人才每篇文章被引用次数超过100次，h指数①20以上的人才有5位。2019年，全球航空航天顶尖学术成就人才主要集中在美国，中国和英国次之。

（三）绿色发展科技创新人才

当前，绿色发展科技创新人才结构体系基本形成，为绿色发展研究提供了人才保障。整体上看，中国和美国成为全球绿色发展科技创新人才分布较为集中的地区，之后为日本、德国、韩国、英国等世界主要工业化国家，西班牙等国家也有少量人才分布，占比低于1%。第二次工业革命以来，全球工业化发展过程中不可避免地伴随着对本地生态环境的破坏，"洛杉矶光化学烟雾事件""伦敦烟雾事件""水俣病事件"等环境污染事件触痛了人们的神经。随着世界主要发达国家经济水平的提高，其对良好生态环境的需求愈发迫切，绿色发展科技创新人才成为了必需。

第三节　专利技术全球时空分布

专利是技术创新、成果传递交流的重要载体，是用来判断技术创新程度的重要指标，对相关产业发展和技术突破产生重要影响。专利创新是技术发展的驱动力，这种驱动作用主要体现在优化专利布局、推动技术创新及实现产业化应用上。通过研究专利创新网络，可以了解全球技术创新发展趋势、各国专利布局特征及演变规律。

---

① h指数又称h因子，是一个混合量化指标，可用于评估研究人员的学术产出数量与学术产出水平。h指数是2005年由美国加利福尼亚大学圣地亚哥分校的物理学家乔治·希尔施提出的。

一、人工智能专利技术分布

科技创新是顺应国际发展潮流、应对全球挑战的重要武器，而人工智能作为引领人类未来的战略性技术，在引发科技、产业和社会变革方面具有巨大潜力，各国纷纷出台人工智能资金支持计划与相关政策扶持计划，助力新技术变革。

（一）专利受理量上升趋势强劲

从2000—2019年人工智能专利受理量来看，2010年是人工智能专利受理量的分水岭。2000—2010年可称为人工智能的实验室阶段，在此阶段，欧洲软件行业迎来近30年的鼎盛时期，其专利受理量居全球第一，涌现出Nokia、SAP等巨头公司。美国、中国的人工智能企业分别在1991年、1996年进入萌芽发展期，中美的这一时间差使得中国人工智能专利受理量虽有所增长，但整体低于美国，而美国始终在相对较高的水平波动。同一时期，日本与韩国的人工智能专利受理量变化趋势较平稳，分别在年50件、年30件左右浮动。随着各国在人工智能技术研发上的不断投入，全球人工智能发展进入快车道。2010年之后，全球人工智能开始进入暴发式增长阶段，并逐步迈进规模化商用时代初期，各国开始加大国家层面的扶持力度，以实现人工智能技术及应用的飞跃发展。

全球主要国家和地区加快了人工智能技术的开发和产业布局。2016年，中国将人工智能行业纳入国家"十三五"规划中，从人工智能关键技术及人工智能与行业融合渗透等方面进行政策指导，调动了人工智能市场的活跃度，2016年人工智能专利受理量达214件。2017年，美国出台《自动驾驶法案》《人工智能政策原则》等政策，2018年专利受理量达到239件；同年，韩国发布《机器人法案》，专利受理量达到256件，赶超中美。日本从2016年开始力求建设更为智能化的社会，在2017年发布了《下一代人工智能推进战略》等举措。

（二）专利技术主题突出

全球人工智能技术主要集中在G06（计算/推算）这一领域，同时也涉及众多领域的技术开发，各国技术主题分布各有侧重。G06和H04（电通信技术）是通信领域的核心技术，在该领域美国专利数量最多，中国与美国比较接近，韩国次之。美国在G11（信息存储）和G10（乐器/声乐）领域具有明显

第三章 全球创新地理时空演化格局

优势,如存储器的数据刷新等,同时,谷歌、IBM等企业利用AI+音乐推动整个乐器行业发展模式的革新。值得关注的是,中国5G的诞生不仅是通信技术的一次跨越式升级,同样也为人工智能技术的发展开辟了快速通道,5G+AI解决了诸多信息网络运营与维护的难题。中国在G01(测量/测试)和G05(控制/调节)领域专利分布较多,运用于交通建设及雷达测试等。2017年中国首条自主研发无人驾驶地铁与2019年中国首条智能高铁的开通,实现了轨道交通建设的整体跃升。

在医学领域,人工智能在诊断(A61B)方面得到普遍运用,阿里达摩院推出的CT影像识别算法有效缩短了分析时长,百度推出的智能分诊台、辅助诊断系统等AI医疗产品为医疗领域的智能化发展搭建了平台。另外,美国、中国还进行了理疗装置(A61H)的研发工作。日本在H01(基本电器元件)、B60(一般车辆)、C22(冶金)、C08(有机高分子化合物)等方面专利数量较多,这与日本在全球汽车领域的优势地位相匹配。韩国在G08(信号装置)、G16(特别适用于特定运用领域的信息通信技术)、A63(运动/游戏/娱乐)等技术领域具有优势,将人工智能应用到室内小型桌游,成为人工智能游戏产业场景再现的先锋。欧洲国家除了涉及上述技术领域外,还侧重其他技术领域,如德国是以工业制造为主的国家,侧重B25(车间设备)、C08、C22等领域的专利布局。

综上,各国依托优势产业进行升级,在通信和医疗领域中美主题分布较多,此外中国人工智能在交通建设方面初现成效,日本人工智能在汽车制造领域发展具有明显优势,韩国在娱乐、服务等领域借助人工智能技术提升行业竞争力,欧洲致力于传统制造业的智能化发展。整体来说,各国人工智能技术主题分布不均衡,除了计算领域外,其他技术主题开发较少。人工智能技术是国家产业发展的助推器,中国在保持现有领域人工智能技术研发的同时,更应立足于多技术主题的同步发展,不断进行人工智能技术挖掘,为打造智能化产业提供技术根基。

二、机器学习专利技术时空分布

随着人工智能的蓬勃发展,机器学习作为关键核心技术也得到了前所未有的发展机遇。机器学习技术的发展可以追溯至20世纪50年代,1949年,赫布理论生动揭示了学习过程中大脑神经元的变化规律,机器学习研究也由此迈出了第一步。1952年,IBM的工程师亚瑟·萨缪尔研究出一款西洋跳棋程序，也由此成为"机器学习之父"。美国和中国在机器学习方面的申请数量、公开数量远高于其他国家，占据第一梯队；日本、韩国在机器学习方面的研究处于第二梯队；德国、印度、英国等国处于第三梯队。其中，美国自1990年以来申请专利23 599件，占比达41.32%，中国申请15 014件，占比达26.28%。虽然中国申请量较高，但与美国相比还存在一定差距。

研究表明：①机器学习专利申请量逐年攀升，目前仍处于热门研究状态。美国和中国在机器学习方面的专利成果较多，但是，中国机器学习专利的申请及公开数量距美国还有一定差距。②全球机器学习技术专利申请主要集中在基于特定计算模型的计算机系统与数字数据处理两大类，此外，在金融、商业、控制、医疗等领域也有广泛涉及。中美两国专利申请类别也主要集中在这两类，这说明中美在相关专利申请上的技术领域比较接近，技术竞争态势极为激烈。③中国机器学习专利申请及公开趋势与全球趋势相符，呈现持续攀升态势。世界范围内各专利主要申请国比较重视在中国的专利布局，其中美国和日本分别占据第一、第二。中国大陆地区申请人主要集中在北京、广东、江浙沪等地区。④中美授权发明专利具有明显差异，美国发明专利授权率为27.73%，中国发明专利授权率仅为14.07%，中国的发明专利授权率低于美国。

三、核材料领域全球专利态势

核材料领域专利申请趋势与核工业发展趋势相吻合，印证了专利制度是市场经济的产物，产品未到、专利先行，专利信息很好地反映了技术创新和市场波动。世界范围内，从20世纪20年代起，核材料领域开始有专利申请。1945年第二次世界大战结束后，美国和英国开始重视核材料相关研发工作，陆续在该领域申请专利，但年申请量小于20件。1960—2010年，专利申请量逐步增长，特别是1970—2010年，专利申请量保持稳定，呈现常态化发展，每年达到1000件左右。2010年至今，专利申请量呈现大幅增长的趋势。

从核材料专利技术分布上看，核工程材料、战略核材料、特种同位素材料及新型功能材料占比分别为79%、9%、7%及5%。其中，核工程材料技术分布专利申请量最大，主要是由于核工程材料是该领域研究最为热点的技术，并且核工程材料与市场化程度较高的核电站相关，该申请量反映了世界核电发展形势及市场竞争情况。战略核材料由于具有一定的政治敏感性，多以国家秘密或国防专利的形式保护，申请量较少。

四、绿色技术专利分析

（一）专利年申请量统计阶段

通过对中、美、日、韩和欧洲的绿色技术专利年申请量进行统计分析，分为3个发展阶段。

① 1970—1987年，绿色技术专利处于低水平发展阶段，依托完善的环境管理体系和长久的技术累积，欧美绿色专利数量远高于中日韩三国。1973年后，石油危机成为绿色技术发展的转折点，随着国际社会对加快能源转型的呼声，各国开始从政策、法律等多层面关注绿色技术变革，如1974年日本的"阳光计划"，1987年韩国的《新能源和可再生能源发展促进法》，为这一阶段绿色技术专利的初步发展奠定了行业和政策基础。此外，由于中国在1984年颁布的《专利法》中没有涉及绿色专利领域，立法工作的滞后在一定程度上制约了中国绿色技术产业的发展。

② 1988—2005年，全球各国专利数量总体呈现平稳上升趋势。1988—1997年，美国、欧洲和日本相继进行社会经济改革，在促进以信息产业为代表的高新产业发展的同时，加快了对传统产业的技术改造，专利申请数量迅速增加。1997年后，受亚洲金融危机影响，绿色专利申请总量持续高走的趋势受到遏制，暂时进入平稳期，其中日本受冲击较大，专利数量年均156件，美国和欧洲分别稳定在年130件、年170件左右。相较而言，韩国绿色技术专利申请数量持续走高。此外，我国在20世纪90年代初开始重视新能源的开发利用，但限于起步晚、核心技术欠缺自主研发能力，专利数量依然落后于欧美国家。

③ 2006年后，绿色技术专利数量开始进入快速增长阶段。2006—2012年，各国将推进绿色专利技术创新作为国家发展的主要战略，加快绿色技术研发与成果转化，专利量再次稳步上升。2012年后，欧美及发达国家依靠全球价值链龙头地位实现其技术及制度输出，不断拓展和深化绿色技术专利的内容数量，已逐步完成绿色技术专利布局，专利数量呈现平稳下降的趋势。此外，中国自2006年"十一五"规划中提出节能减排的社会硬约束发展目标，并推出了一系列配套政策之后，专利申请数量实现跨越式增长，并从数量上赶超欧美日韩。透过我国绿色技术发展势态可见，政策规划和法律法规是推动中国绿色技术专利发展的核心导向。

（二）专利质量分析

专利引用体现了技术领域的发展规律，体现了科学、技术的延续性与接替性，以及不同学科领域间的交叉互融。1970—2018年，美国绿色技术专利质量最优，被引次数在11~50次的专利数量占比达到32.76%，而同层次的欧洲、韩国分别仅占1.01%、1.03%，中国、日本近乎0。韩国绿色技术专利被引次数在1~5次的占比为31.63%，美国和欧洲次之，分别达到24.16%和14.22%。中国虽拥有最多的专利数，但被引专利数量在1~5次的只有1095件，占比6.28%，相对较低。美国在绿色创新技术中掌握着大量核心专利，其在绿色技术领域的竞争实力和创新能力处于世界顶尖地位，而中国专利"大而不强，多而不优"的矛盾较为突出，"大量式"的专利申请数量中存在技术含量低的"非正常申请专利"，专利数量并不能全面反映我国的实际竞争优势。

（三）日韩绿色专利技术发展及演化特点

1970—1989年，日韩绿色技术专利呈现明显的两极核心网络布局特征。两国皆显现出以固体废物的处理/污染土壤再生，一般化学物理方法，水、废水的处理为核心的环保产业技术集群，以电动车辆动力装置、电动机、发电机的控制为核心的汽车产业技术集群。相较而言，韩国技术集群相对分散独立，且网络规模较小，而日本已显现技术集群联合发展的雏形，集群间关系更为密切。同时，日本从20世纪60年代起就积极改善环境质量，其环保产业技术集群集中度更高，涉及技术范围更为广泛。

1990—2000年，日韩两国专利网络中，新能源和汽车产业技术集群凸显，逐步形成覆盖汽车、石油、机械等多产业的技术聚集一体化格局。值得注意的是，日本汽车产业内的技术集群更为密集，汽车驱动、控制及尾气处理等多种技术多元化融合发展的趋势明显。2000年以后，日韩专利网络数字化集群凸显，出现了围绕专门行业适用的数据处理系统或方法、电数字数据处理的核心技术集群，并逐步形成了核心集群扩散、辐射范围和控制力逐渐加强的多层次、多核心的网络结构。

（四）欧美绿色专利技术发展及演化特点

不同于中日韩，欧美很早就开始了绿色经济转型，绿色专利网络布局已提前完成，进入技术融合提升并进一步聚焦的发展阶段。1970—1989年，欧美已形成囊括环境保护、新能源开发两大绿色技术主题的双核心集群。其中环境保护涉及工业污染、农田修复、绿色城市建设三大重点领域，新能源开发涉及太阳能、风能、生物质能的利用及新能源汽车等。1990—2000年，欧美绿色技术专利网络核心集群规模进一步扩大，碳排放交易体系建立完善，在推进欧美绿色技术发展的同时，巩固了其全球绿色技术的领导地位。2000—2011年，欧美绿色技术网络呈现集群内重新聚焦的特征，"服务化"特征越来越明显，绿色技术渗入第三产业，广泛运用于公共管理、商业服务等领域。2012—2018年，随着欧美相继推行"再工业化"战略和制造业重振计划，新兴产业发展提速，工业增长动力不断集聚，绿色技术专利网络呈现围绕高端制造业的集群扩散现象，工业化和信息化深度融合加速各个产业的数字化、智能化水平，从未来趋势来看，智能制造将成为欧美绿色技术核心发展趋势。

总之，各国绿色技术专利网络结构从稀疏到密集，网络结构不断成熟并趋向整体融合。技术集群间相互关联、交互融合成为技术发展升级的必然趋势。绿色技术专利主题的演化呈现相似路径，主要匹配了从"重工业、农业→汽车行业→汽车行业、能源行业、电力行业→计算机行业、能源行业、汽车行业"的行业变迁过程，但各国的时间进度有先后之别。

近年来，欧美各国相继开放绿色技术专利，加速技术外溢，美国在2003年成立芝加哥气候交易所，标志着以倡导节能减排为核心的碳排放交易体系走上了市场化运作之路，也是美国构建其碳排放交易体系全球标准的开端。欧盟在2005年启动了欧盟碳排放交易体系，而我国2011年才在北京等7个省（区、市）开展交易试点工作。可见，专利技术创新不仅是产业发展的助推器，也是构建全球标准的底气。

第四节　研发资金全球时空分布

一、世界主要国家研发投入总体概况

世界科学研究格局正发生重要转变，全球研发总投入持续快速增长，由2009年的1.2万亿美元增长到2018年2.1万亿美元，增幅75%。尽管美国仍然是世界范围内科学和技术创新的领袖，韩国、中国等亚洲国家也正在成为全球研发投入增长的重要引擎。

二、研发投入的国家差异

（一）总投入及研发强度

从国内研发总投入及研发强度来看，美国研发总投入遥遥领先，且保持稳定的增长趋势。近年来，中国研发投入保持强劲的增长态势，增长速度全球最快，2018年研发总投入已经逼近美国总量。2018年，美国和中国占据全球研发总投入的55%；日本、德国紧随其后，分别占全球研发总投入的8%、7%；法国、韩国、英国研发总投入体量相当，2009年，法国略高于韩国、英国，但2010年起，韩国逐渐发力，已跃居全球研发总投入第5位。

从世界主要国家国内研发总投入占GDP的比例来看，自2010年起，韩国研发投入强度跃居榜首，且与其他国家的差距逐渐增大，2018年，韩国研发投入占GDP的比例已经达到4.53%；日本、德国紧随其后，研发强度为3.2%左右；美国尽管研发投入总量超过任何一个工业化国家，但其研发投入占GDP的比例并不算高，且过去10年研发强度均在相对很小的范围内波动；中国研发强度小幅攀升，从2009年的1.66%提升至2018年的2.19%，已超过英国，接近法国。

（二）研发活动主体的经费构成

从研发经费来看，企业为最大的研发经费来源部门。其中，日本、韩国、中国等亚洲国家企业经费占比最高，分别为79.06%、76.64%、76.63%；其次是德国，企业经费占比66.18%；美国来自企业的经费占比62.37%；法国、英国相对较低，分别为56.08%、51.77%。7个国家的政府投入都是第二大研发经费来源，法国最高，政府经费占比32.41%；其后是德国、英国、美国，分别为27.72%、26.26%、22.96%；日本（14.56%）、中国（20.22%）、韩国（20.53%）的政府来源经费占比低于美国。7个国家中，英国来自国外的经费最为引人注目，2016年，英国有15.62%的研发经费来自国外；法国、美国也比较高，接近8%；其余国家的国外经费占比则很低。

从经费执行部门来看，企业部门研发执行总量几乎都占绝对优势，2018年的数据显示，韩国、日本、中国等亚洲国家企业部门执行经费占国内研发经费的比例接近80%，分别为80.29%、79.42%、77.42%；美国企业部门执行经费占国内研发经费的比例为72.58%；其他国家稍低，但是也超过了65%。在政府部门执行的研发经费方面，7个国家占比在6%~15%，其中英国政府部门执行经费占比最低，为6.1%；中国政府部门执行经费占比最高，为15.18%，德国次之，为14.67%。7个国家中高校执行的研发经费占其研发经费总量的比例在7%~23%，其中英国高校研发经费执行占比最高，为22.54%；法国高校研发经费占比20.5%；美国、日本高校研发经费占比稍低，分别为12.85%、11.56%；中国高校研发经费占比最低，仅为7.41%。

（三）研发经费使用方向

从2017年研发活动类型来看，各国关注基础研究、应用研究和试验发展的程度也不一样。英国、美国、法国、韩国和日本等5个国家用于基础研究的经费占其国内研发总投入的12%~23%。其中，法国最高，占比达到22.74%；其次是英国，占比18.1%；美国、韩国、日本分别占比16.59%、14.21%、12.57%。2018年，美国基础研究经费总量达到960亿美元，中国基础研究经费300亿美元，占国内研发总投入的比例仅为5.54%。

各国用于应用研究、试验发展的经费也明显不同。从应用研究经费来看，中国经费占比最低，为11.13%，总量约610亿美元；英国、法国占比较高，均超过40%，但是经费总量不高，约200亿美元；美国占比19.77%，总量约1140亿美元。从试验发展经费来看，中国经费占比最高，2018年试验发展经费占比83.33%，总量约4610亿美元；美国用于试验发展的经费占比也很高，达63.37%，经费总量约3680亿美元；日本、韩国试验发展经费占比也超过了60%，但是总量远低于中国、美国。

世界主要国家战略重点领域不同（中国经费项目缺失）。在健康和环境方向，美国政府投入占政府研发经费的56.81%，非定向研究占比16.26%，经济发展项目和空间研究项目占比13%左右。英国在健康和环境方向政府投入占比31.70%，经济发展项目和大学基金项目占比分别为22.77%、24.73%。韩国、日本在经济发展项目方面投入的政府研发经费最多，分别占比49.35%、34.35%。德国在大学基金项目方面投入的政府研发经费最多，占比40.77%。此外，在教育和社会项目方面，韩国投入占比约10%，远远高出其他国家。在空间研究项目方面，法国占比13.89%、美国占比12.84%，经费占比遥遥领先。

三、欧盟产业研发投入

（一）背景

自 2005 年起，《欧盟产业研发投入记分牌》（简称《记分牌》）收集并研究欧盟及全球高研发投入企业的经济和财务数据，每年监测不同企业、行业、经济体的投入规模和特征，主要目标是将欧盟的企业创新驱动绩效与全球竞争对手进行比较。第一期《记分牌》（2005年）对全球研发 500 强企业进行分析，中国仅有 9 家企业入榜，大陆地区只有 2 家石油企业入榜。第二期《记分牌》（2006年）入榜企业扩展到 700 强，2007—2013 年报告扩展到 1000 家，2014 年拓展到 2000 家，2015 年增加到 2500 家。2020 年岁末，中国和欧盟完成《中欧投资协定》谈判，2021 年政府工作报告将《中欧投资协定》签署纳入深化多边和区域经济合作的重要事项之一。

（二）欧盟国家投资中国科技企业现状

近几年，欧盟国家投资中国科技企业数保持稳步增长，27 个成员国中有 24 个在中国投资科技企业，共 2000 家，其中德资企业 826 家，占比 41%，法国、意大利、荷兰、瑞典等投资均超过 100 家；主要分布在江苏、上海、广东、北京等科技创新资源丰富的省市，国家高新区内企业占七成以上，主要集中在上海张江（256 家）、苏州工业园（138 家）、中关村（134 家）等国家高新区，118 家国家高新区内有欧盟投资企业。

欧盟国家投资中国科技企业经济效益良好。2019 年，欧盟国家投资中国科技企业实现营业收入 1.9 万亿元，净利润 1726 亿元，实际上缴税费 1563 亿元，平均每家企业营业收入 10 亿元，人均营业收入 271 万元。带动就业 72 万人以上，其中外籍常驻人员 5187 人，引进外籍专家 1173 人。超五成企业为高新技术企业，享受高企所得税减免等减免税总额 127 亿元。同时也在国际合作与竞争中促进企业科技能力提升，拥有有效专利 5.1 万件，其中欧美日专利 576 件。欧盟国家投资中国企业在境外设立营销服务机构 177 个、境外分支机构 117 个、境外技术研发机构 94 个、境外生产制造基地 52 个。

欧盟国家投资由制造业向多产业水平型合作演进。2019 年，欧盟国家投资中国企业主要集中在制造业，其中汽车制造业 293 家、通用设备制造业 260 家、专用设备制造业 208 家。在中欧科技企业合作中，先进制造与自动化领域占 1/3 以上，但也从制造业的垂直合作向多产业水平型合作演进，新材料

(246家)、电子信息(236家)、生物与新医药(117家)、高技术服务(117家)领域的企业都达到百家以上。

四、中美研发投入对比

美国和中国是全球研发投入规模排名前2位的国家,研发投入总和占全球的近一半。2019年,美国的研发投入为6575亿美元,研发强度达到3.07%,居全球前10位;中国的研发投入达到5257亿美元,研发强度升至2.23%,居全球前15位。从近20年来的投入来看,中国的研发投入虽然持续快速增长,但是每年的投入量和累计投入量都与美国还有较大差距。按购买力平价计算,中国研发投入量从2000年的329亿美元快速提升至2019年的5257亿美元,增长了15倍,年均增长率15.7%。

> **思考题**
>
> 1. 全球企业研发趋势主要表现在哪些方面?
> 2. 本章列举了哪些领域的创新人才分布状况,并说一说分别具有什么特征。
> 3. 根据本章研究内容,谈谈专利技术对全球创新的意义。
> 4. 研发投入是制定一个国家科技政策的重要依据,比较全球研发投入情况,想一想我国在研发投入方面还应注重哪些?

参考文献

[1] 潘峰华,刘宇帆.全球金融科技产业的分布及其影响因素研究进展[J].世界地理研究,2021,30(4):696-707.

[2] 刘理晖,胡晓.全球人才流动特点和自由贸易港(区)的人才政策[J].重庆理工大学学报(社会科学版),2019,33(12):1-11.

[3] 王全纲,赵永乐.全球高端人才流动和集聚的影响因素研究[J].科学管理研究,2017,35(1):91-94.

[4] 姜军,武兰芬.全球云计算技术领域人才分布研究:基于技术创新的视角[J].情报杂志,2017,36(7):84-88.

[5] 缪楠,刘美玲,金于倩.全球创新网络构建与宁波民营企业创新绩效[J].经济管理文摘,2021(15):10-11.

［6］张琳，果春山，李岭，等.欧盟产业研发投入记分牌分析：兼论中欧企业创新合作新机遇［J］.世界科技研究与发展，2021，43（4）：431-439.

［7］谢尧堃.我国市域财政科技支出的空间差异与标尺竞争效应研究［D］.福州：福州大学，2016.

［8］王丽.企业科技创新评价指标体系构建的实证研究［J］.河南科技大学学报（社会科学版），2009，27（6）：69-73.

［9］于瑜.国家中心城市科技创新能力的监测评价：以郑州市为例［J］.河南科技，2021，40（3）：152-158.

［10］李晓锋.天津自主创新示范区政策创新的现状、问题与对策［J］.天津经济，2019（1）：19-23.

［11］李健，屠启宇.全球创新网络视角下的国际城市创新竞争力地理格局［J］.社会科学，2016（9）：25-38.

［12］原帅，何洁，贺飞.世界主要国家近十年科技研发投入产出对比分析［J］.科技导报，2020，38（19）：58-67.

［13］华连连，张涛嘉，王建国.全球绿色技术专利创新演化及布局特征分析［J］.科学管理研究，2020，38（6）：149-158.

第四章　中国创新地理时空演化格局

> **导　言**
>
> 面对全球科技革命和产业革命带来的颠覆性影响,以及外部严峻国际政治、经济环境的冲击,中国提出了要"加快构建国内国际双循环相互促进的新发展格局,保障经济社会安全,加快经济高质量发展"的战略方针。本章重点从省域、市域、县域3个角度,从创新能力、创新人才、科技投入等方面分析中国在创新地理上的时空演化格局。

第一节　中国省域创新地理时空演化格局

一、创新能力

改革开放以来,中国经济发展取得了令人瞩目的成就,党的十九大报告提出"我国经济已由高速增长阶段转向高质量发展阶段"的重要论断,意味着经济高质量是中国步入新时代后发展的核心与关键。创新发展作为推动我国经济高质量发展的第一动力,是中国经济高质量发展的重要驱动力,是提高社会生产力和综合国力的战略支撑。现阶段,我国各省市创新能力发展不均衡,部分省市科技创新能力相对滞后,在资源禀赋、经济发展水平、资产投资程度等方面存在较大差异,不可避免地出现创新发展水平不平衡的状态。

（一）时间变化特征

通过比较我国30个省（区、市）（研究范围不包含我国西藏及港澳台地区）2007年、2013年和2018年发明专利授权量及年均增长率,可以得出：①我国省域的发明专利授权量在绝对值上都有大幅提高,说明创新能力的总体趋势都有较大程度的提升。2007—2018年,发明专利授权量年均增长较快的省（区、市）有安徽、福建、宁夏、广西和重庆，全国各地年均增长率都在10%以上，整体发展势头良好。②我国省域创新能力水平存在明显差异。发明专利授权量排名靠前的省（区、市）基本稳定在北京、广东、安徽、江苏、浙江和山东，属于创新能力高水平地区。创新能力较低的地区则主要集中于西部，2018年，发明专利授权量不足1000件的有内蒙古、海南、青海、宁夏和新疆等省区，属于创新贫瘠地区，说明我国创新能力水平存在省域不平衡的特点。

（二）空间变化特征

我国区域创新能力有着明显的空间差异。从2011—2018年创新绩效水平发现，广东、江苏、浙江、北京、山东居前5名，其次是上海、湖北，而新疆、青海、宁夏、甘肃、海南等排在后列，这可能是因为前期创新发展投入不足而造成的。东部沿海地区的创新发展水平明显高于中西部内陆地区，东部沿海地区对外贸易合作交流的机会更多，并与周边城市往来密切，更能带动省域的创新发展。中西部省域工业发展基础相对落后，地区发展较为落后，创新投入不足，但是创新发展增长的空间较大，可以利用本地区未被开发利用的资源禀赋，从发达地区学习技术经验，加大人才振兴，实现创新能力水平的跨越式提升。

（三）创新能力领先地区

1. 广东

广东省2020年区域创新能力依然排名第1位，且从综合创新能力来看，领先优势持续扩大，创新能力提升步伐快于其他省份。广东省不仅得益于自身的地理位置，而且改革开放以来，逐步形成了高度开放的外贸经济，外商投资活跃，整体营商环境较好，具备宽松的创新创业环境。基础数据显示，2018年，广东省政府研究与试验发展（R&D）投入较该省上一年度同期增长超过19.67%，国际论文数增长了13.27%，R&D人员全时当量和每万人平均R&D人员全时当量分别增长了34.93%和32.81%，科技企业孵化器数量增加了208家，风险投资额增长了53.55%。系列数据表明，广东正在通过创新资金和人力投入，以及创新载体的构建，不断完善创新创业生态系统。

2. 北京

北京人力资源和科技资源等创新要素汇聚，造就了知识创造能力方面的巨大优势。北京创新创业资源丰富,高新技术产业发展水平高,国际化程度高。除此之外,近年来北京在企业创新投入方面也不断发力。基础数据显示,2018年,北京"规模以上工业企业有效发明专利数"较上一年度增长了24.22%,"每万家规模以上工业企业平均有效发明专利"增长了25.54%,对企业创新起到了积极的促进作用。

3. 上海

得益于优越的地理位置和较高的对外开放程度,上海在吸引外资方面具有优势,知识获取能力较强,这些构成了创新的重要基础。此外,上海具备良好的营商环境和制度机制,肩负着建设具有全球影响力的科技创新中心的重担。未来,如何抓住战略机遇期,发挥政策优势,释放创新活力,是上海将要面对的重要挑战。

(四)创新能力追赶地区

1. 安徽

为提高区域创新能力,安徽省政府采取深度参与基础研究和应用基础研究的新模式,从资金、人才、土地等方面入手,采用地方财政资金支持基础研究,配套园区建设、建立国家科学中心首席科学家制度,允许重点项目建设资金可按照一定比例用于人才引进培育,优先保障综合性国家科学中心重大项目建设用地等举措,探索构建了地方政府全面参与基础研究和应用基础研究的新模式。

2. 陕西

坚持科技创新和体制机制创新"双轮驱动",通过构建以科技资源共享为核心的大型科学仪器设施开放共享机制,解决了科技创新资源设备管理、数据标准、运行服务不统一的问题。西安搭建面向试验测试的第三方工业电子商务服务平台,针对缺乏试验测试资源及自身资源无法满足需要的中小微企业、民参军企业,提供了试验业务制定及预约、试验模块化设计,以及电子审签、业务进展在线跟踪、试验数据远程分析、试验结果评定等"一站式"在线试验测试服务和全面分析解决方案。

3. 辽宁

创新政策效果初显,以国有企业全面创新改革带动地区创新能力的提升。针对传统组织模式下存在的国有企业创新动力不足、有形与无形资源利用效率不高、人才匮乏与员工冗余并存、员工与企业利益不绑定等问题,采取支持员工内部创业的国有企业经营模式改革,取得了很大的成效。

二、创新人才

随着经济全球化进程不断加快,全球范围内正在孕育兴起新一轮的科技革命和产业变革,我国在国际影响力不断提升的同时,也暴露出了创新能力较低的短板。因此,需要强大的科技创新力量和强有力的人才支撑。创新人才是社会发展的中流砥柱,大力培养一支专业化、高精尖的创新人才队伍是新时代经济发展的人才基础。我国人才规模大,但总体质量低于发达国家,主要是因为创新人才资源匮乏。面对日趋激烈的国际人才竞争,以及建设社会主义现代化的时代要求,我国人才工作面临更大挑战。为此,我国需要全力构建人才国际竞争新优势,着力培养创新人才。

习近平总书记把握社会主义现代化建设的时代脉搏,在继承我国优秀的传统人才观及历代领导人人才培养思想精华的基础上,结合我国国情,提出了具有中国特色的人才思想,并突出强调了创新人才培养的重要地位,系统地回答了创新人才培养工作的基本要求、基本原则和指导思想,鲜明地指出了创新人才体系建设的主要矛盾。习近平的创新人才思想是对毛泽东、邓小平、江泽民、胡锦涛等领导人人才思想的继承和发展,更是创新;是中国特色社会主义理论体系的重要组成部分,是人才理论体系中最新的理论成果,也是我国人才工作进一步推进的理论前提,对我国创新人才队伍建设和社会主义现代化建设具有极大的促进意义。

我国科技事业蓬勃发展,科技人才队伍也不断壮大。2008年,我国从事科技工作的科技人力资源总量为4967万人;2016年,我国的R&D人员已有387.81万人,甚至居于美国之上,此时日本的R&D人员是87.23万人,德国的R&D人员是65.67万人;2018年,我国的科技人力资源总量已经达到了10 154.5万人,是10年前的2倍多,而其中的R&D人员总量达到438.1万人,占全国科技人力资源总量的4.31%;2019年,我国科技人员总数约7000万人,其中研发人员数量约540万人,居世界首位。由此可见,我国的科技人才队伍是非常壮大的。

虽然我国是世界科技大国,拥有总量最多的科技创新人才,但并不是一个具备顶尖科技实力的科技强国。高水平的科技创新人才总数很多,但缺乏世界一流的顶尖科学家和领导人。数量庞大的科研人才并不能够有效支撑起核心领域建设、重大科技项目的推进工作，科学技术的发展仍面临无"领导者"可用的窘境，即一流科技创新人才的引进不到位，缺少"金字塔尖"上的顶尖学者。科技人才匮乏，尤其是尖子人才数量严重不足，使得科研创新团队结构不合理，影响了科研项目的顺利推进。

目前，我国缺少年轻的科研后备军。通过对现有院士的年龄结构进行分析，如2019年年初，我国物理学院士普遍处于51～60岁，而美国等发达国家普遍为41～50岁。院士年龄偏大的问题使得我国物理研究进度滞后，人才断层问题也导致后备人才不足，富有创造力的青年科技人才匮乏，导致创新技术研究人才队伍建设质量受到影响。

三、科技投入

我国R&D经费强度逐年提高。研究表明，R&D经费强度的发展存在两个转折点：1%是第一个转折点，在到达1%之前会经过一个较为漫长的过程，超过1%之后则进入一个较快的增长阶段；2.5%是第二个转折点，超过2.5%后增长将放缓。整体来看，R&D经费强度的发展轨迹呈现S形曲线，两个转折点将R&D经费强度的变化过程大致划分为3个阶段，即缓慢增长阶段、快速增长阶段和基本稳定阶段。我国R&D经费强度的发展与该规律较为吻合，从2001的0.5%上升到2011年1.84%，处于快速增长阶段。尽管我国的R&D经费强度呈现强劲的增长势头，但与世界典型创新型国家2.0%的平均水平相比仍相对较低。

（一）计算机技术领域

高校计算机创新实践。高校是计算机应用技术创新实践的主体，高校在培养计算机应用技术人才时，要结合市场化需求，即整个行业对人才的需求，进行专业化的定向培养。现阶段，高校已经将创新融入课程教学中，并加大了对计算机应用技术创新发展的重视，在教学之外，高校教师还开展了各种实践活动，加强校企之间的合作，为企业培养专业化计算机应用技术人才，使得学生的知识储备和实践操作跟上新形势下的发展要求，具有互联网思维，能够在教学和实践中锻造学习能力和丰富实践经验。

企业计算机应用技术的创新。从事计算机应用技术的企业越来越多，不同企业由于发展的方向、内容不同，在技术应用上也存在不同的侧重点，同时，企业在资金、人才、技术投入上存在差异，也使得企业的发展水平参差不齐。这些差异性的因素使得计算机应用程序更加趋向多元化，需要充分满足不同企业的发展需求。新形势下计算机应用技术创新中，企业应提升创新实践能力和水平，充分了解企业自身的优势、劣势，确定最佳的创新实践方向。

（二）农业科技投入

我国农业科技投入整体呈增长趋势。从表4-1可以看出，农业经费投入由2014年的975.56亿元逐步增长到2019年的1798.14亿元，增长了84.3%，年均增长10%以上，说明我国每年在农业行业投入的科研经费持续提升，对农业科研的重视程度高。农业科研人员全时当量由2014年的263 288人年增长到2019年的497 939人年，增长量为89.1%，年均增幅依然高于10%，反映出我国农业行业的人力资本迅速增加。农业研发项目数由2014年的34 328项增加至2019年的101 964项，增长197%，尤其在2019年突破10万项。农业机械总动力除2016年有所下降外，其余均呈增加趋势。

表4-1 2014—2019年全国农业科技投入相关数据

时间	农业经费投入/亿元	农业科研人员全时当量/人年	农业研发项目数/项	农业机械总动力/万kW
2014年	975.56	263 288	34 328	108 057
2015年	1076.02	317 642	48 286	111 728
2016年	1318.99	372 086	54 245	97 246
2017年	1565.83	405 262	59 535	98 783
2018年	1699.21	446 258	77 452	100 372
2019年	1798.14	497 939	101 964	102 758

我国农业科技区域创新中心的建设包括3个层面：一是综合性科技创新中心建设往往会包含农业版块。北京怀柔、上海张江、粤港澳大湾区、安徽合肥等建设的综合性国家科技创新中心均包含了生命科学或农业版块。其中，上海张江实验室主要在蛋白质科学领域设置了国家蛋白质科学中心，构建了生命科学研究基础设施集群；北京怀柔科学城布局了多模态跨尺度生物

医学成像等生命科学领域重大设施。二是从 2016 年提出开展现代农业产业科技创新中心建设以来，先后在南京、山西太谷、成都、广州、武汉 5 个地区建设国家现代农业产业科技创新中心，积极探索科技产业融合互促的机制创新，构建农业科技转化"生态系统"，培育壮大现代农业新产业新业态新模式，支撑引领乡村振兴和农业高质量发展。三是中国农业科学院、中国农业大学等国家科研机构、知名高校与地方联合建立区域性研究中心（所），建立了以成都农业科技创新中心、北京京瓦农业科技创新中心、岭南现代农业科学与技术实验室、南繁研究院等为代表的区域性研究中心。

（三）各省域科技金融投入

一般来说，科技金融投入涉及的因素较多，但主要分为资金投入和人力资源投入。资金投入包括地方财政科技投入、金融机构科技信贷投入、R&D 经费内部支出、R&D 经费外部支出、技术引进和改造费用、新产品开发经费；人力资源投入包含 R&D 人员全时当量。其中，企业作为科技创新的重要主体，其科研资金不仅来自政府、银行、资本市场及企业自身，还有可能来自境外合作机构。同时，对于企业创新所产生的新产品开发项目等，也要继续投入资金推动企业生产，从而获取高额利润。

1. 财政科技支出

大部分省域的财政科技投入都处于上升的趋势。从部分省域来看，广东的财政科技投入增加值最高，由 2009 年的 168.5 亿元增长到 2017 年的 823.29 亿元，江苏由 110.12 亿元增长到 425.76 亿元，上海由 208.42 亿元增长到 385.58 亿元，北京由 130.26 亿元增长到 368.27 亿元，只有辽宁出现少许下降。截至 2017 年年底，地方财政科技投入超过 300 亿元的省级行政区有 5 个，分别是广东、江苏、浙江、上海和北京。说明我国还要加强各级政府的调节功能，充分发挥其引导作用，吸引更多的社会资本投入科技研发活动中。

2. R&D 经费内部与外部支出

从省域层面来看，全国每个城市的科技金融投入经费都在不断递增。从部分省域来看，截至 2017 年年底，R&D 经费内部支出最多的是广东，为 2343.62 亿元，较 2009 年增长了 258.91%，其次是江苏，其支出金额比广东少 83.57 亿元，还有 4 个省市的经费支出超过 1000 亿元，分别是上海、北京、山东与浙江。黑龙江、云南、内蒙古等 17 个省域 R&D 经费内部支出少于 500 亿元。2018 年，R&D 经费外部支出最多的是安徽，高达 320 亿元，随后依次递减分别是广东（210亿元）、山西（174亿元）、北京（115亿元）、山东（103亿元）和江苏（87亿元）。辽宁、河北和陕西等23个省域R&D经费外部支出在50亿元以内，表明这些省域技术创新水平有待提升。

四、中国省域创新发展的建议

（一）创新能力建议

1. 深化科技体制改革，完善区域创新体系

随着我国改革进入深水区，区域发展模式受文化、地理、产业发展历史的影响存在固化现象。区域创新范式的底层逻辑不断调整，企业对平台型创新、制度型创新、生态系统型创新的需求愈发强烈。传统的科技驱动、市场驱动的方式不足以继续支撑区域创新的提升。未来，应深化科技体制改革，把制度创新与高质量发展等重大需求结合在一起，让区域内创新人才、资金、技术、产业、市场等要素自由流动、高效配置，充分发挥市场化机制配置创新资源，释放区域协同创新的活力，鼓励不同地区建立新型研究开发机构，构建各具特色和优势的区域创新模式。

2. 依靠布局科教资源，打造产学研合作创新体系

地区差距扩大导致区域协调发展面临挑战，未来建议：①布局科技资源，满足先行示范区的建设要求。在深圳建设5G、人工智能、网络空间科学与技术、生命信息与生物医药实验室等重大创新载体，提升深圳基础研究和应用基础研究能力。②科技和教育资源向欠发达地区倾斜布局以支撑区域平衡发展。打造西部地区国家创新高地；未来一些国家重大科技基础设施、重大装置可向中西部倾斜，建设以硬科学为主导的系列"创新港"。③引导产学研合作创新和深度融合。强调企业在创新中的主体地位；建立产学研用全链条的人才培养体系，为企业创新提供源源不断的人才；完善知识产权保护制度，加大对科技服务业的政策倾斜。

3. 把握数字经济机遇，打造区域创新增长极

提升区域创新能力是多方面因素共同作用的结果，除了政府政策因素，还包括当地人才、资本、技术和产业的综合作用。数字经济的崛起在一定程度上缓解了创新要素的空间束缚，为区域间要素流动、产业协同等提供了新的技术支撑。未来建议：政府重视数字经济产业发展，建设技术研发创新基地；完善数字经济基础设施，重点扶持区域大数据产业园、大数据基地、大

数据智能产业园等园区建设，鼓励有条件的科研机构和科技企业建立数字经济基地、研发中心、孵化中心等；以数字技术为支撑，带动创新要素集聚，促进形成更多区域创新增长极。

（二）科技投入建议

1. 健全金融体系，促进企业融资便利化

科技金融综合效率主要是受到规模效率的影响，且我国大多数省域的规模报酬处于递增状态，表示未来要加大科技金融投入规模。金融市场是获取金融资本的重要途径，因此要加强金融市场的建设。

（1）拓宽科技金融投融资渠道

科技企业从种子期发展到成熟期需要持续不断地供应大量的资金。首先是鼓励传统金融机构开展创新活动，开发适应不同生命周期的科技型企业的金融产品，积极探索新型贷款模式，如知识产权和股权质押贷款等。其次是加大科创型企业的直接融资渠道，积极建设多层次资本市场，鼓励高科技企业在新三板、创业板和中小板上市，从而缓解资金难的困境；加快创业风险投资市场的建设，风投机构为了追求高利润而向科技创新企业提供资金支持，从而促进科技金融的发展。最后是拓展科创企业的融资方式，给予企业自由选择融资渠道的权利，从而满足科创型企业差异化的发展需求。

（2）建立专门的科技金融服务机构

科技创新是一项高投入、高风险的活动。基于风控原则，银行等金融机构对科创企业的贷款申请持保守态度，从而导致科技企业难以获得银行贷款。为扩大科技金融体系，应建立一批专门服务于高科技企业的金融机构，如科技银行、科技保险公司等。科技银行可创造性地开发新型贷款模式，并建立项目勘察部门，对科技企业的创新项目进行筛选和评估，从而选出发展前景较好的研发课题，提高科技资金的使用率；科技保险公司要与时俱进行险种创新，并加大宣传力度，提高高技术企业对科技保险的认知程度，提升科技保险的覆盖率，降低科技企业的创新风险。

（3）设立科技创新服务平台

政府联合金融机构、企业、社会中介机构等多方参与者，建立科技创新服务平台，整合技术创新资源，为科技型企业提供融资、担保、风控及辅佐上市的金融服务。充分利用互联网先进技术进行信息共享平台建设，增强创新信息的流动性和透明性，解决科技金融资金供给方与需求方信息不对称的问题，实现供需双方的高效对接。设立风险评估系统，使得金融机构能够实时了解科技企业的风险状况。

2. 加快产学研融合，提升企业科技创新能力

高新技术企业是增强科技创新能力的主导力量，科技创新能力的高低决定企业科技金融资源能否充分发挥促进科技成果产出的作用。全要素生产率不仅受到技术进步指数的影响，还受到技术效率变动指数的影响，因此，企业要加快技术创新，提高技术广泛使用程度，同时也要优化科技金融投入规模，从而提高科技金融发展效率。

（1）促进产学研融合，加快企业创新步伐

提高科技创新能力是增强企业竞争优势的关键。一方面，企业应当加大金融投入，提高技术创新和管理水平，降低成本，进而提高资金的利用率；另一方面，企业应加强与高校、研究院所的合作力度，联合开展课题研究项目，优势互补、成果共建共享、风险共担，创建以企业为主体、市场为导向、产学研深度融合的科技金融发展体系，推动企业创新项目开展。

（2）加快高新技术企业发展，提高信用评级

高新技术企业是开展技术研发活动及科研成果转化为现实生产力的重要载体，发展高新技术产业可以带动科技创新活动的开展，提高科技创新能力。高新技术产业发展规模会影响当地科技创新能力，进而影响科技金融发展效率，要大力发展高新技术产业，建设高新技术园区。同时，企业也可以依托自主创新示范区、高新技术产业开发区等创新基地，创立企业的研发机构，发展和培育产业集群。企业要不断扩大技术交易市场，提升科技成果转化为现实生产力的效率，最终实现经济效益。

3. 加大创新型人才培养力度，提高人才素质

（1）建立健全高科技人才培养机制

政府要大力发展教育产业，增加教育投入经费，加大人口素质培养力度。健全并完善科技人才激励制度，对拥有重大科研成果的人才给予奖励，提高科研人才技术创新的积极性。政府也可加强对大众创业、万众创新的宣传，鼓励青少年参与创新活动，从而在全社会营造尊重人才、尊重创新的发展环境，提高社会群众的创新意识和创新能力。同时，各地区为减少人才流失，除了提高高科技人才的福利待遇外，还要积极破除行政壁垒对人才流动的阻碍，提高人才就业的便利化程度。

第四章 中国创新地理时空演化格局

（2）推动产学研人才培养体系建设

要通过重点培养、轮岗交流等方式，充分发挥高校、科研院所、企业在人才培养方面的优势，培育出综合型人才。加强境内人才与境外高校、科研机构和企业的沟通合作，吸引境外高校或科研院所在国内设立分支机构，共同培养科技人才，加强科技人才队伍建设，为企业的科技创新提供人才保障。此外，企业可设立人才培养机构，定期进行专业知识和技术培训，提高人才专业素养。

第二节　中国市域创新地理时空演化格局

一、创新能力发展状况

创新是社会发展进步的动力源泉，是维持国家核心竞争力的重要保证。中国国家知识产权局数据显示，2021年，中国共授权发明专利69.6万件，每万人口高价值发明专利拥有量达到7.5件，较上年提高1.2件。中国申请人通过《专利合作条约》（PCT）途径提交的国际专利申请达6.95万件，连续3年居全球首位。中国知识产权创造量质齐升，已成为中国创新能力快速发展的一个缩影。据世界知识产权组织发布的《2021年全球创新指数报告》显示，中国创新指数排名升至第12位，连续9年排名上升，居中等收入经济体首位，超过日本、以色列、加拿大等发达经济体。目前，中国是唯一一个进入全球前30名的中等收入国家。京津冀地区是我国区域发展规划中重点建设的区域，地区创新能力的提升对于提高该地区核心竞争力、促进区域内部协调发展具有重要意义，下面以京津冀地区为例进行说明。

依据柳浩的研究，根据科学性、全面性和代表性等原则，按照研发试验、成果转移转化、成果应用、创新支撑保障4个子系统，选取了16个有关创新能力水平的评价指标，对京津冀区域城市创新能力进行了研究。通过对比发现，北京和天津的创新能力评价明显领先于其他城市，成为13个城市中的领跑者；而河北省内部11个城市间创新能力存在较大差异，其中北部的唐山和秦皇岛、中部的保定、南部的石家庄和邯郸创新能力评价相对较高，而廊坊、沧州、邢台、承德、衡水、张家口的评价则相对较低。

北京和天津作为京津冀地区发展水平最高的两个城市，二者之间创新能力水平也存在很大的差别。2012年北京和天津的创新能力差距较小，到2018年二者差距较大。7年间，北京一直在巩固自己的地区优势，R&D 经费内部支出占地区生产总值的比重稳中有升，R&D 活动的人员规模不断壮大，地方财政支出中科技拨款所占的比重也远高于其他城市，2015 年以后，由于成果转移转化子系统指标水平明显提高，促使创新能力水平整体增长较快。天津创新能力评价得分小幅波动，总体变化趋势较为平稳，研发试验和成果转移转化方面虽不及北京，但明显高于河北省的11个城市。2018年，天津研发试验子系统3个指标水平（R&D 经费内部支出占地区生产总值的比重、R&D 人员和R&D 人员全时当量）较2015 年均出现了明显的下降，其中R&D 人员全时当量较2015 年减少了24 831 人年，下降幅度达到了20%，使得2015 年以后天津创新能力出现下滑趋势。

二、科技投入分布

我国市域财政科技支出呈现稳步递增的趋势，且存在区域差异。我国东部地区财政科技支出水平相对较高，领先于全国其他地区；中部地区和西部地区财政科技支出水平相对较为落后。从年均增长速度来看，中部地区的年均增长速度最高，为4.10%；东部地区为3.94%，仅次于中部地区；西部地区最低，为2.57%，表明全国各地区财政科技支出水平的差距存在不断扩大的趋势。下面以北京、天津和郑州为例进行说明。

（一）北京市科技投入

伴随着国家科技体制改革的进程，北京市财政科技投入模式都进行了相应的推进，每一次国家重大政策的出台及重大改革措施的实施都会推动北京市财政科技投入模式的相应改变，北京市财政科技投入模式与国家总体情况保持着基本的一致性。北京市财政科技投入模式日趋多元化。北京市尝试和采取了一系列新的管理方式分配科技经费，如年度决算制度、公开公示制度、中期评估制度、评审评估制度、绩效评价制度、信用管理机制，以及预算评审专家的遴选、回避、信用和问责制度，年度滚动管理制度，政府采购制度等，不断创新财政资金支持科技发展的方式，发挥了财政资金的放大效应，吸引了多元化的科技投资。

尽管北京市财政科技投入管理模式经过多年的改革，已逐步形成制度完善、管理规范、适应科技发展需要的管理体系，但是仍有可以改善的地方：财政科技经费管理主体缺位，实际运作中多元化管理往往由于协调不好而造成经费管理部门的分割，不利于管理效率的提高；科技经费监管也亟待加强和完善，绩效评价和全过程监管体系的建设需要深入推进，以提高经费使用效益。

（二）天津市科技投入

天津市财政科技投入持续增长且增速较高。天津市财政科技投入绝对数金额不断增长，从2007年的22.34亿元增长到2016年的125.17亿元，增长约5倍；天津市财政科技投入的增长速度较快，2007—2016年增长速度平均约为21.25%。其中，2007—2010年处于高速增长状态，从2007年的28.25%增长到2010年的39.12%；2012—2016年处于缓慢增长状态，从2012年的27.06%降低到2016年的3.6%，增速不断降低可能是我国财政科技投入活动进入稳定发展阶段的原因。

天津市财政科技增长不稳定，对科技的发展产生了影响。针对这种状况，应不断调整和优化科技投入力度和结构，整合科技研发资源，提高对科技产业和技术研发的投入。以经济发展为重心，以科技发展计划为中心，积极开展科技研究，增强政府对科技的重视，增加科技支出在财政支出中的占比，走"科技兴津"之路。在适当加大财政科技投入的同时，也要更新科技投入方式，使政府资金在科技投入过程中发挥更大的效用。政府可以运用税收优惠政策、股权投资方式、间接补偿等政策，以及运用以间接投入为主、直接投入为辅的投入方式，从而汇聚社会资金投入科技领域。

（三）郑州市科技投入

郑州市高度重视科技金融对技术创新活动的支撑促进作用，持续推动科技金融工作的发展。2007—2018年，郑州市财政科技支出金额不断增多，增长幅度呈现上下波动趋势，2008年和2009年增幅较小，可能与当时的金融危机有关，2015年有明显增加，2017年比2016年明显增加，表明2015年后政府确实强化了对科技金融的帮扶，财政科技支出首次突破20亿元。据统计，2007年后呈现上升趋势，2018年的公共财政预算支出为1763.30亿元，与上年同期相比增长16.4%，财政科技支出为36.40亿元，增长7%，在财政支出中占比2.06%。

郑州市科技金融要注重财政投入的创新模式。政府在加大科技金融投入规模的同时，要在财政投入方式上增加创新的思维模式；结合郑州市经济和产业结构的实际状况，政府和企业有必要进行政策方面的引导与响应。获批成为科技和金融结合的试点城市后，郑州市政府进行了一系列开创性举措，如建立科技金融专栏及科技金融在线服务平台，今后要吸引更多的合作机构加入其中，融合银行、创投、担保和保险等的各方资源。此外，相关部门要及时准确地确定发展方向并监督政策落实情况，协助促进科技成果的转化。

三、创新企业发展

2016年，《国家创新驱动发展战略纲要》部署了"培育世界一流创新企业"和"构建跨区域创新网络"两项重要战略任务，创新企业如何推动跨区域创新资源要素整合成为建设国家创新体系的重要话题。姚士谋曾指出，高新企业的关联可以促进城市网络形成并增强区域创新竞争力。《2017年全国技术市场统计年度报告》也表明，企业已成为跨区域技术交易的主体单位，企业间的技术交易成交额占到全国技术交易总额的68.51%。当前，以华为、中兴、京东方等为代表的中国创新企业逐渐崛起，它们的空间组织也深刻影响着中国城市间的知识技术流转，并对构建国家创新体系产生了巨大作用。下面以北京、天津和郑州为例进行说明。

（一）北京市创新企业

北京市属国有企业的创新实践，体现出"新技术、新产业、新业态、新模式"的"四新"特征。创新型企业主要集中在新兴服务、电子信息、节能环保、基础设施建设新技术等领域，创新项目主要是市属一级国企为推动高精尖产业发展而部署的技术研发、示范应用和技术改造等类型的项目，主要分布在节能环保、智能汽车和其他新能源开发利用等领域。

（二）天津市创新企业

天津高新区企业的行业分布具有类型多、分布广泛的特点。天津高新区企业分布在科学研究和技术服务业、制造业，以及信息传输、软件和信息技术服务业等行业，高新区企业中技术含量较高的企业占有很高的比例，反映出高新区的区域特色，即以各类高新技术企业、科技型企业和创新型企业为主。选用全社会研究与试验发展经费内部支出占地区生产总值的比重代表地区开展研发试验活动的经费投入强度，从产业来看，生物医药产业的投入强度最高，新材料产业的投入强度最低。

天津市继续贯彻国家、天津市及滨海新区支持中小企业发展的配套政策。落实好高新技术企业、技术先进企业所得税优惠，集成电路和软件企业税收优惠，企业研发投入加计扣除，大型仪器加速折旧等有关财税政策，提高企业创新积极性；协调好高校和企业之间的利益共享和风险分担的关系，更好地为企业科技创新服务；落实天津高新区"黄金七条"政策，吸引高层次人才为中小企业技术创新服务。

企业加强技术创新意识，制定合理有效的长期研发活动规划。有序合理支配研发投入，增强技术创新信心，形成良好的企业文化，引进和吸收优秀技术人才，建立有竞争力的人才激励机制和晋升渠道，适度奖励有突出贡献的研发人才，激发其创新研发热情，促进研发活动高效持续进行；加强知识产权意识和专利保护意识，要意识到知识产权是企业的核心竞争力量，对创新成果积极进行专利申报，同时加强品牌塑造和维护，打造有特色、有影响力的品牌效应，注重对创新成果的包装、宣传及加强用户体验，不断改进和更新产品，形成良好的口碑。

（三）郑州市创新企业

郑州市创新创业一直走在河南省前列，对全省创新创业水平起到了"助推器"的作用。2015—2021年，"郑创汇"国际创新创业大赛连续走过7个年头。大赛聚焦核心技术，激励原始创新，吸引了国内外上万个具有原创性和引领性的成果参赛，孵化了UU跑腿、泛锐熠辉等优秀创新创业项目，带动就业200多万人，服务商户4000多万户，形成了涵盖创业辅导、资本对接等全链条的创新孵化体系，双创生态圈蓬勃发展，创造出更多更好的应用价值，已成为一个有全国影响力的双创品牌。

郑州市创新创业环境的人才要素和金融要素在全国位居前列。2020年年底，科技部火炬中心公布国家级科技企业孵化器年度评价结果，在235家优秀国家级孵化器中，郑州市有9家，居北京、上海、广州、南京之后，列第5位。《2020中国城市创新创业环境评价研究报告》中，郑州进入全国20强，在黄河流域各城市中排名第一。"十三五"期间，郑州市研发经费快速增长，年均增速18.8%，超过同期GDP年均增速。郑州高新区科技型中小企业数由310家增至2103家，5年增加近6倍。

郑州市依托省会优势资源，助推优势科技型企业的证券市场稳步向前发展。自2010年以来，郑州市上市公司数量持续增加，但无论是从数量上，还是从增速上来看，均增长缓慢。从2016年开始，新三板挂牌企业数量大幅增加。2018年全年，郑州市新增1家上市公司（郑州银行），在新三板挂牌的公司数量为12家，上市公司总数为202家，直接融资金额高达631亿元。从上市企业数量来看，新三板市场中的科技型企业占据绝对优势，随着全国中小企业股转系统试点的不断扩大，科技金融也得到了长足的发展。郑州市大力支持科技型企业扩宽融资渠道，对于不同层次资本市场的企业给予相应政策补贴。

郑州市风险投资处于成长阶段，相关监管体系还不健全，退出机制也不完善。近几年来，郑州市逐渐加大对风险投资方面的关注度，用科技保险保障风险投资的平稳发展。据查，金融中介机构的数量在郑已入驻304家，其中有74家属于融资担保类型的公司，实现了666亿元的金融业增加值；此外，融资担保企业的资产余额达到110亿元，可以提供231亿元的担保额度；小额贷款公司总资产值是63亿元，可以提供56亿元的贷款。其中，在新三板市场中，科技企业挂牌上市获得融资额达316亿元，在债务融资方面，采用集合债券、公司债等方式募集资金223亿元。

四、创新人才管理

人才是发展的第一资源。中央人才工作会议指出，要坚持"四个面向"，深入实施新时代人才强国战略。"十三五"期间，各地各部门积极贯彻落实党中央对科技人才工作的总体部署，深化科技人才体制机制改革，加大科研人员培养支持力度，营造良好的科研生态环境，推动创新成果有效转化，充分激发了全社会的创新创业活力，科技人才工作取得显著成效。下面以全国层面、粤港澳大湾区和天津市为例进行说明。

（一）全国层面创新人才

科技人才队伍规模不断扩大。社会研究与试验发展人员全时当量从2015年的375.9万人年增长到2020年的509.2万人年，连续多年居世界第一。一批领军人才和创新团队加快涌现，青年科技人才逐步成为科研主力军。

科技人才队伍结构布局持续优化。2019年，R&D人员中本科及以上学历人员占比达到63.6%，博士学历人员占比达到8.5%。2016—2019年，基础研究R&D人员全时当量年均增长12.6%，高于同期全国R&D人员全时当量7.4%的年均增速。青年科技人才脱颖而出，2019年，国家自然科学奖获奖成果完成人平均年龄44.6岁，超过60%的完成人为年龄不到45岁的青年才俊，最年轻的团队平均年龄只有35岁。2019年，中国科学院新增选院士64名，平均年龄55.7岁，60岁（含）以下的院士占87.5%。2019年，企业R&D人员全时当量所占比重达到76.4%，企业成为研发人员集聚主体。

科技人才成果产出跻身世界前列。科技人才整体素质和科技创新能力明显增强，科技论文、发明专利质量提升，科技成果转化取得显著成效，科技创新水平加速迈向国际第一方阵。科睿唯安公布了2020年全球6167位高被引科学家名单，我国内地上榜人数达770人次，升至第2位。2019年，中国首次超越美国，成为全球最大PCT专利申请来源国；2019年，我国技术市场共签订技术合同48.4万项，技术合同成交金额达到22 398.4亿元，我国科技进步贡献率达到59.5%；2020年，中国PCT专利申请量同比增长16.1%，以68 720件稳居世界第一。国家创新指数排名从2012年的第19位升至2020年的第14位。

科技人才队伍国际化步伐加快。越来越多的出国留学人员选择回国创新创业，成为我国科技人才队伍的一支重要力量。2019年，各类留学回国人员总数为58.0万人，是2015年的1.4倍。随着我国科技创新环境的持续改善和人才培养支持力度的不断加大，国际人才吸引力明显提升。同时，越来越多的中国科学家得到世界的认可。屠呦呦研究员获得诺贝尔生理学或医学奖，王贻芳院士获得基础物理学突破奖，薛其坤院士被授予2020年度菲列兹·伦敦奖，成为该奖项设立60余年来首个获奖的中国科学家。

（二）粤港澳大湾区创新人才

粤港澳大湾区科技创新人才政策数量呈增长的趋势，但各市对科技创新人才的施政方略有较大的差异。2018年前后，大湾区科技创新人才政策高速发展，政府价值取向和行政逻辑明显向科技创新转变。经过20年的发展，深圳、珠海、东莞科技创新人才政策超过30条，肇庆、江门、惠州、香港、澳门不足5条。从内外部属性看，各城市间科技创新人才政策的发展路径和行政逻辑也存在差异。深圳、珠海、佛山、中山、江门大力引才，人才资源优势逐步凸显，广州、深圳、珠海、佛山、东莞等地注重人才的保障服务，东莞注重人才资源的开发和绩效管理。大湾区作为国家参与国际竞争的重要空间载体，是一个有机的整体。然而，大湾区生物医药、电子信息、制造业重复布局、定位雷同，产业定位的雷同也导致人才竞争的同质化。各地政策文件关系网络呈现聚而不联的特征。深圳、珠海文件的聚集程度较高，广州、佛山、肇庆、江门未出现中心性特征或中心性特征较弱，各城市间未形成密集的网络关系。大湾区各城市科技创新人才价值表达和施政重点未形成有效的协同机制，湾区内各城市在贯彻落实上级科技创新人才政策方面未融合发展。

加强科技创新人才政策的统筹协调力度。科技创新人才工作并非独立存在的，需要协调内外部环境、各方面事项并衔接上下游的发展，需要一系列系统的配套支持政策。加强科技创新人才的顶层设计，建立粤港澳大湾区阳光政务平台，提升科技政策和市场的一体化水平，提升科技竞争力。从科技体系和行政管理体制入手，加强各级政府部门和学会组织的协调联动，加强政府、用人单位、科技创新人才的沟通。探索政府部门、研究机构、专家智库、企业家联盟等多元主体参与介入的科技创新社会治理新模式，为"一国两制"、跨行政区域治理、科技创新协同发展积累理论基础和实践经验。

错位发展，共建共享。粤港澳大湾区要建成国际科技创新中心，需各城市明确发展目标，科学合理定位，错位互补发展，避免恶性竞争、同质化发展。健全人才流动体制机制，畅通不同科技创新主体人才流动的渠道和路径，加速人才、技术、资源的流动、环流和回流，通过溢出效应平衡珠江西岸及粤北地区的人才资源。优化科技管理结构，提高政府的治理能力和治理水平，提升科技管理部门的服务意识和专业水平，减少行政干预对科技创新人才的束缚和影响，提高城市发展的硬实力、软实力及人才吸引力。通过区域间人才政策协同共治与人才队伍共建共享，促进区域协同、融合发展。

根据内外部形势的变化，不断优化更新科技创新人才政策。人才工程是一项长久工程，人才工作需与时俱进，未来政策的时效性、灵活性、针对性和精准性是粤港澳大湾区科技创新人才政策改革的主要方向。各地还需不断挖掘人才的需求，根据市场需求，考虑影响人才流动和分布的各项因素，科学合理完善科技创新人才政策。对不同学科、不同行业、不同领域的创新人才进行分类评价。从人才的待遇、职业发展空间、行业发展前景等方面优化科技创新人才的激励评价机制，通过政策创新，激发人才的活力，提升科技创新人才的创造力和竞争力。

（三）天津市创新人才

创新人才集聚是天津实现向高质量发展转变的战略力量。天津创新人才成长的外部动力主要包括政策法律、创新文化、教育培养机制、人才评价机制、人才激励机制、创新资源，这6项要素有利于天津创新人才成长的基本创新素质培养、专业创新能力形成、创新能力激发。天津要迈向高质量发展，必须加快形成一支规模宏大、富有创新精神、敢于承担风险的创新型人才队伍，重点在"用好、吸引、培养"上下功夫。从长期来看，创新人才集聚能够为天津建设具有国际竞争力的产业创新中心提供支持，是天津实现持续稳定增长的内生驱动力量。

天津市需要加大高端创新型人才的建设。与中央对天津的定位相比、与先进省市相比、与天津的发展需求相比，天津在人才队伍建设上仍然存在着战略科学家、高端人才不足，领军型企业家不多，创新型人才和技能型人才对新兴产业支撑不够的现实问题。需要进一步优化实施"海河英才"计划，紧紧抓住人工智能、生物医药、新能源新材料等重点产业，牢牢把控"人才+平台""人才+项目""项目+团队"三大抓手，在引进的方向、质量和层次上下功夫，把天津建设成为创新型人才集聚高地，为高质量发展提供人才支撑。

聚力建设科学研究高峰引才，聚力打造产业先行高地引才。面向世界科技前沿，形成天津科学研究的若干高点和高峰；把天津看作中国建设世界科技强国进程中的天津，必须发挥天津的科教优势，为中国的整体战略目标提供支撑。面向国家重大战略需求，力争在国家规划布局的重点领域、重大项目、重点产业中发挥攻坚克难作用，巩固和提高天津科技中心城市地位，为建设创新型国家做出贡献。

聚力推进新旧动能转换引才。要坚持面向经济主战场，不断增强供给侧结构性改革的科技供给能力，加快经济发展动能转换。要突出围绕当前经济转型升级、提质增效的需求，形成科技创新驱动服务天津进而服务全国的整体局面，围绕产业链部署创新链、服务链、政策链，形成上下游结合、技术研发和产品创新梯次接续的系统布局。

第三节　中国县域创新地理时空演化格局

创新理念受到县级政府的高度重视。当前,"创新"作为我国发展的新理念,受到了包括县级政府在内的各级政府的空前高度重视。在"创新是引领发展的第一动力,是建设现代化经济体系的战略支撑"的指引下,中共中央、国务院相继发布了《中共中央　国务院关于深化体制机制改革加快实施创新驱动发展战略的若干意见》《国家创新驱动发展战略纲要》,作为创新发展的顶层设计。与此同时,各县级政府在中央政府的倡导下也纷纷提出了创新发展的施政目标,创新成为县级政府施政的重要价值取向并逐渐深入人心。

一、典型县域科技投入分布

山东省 M 县,地处山东省中南部,总面积 2434.80 平方千米,户籍人口 119.67 万人。2021 年,M 县地区生产总值 503.7 亿元,较上一年度增长 8%。其中,第一产业增加值 51.55 亿元,第二产业增加值 201.3 亿元,第三产业增加值 250.85 亿元,三次产业比例调整为 10.2 ∶ 40 ∶ 49.8。

山东省 M 县政府科技投入主要有立项计划、事业费下拨、科技奖励、项目招标、项目无偿资助和有偿资助等方式。M 县在科技计划项目的确定上坚持市场导向、突出重点、鼓励创新、竞争择优的原则。首先编制项目指南,然后由企业自主申报,科技、财政部门进行考察,提出初步方案,提请县政府常务会议通过。重点支持技术含量高、自主创新强、发展前景好、具有推广价值的项目,以及对社会贡献大的重点企事业单位承担的项目,这是由 M 县科技项目集成度低、共性问题少的特点决定的。M 县为了鼓励本地企业、其他机构和个人积极申请专利,对专利申请者和获得者给予一定的补贴,每年对本地的优秀科技成果和先进工作者给予科技奖励。

近年来,随着大量民营企业的兴起,从公平、公正、透明的角度出发,M 县开始探索尝试使用招投标的方式来确定项目的承担单位。2015 年,M 县通过招投标的方式确定了 M 县淀粉糖研发平台承担单位,今后随着项目集中度的提高,招投标项目的比例将逐渐增加。M 县对于一些短平快的工业项目采取有偿资助的办法,对于一些高风险、高技术、大投入且投资回报期长的工业项目、农业项目、社会事业项目采取无偿资助的办法。

第四章 中国创新地理时空演化格局

M县政府不断加大对科技创新活动的支持力度,科技创新专项资金额度逐年增加。"十二五"期间财政科技经费无偿资助累计达17 298万元,带动企业研发投入111 647.6万元。M县2010—2014年财政科学技术支出分别为1109万元、1052万元、1339万元、2605万元、1282万元,其中2015年全县科技研发经费支出总额占GDP的比重达1.65%,是2010年的1.89倍。

二、创新企业发展

企业创新技术能力的提高促进县域经济的发展。首先,从技术创新的角度看,县域如果没有技术创新能力较强的企业,企业如果没有自己的核心技术和科研团队,县域和企业将在区域经济竞争中处于极其被动的地位。其次,企业技术创新能力的提高优化了县域内企业的要素效率。如果县域的龙头企业拥有了科研团队,不断发展核心技术,不断进行原始创新、集成创新、引进消化吸收再创新,那么,该企业将在行业中处于"领头羊"的位置,使得其他企业不得不转变观念和经营方式,购买学习新的生产技术,从而带动该行业整体要素效率的提高。最后,企业技术创新能力是提高县域间协作效率的催化剂。在市场经济中,县域内的企业主要表现为竞争的关系,而跨县域的企业之间多表现为协作的关系,这种协作的关系同时又加剧了县域内部企业之间的竞争。

县域经济的发展为企业创新技术能力的提高提供了历史性的机遇。党的十八大报告指出,要坚持走中国特色新型工业化、信息化、城镇化、农业现代化道路,加大城乡统筹发展力度,推动城乡发展一体化,构建科学合理的城市化格局。一方面,县域经济的发展将会使得大量的廉价资源补充到企业。县域经济是推动社会主义新农村建设的主动力,通过加强对农村的开发,农业产业化、农村城镇化的趋势将日益明显。县域经济的大发展将会促进自然资源、人力资源的优化配置,有利于缓解县域内企业技术创新的经济压力。另一方面,县域经济的发展会吸引大批人才补充到企业技术创新的队伍。县域经济目标的提出,推动了县域内城市化水平、现代化水平的提高,越来越多的县市成为未来经济发展的核心地带,县域经济的发展使得企业有更多的资金去改善企业职工的工作环境、工资水平,从而使得四面八方的人才慕名而至,同铸起提高企业技术创新的丰碑。

三、创新人才管理

人才与经济发展之间的关系是相辅相成、相互促进，既是彼此目的又是彼此手段的辩证统一的关系。首先，经济发展需要人才。经济发展没有人才的推动，不可能实现长足发展，人才是经济发展的现实与永恒性需要。其次，人才服务于经济发展。人才所进行的一切实践性和创造性的活动都是围绕经济社会发展而进行的，是服务于经济发展的。在为经济发展服务的过程中，人才体现自身价值，经济发展是人才自身价值追求与实现的需要。最后，经济发展反哺教育，教育增进人才培养发展。经济的发展可促进教育方面的资本性投入，为教育在人才培养方面提供坚实的保障和优越的条件，从而促进人才数量和质量的提高。

人才作为一种战略资源，是当前我国县域经济发展急缺和急需的资源。由于我国县域人才建设大多处在"混沌"状态，人才建设缺乏战略性，致使人才困境进一步恶化。现实困境警示，县域人才建设需要提升到战略层面上来，县域人才建设需要县域人才战略的指导、统领和保障，以期化解县域"人才贫困"的问题。下面以河北省安平县为例进行说明。

安平县隶属于河北省衡水市，总人口33万人。丝网业是安平县第一大特色支柱产业，丝网产销量和出口量均占中国的80%以上，是驰名海内外的"中国丝网之乡""中国丝网产业基地""中国丝网产销基地"。2007年之前，安平县的丝网产业作为传统制造业，仍然没有摆脱劳动密集、简单粗放生产、进入门槛低、集约化程度低、科技含量低、产品低端、核心竞争能力弱等局面。随着国家宏观调控和经济环境的变化，安平县的丝网产业发展一直无法取得突破性发展，无法找到新的利润增长点，县域经济发展有逐步下滑的危机。安平县通过信息化与工业化深度融合，以信息化促进工业化发展，从而使工业发展摆脱了粗放发展、盈利能力不高、核心竞争力不强的局面。安平从一个传统的丝网工业县，到如今的国家县域经济信息化示范县，探究其经济信息化发展取得辉煌成绩的背后，经济信息化人才工作值得学习和借鉴。

1. 借力专家智囊

在安平县成为国家县域经济信息化试点县之初，就首先外借国内外专家智囊组成"安平县经济信息化联席工作组"，并重点调研、科学编制了《安平县国民经济和社会发展信息化"十一五"规划》，规划重点突出了加强信息化人才建设工作。为解决现代丝网产业体系建设和电子商贸发展中的人才匮乏问题,安平县先后聘请了58位国内外专家、学者及高级工程师担任顾问和项目带头人,从产业发展方向、产品技术研发、电子商务应用、外贸销售、风险防范、企业管理与服务等方面进行信息化专项指导和培训30余期,为经济信息化发展和应用提供了强有力的人才支撑。

2. 人才招引与激励并举

安平县专门创建了"中国佳才网"。通过与省内大专院校开展合作,每月定期举办一次"跨区域大型人才就业招聘会",至今已连续举办了18期,累计为1456家企业招聘信息技术、电子商务、网络媒体、平面设计、外贸营销、高级管理人才4853人,从而解决了人才短缺的问题,并缓解了企业用人压力。对企业引进的技术、科研、管理等高端人才,在安平工作半年以上,除享受企业正常工资待遇外,县财政再给予每月500~1000元的补贴,无偿提供专家公寓、周转住房,帮助解决户口转入,在家属子女就业、入学等多方面给予照顾。设立了"外来专家奖""科技创新奖",每年对企业引进的优秀人才进行表彰,并积极推荐为各级人大代表、政协委员和劳模评比候选人。

3. 地校、企校、地企联合培养人才

地校合作培养人才。安平县与河北大学、河北科技大学、河北农业大学、衡水学院、石家庄学院等省内外12所高校签署人才战略合作协议,并在安平县共同设立了"大学生实践实训基地",为安平县搭建了一条稳定便捷的人才培养通道。

建立集育、选、荐人才于一体的企校训练中心。安平县组织企业与国内外院校共建人才训练中心,企业选派骨干人员、院校推选应届毕业生到训练中心进行专项集中培训。训练中心聘请高等院校中具有丰富实战经验的专家、教授对学员进行系统化、专业化、案例化的信息技术应用、电子商务实战技能培训。自共建训练中心以来,为企业培养各类信息技术、商贸人才800余人。

通过地企合作培养人才。安平县与国内电子商务龙头企业阿里巴巴达成战略合作,共同创建了"阿里军校",被企业誉为电子商务人才的"黄埔军校",成为阿里巴巴同县级城市第一个成功合作的范例,为安平县培养紧缺型电子商务人才,提高信息化生产、管理、经管水平提供了强大的支持。

4. 实施全民信息化素质提升工程

从政府部门入手,把信息技术知识和技能列为各机关的必要考核项目,并列入党校和各种干部培训班的教学内容。同时,开展面向基层民众的、形式多样的培训活动，全面提高劳动者信息技术知识和应用技能。通过输送人才到外地深造学习等形式，培育本地高级信息化人才队伍。伴随着大量高素质、高水平人才的引进，并与河北大学等多所省内院校在安平县共建大学生实践实训基地，使安平县人才总量和质量显著改善。

5. 人才外援服务

为更好地解决安平县人才内生培养力量不足的问题，安平县成立了营销外包服务中心，大胆推行了信息化、外贸人才外包服务，以发挥企业生产之所长，弥补企业信息化、外贸之所短，让外部人才来承接和支援安平县企业发展。

> **思考题**
>
> 1. 简述我国省域创新能力的时空特征。
> 2. 我国省域产业创新主要包括哪些方面，其特征分别是什么？
> 3. 阐述我国市域创新企业的发展现状，想一想未来发展应注意哪些问题。
> 4. 根据我国县域科技创新投入现状，请调查自己家乡在科技投入方面存在的不足，并且提出合理化的建议。
> 5. 从省域到市域再到县域，创新人才的发展对我国创新格局的形成起着关键的作用，谈谈不同范围内创新人才的发展现状并提出建议。

参考文献

［1］沈宏婷. 中国省域创新投入与产出的时空耦合研究［D］. 南京：南京师范大学，2015.

［2］柳浩. 京津冀区域创新能力评价及空间关联研究［D］. 保定：河北大学，2021.

［3］秦全胜，冯琬婧，蒋玉宏. 我国"十三五"科技人才事业发展回顾［J］. 中国科技人才，2021（3）：61-67.

［4］贺灿飞，毛熙彦，彭建. 环境经济地理研究的理论演进与展望［J］. 经济地理，2021，41（10）：70-78.

［5］贺灿飞，任卓然，叶雅玲. 中国产业地理集聚与区域出口经济复杂度［J］. 地理研究，2021，40（8）：2119-2140.

［6］贺灿飞，胡绪千.1978年改革开放以来中国工业地理格局演变［J］. 地理学报，2019，74（10）：1962-1979.

［7］秦丽娜.科技金融发展水平和投入要素对高技术产业全要素生产率的影响研究［D］.上海：上海师范大学，2021.

［8］冯硕.财政科技投入对创新产出的影响研究［D］.昆明：云南财经大学，2020.

［9］张坤，闫峰，刘玉国，等.山东省县域科技投入体制改革初探［J］.科技视界，2016（4）：111，157.

［10］邓欣.湖南科技投入产出效率研究［D］.长沙：湖南农业大学，2019.

［11］孙殿超，刘毅.优化粤港澳大湾区科技创新人才评价体系的对策分析［J］.中国科技人才，2021（6）：57-64.

［12］王旭伟.中国省域新经济发展水平测度、影响因素及路径选择研究［D］.南昌：江西师范大学，2021.

［13］宋丁丁.我国区域科技金融投入产出效率研究［D］.成都：西华大学，2021.

第五章　中国省级创新案例分析

导　言

　　经济发展水平差异只是一种表象，经济发展的内在动力是不同区域的技术资源。通过市场购买或技术扩散效应，落后地区可以提高社会创新活动对经济发展的贡献率，但是受到外部环境和内部技术发展路径的强力制约，区域创新的空间异质性可能会长期存在。实现我国区域经济协调发展目标，形成推动区域协调发展的政策机制，学界必须从区域创新差异的视角进行关注。本章以河南省和浙江省创新发展概况为例，探讨省级创新空间分布规律，从而为提高区域创新能力提供一定的启示。

第一节　河南省创新能力时空分布特征

一、河南省创新发展状况

　　河南省坐落于我国中东部，地处黄河中下游的内陆地区。截至2020年年底，河南省总人口9936万人，约占全国总人口的7.04%，是我国人口最多的省份之一。经过近几年的快速发展，河南省的区域自主创新能力较以前有了明显的进步，但是总体实力依然较弱，按照《中国区域创新能力评价报告2020》，河南省区域创新能力总体排在第二层次，创新能力偏弱。一是创新软硬件环境基础较为薄弱。河南省基础薄弱，其本身创新环境的建设同全国其他发达省份相比存在着明显的差距。二是创新投入不足。河南省创新活动规模小，政府投入少，创新效率低下。三是主体创新意识较为淡薄。河南省区域自主创新体系不够完善，导致创新主体的创新意识较为淡薄。四是体制改革和机制再造的步伐较为迟缓。与国内发达省份相比，河南省在创新资源分配、知识产权保护、高层次人才数量及引进等方面有很大的进步空间。

采用引力模型[①]来测算城市创新空间联系强度，通过参考相关学者的研究成果，构建了包括创新投入、创新产出、创新环境3个一级指标，14个二级指标在内的指标体系，来表征河南省各市的创新能力（表5-1）。

表5-1 河南省创新能力评价指标体系

一级指标	二级指标	单位
创新投入	科技活动人员	人
	R&D经费支出	万元
	财政科学支出占地方财政预算支出比重	%
创新产出	科技论文数量	篇
	专利授权数	件
	技术市场合同交易额	万元
	规模以上工业企业新产品产值	万元
创新环境	人均GDP	元
	外商直接投资额	万美元
	全社会固定资产投资额	亿元
	互联网用户数	万户
	电信业务总量	亿元
	公路客运量	万人
	公路货运量	万吨

河南省创新能力空间格局相对稳定，郑洛是创新集聚核心。2006年河南省创新能力排在前3位的分别为郑州市、洛阳市、焦作市，2011年分别为郑州市、南阳市、洛阳市，2016年分别为郑州市、洛阳市、南阳市。2006—2016年，河南省创新能力排在前3位的市差别不大，仅有焦作市被南阳市所替代。截至2017年年底，南阳市的研究机构有279个，R&D人员数为1.94万人，R&D经费支出为33.1亿元，南阳市建立了高新技术产业带，可以加强企业之间的信息技术交流，节省企业成本，获得较好的集聚规模效益。

---

① 引力模型是两个城市创新能力的乘积除以二者的距离。

此外，南阳市对外开放水平高，吸引大量外商来此投资，截至2017年年底，南阳市实际利用外资额达5.87亿美元，南阳市正是依靠其科研资金、人员、技术等方面的优势，发展其高新技术产业，创新能力不断增强。

总之，2006—2016年，郑州市的创新程度最好，洛阳市、新乡市，以及南阳市、周口市、驻马店市等发展速度较快。与其他市相比，郑州市的创新综合能力最强，其他城市的创新实力也在不断增强。

二、河南省创新能力时空分布特征

区域创新是引领经济增长至关重要的动力。河南省作为中部地区的人口大省，在国家创新战略实施中肩负着重要使命责任。研究区域创新时空分布特征，有助于河南省调整产业结构、转变生产发展方式等，从而推动经济高质量快速发展。

（一）河南省创新能力时间演变特征

河南省创新能力空间差异增大。从创新能力的相对差异来看，河南省1986—1990年出现迅速下降，1990—2007年一直在波动，变化幅度较小，到2008年快速上升，2008年的金融危机对河南省创新能力区域差异的拉大具有一定程度的影响，但是危机过后，2009—2014年又出现了相对差异缓慢拉大的局面。从创新能力的绝对差异来看，河南省以1992年和2005年为界分为3个阶段：缓慢增长阶段、快速增长阶段和急速增长阶段。1986—1992年，绝对差异增长缓慢；1992—2005年，绝对差异增长迅速；而2005—2014年为急速增长阶段，除了2009年出现稍微下降外，增长了10倍多。可以看出，河南省创新能力绝对差异呈现先慢后快、迅速拉大的趋势。总之，河南省创新能力水平整体不断提升，但其相对差异在下降后缓慢增大，绝对差异迅速增长，表明河南省创新能力在空间上的不均衡性在不断加剧，尤其是2005年后创新能力在一些城市集聚。

（二）河南省创新能力空间演变特征

河南省各市创新能力空间差异明显。创新能力属于"高"类型的市是郑州市，2007—2015年专利授权数总量达86 410件，郑州市作为河南省的省会城市，在经济、科技、人才、基础设施建设等方面较其他市处于高水平。郑州市拥有经济、技术、人才等方面的领先水平，优越的创新环境和发展条件吸引着越来越多的人才，经济活动在此汇集，对郑州市的创新发展有着不可忽视的作用。创新能力属于"较高"类型的市有洛阳市，2007—2015年专利授权数总量为36 789件，虽与郑州市仍存在较大差距，但也远高于其余各市。创新能力属于"一般"类型的市有6个，即新乡市、许昌市、南阳市、焦作市、平顶山市和安阳市；创新能力属于"低"类型的市有10个，即商丘市、濮阳市、驻马店市、开封市、周口市、信阳市、三门峡市、漯河市、鹤壁市和济源市，专利总量平均为4180件，这类城市主要集中在豫东和豫南地区，基础设施相对于其他市较为落后，经济发展较慢，技术创新有待提高。

三、河南省创新时空及中心城市辐射作用联系

随着国家创新战略的推进，促进城市创新联系成为空间发展战略的重要内容。城市创新联系研究内容包括空间规律、创新能力的影响因素、城市创新体系等级的格局，以及相应的优化策略，同时涉及缩小区域间的差距、消除区域创新发展的制度和体制壁垒、推动区域创新的联系与合作等内容。

（一）河南省创新时空联系

1. 河南省各市创新联系强度演变

为探讨河南省各市创新联系的引力强度及变化趋势，选取了2006年、2011年和2016年3个时间节点，根据引力模型，分别计算出河南省18个市3个时间节点的创新空间联系总量情况。

河南省创新空间联系总量在不断加大，而创新扩散效应开始显现。河南省创新空间在2006年、2011年和2016年3个时间节点各有特色。

① 河南省的创新联系总量空间分布呈现严重的不均衡状态。2006年，河南省创新空间联系居前5位的市分别为郑州市、焦作市、洛阳市、新乡市和许昌市，所占比重分别为32.139%、12.657%、11.103%、10.957%和8.837%，5个市合计占比75.693%，占河南省创新空间联系总量的绝大部分，因此，河南省创新空间联系主要集中在这5个市。其余13个市中，只有济源市的创新空间联系总量所占比重超过5%，三门峡市、商丘市等5个市所占比重均未达到1%。

② 河南省各市创新空间联系总量均增长较快。2011年的河南省创新空间联系总量比2006年高。2011年，河南省创新空间联系总量居前5位的市分别是郑州市、新乡市、许昌市、开封市和洛阳市，所占比重分别为21.571%、

9.086%、8.204%、6.515% 和 5.963%，合计达 51.339%，占河南省创新空间联系总量的一半左右，其余 13 个城市仅占 48.661%。

③ 河南省各市创新空间联系总量均大幅增加。2016 年，河南省创新空间联系总量居前 5 位的市分别为郑州市、新乡市、周口市、许昌市和驻马店市，所占比重分别为 18.330%、8.771%、7.020%、6.858% 和 6.850%，合计为 47.829%，表明 2016 年创新空间联系总量居前 5 位的市所占比重较 2006 年和 2011 年有所下降，其余 13 个城市占 52.171%。

2. 河南省各市创新空间联系聚类演变

为了更加直观地反映河南省创新空间联系强度，基于 18 个市 2006 年、2011 年和 2016 年 3 年的创新空间联系总量数据，将其导入 SPSS 软件中，根据系统聚类的方法，将河南省创新空间联系强度分为 4 个等级，即引力强、引力较强、引力一般和引力弱。利用 ArcGIS10.1 软件，做出 2006 年、2011 年和 2016 年 3 年的创新联系总量空间分布图。

河南省创新空间整体联系不断增加，形成了以郑州为核心的圈层联系结构。河南省创新空间整体联系在 2006 年、2011 年和 2016 年 3 个时间节点各有特色。

① 河南省总体创新空间联系总量较低。2006 年，引力较强的市有 4 个，分别为焦作市、洛阳市、新乡市和许昌市；引力一般的市为济源市；其余 12 个市均为引力弱的市，占河南省的 66.67%。表明创新空间联系主要集中在郑州市的周边地区，郑州市对周围地区的创新辐射带动作用较明显。

② 河南省总体创新空间联系总体减弱。2011 年，引力较强的市有 2 个，分别是新乡市和许昌市；引力一般的市有开封市、焦作市、洛阳市、周口市、驻马店市等 11 个；引力弱的市有信阳市、濮阳市、三门峡市和济源市 4 个，引力弱的市占河南省的 22.22%。

③ 河南省总体创新空间联系总体增强。2016 年，引力较强的市有 8 个，分别是新乡市、周口市、许昌市、驻马店市、洛阳市、漯河市、平顶山市和开封市，占河南省的 44.44%；引力一般的市为安阳市、焦作市、商丘市、南阳市等 7 个市；仅三门峡市和济源市引力弱，占河南省的 11.11%。

④ 形成了以郑州市为核心的圈层结构。2006—2016 年，郑州市的创新联系总量均第一，引力强度强，这与郑州市便利的交通、市场等方面的优越性密切相关。郑州市作为河南省的省会城市、中原经济区的核心城市，交通条件便捷。郑州市位于河南省的中部，与河南省其他市联系方便，其创新联

系总量始终居第1位，引力强度强。河南省整体的创新空间联系总量不断提高，且呈现以郑州市为核心向四周呈圈层结构发展的趋势，随着郑州市对周围地区辐射带动作用的发挥，周围地区的创新空间联系总量不断增长，引力弱的市不断减少，引力较强的市不断增多，各市创新空间联系总量的差异不断减小，创新联系总量发展表现出均衡的趋势。

（二）河南省创新联系中心城市辐射作用

1. 创新空间联系中心城市的确定

通过计算得到河南省各市的最大引力线数量①（N_{max}），同时结合各市的创新空间联系总量及河南省的实际情况，按以下标准对节点城市进行分类：$N_{max} > 3$ 且 $R_i > \overline{R_i}$ 为一级节点城市，也为中心城市；$2 \leq N_{max} \leq 3$ 且 $R_i > \overline{R_i}$ 为二级节点城市；$N_{max} < 2$ 且 $R_i > \overline{R_i}$ 为三级节点城市，分别得到2006年、2011年、2016年创新空间联系节点城市的分类等级。R_i 表示 i 市的创新空间联系总量，即 i 市与河南省其他市联系的总和。

① 郑州市始终是河南省的一级节点城市。2006年、2011年、2016年郑州市的创新联系总量分别是河南省平均水平的6倍、4倍和3倍左右，最大引力线数量分别为14、8、7，表明2006年以来，郑州市的创新联系中心性地位较高，成为全省的创新联系中心地。

② 二级节点城市数量不断增多。2006年的二级节点城市为洛阳市，2011年为洛阳市、新乡市和驻马店3个城市，2016年为洛阳市、新乡市、平顶山市、驻马店市、周口市和漯河市6个城市。洛阳市和新乡市因其高校和科研机构聚集，科技人才多，特别是2016年以来，随着郑洛新国家自主创新示范区的建立，3个城市的创新联系更加密切，成为带动全省科技发展的增长极，因此，洛阳市和新乡市的对外创新联系水平较高，成为周边市创新要素的吸引地。驻马店市、周口市、漯河市虽然在创新投入和创新产出方面不如郑州市、洛阳市和新乡市，但其在创新环境方面较好。驻马店市有"中国最具投资竞争力金融服务城市""国家园林城市"等称号，此外，驻马店市的交通条件比较优越，有"豫州之腹地，天下之最中"的美称；漯河市有"国家园林城市""全国绿化模范城市""国家森林城市"等称号，进行科技创新的自

---

① 最大引力线数量表示一市的最大引力，将对应的两市相连得到的连线即为最大引力线，一般来说，一市通过的最大引力线越多，该市的引力强度就越大。

然环境较好；周口市因其城市规模较大，互联网用户数、公路客运量和货运量，以及外商投资相对较多，创新环境较好。

③ 三级节点城市数量变化较小。2006年新乡市、焦作市和许昌市3个城市是三级节点城市，2011年三级节点城市为周口市、许昌市和开封市，2016年有许昌市和开封市2个城市。可以发现，焦作市2006年是三级节点城市，2011年和2016年成为非节点城市，这主要是因为焦作市的煤炭等重工业发达，虽然近些年来工业在产业发展方面的比重有所下降，但由于其之前的重工业所占比重较大，一时很难改变这种产业格局；新乡市因其科技水平的提高，成为二级节点城市；开封市因受郑州市辐射带动作用的增强，从非节点城市转变为三级节点城市。

2. 创新空间联系中心城市辐射范围分析

通过测算2006年、2011年和2016年3个时间节点河南省一级节点城市与二、三级节点城市的断裂点距离，可了解河南省中心城市创新辐射范围的演变情况。

中心城市郑州市的辐射范围逐渐变大，辐射南部城市的效果比较明显。2006年，郑州市的辐射范围较小，仅涉及洛阳市、新乡市、焦作市、许昌市4个市，创新空间联系呈现以郑州市为核心向四周呈圈层结构发展的趋势，从而对其他市的创新发展产生影响。2011年，郑州市的创新辐射范围变大，主要涉及开封市、洛阳市、新乡市、许昌市、周口市和驻马店市；与2006年相比，其辐射范围扩大至开封市、周口市和驻马店市，呈现向东南辐射的趋势。2016年，郑州市的创新辐射范围更大，主要辐射到开封市、新乡市、洛阳市、许昌市、漯河市、平顶山市、周口市和驻马店市8个市，向其南部城市的辐射带动作用比较明显。

3. 政策建议

加强郑州市和郑洛新国家自主创新示范区的创新辐射带动作用。创新要素在空间上具有明显的聚集效应，政府要通过空间的辐射效应来提升周边地区乃至整个区域的创新能力。国家自主创新示范区对促进我国创新驱动发展战略的实施起到了积极作用，创新辐射带动作用明显。郑州市作为河南省创新中心城市，要充分发挥其引领和带动作用，提高全省创新能力。

针对创新能力较弱的地区，应积极发掘其自身创新优势，推动全区域创新帮扶机制。创新能力较低的市应结合地区实际情况，多维度、全方位挖掘自身的创新要素。河南省政府应集中全省的创新资源实现对其精准的创新帮扶，进而实现全省创新能力的提升。

第二节　浙江省创新能力时空分布特征

浙江省是我国重要科技资源集聚区，创新实力强劲，拥有丰富的科技创新资源。近几年来，浙江省创新实力不断提高，相关指标大幅增长。全社会R&D经费支出占GDP的比重从2010年的1.76%增长到2019年的2.6%左右，科技公共财政支出占公共财政支出的比重从2010年的3.78%增长到2019年的5.13%，高新技术产业增加值占规模以上工业增加值的比重从2010年的23%增长到2019年的54.5%，全年专利申请量从2010年的12.07万件增长到2019年的43.6万件。2019年，浙江省获批2个国家自主创新示范区：杭州、宁波温州；新挂牌建设湖州莫干山国家高新区和嘉兴秀洲国家高新区。

浙江省是我国县市经济最发达、创新实力最强劲的地区之一，区域创新模式日益完善。浙江省全国经济百强县、创新百强县数量稳居全国前列，创造了萧山、新昌、嘉善、慈溪等众多极具影响力的县市发展典型模式。根据《2018年中国县域经济百强研究》，浙江有22个县市上榜，在前十席位中占据两席，慈溪排名第6位，义乌排名第9位。浙江省坚持把创新驱动作为首要战略，保持定力抓创新，深化改革抓创新，在先行先试中勇于探索，全力推进各项创新举措落地，取得了一批改革创新成果。2019年，获批国家创新型城市6个，国家创新型县（市）5个，在全国分别排名第2位和第1位。涌现出阿里巴巴、海康威视、贝达药业等一大批领军型科技企业，全省独角兽企业达24家，估值达3057.33亿美元，在全国分别排名第4位和第2位。资源集聚模式日趋成熟，累计引进共建高层次创新载体近1000家，涌现出清华长三角研究院、中科院宁波材料所等一批高水平的新型创新载体。

一、浙江省创新能力空间分布与网络演化

浙江城市群创新网络整体结构趋于复杂化，创新合作呈上升趋势。浙江省整体网络呈现"单中心辐射、局部网络化"的空间格局，等级层次性显著，杭州市占据浙江省城市群创新网络的核心地位，环杭州湾地区创新发展较优。

（一）浙江省创新能力空间演变特征

1. 浙江省创新能力的空间分布特征

创新程度较高的区域主要集中在上海周边，集中程度高。2010年浙江省，创新水平处于高值区的是杭州市辖区和宁波市辖区，玉环县、慈溪市处于较高值区，处于中值区的县市数量是12个，其余县市的创新水平都处于较低值区或低值区。从整体来看，2010年浙江省创新能力水平不高，处于较低值区或低值区的县市数量占大部分，县市之间的差距也比较明显。值得注意的是，创新能力较高的县市主要集中在上海的环杭州湾地区，该地区的创新程度在空间上高度集中，南北差异明显。

浙江省创新能力的高低在空间上的格局发生了较大的变化。首先，杭州市辖区、宁波市辖区在全省一直处于第一梯队的位置，保持着较高水平，领先于其他县市。其次，新昌县、德清县、长兴县、余姚市与慈溪市等县市的创新能力水平有显著提高，新昌县、德清县的创新能力分别从中值区、低值区提高到高值区和较高值区。但是，浙江西南区域创新能力水平的分布格局未发生大的变化，县市基本还处于低值区。2018年，浙江省创新能力水平处于高值区的数量增多，有16个县市创新能力水平处于较高值区，有17个县市创新能力水平处于中值区，其中大多位于浙江东北区域，浙江东北区域为创新能力水平发达县市集聚区。

2. 浙江省区域创新空间演变特征

专利申请的形成是区域内多个创新主体协作的成果，能较为客观地解释创新的实际情况。采用专利申请数量来代表浙江各县市的创新水平，通过系统研究，可以将浙江省区域创新空间演变特征总结为以下3个方面。

第一，浙江省创新空间差异程度总体呈下降趋势，但是下降的幅度不大。2007—2017年，创新水平高的地区主要集中在杭州和宁波。同时，创新水平低的县市数量有了明显下降，说明全省的创新水平在不断提升。

第二，浙江省的创新热点区域集中在杭嘉湖和环杭州湾一带，而冷点区大多在浙西南地区的衢州、丽水。同时，近10年浙江省创新冷热点区域在不停发生变动，冷点区域有一定的扩散且位于浙西南地区，热点区域在环杭州湾地区发生位移。

第三，近10年浙江省创新密集程度出现明显提升，大部分市都呈现逐年递增的态势。特别是2012—2017年杭州周边的城市创新密集程度增加幅度较大，显示出杭州的创新空间溢出效应明显，带动了其周边地区的发展。

（二）浙江省创新区域网络演化

创新逐渐成为推动国家和区域经济增长的首要动力，城市作为创新要素的空间载体，是实施创新驱动发展战略的重要支撑。在知识经济时代，探究城市群创新网络的时空演化规律、网络结构演化及其影响因素，对于建设创新型城市和实现较为完善的区域创新发展规划具有现实意义。

1. 网络演化特征与对策

第一，以浙江省90个县（市、区）为研究对象，基于2007—2017年合作申请专利数据，研究了浙江省的城市创新网络。浙江省创新能力网络演化的特征包括两个方面：网络规模不断扩张，网络结构渐趋复杂。2007—2017年，浙江城市创新网络规模逐渐扩大，由稀疏网络趋向稠密复杂网络，表现出区别于随机网络的"小世界"性，网络整体上具备较好的通达性，但仍有提升空间。创新网络空间格局整体上呈现以杭州湾区城市为核心的"网络局部化、辐射中心化"特征，有清晰的等级层次。以杭州市辖区为核心，宁波、温州、金华等为次核心的"中心—外围"结构越发凸显，浙西城市则居于创新网络边缘。

第二，不同维度的邻近性对城市创新合作强度的影响各异。浙江省城市创新合作强度与经济规模、教育水平、政策支持显著正相关，技术势差、城市行政等级存在正向推动作用；地理邻近性、边界相邻是影响创新合作的正向因素；认知邻近性与创新合作间呈现U形关系，说明在认知邻近处于较低水平时，不利于创新合作，但随着城市间认知邻近水平的提高，其对创新合作强度的边际效应越来越强。与此相反，制度邻近性与城市间呈倒U形关系，说明制度邻近在较低范围内对创新合作强度有促进作用，但随着城市间市场制度的完善，这种作用越来越弱。技术邻近性的作用为正，说明技术结构上的相似性可以促进城市间的技术交流。网络效应也具有正向作用，相较于城市网络个体特征而言，城市网络结构特征对城市间知识交流的促进作用更为明显，网络效应更倾向于整体层面，这说明要重点关注网络整体结构的发展完善，突出核心城市的"领头羊"作用。

针对浙江省创新能力网络演化特征，发展创新合作，需要加强浙江省各县级城市间的创新合作。一是需要加快建设城际交通基础设施，降低因地理距离而产生的知识交流成本。浙江省已经建成了比较完善的高速公路网，目前正在建设的杭绍台、杭温高速铁路有望进一步缩短出行时间,从而减少地理距离对创新合作的阻滞作用。二是吸引创新人才,加强产业研发,尤其是基础性的共性产业技术开发,以夯实城市间创新合作的认知基础,提高技术上的交流邻近性。这对于浙西、浙南创新水平较低的城市来说意义尤甚,因为认知和吸收水平低就很难承接技术上的外溢,需要突破一定门槛。三是打破城市间的行政藩篱,缩小城市间的制度距离,促进技术人才、创新要素在各城市间的交流,实现技术市场一体化和创新平台的协同。四是从整体上优化创新网络格局,在进一步提高城市间创新合作强度的基础上,突出杭州、宁波等创新型城市的中心地位,强化台州、温州、金华等次中心城市的功能作用,通过极化和辐射效应实现以点带面的效果,以最大化知识的空间外部效应。

2. 多维邻近视角分析

利用多维邻近视角,对浙江省城市群创新网络的演化及城市节点间创新合作强度的影响因素进行分析,具有以下两点特征。

① 地理距离依旧是城市间创新合作的重要考虑因素。较近的距离往往意味着更加稠密的创新网络,现阶段创新合作还无法规避地理距离造成的影响。认知距离对城市群创新网络结构的演化有明显的正向作用,城市间的产业结构越相似,越有利于城市节点发生创新合作。技术邻近对创新网络结构优化存在一定的正向推动作用,但较为温和。制度邻近与创新网络演化之间可能存在一种类似正 U 形曲线的关系。

② 城市双边环境属性中,经济规模、教育水平、政策支持对城市间创新合作强度有显著的正向促进作用。多维邻近属性中,地理邻近性、边界邻近性、技术邻近性对城市间创新合作具有显著的正向作用,认知邻近性与城市间创新合作间呈现倒 U 形关系,而制度邻近性与城市间创新合作间呈现正 U 形关系,网络属性对城市节点间创新合作均有显著的正向推动作用,且网络更倾向于整体效应。在控制变量上,技术势差、城市行政等级均对城市间创新合作有显著的正向推动作用。

二、浙江省创新效率特征

浙江省作为长三角的重要组成部分,在长三角区域经济中占有重要地位,是长三角的经济增长中心和制造业中心之一,承担着巩固长三角在全国的功能定位和历史使命的任务和要求。面向未来,经济全球化趋势进一步深入发展，总体上有利于浙江省利用国际资源、吸纳高端要素、承接产业转移、参与国际分工和合作。

利用数据包络分析（DEA）和 Malmquist 指数方法，研究浙江省不同性质企业科技创新效率的动态变化趋势、追赶效应、技术进步和技术领先变化程度，得到浙江省企业创新效率的演化特征如下。

① 2006—2018 年，浙江省不同性质企业的科技创新效率均值较低。考察期内呈波动上升的趋势，但差距显著，均值较高的企业分别为中外合资经营企业、港澳台商合资经营企业、港澳台商合作经营企业和国有企业。2013 年以前，外商投资企业的科技创新效率处于领先地位，2014 年，其科技创新效率明显低于港澳台商企业和内资企业，特别是 2015 年以后，内资企业开始长期处于领先地位。考察期间内资企业一直呈现追赶势头，特别是国有企业，追赶势头最为显著。

② 科技创新效率的平均增幅基本一致。大部分年份均呈现增长势头，但是每年的变动幅度具有显著差异。内资企业体现出较强的增长效应，且增长势头比其他几种类型企业的增长势头平稳。其中，国有企业的增长势头最为显著，私营企业的增长势头最为平缓。港澳台商合作经营企业和中外合作经营企业的科技创新效率增幅波动较大。

③ 内资企业全要素生产率上升的根源主要源于组内技术进步。技术效率变化和组内技术变化共同推动了港澳台商投资企业和外商投资企业全要素生产率的变化。几种类型企业的技术领先变化程度均较小，意味着其与最优技术之间的差距变化较小。港澳台商企业与全省最优生产技术最为接近。

三、浙江省创新协同发展体系

协同创新是以知识增值为核心，企业、政府、知识生产机构和中介机构等为了实现重大科技创新而开展的大跨度整合的创新模式。协同创新是通过国家意志的引导和机制安排，促进企业、大学、研究机构发挥各自的能力优势，整合互补性资源，实现各方的优势互补，加速技术推广应用和产业化，协作开展产业技术创新和科技成果产业化活动，是当今科技创新的新范式。

（一）浙江省产学研用协同创新体系

浙江省产业产学研用协同创新的发展基础主要表现在：第一，经济发展总体水平较高。连续多年在全国经济发展排名中居前5位，经济发展速度和空间较大，且大量存在的私营企业极大地推动了浙江省的经济发展，增加了市场竞争的活力。第二，基础设施建设相对完备。近年来，浙江省的基础设施工程建设成效显著，全省范围内的基础设施已经实现了网络化、现代化，综合服务能力得到了全面提升。第三，政策支持力度大。浙江省出台了一系列支持战略性新兴产业加快发展的新政策，主要表现在进一步优化企业出资环境，实施"非禁即入"的准入政策，加强对战略性新兴产业的知识产权保护。第四，浙商文化气息浓厚。改革开放以来，浙江省范围内"新浙商"风起云涌、逐鹿商海，其人数之多及占全省总人数的比例之高，恐怕是全国之最、世界少有。

浙江省战略性新兴产业协同创新的发展现状主要体现为：第一，从高新技术产业化水平看，浙江省的企业效益虽较好，但产业总量规模明显偏小。第二，从科技活动投入产出情况看，浙江省的科技活动人员投入和研发支出均处于全国先进水平，科技活动的专利产出水平也较高，但技术成果成交水平较低，影响了科技成果的转化效率。第三，从科技促进经济社会发展情况看，浙江的劳动生产率和投资效率相对较低，但单位能耗产出水平较高。第四，从高校科技创新情况看，浙江高校数量适中、规模较小，研发人员比重较高，浙江高校的经费投入水平和R&D研发人员素质较高，但研究人员占R&D研发人员的比重较低。

浙江省战略性新兴产业区域产学研用协同创新体系的建立与完善，既要立足于我国国情，也要借鉴国际上比较通行的做法和其他国家比较成功的产业政策实践经验。区域内发展战略性新兴产业还需其他类型企业的支持，在浙江省区域范围内发展战略性新兴产业应注意：第一，充分利用好地区之间的优势互补，各区域企业积极发挥各自的优势，利用好区域之间的联动，最大限度地发挥好整体协作的作用，最终将浙江省区域范围内的资源优势转化为产业发展优势。第二，借鉴美国的发展经验，产业联动以融合共赢为目标，区域产业联动要充分调动不同区域利益主体的参与热情和积极性。第三，区域之间的协同要充分开展体制机制创新，以体制机制的创新为重要支撑，最大限度地解决联动中存在的限制性和阻碍性因素，最终实现区域产学研用协同的有效进行。

（二）浙江省大湾区创新协同发展

在知识经济时代，科技和创新在全球经济发展中具有重要的推动作用。浙江省提出建设创新型省份，科创经费投入占比不断增大，综合实力居国内第一梯队。科技创新人才不断汇集。浙江大湾区创新资源聚集，拥有众多高层次科学家、工程师、两院院士、各领域科技人才；在一些战略性产业和新型产业，如新能源、人工智能、海洋科技等产业，打造人才队伍，组建专家联盟。从浙大系、阿里系、海归系、浙商系4个渠道入手，不断丰富科技创新人才引进方式，引进高层次人才团队；大力推进科技创新大走廊建设，打造高能级创新平台。为全面实施大湾区大花园大通道大都市区建设的决策部署，大力发展湾区经济（以环杭州湾经济区为核心，联动象山港、三门湾、台州湾、乐清湾、温州湾等湾区，包括杭州、宁波、温州、湖州、嘉兴、绍兴、舟山、台州等市），推动大湾区成为现代化浙江的空间特征。

打造若干集约高效、产城融合、绿色智慧的高质量发展大平台。依托大湾区总体布局和环杭州湾经济区空间布局，发挥现有产业优势，瞄准未来产业发展方向，整合延伸产业链，突破核心关键技术，培育自主品牌，科学合理布局数字经济、先进制造业等产业，打造若干世界级产业集群。综合考虑区位条件、竞争优势、发展潜力等因素，按照"万亩空间、千亿量级"的要求，高起点规划、高标准建设，按照"谋划新建一批、整合提升一批"的思路，打造若干产业高端、优势突出、竞争力强的产业大平台。突出以产促城、以城兴产、产城融合的发展理念，推进产业集聚区和各类开发区整合提升，促进产业与城市功能融合、空间整合。

人才交流合作是形成区域合力的最佳选择之一。浙江大湾区内各市积极营造开放的人才共享环境，推进不同市域、不同产业（部门）、不同层级人才相互流通；建立区域人才共享数据库，使湾区内各方能够根据所需在多元化、专业化的数据库内搜集相关科技人才信息，逐步实现湾区内各市人才信息联网，为人才共享创造条件；丰富人才共享形式，实现人才交流合作。浙江大湾区科技创新人才共享形式要多元化，根据人才需求主体不同，通过发展委托、借用、项目等方式，促进湾区内科技创新人才循环发展。

浙江大湾区科技创新协同发展要统筹规划、综合布局、协同发展。首先加强顶层设计，依据湾区总体规划目标和各市的具体情况设计科学的科技创新协同发展顶层规划；其次从产、学、研等不同主体的角度确定具体运行机制，明确具体措施保障科技创新协同发展；最后以湾区内良好的科技创新协同为基础，建设"绿色智慧和谐美丽的世界级现代化大湾区"。

（三）浙江省教育创新能力协同发展对策

重视高等教育在区域科技及经济增长中的作用。区域科技水平对区域高等教育科技创新能力结构的影响很大，应促进高等教育科技创新对区域经济及科技的推动力，加强对科技的投入，尤其是加大对科技落后地区的投入与管理，提高资源的利用效率，引入与培养高科技人才，鼓励高校与企业合作，进一步建设良好的科研环境。

区域科技创新应当由企业主导。高等教育科技创新的作用在于引领和支持企业开展创新活动，而不是代替企业发挥创新主体的作用。政府应重视对各地区高等教育发展的宏观调控，应重视高等教育资源投入的均衡，特别重视对落后地区的扶持。高等教育在经过几十年的迅速发展后，不同地区的发展差异越来越大，而政府资源投入不均可能是各区域高等教育科技创新能力出现结构失调的重要原因，因此，政府应适当扶持高等教育落后地区，重视资源投入。

> **思考题**
>
> 1. 简述河南省创新能力时空分布特征。
> 2. 简述提高河南省创新能力发展的建议。
> 3. 谈谈如何更好地发挥区域中心城市的辐射作用。
> 4. 分析河南省与浙江省创新发展体系的差异。

参考文献

［1］张建伟，黄蕊琦，李萌萌.河南省承接产业转移与创新产出的空间不一致性研究［J］.创新科技，2019，19（1）：7-13.

［2］张建伟，王贤，孟琳琳，等.河南省产业转移的创新响应强度空间差异研究［J］.世界地理研究，2018，27（4）：146-155.

［3］张建伟，孟琳琳，王贤，等.河南省FDI的创新响应强度市际差异研究［J］.河北范大学学报（自然科学版），2018，42（3）：251-260.

［4］孟琳琳，张建伟.河南省创新联系区域差异研究［J］.创新科技，2018，18（4）：37-44.

［5］张晓昱，李玉璞.黄河流域城市群区域创新与区域经济耦合协调探析［J］.科技创业月刊，2021，34（2）：36-41.

［6］张建伟，刘倩，姚少莹，等.河南省城际技术转移网络的空间演化［J］.创新科技，2020，20（12）：33-44.

［7］黄桂林，许如意，王新政，等.基于复合系统协同度模型的河南省区域创新协同度评价［J］.河南农业大学学报，2020，54（6）：1059-1066.

［8］兰海霞，赵雪雁.中国区域创新效率的时空演变及创新环境影响因素［J］.经济地理，2020，40（2）：97-107.

［9］张建伟，梁常安，黄蕊琦，等.中部地区创新产出空间差异及影响因素研究：基于新经济地理学的视角［J］.世界地理研究，2020，29（1）：159-167.

［10］庞玉萍，刘慧.河南省区域创新能力综合评价：基于"纵横向"拉开档次法对河南省18个地市分析［J］.洛阳师范学院学报，2019，38（11）：44-49.

［11］刘程军，周建平，蒋建华，等.区域创新与区域金融耦合协调的格局及其驱动力：基于长江经济带的实证［J］.经济地理，2019，39（10）：94-103.

［12］江书军，庞克欣.基于因子分析的河南省区域科技创新政策绩效异质性研究［J］.创新科技，2019，19（8）：15-22.

［13］陈广桂，陈云岳.升级"大创新"战略为浙江第五大战略研究［J］.经济研究导刊，2021（33）：64-66.

［14］潘宇峰，陈子红.国外经验对浙江战略性新兴产业区域产学研用协同创新体系的启示研究［J］.丽水学院学报，2021，43（6）：82-87.

［15］陈帆，姚卫新.浙江省不同性质企业科技创新效率的动态变化与比较研究［J］.科技和产业，2021，21（10）：186-192.

第六章 区域创新差异的影响因素

> **导　言**
>
> 区域创新能力代表了创新要素在一定区域内聚集、整合及推动持续创新的基本能力，决定了区域长期的经济发展能力。在全球经济一体化背景下，伴随经济的不断发展和市场竞争的日益加剧，创新能力已成为地区经济获得国际竞争优势的决定性因素和参与者体现竞争优势的重要标志。内生增长理论认为，技术进步和创新是国家或区域经济不断增长的源泉。本章重点从制度、知识流动、科技人才和产业转移4个方面探讨其对区域创新的影响。

第一节　制度与区域创新

一、制度厚度的相关概念

20世纪70年代早期开始，经济地理由新古典学派转向政治经济学派，特别是以大卫·哈维为代表的马克思政治经济学派，哈维将空间看作围绕经济活动社会关系的产物，把空间社会化或者说将其进行社会化构造。新马克思经济地理占据了20世纪70—80年代中期的经济地理研究前沿。与此同时，资本主义经济由开放程度较低的福特经济范式向全球化开放式的后福特主义经济范式转变，因此，促使欧美发达国家与地区向与后福特经济发展相适应的"调剂方式"转变，法国调节学派由此诞生。调节学派认为，20世纪70年代资本主义的滞胀危机，也就是经济发展的每一阶段都以一种特定形式的积累过程为特征，从而形成特定的"积累体制"。每种体制的积累都在危机中告终，并在新的生产组织中诞生新的制度及社会规范。每一种积累体制都有其特定的"调节模式"支配着积累过程。因此，资本主义的积累体制需要相应的制度形式框架加以维持。

西方经济地理学家逐渐意识到资本主义生产方式中社会与制度关系的重要性，并将其关系运用到相关地方经济的问题讨论当中。20世纪90年代以来，西方经济地理学界开始了对制度转向的研究，相关理论得以发展，研究领域也相应扩大。部分学者认识到特定的制度条件在经济发展中扮演的重要角色。在这种经济地理的制度转向中，Amin和Thrift提出了"制度厚度"的概念。他们认为，在"全球—地方"的背景下，除了区域自身的环境条件与产业特色外，区域还通过正式与非正式的制度搭配而产生协同作用，从而获得经济活力。制度化过程使得机构间产生信任，拥有同一愿景，形成一套共同认可的行为、支撑和操作规定，使每个个体"如鱼得水"。

Amin和Thrift认为，区域经济的繁荣除了区域优越的区位及物质条件之外，还必须通过正式与非正式制度的相互协同作用以创造地方经济活力，而这种正式与非正式制度的协同被称为"制度厚度"。"制度厚度"包括4个要素：①制度的密集存在，包括工会、商会、金融制度、地方政府、行业联盟等，大量的制度及制度组织是构建制度厚度的基础。②不同制度组织间的相互作用形成交流与反射的网络，彼此之间产生信任感，从而形成共同遵守的原则，在地区制度安排层面产生显著的同构。③高度互动的各种制度组织形成主体管辖机构，通过联合建构和集体表达，以减少部门主义和制度之间的冲突，降低社会成本，提高社会生产效率。④区域共同的愿景，使不同的地方组织形成适宜的行动节奏，围绕一定的议程、项目或者社会区域经济发展目标形成共识。

1978年改革开放以来，中国经济获得了飞速发展，原有的经济制度已不能适应经济发展的需求，我国开始逐步进行经济转型，即由高度集中的计划再分配经济体制向市场经济体制转型。在改革开放之前，中国相对封闭，开放程度低，国有创新比重高。改革开放初期，创新体制改革取得了3个方面的成效：家庭联产承包责任制在农村得到推广，乡镇企业兴起，深圳、珠海、厦门、汕头4个创新特区建立。由此，我国开始走向改革和开放，走向市场创新。长期以来，我国的计划经济体制经历了自由化、市场化、民营化、国际化4个阶段的转型，逐渐发展为现在的以市场创新为主体的创新模式，在这个过程中，创新的自由化在中国经历了从以农村为主到以城市为主的渐进式改革过程。

二、制度对区域创新的影响

基于制度理论，企业战略决策除了考虑自身资源和所在行业条件外，还需要将地区的正式和非正式制度环境因素考虑在内。随着网络信息技术的发展，国际贸易壁垒日益改善，使得更多公司由本土走向世界，"全球—地方"联系逐渐加强，区域的制度因素在创新发展中扮演着越来越重要的角色。所以，在全球创新转型的潮流下，市场资源的整合、正式与非正式制度的合理化搭配所产生的协同作用，以及社会文化因素在创新及发展中起到的促进作用，将最终促成传统创新发展的升级换代，并借助"制度厚度"实现创新转型升级，实现国家地区创新的发展。

建立制度与地区的关系能为地区的创新发展服务。制度厚度恰好将区域创新发展与区域制度联系起来。Amin 和 Thrift 认为，制度厚度是支撑一个地区创新发展的重要因素，区域内企业与创新中心等通过交流而产生高度的相互作用，形成一套共同认可的行为、支撑和操作规定。

我国的社会构成、文化环境与外国有所不同，制度厚度的含义也会有所改变，考虑到我国区域中主要机构及社会文化因素，制度厚度是指区域中的企业、政府、金融机构、行业联盟与研究创新中心在政府制度的主导下，通过交流合作而产生同构，拥有同一愿景，并为此而形成一套共同认可的行为与规定。中国在全球化的大环境中发展，处于创新转型的变革中，借助具有中国特色的制度厚度，借由非正式制度的密切互动与正式制度合理结合，在政府的少量干预下，自发地形成绵密的制度结构，以带动地方的创新实力和竞争力，与全球化接轨，实现"全球—地方"的有机结合，并实现创新发展的目标。因此，"制度厚度"的继续研究应更符合中国创新的特色，集合中国的发展模式和现状，更有效地发展中国地方创新。

20 世纪 70 年代以来，西方发达国家越来越强调制度与文化对区域创新的影响，寻求特定空间内的制度对区域的影响。基于制度理论，企业战略决策除了考虑自身资源和所在行业条件外，还需要将地区的非正式制度环境因素考虑在内。特别是在转型创新体中，正式和非正式的制度与企业的动态交互会影响企业的战略决策。

首先，较好的制度环境表现为公平的竞争环境和自由的要素流动。良好的制度环境消除政府干预和地方司法保护，营造更加公平的竞争市场，激发企业等创新主体的创新活力，创新主体可以通过多重网络嵌入资源，提高创新绩效。同时，组织创新需要互补性资产，良好的制度环境促进了市场在要素配置中的主导作用，创新要素基于市场规则自由流动，组织可以更好地从市场中获取支持创新的互补性资产，保障创新活动的顺利进行。

其次，良好的制度表现为健全的法律法规体系和良好的执法水平。健全的法律法规体系为创新主体的创新行为提供了规范约束，当创新主体在同一法律约束下开展活动时，更容易形成互动，降低企业之间的协调成本。良好的执法水平提高了创新主体的违法成本，避免组织中出现"搭便车"等现象，特别是我国处于科技发展的初级阶段，技术模仿成本低于技术开发成本，企业创新积极性较低，而随着组织违法成本的提高，原创企业的各种技术得到更好的保障，有利于激发企业创新活力。

最后，较好的制度环境规范创新主体的行为，建立互惠机制。互惠规范是指创新主体之间彼此遵循的维持获取与付出相对平衡的行为规范，即组织从市场中获取创新资源的同时，也有义务为其他创新主体付出回报的准则。良好的制度环境有利于引导市场中的创新参与者形成信任和互惠等良好社会规范，增强组织间的合作和信任机制。同时，在良好的社会互惠规范下，增加了组织违法和失信的无形成本，降低了组织的机会主义风险。

三、制度影响区域创新的实证研究

区域创新体系结构特点包括4个方面：①有足够的空间支持创新体系的构建；②有一定数量的创新性生产企业群体、科研单位、培训机构、中介服务组织和政府部门等；③不同创新主体间具有沟通和关联的渠道；④具有一定的创新环境能够支撑区域创新的发展和延续。

区域创新能力指标选取遵循原则：①系统性原则，能够反映创新体系主体要素的特点，具有广泛的涵盖范围，能系统全面地体现整体创新能力的状况；②可行性原则，体现在数据容易获得且可以量化统计，进而得出定量的结论；③有效性原则，所搜集的数据能真实有效地体现区域创新能力的强弱；④可比性原则，数据口径、范围等保持一致，确保能够进行横向和纵向比较，在测评时尽量采用相对数据。基于此，通过可行性筛选、关键因子筛选，可构建区域创新能力的评价模型。该模型从知识创造、知识获取、创新绩效、技术创新环境和企业技术创新能力5个方面衡量区域创新能力，每个方面选取4~5个关键指标。

（一）知识创造

知识创造是一个地区创新能力的根本源泉，因此，将它作为衡量地区创新能力的重要方面，而知识创造的能力又取决于当地高等教育和政府科技的投入水平，直接体现在论文数量和发明专利等几个方面，具体包括科研院所及大学投入水平、政府科技投入水平、国内国际论文数和发明专利授权量4个指标。

（二）知识获取

区域创新能力除了取决于自身创造知识的能力外，还取决于其引进知识的能力，通过考察企业群体和科研机构科技合作、技术转移、技术引进水平和本地国外投资的程度，综合度量该区域的知识获取能力。

（三）创新绩效

区域创新绩效反映为其将知识技术转化为创新效益和企业竞争力的能力，采用人均GDP水平、劳动生产率、居民生活水平反映其知识技术的转化效率，采用出口额、产业国际竞争力来测量其企业群体的竞争能力。

（四）技术创新环境

资金充裕度、融资的便利程度、政策投入水平、劳动力水平等都制约着区域的创新能力，而这些因素构成了区域的创新环境，因而采用财政支出、固定资产投资、劳动者素质水平、金融环境和基础设施作为技术创新环境的评价指标。

（五）企业技术创新能力

企业作为区域创新体系的主体，自身的创新能力尤为重要，其中，企业间有效的沟通能力、产品设计能力是衡量企业技术创新能力的关键指标，而企业对技术研发的投入水平体现了企业对技术创新的重视程度，新产品产值则直接衡量企业技术创新能力。具体包括区域创新主体间的网络化程度、新产品产值、设计能力和大中型工业企业技术改造投入额4个指标。

影响区域创新的因素具有多样性。制度创新学认为，资本积累、技术进步是创新发展的结果而非原因，制度因素才是创新发展的原因，即创新发展是制度变迁的函数，因此，区域创新发展差距是由制度供给水平差异引起的。现有学者认为，中国实施的市场化改革与对外开放对区域创新具有积极影响，但主要关注的是其直接影响效应。

我国区域创新的空间分布呈现"东高西低"的态势，反映出明显的空间相关性与差异性。区域创新具有正的空间外部性，反映出区域间研发活动具有一定的协同创新特征；我国市场化进程与对外开放对区域创新具有显著的促进作用与正向的空间溢出效应，表明我国区域制度环境发育不仅能促进创新提升，同时有助于强化区域创新的空间外部性，引导与带动邻近区域创新的提升。相关研究支持与肯定了我国创新制度改革对创新发展的作用与贡献。但也应认识到，目前我国区域间制度发育水平仍具有差异性，且创新的外部溢出强度具有随距离增大而衰减的特征，这将造成我国创新区位锁定，从而加剧创新空间分布不平衡。

第二节 知识流动与区域创新

一、知识流动的概念及其必要性

区域是企业的"群"，是既合作又竞争的企业网络构成，它们不是潜在利益现象的简单集合，而是系统整合区域创新系统的组织关联形式，是"知识流动"。知识流动是指知识在企业、大学、科研院所等系统要素内部及要素之间的流动，知识流动是创新活动最重要、最基本的形式之一，创新是知识流动的结果。知识流动是一种重新组合生产要素的过程，只有能够提供实现创新所需的新生产要素，并对生产要素重新组合的实现做出贡献的组织或机构才能参与知识流动。

创新的本质在于知识的创造和流动。在知识流动的过程中，社会组织之间的交易成本一般要高于组织内部各部门之间的交易成本，只有组织间保持相互依赖的关系，合作才能持续下去。一旦合作中的一方掌握了其他合作者所能贡献的生产要素，或找到质量更高、成本更低的替代要素，为降低交易成本和生产要素组合的成本，就必然将合作中的"多余者"逐出，从而导致生产要素的重新组合。区域创新系统主要是由在地理上相互分工与关联的生产企业、研究机构和高等教育机构等构成，这种组织体系不是潜在利益现象的简单集合，而是系统整合，它们支持并产生创新。知识流动的必要性在于以下几个方面。

① 实现原始创新系统中知识的有效流动。原始创新系统主要包括高等院校、科研机构，主要是为创新体系提供原创性的知识、技术等研究成果，它

们是创新体系重要的活力来源。知识流动可以使原始创新成果通过系统内的有效配置，不断产生新的创新增长点，有力地推动整个创新体系的良性运转和持续成长。

② 区域内要素联系的载体。区域创新能力是将知识转化为新产品、新工艺、新服务的能力，因此，知识流动是基础。创新是一个系统的过程，创新系统中的要素之间不是线性的关系，而是存在着互动的关系。区域创新系统的联系包括合作研究、人员交流、专利共享、购买装备和其他各种渠道。要素联系是创新系统的核心，知识流动提供了基本的运作平台，而要素联系作为知识流动的载体实现创新的孕育。

③ 提高知识获取能力。创新能力不仅取决于知识的创造能力，还取决于能否运用全球已取得的成果，取决于各部门能否进行很好的知识合作、能否分享知识，如产学研合作是重要的知识分享方式。知识获取的水平反映了一个地区、一个企业对知识需求的程度、对创新的冲动水平和知识流动基础设施的水平。知识的流动可以提高区域创新系统的知识获取能力，即不断地利用全球一切可用知识的能力。

二、区域创新中知识流动的形式

（一）企业间合作

企业是创新的主体，区域创新系统中最重要的知识流动是企业间的技术合作及其相互之间的非正式联系。企业间的合作可共享技术资源、实现规模创新，并从人力资源和技术财富的互补中获得协同效应；企业间的技术合作有助于提高创新绩效，提高新产品在企业销售额中的比例。合作研究有助于提高竞争力和技能，对企业创新能力带来积极影响，其中创新能力包括联系能力、识别和采用适用技术的能力等。企业间的非正式联系包括用户和生产者之间的联系，以及竞争者作为创新源泉和动力的作用，是知识和技术诀窍转移的非常重要的渠道，有助于系统创新能力的提高，但往往难以测度。

（二）科研院所

科研院所和高等院校作为企业创新的主要知识来源，其知识储备向企业流动并形成良好的反馈回路，是创新系统中重要的知识流动。这种流动主要体现在企业作为技术需求方、科研院所或高等院校作为技术供给方之间的合作，包括联合研究、共享专利、合作出版及其他非正式联系。

（三）技术扩散

技术扩散是国家、单位、个人将其独占的技术以有偿或无偿、公开或秘密的方式，扩散到别的国家、单位、个人的一种现象。技术扩散也可理解为技术贸易、技术转让、技术交流、技术传播等的总称。当然，不是所有的技术都能得到扩散，有些技术禁止向外扩散，如按照国际惯例，禁止扩散制造大规模杀人武器的技术；一个国家为了安全或保持某个领域的领先地位，在一定时期内也禁止某些尖端技术向外扩散。面向企业的知识和技术扩散包括产业新技术的应用及通过机器与设备的技术扩散，是区域创新系统中传统的知识流动类型。

（四）人员流动

人员流动是人员在系统各要素内部或要素之间，以及向系统外的流动。人员的流动及由此产生的意会知识的流动是区域创新系统的主要流动形式，人与人之间正式或非正式的联系是企业内部、企业与高等院校或科研院所之间知识转移的重要渠道。有时，重要的不是专门知识的转移，而是创新的一般方法和解决问题的能力的转移。高水平人员的流动有助于提高劳动力的整体技能水平，促进创新活力。

（五）国际知识流动

由于国家间的相互作用对于营造创新氛围非常重要，在强调区域创新系统的同时，必须重视国际知识流动的作用。创新的全球化和企业活动的国际化使得知识流动日益国际化，与国际知识流动有关的创新系统形成的知识流动形式包括6个方面，即以资本品和中间产品的形式从国外获取技术、购买外国专利和许可证、不同国家企业间的技术合作、技术服务贸易、国外直接投资和国际合著论文等。创新能力仍主要由国家层次来决定，同样，区域创新系统也起到促进作用。我国企业的外部知识源泉有外资企业/外国公司、国内高等院校及科研院所、国外技术市场及内资企业。对于我国而言，一方面采取税收减免政策，吸收国外高新技术投资，尤其是高新技术园区的投资，吸收国外科技知识流；另一方面着力推动科技成果由高等院校和科研院所向企业转化，促进内生型的自主创新。如何将国家内生科技力量与吸收国外科技知识流有机地结合起来,成为新时期发展高新技术产业、提升我国产业竞争力的关键。

三、区域创新系统的分类和不同类型之间知识流动的特点

先进区域创新系统和落后区域创新系统之间的知识流动是垂直型的。先进的区域创新系统把标准化产品的生产技术和技术人员投入落后的区域创新系统中,实现标准化的显性知识和人员流动带来的知识流动。知识的流动和增加,主要是在先进地区的企业、客户及最终生产商对标准化商品加以改进,以适应落后地区创新和文化环境的过程中产生的。其中,落后地区有较强的知识需求愿望,但同时要求与先进地区的知识落差不能太大,否则就不具备接受新知识的条件。先进地区和落后地区的知识流动是相互的,其中先进地区向落后地区流动的强度更大。在具体的生产和研发过程中,先进区域创新系统和落后区域创新系统的特色差异主要表现在价值链节点上。

知识创造能力强的区域并不一定能很好地实现知识流动和转化,结合知识流动能力,我国的不同区域创新体系可区分为4种类型。

第一,知识生产能力强,且流动性也很强。北京是典型的知识创造型地区,由于聚集了北京大学、清华大学及中国科学院等众多的大学和科研机构,具有极强的知识创造能力。这种区域创新系统要主动联系区外的系统,促进知识的转移和流动;同时,不发达区域也要做好配合工作,给予便利的条件,使双方实现互利共赢,不断增加知识存量和改进知识结构,减少与发达地区的知识势差,以便能够更好地吸收、消化外来知识。

第二,知识生产能力强,但流动性较弱。有些地区有数量较多的知名大学和实力较强的科研机构,知识生产能力强,但由于当地企业实力有限、区位及历史政策原因,知识的吸收和流动性较弱,典型代表是西安。西安在科技合作、技术转移及吸引外商投资等方面与国内发达地区存在着较大差距。这些地区要在科技合作、技术转移及吸引外商投资方面加大力度,加快基础设施、企业技术开发的金融环境和制度的建设,营造有利于知识流动的创新环境,积极促进地方性产业集群的形成,使知识能够在集群内、企业间实现流动,使科研机构和大学中产生的知识和现实生产力相结合,实现知识的产业化和良性循环。

第三,知识生产能力弱,但流动性强。浙江是这种类型的典型代表。近年来,以民营企业为主体的民营创新给浙江的创新发展带来了极大活力,其主要优势就是由产业集群带来的知识快速流动。因此,要加大教育和科研机构的建设力度,积极与区外进行科技分工和合作,增强自主创新能力。

第四,知识生产能力弱,流动性弱。对于这些地区,区域创新系统很难自发建立起来。当地的教育和研究机构研发能力有限,不能给当地企业提供先进的技术,相互之间也缺乏合作和知识流动。政府要发挥好宏观调控作用,加强基础设施和创新环境的建设,促进区域创新系统的形成,通过政府的技术采购,促进落后地区急需技术、知识的供给,积极与发达的区域创新系统合作,使知识向这些地区转移和流动,促进知识与当地的资源和需求相结合,提高落后地区的创新能力。

四、区域创新体系之间知识流动存在的障碍分析

区域创新系统之间的地理距离阻碍了隐性知识的传播。隐性知识具有3个特点:第一,隐性知识不能长距离传递。隐性知识很不容易表达清楚,不能在局域的或广域的数字网络上传播。第二,隐性知识具有特定的社会背景。隐性知识的两个参与者只有在共同的社会背景下,才能有效地共享知识。共同的社会背景包括语言、文化和习俗,并且是不可转移的,由此决定了隐性知识的黏滞性。隐性知识只能在两个有经验的个人之间有效传递,或通过把信息传递给具有足够的专业知识并能完全懂得这种信息的个人,借助这种方式达到知识的流动。第三,隐性知识受时空的制约,流动难度大。

区域创新系统之间创新环境的差别使知识流动产生困难。创新环境包括硬环境和软环境。硬环境指的是现代基础设施,即便利的交通通信、配套的生产服务设施等。如果创新系统之间硬环境差异过大,会造成知识链断裂,特别会对基础较差的创新系统获取和吸收知识产生困难。软环境主要包括两个方面:第一,人文环境,包括人们的文化水平、心理素质、价值观念、社会风气等内容。其中,最具共性也是最重要的一个文化因素就是基于诚实和信任之上的交流和合作,由此才可能产生创新主体之间的相互学习、创新合作和成果分享,更好地集聚资源要素,使创新具备邻近性和根植性。第二,制度环境,指政府通过制定政策制度,使相关的创新主体发生协同作用,区

域创新系统之间统一、高效的制度环境是创新主体相互交流的润滑剂，否则制度障碍会使合作缺乏共同的前提和制度支持，阻碍知识的流动。

知识产权保护法规的完善程度对创新系统间知识流动的影响不容忽视。科学、严格的知识产权保护法规，实际上减少了企业进行研发投入的隐性成本。一项发明创造被不法者模仿，会使该发明创造所有者的利润减少，即使同不法模仿者对簿公堂，产生的诉讼费用也是应该考虑的隐性成本。如果知识产权保护法规完善，其他创新系统可以通过发明专利买卖、技术许可转让，以及直接的企业间生产技术合作来获取有用的知识，区域内的企业就不会因为害怕知识被无偿泄露而不进行产品研发及创造新知识。

五、知识流动对区域创新的作用

知识流动在区域创新体系中具有重要的地位和作用。知识流动对区域创新系统的促进作用主要包括：①知识流动可以直接实现创新系统中的效率目标。知识流动使创新资源得到了有效配置和高效率使用；区域创新实现了创新增长，即创新发展质量水平不断得到提高。②知识流动使创新的规模不断扩大、活力不断增强，从而可以实现区域创新的增长目标。③知识流动通过技术扩散实现产业发展效应，实现了区域创新的扩散目标，最终使区域内的科技实力和创新实力不断增强。

六、促进创新系统之间知识流动的措施

促进创新系统之间知识流动的措施有促进人员的流动、营造良好的信用环境、建立知识联盟、发展统一高效的技术市场和加快电子信息平台建设5个方面。

第一，促进人员的流动。具体形式是跨区域技术人才的企业间流动，科研机构人员间的定期交流合作，包括合作研究、兼职、咨询服务、顾问等形式。在制度方面，要为人才的合理流动创造优良的环境，形成尊重知识、尊重人才的氛围，给予他们所需求的工作条件，使个人的努力和才能可以获得自由的发展。鼓励区域内的人员到区域外学习新知识，掌握科技新动向，促进区域内新产品和新技术的开发。对于从区域创新系统内走出去的人才，应有积极正确的态度，要真诚友好地与外流人员保持联系，学习区外的先

进经验和技术,改进自己的生产和管理,从而更好地吸引人才,实现人才回流。

第二,营造良好的信用环境。对于远距离的区域创新系统之间,缺乏良好的信用环境容易造成人与人、企业与企业及企业与研究机构之间的不信任、戒备和不必要的防范,从而减少了创新主体之间的合作,阻碍了知识的流动,降低了创新系统的创新绩效和创新能力。因此,系统之间要多进行人员交流和项目合作,增进彼此的了解,减少不确定性,提高信任程度。同时,必须从道德建设、法制建设和中介机构建设等多方面营造社会信用环境,促进知识的流动和创新。

第三,建立知识联盟。知识联盟是以知识为纽带的互补性的知识联合体,是重要的知识分享与交换的平台,企业可以通过建立知识联盟来获取自身不能开发或不能从市场购买的技术和知识。在选取合作伙伴时,应该着眼区域创新系统内外,力争与那些拥有先进管理经验、一流技术水平和良好企业文化的企业合作,这将有助于学习先进技术和管理经验。另外,在形成联盟以后,应制订学习计划,经常交流互动,积极主动地学习,争取尽快获取自身不能开发或成本很高的新知识、新技术。

第四,发展统一高效的技术市场。通过技术市场可以迅速实现科技成果的转化,并弥补区域研发能力的不足。对科技创新体制进行综合配套改革,重塑和优化技术市场的各种内外部条件,尊重市场创新和科学技术自身发展规律,加强培育包括成果市场和各要素市场在内的技术市场体系,使科研单位的研究工作面向市场、面向创新建设的主战场。同时,注意研究并及时调整财政税收方面的改革,防止给技术市场带来的短期负面效应,加强政府对技术市场的宏观调控,促进技术市场的健康全面发展。

第五,加快电子信息平台建设。先进的技术知识通过网络实现区域创新系统之间的资源共享,减少了交通和集会等人力、物力成本,使知识流动更加方便快捷。不同区域的企业和科研机构借助网络共同解决技术难题,了解国内新知识和技术动向,以及发明创造、技术专利的供求状况,有利于促进技术成果通过更适宜的环境和企业向现实生产力转化。

第三节　科技人才与区域创新

一、科技人才的概念

科技人才作为创新的核心要素，已经超越物质资本成为最具价值、最为稀缺的资源；科技人才是提升产业竞争力的根本所在，向高技术产业发展水平较高的地区集聚已成为一种普遍现象。科技人才的集聚提升了区域创新的整体发展水平，产生溢出效益，并带动其他生产要素的集聚，吸引更多的外来资金，推动了创新的发展。而区域创新的不断发展，让科技人才拥有了更好的平台和更多的机会，从而对科技人才的吸引能力更强，有利于科技人才的集聚。

党的十九大报告指出，人才是实现民族振兴、赢得国际竞争主动的战略资源，尤其强调要"培养造就一大批具有国际水平的战略科技人才、科技领军人才、青年科技人才和高水平创新团队"，这表明科技人才已经成为我国发展的战略性人力资源。各城市和地区逐渐意识到培育、吸引和留住科技人才是地区发展的关键，纷纷通过放宽落户限制、加强财政补贴等手段为"引凤"工作加码提速，但是区域聚才效果差别很大。

改善创新环境吸引更多科技人才集聚。目前，有关科技人才集聚的研究主要集中在集聚概念、集聚效应、集聚测度、集聚机制等方面，有关创新环境的研究主要体现在创新环境概念、创新环境培育机制等方面，而科技人才又是创新的第一资源和不竭动力。人才聚集现象是在科技人才流动过程中产生的一个区域的人才密度大于其他区域人才密度的现象。当科技人才聚集到一定的规模时，在内外环境的综合作用下就会产生科技人才的聚集效应。

科技人才集聚与创新环境的关系主要有：①研究创新环境对科技人才集聚的影响方式。创新环境通过科技投入、环境政策等影响科技人才集聚，除福利待遇因素外，区域对科技成果的认可程度同样影响科技人才集聚。②研究科技人才集聚对创新环境的反向作用。在和谐的条件下，人才集聚会给人才环境带来多样性和进步性，随着人才的积累会产生质变，主要体现为知识共享效应、知识溢出效应、组织学习效应、创新效应等集聚效应。但是，当科技人才集聚过量时，则容易造成人才浪费，出现不规模经济现象，不利于创新环境的培育。

二、科技人才对区域创新效应的影响

科技人才集聚是推动区域创新发展的主要驱动力。人力资本是影响创新增长的主要因素,而科技人才是人力资本中从事创新活动的主体,通过影响生产、消费、投资及储蓄等方式驱动创新发展。一方面,科技人才一般都是受过高等教育的人员,人才集聚可以提高科技创新能力,并且可以通过增加人力资本积累、促进管理创新及提高技术外溢等方式降低信息传递成本,提高生产效率,引导企业进行绿色生产。与此同时,科技人才集聚也能提高居民的文化素养,人们会更倾向接受新的思想,如环保理念,进行低碳消费。另一方面,科技人才集聚有利于区域内部新技术的共享和新知识的传播,促进专业化分工,提高生产要素配置效率及资源共享效率,促进创新发展。此外,当科技人才集聚到一定规模后,将形成人才高地,有利于发挥科技人才的创新溢出效应,促使资源从配置效率较低的地方流入配置效率较高的地方,从而推动区域创新发展。

科技人才集聚可以通过提高创新能力推动区域绿色发展。一方面,科技人才集聚可通过集聚创新资源,促进区域创新发展。创新能力的提升需要知识的积累与创造,也需要人才、资本等生产要素的投入,而科技人才集聚可以带来知识、技术、资本等创新资源的集聚。在"碳中和""碳达峰"的背景下,地方政府越发重视对科技人才的创新资助,因而科技人才的集聚会带来政府科技研发费用的增加。另一方面,科技人才集聚通过提高创新产出,促进绿色发展。科技人才集聚可以带来智力与知识资本的积累,加速绿色新知识、新产品、新技术的研发;尤其是区域创新技术水平的提高,能够提高资源利用效率,加速科技成果的转化,实现低碳发展,进而促进区域创新发展。

科技人才是区域创新中必不可少的核心要素和先决条件。从人力资本作用机制来看,科技人才集聚对于创新知识和技术的获取、消化、转化及利用都具有不可替代的作用。首先,在引进科技人才时,会获得其在前沿领域的大量知识;其次,不同科技人才的差异决定了他们对于同一知识或技术会产生不同的认识和思维结果,使得企业解决技术问题的能力更强;再次,科技人才形成新的知识体系,有利于企业把握变化中的机会,开发新的认知并改进现有的生产过程,从而提升组织的绩效;最后,企业依靠科技人才将新知识、新技术应用于新产品的生产和销售,从而推动整个区域创新的发展。

从科技人才集聚效应的角度，信息共享、知识溢出、集体学习等集聚效应的发挥对区域创新的发展也有着重要的影响。科技人才聚集效应对区域创新能力有显著的提升作用，具体表现在以下方面。

① 信息共享效应。科技人才集聚产生了空间位置的集中性、临近性，克服了时间及空间的障碍，使得信息搜索成本降低，促进了知识交流、扩散与分享，尤其是隐性知识的挖掘与学习，产生信息资源、知识资源效益的最大化，使得区域创新中的创新要素和创新资源可以实现迅速、低成本配置，提高了配置效率。

② 知识溢出效应。知识属于公共产品或准公共产品，知识溢出是指知识尤其是隐性知识的扩散、传递、转移和整合。知识的无限性、流动性与人才知识的有限性，使知识溢出成为一种必然。当科技人才集聚在一起，通过面对面的接触，尤其是科技人才之间的非正式交流，可以克服正式渠道时滞性不足的问题，从而实现知识的整合与重构，使得隐性知识显性化并产生知识溢出效应，从而为区域创新技术创新提供基础。

③ 集体学习效应。作为知识溢出效应的联动效应，集体学习效应可以被界定为信息处理能力和认知能力，包括创新性、问题解决能力、合作能力和信息吸收能力等。科技人才之间凭借地理接近性与相似的知识结构，通过便捷沟通与交流，能够得到更多的学习和成长机会，并以此获得更大程度的开放和交互力度，提升学习及解决技术创新问题的能力。

④ 创新效应。创新效应也是知识溢出效应的联动效应，由于隐性知识具有稀缺性特征，以及人才掌握隐性知识的差异性，会产生各种各样的创新表现，形成创新效应。随着创新的复杂性与不确定性增强，单个科技人才难以在创新链上提高创新的成功率，而集聚可以使得科技人才通过相互学习、相互合作及交互式学习形成一种新的创新路径，降低创新风险并提升创新效应。

三、创新环境和科技人才集聚的实证研究——以中国为例

欧洲创新研究小组最先提出了区域创新环境与科技人才集聚程度测度，逐步形成了学界对于区域创新环境内涵的共识，即创新主体所处的由文化环境、基础设施、市场规模、管理体制、政策与法规等要素构成的区域环境。在区域创新环境评价方面，学者基于不同研究范围、研究目的等，采用不同方法与评价指标体系进行测算。有许多研究强调，创新物质基础、政府创新

政策或科技投入、技术创新市场环境等是评价创新环境的重要维度。在政府的政策扶持下，创新主体通过科研经费等投入，借助市场机制下形成的高效技术交易平台，促进创新活动的顺利展开。此外，较多研究指出，创新氛围对于创新活动具有重要作用，活跃的创新氛围进一步促进人才之间的创新交流与创意碰撞，使创新活动愈发频繁，是形成良好创新环境的重要原因。

科技人才作为一种特殊资源，在物理空间或者逻辑空间上倾向于局部集中，从而形成科技人才聚集现象，现有研究多基于对人才集聚度的测算，采用的指标主要有人才密度、人才区位熵、基尼系数等。借鉴大多数研究的做法，以 R&D 人员全时当量作为科技人才的代理变量，进一步采用区位熵测算科技人才集聚度，针对 2010 年、2014 年和 2019 年中国 31 个省（区、市）（研究范围不包含中国港澳台地区）的科技人才集聚度和地区创新环境水平进行测算。基于测算结果，采用分位数法①将科技人才集聚度划分为高、较高、较低和低 4 个等级，将创新环境水平划分为优、较优、较劣和劣 4 个等级。

科技人才集聚度在东部、中部、西部三大地区存在显著差异。东部地区科技人才集聚度普遍较高，研究年度内有一半以上省份处于高人才集聚区，以京津冀都市圈、长三角创新区和珠三角城市群最具代表性；中部地区科技人才集聚度次之，较低人才集聚区与较高人才集聚区交错分布；西部地区科技人才集聚度最低，一半以上省份处于低人才集聚区，整体表现为集中连片式人才集聚洼地。

从纵向演化来看，2010 年，我国科技人才集聚度高的地区主要在江苏、上海、广东、北京、天津、浙江及陕西，科技人才集聚度低的地区大片集聚于西部地区，而较低、较高人才集聚区交叉错落分布于中部大部分省份及东北地区，相对较为零散。2014 年，陕西省人才集聚度跌出第一梯队，由紧邻江浙沪 3 省市的安徽省取而代之，较高、较低人才集聚区分别呈现连片发展趋势，低人才集聚区依旧集中分布在西部大部分地区及中部的江西省等地。2019 年，科技人才在空间上的分布不均衡性加剧，各个梯度人才集聚区的连片发展趋势进一步强化。整体来看，全国范围内科技人才由最初的分散分布逐渐成片集聚于京津冀、长三角和珠三角等地区，"东—中—西"阶梯式递减趋势加强。

---

① 四分位数是统计学中分位数的一种，即把所有数值由小到大排列并分成四等分，处于 3 个分割点位置的数值就是四分位数。

创新环境水平表现出与科技人才集聚度相似的空间分布特征与演化趋势。东部地区创新环境水平最高，尤其是东南沿海形成了优创新环境区的链式集聚区；中部地区次之，大部分省份处于较优、较劣创新环境区；西部地区则表现为全国创新洼地，绝大部分地区为劣、较劣创新环境区。

从动态演化过程看，2010年，全国创新环境优的地区主要集中在江苏、上海、广东、北京、天津、浙江及山东，创新环境劣的地区大片集聚于西部省份，而较优、较劣创新环境区交叉错落分布于中部大部分省份及东北地区。2014年，紧邻长三角与珠三角的福建省创新环境指数快速增长，取代山东省进入全国创新环境第一梯队，较优、较劣创新环境区分别呈现连片发展趋势，而劣创新环境区依旧集中分布在西部大部分地区及中部个别省份。2019年，创新环境水平空间分布不均衡性加剧，各个梯度创新环境区的连片发展趋势及由东南向西北阶梯式下降的带状分布格局进一步强化。

综合来看，创新环境指数较高的地区科技人才集聚度也普遍较高，创新环境指数较低的地区科技人才相对稀少。研究年度内各地区变化较大：东部的山东、中部的山西及西部的新疆等出现不同程度的降级，同时，中、西部地区内部分布结构进一步趋于集中，全国范围内创新环境也由最初较为分散的非连续性交错分布，逐步演变为东—中—西逐级下降的带状分布格局。静态而言，存在明显的空间同位特征：高人才集聚区与优创新环境区均集中于东部的京津冀、长三角、珠三角地区，较高、较低人才集聚区，较优、较劣创新环境区在中部地区交错分布，低人才集聚区与劣创新环境区则在西部地区连片呈现，科技人才集聚与创新环境均由东向西呈现阶梯式递减的分布情况。动态而言，二者表现出高度趋同的发展趋势：由最初相对分散的分布状态逐渐成片集聚于以京津冀、长三角和珠三角地区为核心向中部延伸的部分地区，东—中—西阶梯式递减趋势加强。由此可以推断，创新环境空间差异可能是影响科技人才集聚的一个重要因素。

四、创新环境和科技人才集聚的实证研究结论与政策建议——以中国为例

在界定科技人才集聚与创新环境复合系统的概念及解析其结构的基础上，分析科技人才集聚与创新环境复合系统的协同发展阶段，并对我国31个省（区、市）科技人才集聚与创新环境复合系统的协同度、协同发展阶段及

动态变化综合效度状况进行实证分析，研究结论有以下3点。

第一，我国各省份科技人才集聚与创新环境协同水平较低，但是呈增长趋势。东部地区科技人才集聚与创新环境协同度较高，中西部地区低；东部地区协同度优于中西部地区，但是地区差异随着时间推移逐步缩小。这说明我国科技人才集聚与创新环境复合系统协同度的地区不平衡性突出，缩小地区创新环境差异仍然是当前实现区域协调发展的主要路径。

第二，我国目前还不存在一个全方位协同的科技人才集聚与创新环境复合系统。黑龙江、新疆、内蒙古、青海、辽宁的科技人才集聚与创新环境复合系统协同水平表现为初级协同阶段；海南、甘肃、福建、湖南、山西表现为中级协同阶段；河北、山东、安徽、贵州、云南、宁夏、天津、陕西、河南、广西、上海、重庆、吉林、浙江表现为高级协同阶段；江苏、湖北、江西、四川、广东则达到很高水平，表现为深度协同阶段。这说明我国科技人才集聚与创新环境复合系统协同水平还有很大的优化空间，进一步提高两者协同水平、促进全方位协同阶段变化，是当前创新环境建设的核心方面。

第三，我国科技人才集聚与创新环境复合系统的协同变化态势可以分为"卓越区""下降区""低协同区""潜力区"。整体而言，协同变化态势呈"逆马太效应"现象，其中，东部地区协同水平较高，但是其动态变化综合效度值较低，协同变化态势趋缓甚至呈现下降趋势；与之相反，西部地区协同水平较低，但是其动态变化综合效度值较高，协同变化态势良好，并且上升势头明显。这说明我国科技人才集聚与创新环境复合系统难以兼顾协同发展的"状态"与"速度"，其中，东部地区陷入协同水平高，但是协同变化"速度"提升受限的瓶颈；中西部地区协同水平低，但是协同变化"速度"较快。实现协同变化"状态"与"速度"两全兼顾，是科技人才集聚与创新环境复合系统协同发展亟须破解的关键问题。

针对各地区的实际情况，提出3条政策建议。

第一，稳定并增进东部地区科技人才集聚与创新环境协同发展，防止系统出现短板并导致失衡。东部地区要继续全面适应和引领创新新常态，坚持创新驱动发展战略，合理利用各项资源，持续加大R&D经费等相关投入，使资源得到最优配置，实现人才与资源的协调发展。加快推进新旧功能转换，大力发展人工智能、大数据、区块链、物联网等新兴科技产业，带动传统产业实现优化升级。继续完善区域基础设施，营造优秀区域文化环境、科技环境，保持东部地区创新环境稳中向好、稳中有进，从而吸引科技人才。将科技人才集聚与创新环境视为一个整体的复合系统，避免顾此失彼，强化协同效应，进而提高协同发展的综合效度。

第二，继续在中西部有针对性地实施吸引科技人才及培育创新环境的政策。近年来，由于国家加大对中西部政策的倾斜力度，创新基础环境有所改善，社会保障体系进一步健全，创新潜力进一步提升，科技人才逐渐向中西部转移。为此，应该继续对中西部地区实施优惠政策，加大东部地区对中西部地区的资源输出，如资金、技术、人才等，使中西部地区实现创新成果的突破；为东部地区转移到中西部地区的公司提供办公场地等优惠政策；对流向中西部的科技人才提供住房等优惠政策；同时，有效推进"一带一路"倡议的实施，加强中西部地区与其他国家的联系。通过完善交通运输网络、举办会议及体育赛事等加强中西部与东部地区的联系。中西部地区要利用深厚的文化底蕴、丰富的自然环境资源，培育良好的创新企业，增强自主创新能力；要增加科研投入，提高产品的技术含量和科技成果转化水平。

第三，兼顾科技人才集聚与创新环境协同发展的"状态"与"速度"。实证结果显示，东部地区科技人才集聚与创新环境复合系统协同发展的"状态"较好，但"速度"较慢，不利于东部地区两者的协同发展；与之相反，中西部地区科技人才集聚与创新环境复合系统协同发展的"速度"较快，但协同度较低。对此，东部地区在保持科技人才集聚与创新环境协同发展良好的"状态"下，应进一步提升两者协同发展的"速度"；中西部地区在保持两者协同发展"速度"持续提升的基础上，应逐步提高两者协同发展的"状态"基础值，全面推动科技人才集聚与创新环境协同发展，从而使得全国各地区逐渐适应创新新常态，实现东中西部地区科技人才集聚与创新环境协调发展，促进区域创新发展。

第四节　产业转移与区域创新

一、产业转移的概念

产业转移是 20 世纪最为典型的国际创新现象之一。目前虽然对产业转移的研究较多，但对其概念界定尚未统一。大多数学者比较赞同的概念为：产业转移是产业从某个国家或地区转移到另一个国家和地区，其实质是跨国界或跨区域创新投资经营的现象，主要表现为生产要素在不同区域的转移。

第六章 区域创新差异的影响因素

随着创新全球化的不断发展，出现了发达国家向发展中国家转移部分产业的国际产业转移，世界范围内共经历了3次大的国际产业转移浪潮，每一次转移都促进了承接国或地区的迅速崛起。第二次世界大战后，日、德通过承接美、欧等国家和地区的产业，迅速在战后崛起；"亚洲四小龙"通过承接全球制造业成为新兴的工业化国家（地区），并维持创新高速发展几十年；中国东部沿海地区以低廉的劳动力成本、土地等优势承接全球制造业后，迅速发展成重要的创新中心，并为东部地区促进西部发展提供契机。

目前，作为第四次产业转移的重要战场，我国同时面临着机遇与挑战。一方面东部地区加入全球产业转移大潮，促进了中国的创新发展、产业结构升级等；另一方面，以切片式的方式融入全球价值链，并牢锁底端这一现状，对中国未来创新的可持续发展造成很大困扰，中国现阶段面临的产业升级及创新增长的瓶颈，很大程度上是盲目承接国际产业转移的结果。承接国际产业转移给我国创新带来巨大发展动力，但也导致了我国区域、收入、行业不平衡等发展现状。作为第四次产业转移的主战场，新一轮产业转移给我国区域创新发展不平衡问题提供了解决方案。产业转移的发展要经过3个阶段：国外进口—国内生产—国外出口。在此基础上，提出了著名的边际产业理论，即从国家宏观产业转移角度分析，认为对外直接投资应从本国已经处于或限于劣势的产业依次进行，即边际产业依次化。

二、产业转移对区域创新的影响

区域创新能力是指整合大学、科研机构、政府部门及金融机构相关主体等创新资源形成知识网络，综合完善的基础设施建设、公共服务、技术服务辅助机构，形成相关技术传播，为创新性活动提供智力资本，创造良好的物质基础和创新环境，支撑区域内企业的创新活动，提升区域综合竞争力。企业、科研机构成为地区性创新源头，依靠其本身研发存量，通过开展研发活动，开发出新设计、新发明等创新产品，更新产品生产工艺。区域创新能力在很大程度上取决于生产创新产品的潜力，提高研发边际产出，促进整个区域整体性创新水平的提升。

产业转移通过多种途径对区域创新产生影响，其影响机制主要表现为以下几个方面。

第一，产业转移形成产业集聚，进而推动技术进步。产业转移是实现产业集聚发展的重要途径，而产业集聚不仅可以刺激产业承接地的创新发展，还会对提升区域创新能力起到关键作用。产业集聚有助于形成网络结构，即在产业集聚的过程中，汇集了大量企业、高校、科研机构等创新主体，这些主体间通过相互学习交流构成交互式的网络关系，共同实现区域创新。不仅如此，伴随产业集聚，高素质人才将会产生空间集聚，区域创新能力得到显著提升，进而促进创新产出。

第二，产业转移增强产业竞争，迫使企业不断创新。产业转移在一定程度上打破承接地的市场垄断，增强承接地的产业竞争。通常而言，转入企业由于拥有较高的技术水平，会在竞争初期占据较大优势；而本土企业为了重新获得市场份额，则会加大研发投入，通过引进先进生产技术、购买先进生产设备、吸引高素质人才来提升技术水平。随着本土企业的技术水平不断提升，转入企业原有的市场地位受到冲击，故唯有继续研发新技术，才有可能在市场竞争中制胜。这种本土企业和转入企业技术水平交替上升的局面，最终会促进整个地区研发能力的持续提高，进而促进创新产出。

第三，产业转移通过产业关联效应，造就二次创新。所谓产业关联效应，是指某一特定产业的发展，引起其他相关产业发展的作用效果。在产业转移过程中，转入产业在嵌入当地原有产业链后，必然发生前后向及旁侧的产业关联，通过产业关联途径，有助于产业实现技术创新。具体而言，转入产业生产的包含新技术的产品成为处于同一产业链的上下游产业的中间投入与中间使用品，为了使整个产业链顺畅运行，必须实现产业链的整体创新，以使产业链条上的产业技术差距保持在一定范围内。同时，在产业转移过程中，也会产生示范效应，转入产业拥有的先进生产、管理经验将间接促进创新。

第四，产业转移推动产业结构优化，促进创新要素空间集聚。产业转移可以促使承接地产业结构优化。区域的产业结构随着产业转移的发生呈现动态优化的趋势，一方面传统产业通过产业转移实现技术水平提升而不断转型升级；另一方面产业转移会催生新兴区域创新的发育和成长，在二者的共同作用下，区域产业结构的层次和水平不断提升。

三、产业转移影响区域创新的实证研究——以中国制造业为例

（一）模型设定

为更好地探究制造业产业转移对区域创新的影响，将空间性纳入模型分

析，利用莫兰指数进行空间自相关分析，并根据知识生产函数，构建双对数线性知识生产函数空间计量模型，包括空间自回归模型、误差模型、自滞后模型、空间杜宾模型等。

（二）空间权重矩阵的设定

空间计量分析常用的空间权重矩阵包括地理邻接矩阵、地理距离逆矩阵和创新距离逆矩阵。由于创新距离逆矩阵基于区域的创新水平状况计算得出，可能存在内生性问题，因此，选用地理距离逆矩阵进行分析计算。根据地理学第一定理，相对于距离较远的事物，距离近的事物之间联系更密切，地理距离逆矩阵利用两个区域之间地理距离的倒数作为权重：若两个地区之间距离越近，权重越大；反之，距离越远，则权重越小。

（三）研究变量的选取与说明

1. 被解释变量

专利从申请到授权需要较长的审核时间，为更准确地衡量区域创新产出，选择发明专利申请受理数作为衡量指标。

2. 核心解释变量与控制变量

利用产业转移指标来衡量各地区的产业转移情况，该指标越大，证明该地区产业转入越多。产业转移会带动不同的要素流动，也是促进产业结构优化升级的重要手段，而伴随着这些流动，产业转移承接地区会通过吸引各种要素，促进本地区的区域创新，因此提出假设，产业转移的回归系数应为正。研究与开发投入选取各地区R&D经费内部支出，并按照10%的折旧率进行了存量处理。研发投入是促进地区创新产出的重要因素，因此提出假设，该系数应为正。人力资本水平采用教育年限法衡量各地区各年的人力资本水平，人力资本不仅直接对创新产出产生影响，而且可以通过引进消化吸收再创新的途径来提高区域创新产出，因此提出假设，该系数应为正。对外开放程度用外商直接投资额占地区GDP的比重来衡量。对外开放能为区域发展带来较大活力，对外开放程度越高，越容易获得不同于本地区的思维和观念，同时会增强本地区的竞争力，因此，对外开放程度应对区域创新起促进作用。

（四）实证检验

分析2006—2016年中国30个省（区、市）（不包括中国西藏与港澳台地区）的制造业产业转移情况（表6-1）发现：北京、天津、山西、内蒙古、辽宁、黑龙江、上海、江苏、浙江、广东、海南、云南、甘肃、宁夏等地的制造业均存在转出现象。

表6-1　2006—2016年中国各地区制造业产业转移情况

地区	产业转移	地区	产业转移	地区	产业转移
北京	−0.3879	浙江	−0.3884	海南	−0.1774
天津	−0.4254	安徽	0.5170	重庆	0.2695
河北	0.1442	福建	0.1492	四川	0.1620
山西	−0.2773	江西	0.6126	贵州	0.0187
内蒙古	−0.0405	山东	0.2182	云南	−0.2287
辽宁	−0.5105	河南	0.6072	陕西	0.0477
吉林	0.2435	湖北	0.2730	甘肃	−0.2693
黑龙江	−0.0082	湖南	0.2797	青海	0.1000
上海	−0.6548	广东	−0.1244	宁夏	−0.0927
江苏	−0.1057	广西	0.3380	新疆	0.0382

北京作为中国的政治、创新、文化中心，正在逐渐疏解其非首都功能，大量制造业向外转移，服务业逐步取代了制造业的份额。而天津、上海、江苏、浙江和广东创新发展水平处于全国前列，已完成工业化，制造业转型升级速度加快，逐步将本地生产要素从比较优势日益薄弱的制造业转向服务业，从而导致制造业的不断转出。东北三省的辽宁存在大量转出，吉林存在产业转入，黑龙江则基本保持在原有水平，可知虽然东北三省在国家总体战略制定上处在同一阵营，但各省的产业转移存在较大差异。而山西、内蒙古、甘肃、宁夏等地处于制造业新旧交替的战略阶段，由于其对产业的转型升级方向尚不明确，同时已经对部分旧产业进行产能淘汰，所以存在制造业转出现象。除山西外的中部地区及河北、福建、广西、重庆、四川、青海等地，承接了其附近地区的产业转出，加总结果表现为产业转入。

东部地区的较发达省市，如广东、浙江、江苏、上海、天津、北京等地，基本上每年都有制造业转出，原因为产业转型升级、大中型制造业不断向外迁移、服务业迅速崛起。相较而言，山东等地区一直存在着产业制造业

第六章 区域创新差异的影响因素

转入的情况,而以福建和河北为主的中等发达地区,则一直在寻找着最适应自身发展的道路,既承接部分东部发达地区的制造业转入,同时也减少甚至淘汰一些产能落后的制造业,从而导致产业转入和转出并存,因此其演变折线在零线上下波动。除山西以外,中部地区的演变折线则大多处于零线以上,这与中部地区承接较多东部发达地区的产业转入有关。山西作为以煤炭及其相关产业为主导产业的资源大省,在近年来普遍降低不可再生能源开采率及加强环境规制的大背景下,产业转移持续表现为转出现象。

西部地区的情况相对较为复杂,西部的相对发达地区,如四川、重庆和陕西等地,产业多呈现转入现象,而其他较落后地区则是产业转入和转出现象交替出现。究其原因,四川、重庆等地由于发展水平较高、政策红利较多、劳动力价格相对较低,导致大量制造业选择这些地区作为落脚地,甚至大量东部地区的大型企业也会在这里设置分部,以降低其成本。而其他地区能吸引到的制造业相对较少,同时大量劳动力外出务工,导致劳动密集型企业难以在这些地区扎根,从而影响整个制造业的产业转移情况,甚至导致以甘肃、宁夏、云南为代表的地区一直处于产业转出的情况。

内蒙古和广西作为欠发达地区,产业转移却一直处于转入状态。内蒙古依赖其资源优势,大力发展纺织业、服装业,以及化学原料及制品等行业,同时以采矿业为基础的相关器械制造业也是其发展的重点,但随着可持续发展和环保要求的不断提高,内蒙古开始进行部分产业的重新定位,使得2010年开始出现产业转出的现象,并表现出一定的波动。广西由于地理位置偏向中部,且邻接广东这一发达大省,承接了一些来自广东的制造业,从而导致其呈现产业转入现象。

思考题

1. 制度厚度的概念是什么?制度对区域创新的影响具体表现在哪些方面?
2. 简述区域创新中的知识流动主要有哪些形式?
3. 简述科技创新如何驱动区域创新发展?简述驱动区域创新发展的措施有哪些?
4. 简述科技投入对区域创新的影响体现在哪些方面?
5. 简述科技人才的概念,以及科技人才如何推动区域创新。

参考文献

[1] 柳卸林,胡志坚.中国区域创新能力的分布与成因[J].科学学研究,2002(5):550-556.

[2] 柳卸林,胡志坚.中国区域创新能力报告(2002)[M].北京:科学出版社,2003.

[3] 甄峰,黄朝永.区域创新能力评价指标体系研究[J].科学管理研究,2000,18(6):5-8.

[4] 中国科技发展战略小组.中国区域创新能力报告[M].北京:知识产权出版社,2005.

[5] 黄鲁成.宏观区域创新体系的理论模式研究[J].中国软科学,2002(1):95-98.

[6] 邵云飞,谭劲松.区域技术创新能力形成机理探析[J].管理科学学报,2006,9(4):1-11.

[7] 吴建南,李怀祖,孙海鹰.迎接知识经济挑战建设技术创新基础设施[J].中国软科学,1999(6):102-105.

[8] 龙跃梅.创新基础设施纳入"新基建"将带来哪些改变[N].科技日报,2020-04-22(3).

[9] 马海涛.知识流动空间的城市关系建构与创新网络模拟[J].地理学报,2020,75(4):708-721.

[10] 黄义晏.区域产业转移下承接地自主创新能力提升路径研究[J].商业经济,2019(5):42-43.

[11] 董书礼,齐琪.区域创新系统中的知识流动及其政策涵义[J].西安财经学院学报,2004,17(6):85-87.

[12] 王鹏,高妍伶俐.中国区域创新能力差异的实证研究:兼评各地区创新能力的影响因素[J].南京工业大学学报(社会科学版),2017,16(1):121-128.

[13] 曾建丽,刘兵,张跃胜.中国区域科技人才集聚与创新环境协同度评价研究:基于速度状态与速度趋势动态视角[J].大连理工大学学报(社会科学版),2022,43(1):50-59.

Part III

第三篇 创新效应篇

第七章 区域创新的社会效应

> **导言**
>
> 创新是生产要素的重新组合,是社会发展的动力。创新要素是科技创新活动的基础,是能够推动科技进步,进而推动社会生产力发展的一切要素资源的集合。创新可以优化生产要素的组合方式和作用范围,促进资源分配的优化,进而促进社会发展。创新通过促进产业结构升级、促进消费需求和优化资源分配等途径促进社会发展。实施创新驱动发展战略,充分发挥创新优势,加快产业升级,可以为我国经济社会的持续发展提供强大动力。

第一节 区域创新与社会发展

一、社会发展的创新驱动机制

社会的发展进步离不开创新这个驱动力,回望历史,两次工业革命所创造的产值比之前所有人类社会所创造的产值都要多,这就是创新的力量所在。人类社会的每一次重大变革都离不开创新的推动。

（一）社会发展与创新驱动的内涵

1. 社会发展的内涵

社会发展是在经济数量增长到一定阶段的背景下,呈现经济结构优化、效率提高、福利改善、资源利用效率提高和环境污染减少的特点,从而使经济能够实现长期持续、稳定增长,促进社会长久进步。社会发展包括社会发展过程（经济结构）和结果（增长效率、福利分配、资源利用和环境污染减少）两个方面,共4个维度,兼顾了效率和公平、经济、社会和环境、过程和结果等的衡量。

随着经济增长的发展,生产活动从以第一产业为主的经济结构转向以第二产业为主,这时发生的工业革命迅速将人类的资源囊括进工业生产的庞大体系中,人类的社会生产力得到了极大爆发,但是也不可避免地会导致环境污染问题。随着第二、第三次工业革命的推进,经济结构逐渐从以第二产业为主转向以第三产业为主,经济增长更多地依靠技术创新、科技进步与制度创新,这使得经济产出污染更少、效率更高,从而实现了结构优化的增长质量提升。

经济增长的效率由低下的粗放型发展逐渐向高效的集约式发展转变。从增长效率来看,经济增长的初始阶段是粗放型增长,投入要素数量众多且价格低廉,相对于手工业阶段的产品而言,实际价格是更为便宜的,往往极具竞争力,此时的经济增长不关注增长效率。但是,随着生产能力的提升,生产组织者的数量激增,要素开始从数量丰富向相对数量稀缺转变,开始对生产要素展开了集中的竞争关系。因此,要素价格开始上升,生产者就必须在要素数量和价格的组合之间进行权衡,以实现更高的生产效率。生产者从提升竞争力的角度出发,将着重开始配置资源、改进技术效率,从而获得超额回报,实现超额利润。对于整体的经济体而言,生产者之间的竞争关系将会提升全社会的技术效率水平。

2. 创新驱动的内涵

实施创新驱动发展战略是经济发展转向新的发展方式的重要标志。当前,我国正面临着由要素驱动和投资驱动转向创新驱动的重要转型阶段。在国外发达国家,创新驱动中的创新大多是指技术创新,相关理论则来自新古典和内生增长理论等。然而,对于制度尚未健全的发展中国家及一些转型国家,由于市场制度不够完善,研究制度创新的相关理论具有重要的意义和政策启示。

在传统的新古典增长模型和新增长理论中,经济增长是劳动力和资本等要素在技术不变或技术改变的情况下产生经济增长的情况。新古典增长模型认为,经济增长是在约束函数下不同要素组合配置选择的结果,更多是不断通过改变要素组合,不断把生产能力扩展到生产可能性边界的过程。经济增长没有技术进步,只来源于资源配置效率的改进,而非进步带来的全要素生产率增长。因此,随着20世纪七八十年代以来发达国家技术进步扮演着越来越重要的角色,内生增长理论开始突破技术不变的前提假定,开始让生产函数中的技术进步从常量变为变量,研究技术进步对经济增长的推进作用,发现了技术进步在扩展生产可能性边界方面的巨大作用。这是不同于改变要素投入组合而获得的配置效率改进,更相当于改变要素投入的质量和层次而带来的生产可能性边界外推,直接推动了生产力的大幅提升。

传统的增长模式或新增长理论都是在西方发达国家制度健全背景下的理论推演和实践检验,忽视了很多发展中国家在制度转轨和转型过程中由于制度健全和完善而带来的效率改进和生产能力提升。从中国改革开放以来的实践过程看,制度转轨过程中的制度创新往往迸发出了更大的驱动能力。以市场化过程中的价格决定机制为例,制度创新在生产过程中起到的巨大作用,是保证中国经济增长平稳发展的关键。对于转轨国家而言,一个不断完善的制度框架、不断推进的制度体系,对于稳定经济波动、推动经济增长具有十分重要的意义。制度创新作为一种创新驱动经济增长的动力,在发展中国家居于重要地位,是和以技术创新为代表的生产力环节创新驱动并驾齐驱的创新方式。

(二)创新驱动社会发展的表现

创新能力的提高促进产业结构的升级,进而促进社会发展。随着创新投入的不断加大和创新环境的优化,不仅促进了高新技术产业及战略性新兴产业的产生与发展,还推动了传统产业的升级与革命,使得产业结构由以第一产业为主上升到以第二、第三产业为主,由以劳动密集型产业为主上升到以资金、知识密集型产业为主,由以初级产品制造产业为主上升到以中间产品制造产业、最终产品制造产业为主,产业结构更具有高级化。创新产出能力的不断扩大丰富着各个产业的表现形式,提升产业内的技术含量,拓宽产业的发展模式,使得产业间相对地位、关联程度等更加协调,产业结构更具有合理化。

创新能力的提高促进消费需求的扩大,进而促进社会发展。首先,通过提升创新能力,根据需求有针对性地改善供给,逐步满足既定收入条件下的有效需求,从而有效扩大消费需求;其次,通过提升创新能力,促进产品与服务的多样化,创新成果的应用与普及丰富了人们的生活,由此产生引致需求,形成新的消费增长点;最后,通过提升创新能力,形成新的技术优势、产品优势、服务优势等,扩大潜在的利润空间,从而促进投资需求的增长,而投资扩大带来的供给增加客观上也能促进消费需求。

创新能力的提高会促进资源分配的优化,进而促进社会发展。在经济活动中，生产要素是需要按照一定比例，并以某种形式结合在一起才能实现生产的，但生产要素是有限的，单靠要素投入所得的产出不能带动经济高质量增长。而创新能力的提高，使得生产要素的组合方式更加优化，运作模式更加高效，生产要素在同等或者较少的投入下能够得到更高的产出；而且，创新能力的提高会催生新的技术和产品，使得生产要素的作用领域不断扩大，作用层次也不断提升，资源得到充分利用。

二、中国区域创新与社会发展的实证研究

自中国经济发展进入新常态以来，其基本特征是由高速增长阶段转向高质量发展阶段。经济高质量发展是创新成为第一动力的发展，是能够满足人民美好生活需要的发展。而创新发展作为"十三五"乃至更长时期的五大发展理念之首，是引领经济持续发展的第一驱动力，更是国家实现经济高质量发展的核心力量。2019年政府工作报告中指出，要深入实施创新驱动发展战略，进一步提升创新效率和创新能力，为中国经济实现持续高质量发展提供强大推动力，对社会健康发展、提升综合国力和国际竞争力具有重要的意义和作用。

（一）中国区域创新与社会发展

我国的创新能力水平和经济增长质量水平均呈现增长态势，但二者的上升轨迹却明显不同。就创新能力来看，呈现持续性上升轨迹，创新投入和创新产出不断增加，创新能力的平均水平不断提升，且提升速率越来越大，是一种持续式的上升轨迹。就经济增长质量来看，我国经济始终保持增长态势，但增速有所放缓，价格指数较为稳定，全要素生产率总体向好，产业结构与投资消费、能源消费结构逐渐优化，污染物排放量有所减少，教育、医疗和就业水平不断增加，经济增长质量的平均水平整体上波动性提升，是一种震荡式的上升轨迹。

创新能力水平对经济增长质量水平具有空间溢出效应，且东、中、西部地区各不相同。从全国层面来看，创新能力水平对经济增长质量产生了显著的积极作用，对邻近区域也产生了显著积极作用，即创新能力水平具有显著正向的空间溢出效应。从东、中、西部地区层面来看，东部地区创新能力水平对经济增长质量水平具有显著正向的直接效应和间接效应，不仅提升了本

区域的经济增长质量水平,还提升了其他邻近区域的经济增长质量水平;中部地区创新能力水平对经济增长质量水平具有显著正向的直接效应和不显著的间接效应,提高中部地区的创新能力水平可以提升本区域的经济增长质量水平,但对其他邻近区域没有影响;西部地区创新能力水平对经济增长质量水平具有显著负向的间接效应和不显著的直接效应,提高其创新能力水平,不仅不会对本区域的经济增长质量水平产生影响,反而会拉低其他邻近区域的经济增长质量水平。

中国经济增长质量总体呈持续上升态势。1998—2015 年,中国经济增长分为两个阶段:第一个阶段为 1998—2008 年,表现为缓慢平稳上升的态势,其中 1998—2003 年增长速度较慢甚至略有下降;第二个阶段为 2009—2015 年,呈现持续快速上升的态势,且该阶段经济增长质量指数均为正。从分区来看,东部地区经济增长质量提高幅度与速度最大,西部地区和中部地区分列第 2、第 3 位。

我国技术创新、制度创新对经济增长质量的影响差异很大。技术创新、制度创新对经济都具有显著的促进作用,制度创新的作用效果较技术创新更强。分区来看,创新驱动对东部经济增长质量的促进作用最大,西部次之,中部最小。不过,东部制度创新的作用突出,技术创新的作用较弱;中部只有制度创新对经济增长质量提高存在显著促进作用;西部只有技术创新对经济增长质量提高存在促进作用,且影响较弱,创新驱动对经济增长质量影响的地区差异明显。分阶段来看,2008—2015 年创新驱动对经济增长质量的促进作用与 2003—2007 年相比,差异比较大;该时期技术创新、制度创新对经济增长质量提高均存在显著的促进作用,但促进作用有所下降。

在相邻地区之间空间作用下,创新驱动对经济增长质量存在显著影响,并且存在明显的区域差异和空间关联性。一方面,创新驱动空间溢出的直接效应与间接效应明显不同。对于制度创新和技术创新而言,直接效应大于间接效应且这两种效应均显著为正,两者直接影响本地经济增长质量的作用效果强于间接作用效果。另一方面,创新驱动的空间溢出效应对地区经济增长质量和水平的空间影响显著不同。总之,本地区制度环境改善会影响周边地区的经济活动,从而在一定程度上可能抑制了周边地区经济增长质量水平的提高。

(二)构建创新体系促进社会发展措施

健全保护和鼓励创新的体制机制。提升自主创新能力,产出更多创新成果并有效转化为经济效益。从事创新活动存在高度不确定性，形成创新成果并转化为实际经济效益固然能够带来丰厚的回报，可一旦创新失败或无法转变为经济效益，就会给创新主体造成巨大损失。因此，如何激励和保护创新主体积极从事创新活动十分关键。目前，我国创新的体制机制有待完善，如创新成果申报程序复杂、奖励制度不完善等，这就需要制定和改进鼓励与保护创新成果的制度与政策。

集中力量攻克关键领域核心技术。经过多年努力，我国自主创新能力大幅提高，在一些重要领域达到世界先进水平；但自主创新能力仍不强，特别是部分高端产品和关键领域核心技术仍受制于人。加快突破关键核心技术，迅速补齐关键核心技术短板，对我国提高自主创新能力、推动高质量发展具有重大意义。关键核心技术具有高投入和长周期、技术与知识复杂性与嵌入性高、高度垄断、占据行业技术制高点等特征，既不容易在短期内实现赶超，也不容易被模仿、复制、窃取。因此，必须发挥我国社会主义制度优势，推动形成攻克关键核心技术的强大合力，坚持企业的创新主体地位，充分发挥市场在创新资源配置、创新方向与路径方面的积极作用。

充分发挥科研单位与科研人员的创新活力。改革开放以来，我国科技体制改革不断深入，企业的创新主体地位日益凸显，高校与科研院所引入绩效考核制度，科研人员的创新活力得到激发，国家自主创新能力快速增强。因此，随着我国科技体制进入全面改革阶段，应坚持扩大科研单位与科研人员的自主权，释放科研人才的创新活力。科技体制改革内容应包括：以强化成果为导向，改革科研项目组织实施方式；建立健全科研绩效的分类、多元评价体系；高度重视科研带头人的培养，以团队协作方式进行科研活动；改革科研奖励制度，突出奖励具有重大原创性、重大国际影响力和重大经济社会价值的技术发明、科学发现与科技创新成果。

第二节 区域创新要素的社会效应

一、创新人才的社会效应

人才是少数具有优越的内在素质，以其创造性的劳动成果做出超常贡献的人。创新人才要素是指直接从事创新活动或者为创新活动直接提供服务的人员。创新人才要素是实现创新活动最根本、最关键的要素，是其他要素顺利运行的载体，有了创新人才要素，自然就有了科研成果、科技信息等创新要素。世界银行对于192个国家的测算表明，人力资本对经济发展贡献率占64%，远远高于人造资本和自然资本的贡献率。因此，人才要素是企业地区创新的根本保证，创新人才要素的特征是高流动性和高创新性。

（一）创新人才的分类

创新系统的行为主体主要有企业、高校、科研机构、政府和中介机构。其中，政府工作对区域创新体系建设的作用主要是营造环境、建设服务支撑环境、协调服务、组织领导、配置资源；中介机构对于促进技术创新实现商业价值，使企业需要方和供给方互动合作生产新的技术具有重要的桥梁作用。可见，在创新系统中，主要的创新主体大多活跃在企业、高校和科研机构，他们的素质和质量直接决定了创新成果的效果及其对区域经济发展的推动力。结合创新系统的行为主体研究理论并从创新人才的角度来看，创新人才可分为3种类型。

1. 企业的创新人才

企业在诸多主体中是核心主体，是区域创新体系中最活跃、最核心的部分，是技术创新主体，即创新决策投资研发和创新风险收益的主体。企业作为市场经济的主体，要获得生存和发展，首先要具有经营决策权，才能够在市场竞争中把握自己的命运。企业参与研究开发，主要的结果就是企业可以拥有科研成果，并且根据市场需要进行开发。企业通过建立研究开发机构，拥有相当比例的研发人员，从而拥有专利成果、知识产权和科研成果，成为研究开发的主体。任何创新都是需要付出的，其中创新人才的投资又是投资中的重中之重。无论是技术创新、产品研发、投资策略，还是广告宣传，都需要高素质的创新人才的参与。

2. 科研机构的创新人才

研究机构从形式上可以分成两种：一种是独立的公共研究机构，由国家提供主要资金来源，其研究领域多为基础研究和对国民经济、社会发展、国家安全、国家综合实力等具有广泛影响的技术开发；另一种是从属的研究机构，主要面向市场和顾客进行研究开发，从属于学校的研究机构的主要职能是进行知识创新、知识传播和知识转移，并从事与教学相关的基础研究。科研人员素质的提高可以有力促进科学技术的进步，科技的发展离不开创新人才，尤其是发明创造。发明就是在科学和技术上提出新思想、新原理、新方法，它需要有一支素质良好的科学家队伍和工程技术人员队伍，这些创新人才都活跃在全国各大科研机构。

3. 高校的创新人才

高校主要从事创新人才的培养及知识生产和传播活动，社会和经济发展的要求赋予了高等教育神圣而崇高的使命。高校教育作为高层次的教育形式，更加显示出对经济发展的支持程度。高校教育主要通过培养具有市场竞争能力的高科技人才和参与科技创新活动，从而促进社会经济发展。

（二）创新人才影响社会发展机制

创新驱动在生产生活中的价值日益得到认可和提高。创新运动本质上是以人为本的大众创新模式的具体呈现。因此，创新超越了固有的社会角色划分，不仅是科学家应该完成的，还包括学生、工人、教师、艺术家等，有创新激情并愿意实践创意的人都能成为创新群体的一员，这使得主体结构呈现创新的特点。创新人才不断发现外部世界的新事物，不断发明改变事物存在状态的新方法，不断创造满足人们新的需要的事物观念。在创造性的认识活动中，新的知识或者产品不断生产出来，为创新提供了新的资源和重要的生产要素。创新主体往往不是单一的个人或组织，而是一个具有内在结构的复合体，即创新往往有多个行为承担者，需要多个个人或社会群体的共同参与和协作才能完成，且不同承担者的作用不同。

创新主体结构由政府、企业、社会组织和人民群众等主体构成，且它们之间会形成一种现行关系和制度安排。在这一结构中，每一个主体对社会发展都发挥着举足轻重的作用，直接影响着社会发展的总体趋向。例如：政府在结构中发挥着主导地位，具有"统揽全局、协调各方"的功能，也是各项事物的执行机构；人民群众则是创新实践的主体，对历史发展发挥着促进作用。与客体相比而言，主体具有能动性、创造性和自主性的特点，它能通过实践活动自觉地、有目的地、有计划地反映外部世界。主体能动地反映客观世界会随着实践活动的变化而变化。当今世界已进入创新驱动的时代，主体结构为更好地发挥功能，各个主体也不断适应新的形势、展现新的变化。

随着创新驱动时代的到来，依靠创新从事知识生产和传播的人才越来越多，各种管理手段和生产工具成为劳动者不断实践和创新的产物。随着社会发展水平不断提升，人们的需求层次愈来愈高，并不断刺激着劳动生产，传统的劳动模式已不能满足人类多样化的要求,故越来越多的劳动者把目光转向创新这一道路上,从而产生越来越多的创新人才。创新主体的创新需求,"一方面促使创新主体主动地改变自己,让自己合乎创新客体的本性;另一方面通过唤醒主体自身沉睡的潜能,在能动地利用、改造、再塑创新客体的过程中,使创新客体合乎自己。"随着创新驱动的发展,创新型人才更加专业化,出现了"创客"(在创新驱动的时代中,有创新想法并乐于将其付诸实践的人)。"创客"是生产力绵延不断、生生不息发展的源泉,能够更好地为社会生产出较多的价值。

总之,实施创新驱动发展,必须充分发挥人才在创新发展中的引领作用,充分调动亿万人民群众的创新热情,掀起创新浪潮,从而通过创新型人才带动整个社会的持续发展。

(三)创新人才促进社会发展措施

建立畅通的人才流动渠道,多层次、多形式引进自主创新人才方式。自主创新人才是世界性的稀有资源,是当今科技竞争、教育竞争的焦点,引进自主创新人才应该不拘一格。在计划经济体制下,人才往往通过"分配"进行配置,单位之间或者跨行业、跨地区的流动十分不容易。这种旧的人才配置机制阻碍了人才的合理流动,在一定程度上挫伤和抑制了人才的积极性。人才需要在流动中才能更好地体现价值、实现价值,达到优化配置。通过市场调节,鼓励人才在单位和地方之间合理流动,有利于人才资源的优化和整体素质的提高。通过市场配置,促进人才合理流动,吸引外来人才,平衡区域内人才的布局。积极推进人才"柔性流动"机制。所谓人才的"柔性流动",是指各类人才在不改变国籍、户籍、身份及人事关系的前提下,以智力服务为核心,突破工作地、工作单位和工作方式的限制,充分体现个人工作和单位用人自主的一种来去自由的人才流动方式。

建立良性互动的引人留人机制。制定切实可行的措施引进人才,控制人才外流的速率;从根本上稳住科技人才队伍和引进高层次急需人才。首先,建立留人机制。引进人才的关键在于把人才用起来、留下来,建立留人新机制,要重用引进人才,关心爱护引进人才,营造尊重人才、爱惜人才的氛围。其次,营造有利于人才创新潜能和业绩发挥的社会环境。引进人才由于工作经历、政治面貌、生活环境乃至专业领域不同,思想水平和政治追求也会有很大差别,不能用同一尺度来衡量和要求他们,而应根据不同类型区别对待,要探索建立一个好的竞争机制,敢于竞争、善于创业的人才就会脱颖而出。最后,为年轻人才提供施展才能、创造业绩的舞台。年轻人才思想活跃、敢于竞争,是创新活动的主体。实践证明,吸引人才主要靠事业的发展,而不是单纯依靠高薪、高福利。吸引人才要有项目,要用项目引才、引智。

二、创新技术的社会效应

创新技术要素是区域创新能力的具体体现,通常以专利、论文的形式表现,具有无形性、高风险性和高收益性的特点。先进的技术可以提高区域的创新能力,增强市场竞争力。但技术引进是非常困难的,成本较高且不易于进入,因此,提高创新技术要素的关键是提高自身的研发能力,并与引进技术相结合,最大限度地提高创新能力。

(一)创新技术影响社会发展机制

1. 创新技术有利于降低资源消耗和减少环境污染

在数量型增长时期,经济增长主要关注单一规模的扩张结果,在以GDP增速与规模为核心考量的基础上,忽略了粗放式增长过程中资源加速消耗、环境严重破坏与污染,以及福利改善进程滞后等问题,这些问题主要是粗放式增长方式产生的逆向结果。而技术创新的主要作用即优化生产的集约化效应,促进增长走向内生驱动的质量型道路。

技术创新是解决资源加速消耗的重要途径。一方面,通过生产效率及其贡献率的提升,技术创新产生超额利润,倒逼原有消耗式增长模式下的低效消耗寻求转型升级,加快经济增长由要素驱动型转向创新驱动型的进程;另一方面,在技术创新过程中,对新的生产方式的探索蕴含绿色的生产观,而在五大发展理念的指导下,创新与绿色发展相辅相成,互为因果,因而能够共同扭转经济增长的传统路径,实现新时代下的高质量发展。

创新尤其是创新带来的产业结构转型和技术进步是改善环境污染的关键。经济增长本身不会自动改善环境,而是由其所带来的产业结构转型、技术进步或者环境管制产生了环境污染的倒U形曲线。大中型工业企业的自主研发和技术引进,显著地提高了环境工业协调性。技术创新的作用主要在于通过新兴环保产业的发展,以及建设完善排污权制度的双重路径,实现传统增长模式转型。党的十九大以来,我国污染防治工作得到了极大的发展,一是通过技术创新发展绿色低碳产业,从而提升经济集约程度,优化质量的提升路径;二是通过增加对绿色技术创新的投入,增加环境保护投资,在绿色技术直接改善生态环境的同时,发挥投资的乘数效应,提升财政政策对经济高质量发展的贡献度。

2. 创新技术驱动是生产力发展的超常动力

科技创新驱动是推动生产力发展的重要动力。科技创新驱动孕育新的生产力思想,解决生产力发展水平与人类不断增长的物质文化需求之间的矛盾。科技创新驱动是生产实践的高级形式,促使科技转化为生产力的周期大大缩短,使得科学、技术、生产三者之间形成更加紧密的相互作用、相互促进的一体化关系,进而促进生产实现质的飞跃。

(1) 科技创新驱动是生产力跨越式发展的超常动力

每发生一次科技革命,社会生产力就空前提高一次。在人类社会发展史上,发生了3次科技革命,每一次科技革命都给人类的发展注入了新的动力。第一次科技革命以蒸汽机的发明和大机器生产出现为标志,人类进入"蒸汽时代",极大地加强了世界各地之间的联系,最终确立了资产阶级对世界的统治,造成了东方从属于西方的格局;第二次科技革命以电力的广泛应用为显著特点,主要标志是内燃机、电灯、汽车的广泛应用,使人类进入"电气时代",由于生产力快速发展,促进了资本主义经济的迅速发展;第三次科技革命以电子计算机、原子能、空间技术和生物工程的发明和应用为标志,带动了科技的全面发展,人类进入"信息时代"。从3次工业革命的历史规律来看,科技变革带来人类社会经济、人类生活和思想观念的大变化,推动人类社会的大变革。

按照外部事物的客观尺度和人们自身的内在尺度的统一,有计划地进行创新活动。科技创新的本质在于探索未知世界的规律并发明改造客观世界的新手段。创新不但决定性地影响着科学技术发明创新,也决定性地影响着发明成果及时转化为直接的社会生产力。18世纪60年代,蒸汽机的发明实现了机器化大生产,社会生产力因此实现了质的飞跃;19世纪后期,电磁理论的创立和电力技术的应用,使生产生活进入了电气化时代。发达国家中科技创新对经济发展的贡献已经达到了60%~70%,发展中国家只有始终走科技发展之路,加大自主创新力度,才能彻底摆脱贫穷落后的面貌,实现生产力跨越发展。

(2)创新技术驱动是破解当代人类生存发展困境的超常驱动力

今天,人类面临着既要保护资源、环境,又要经济发展的两难境地。目前,人类需求的无限性与自然资源的相对有限性之间的矛盾日益突出,人类要生存、社会要发展、历史要前进,在发展中遇到的问题最终只能依靠不断创新才能解决。

一方面,科技创新是从粗放型增长方式转化为集约型增长方式的重要途径。科技创新在减少资源投入、降低资源消耗的同时,也减少了污染排放,使得生态环境得到改善,科技创新可以使自然资源得到更充分、更合理的利用,科技创新为经济社会发展模式的转变、资源危机的化解提供了根本性的物质手段。

另一方面,科技创新驱动提高劳动生产效率。技术创新的成果首先体现在生产工具的革新上,机器代替人力是人类历史上的一大里程碑,机器的应用极大地提高了劳动生产效率,促进了社会分工和经济的发展。从古老的手工制作到机械化生产,再到自动化、全自动化生产,是飞跃性的进步。科技创新不但提高了生产效率,还创造了新的生产工具,最终起到了助力经济发展的作用。

(二)创新技术促进社会发展措施

建立并完善创新激励机制,形成系统的技术创新风险投资渠道。创新过程存在一定的失败风险,缺乏完善的创新环境难以产生创新激励机制。因此,一方面,可以通过降低部分行业的进入壁垒,鼓励民营资本进入;另一方面,通过完善金融市场,形成多元化的融资渠道,降低中小企业的创新风险;同时,在银行等金融机构风控部门的监管下,可以形成银企合作、互利共赢的局面。

建立信息共享、合作互利的平台,加强创新企业与创新上下游产业的协同发展。当前的市场竞争已经不再是简单的企业与企业之间的竞争,只有通过产业链协同发展才能强化竞争实力。因此,在信息资源共享的同时,需要了解技术创新资源需求和终端市场的产品需求,通过合作计划和合作内容有序推动创新过程发展。此外,创新理论强调了企业家对创新和经济增长的重要作用,鼓励和支持私营企业家创新创业。对于资源有限的地区,更加注重提高技术创新效率。

人力资本对社会发展的影响力增强。从行业层面,继续完善技术创新机制,加大对产品创新和过程创新的支持力度;同时,积极利用技术扩散效应学习、开发前沿技术。例如，对企业实行定期的技术创新成果考察，实施分级奖励，对经济增长具有重要贡献的创新可以获得资金奖励，对未能满足相应目标的企业实施降低优惠服务。

三、创新制度的社会效应

创新制度要素分为政策要素和公共服务要素。创新制度是指政府为保障创新活动顺利开展而制定的政策法规，如《知识产权法》《促进科技成果转化法》。创新政策是指政府为激励创新活动、吸引创新人才而出台的各种政策，如政府对研发产出实行税收优惠政策，对高学历人才实行宽松落户政策、优惠住房政策等。创新公共服务制度是创新活动信息传播的资源、平台，为创新活动顺利开展提供良好外部环境，如产学研合作机制、科技中介服务平台等，大大减少寻求信息的成本，有利于不同创新主体顺利展开合作，且由于其公共性，所以对整个地区的创新活动起着有利作用。

（一）创新制度影响社会发展机制

在发达市场经济国家，影响全要素生产率的技术进步因素是经济增长中最重要的因素，而在中国转轨时期的特殊经济背景下，制度因素和市场因素却成为制约中国经济的重要因素。这并不是说制度创新对社会发展的促进作用因国家而异，而是发达国家在其漫长的发展历程中制度已经日趋完善，发展中国家因为所经历现代经济增长和社会发展的时期较短，制度建设相对滞后，并对社会发展产生阻碍作用，所以制度创新显得格外重要。

通过激励机制，制度创新通过约束经济主体行为、降低交易费用和优化资源配置等方式提高经济增长质量，从而促进社会发展。首先，制度创新就是做对"激励"。没有"把激励搞对"是发展中国家经济增长的最大障碍。其次，制度创新激励政府、企业和个人等来增加创新和人力资本的投入。对知识产权、发明专利提供制度保护，对积极从事创新活动的企业提供创新补贴，能够有效刺激企业努力从事创新活动并获取超额利润。最后，通过降低交易成本和优化资源配置，制度创新提高经济增长质量。降低交易成本是制度影响经济增长的重要途径。制度创新通过降低交易成本，促进资本、劳动力、技术、企业家等生产要素自由流动，有助于提高劳动力的价格，促进社会收入合理分配。

1. 政府干预与社会发展

在政府制度方面，地方政府在社会发展过程中扮演着一个非常积极和重要的角色，通过制度创新来约束地方政府的行为。一方面，传统的以GDP为主要激励目标的考核方式导致了追求数量的经济增长，势必对生态环境造成严重的损害，制度创新有助于抑制此类倾向和行为；另一方面，政府对市场的干预通过很多方面影响了经济增长质量的提高，政府对市场的干预会通过多种机制对我国的经济创新和全要素生产率增长产生影响，且这种影响甚至超越了技术创新投入力度增强对全要素生产率的提升效应。

2. 要素市场与社会发展

资本、劳动力、土地等要素市场是影响我国社会发展的关键。改革开放以来，中国经济快速增长，但相对而言，中国本土企业的自主创新能力却相对滞后，企业创新仍然偏向生产要素的节约、生产成本的降低，以及同质性生产规模扩大能力的获取，而产品质量提升型或产品差异化的创新则仍然缺失，对中国创新能力的提升，特别是实体经济创新能力的提升具有一定程度的抑制效应。

3. 非国有经济发展与社会发展

产权制度的创新和非国有经济的发展对社会发展有着重要的影响。非国有化改革作为一种制度创新，是一种增量式改革，这种改革使得体制内利益在未受影响的条件下，实现了帕雷托式[①]的增长。首先，制度创新能提高经济效益，通过理顺政府与市场的关系，充分发挥市场配置资源的决定性作用，更好地发挥政府宏观调控作用；其次，制度创新有利于促进经济成果分配合理化，通过对垄断行业进行规制，对农业实施补贴、加大农村建设制度倾斜，对落后地区进行扶持等一系列制度安排，有利于缩小城乡、地区、行业收入差距，提高经济增长的益贫性和包容性；最后，制度创新有利于促进技术创新，对产业进行严格而明晰的界定、对知识产权和发明专利提供有效保护都会增强企业从事技术创新的动力，对高校、科研院所进行体制机制改革，引入企业管理制度，有利于激励科研人员积极创新。

---

① 帕累托法则：也被称为80/20法则、关键少数法则、八二法则，是帕累托于1906年提出的著名的关于意大利社会财富分配的研究结论，即20%的人口掌握了80%的社会财富。

（二）创新制度推动社会发展措施

改革开放带来的"制度红利"是中国经济高速增长的重要动力。党的十八大以来，在以习近平同志为核心的党中央的领导下，我国改革开放事业进入全面深化阶段，呈现全面发力、多点突破、纵深推进的良好态势。在经济建设领域，加快市场经济体制改革的步伐，以制度创新释放市场经济活力，进一步完善社会主义市场经济体制，在巩固市场在经济资源配置中的决定性作用的同时，更好地发挥政府宏观调控作用，促进经济增长质量持续提高，从而促进社会发展。在社会建设领域，就业、教育、医疗、养老、社保、精准扶贫等方面的改革对于改善民生、增强人民群众幸福感、缩小贫富差距具有重要意义。在生态文明建设领域，形成了源头严防、过程严管、后果严惩的生态环境保护制度架构，经济发展与生态改善呈现良性互动。

1. 理顺市场与政府的关系，更好发挥双方作用

中国改革开放的历程表明，不断理顺市场与政府的关系，不断扩大市场在资源配置中的地位和作用，正确认识与发挥政府宏观调控作用，是中国取得巨大成就的重要经验。市场经济的本质是由市场决定资源配置，企业是市场经济的微观主体，生产什么、如何生产、为谁生产需要由企业自主决定；价格能够反映生产要素和产品的供求状况，市场经济条件下的价格形成机制是市场竞争的结果。政府应着眼于建设与维护公平、开放的市场规则，进行有效的市场监管。

市场是配置经济资源最有效率的形式，市场经济能够自发地形成并向参与主体传递生产要素与产品的供求信息，在一定限度内自发纠正供求失衡状况。更为重要的是，市场的竞争机制能够产生优胜劣汰、鼓励创新的作用，推动经济发展的效率效益变革，促进社会发展。

2. 加大民生改善力度，增强人民幸福感

我国教育、医疗、养老、社会保障等领域改革持续深入，基本民生保障安全网越织越密，逐步实现"学有所教、劳有所得、病有所医、老有所养、住有所居"。国务院分别在2012年、2017年印发了《国家基本公共服务体系"十二五"规划》《"十三五"推进基本公共服务均等化规划》，紧扣人民基本生存与发展需要，努力推行社会服务领域改革，致力于建设均等、普惠、可持续的公共服务体系，"四梁八柱"的社会保障主体框架初步形成。以基本养老保险为基础，城乡统一的多层次养老保险体系正在形成；城镇居

民基本医疗保险和新农合全面整合已经启动，城乡一体的医疗保险体系正在形成。

我国民生改善与保障事业迅速发展，人民获得感、幸福感明显增强。但值得注意的是，民生服务建设必须与经济发展水平相适应，我国地大物博、幅员辽阔、民情复杂，建立健全惠及14亿人的民生保障体系不能一蹴而就，每项民生保障服务的制度设计、落实，都必须考虑可行性、异质性与可持续性。民生服务供给能力建设是世界范围内的难题，发达国家民生保障制度各具特点，却难说尽善尽美，我国民生服务领域应是符合中国国情的民生保障体系，这其中必然离不开大量的制度创新。

3. 加快生态文明建设，促进绿色发展提速增效

习近平总书记在历次讲话中强调，"我们既要绿水青山，也要金山银山。宁要绿水青山，不要金山银山，而且绿水青山就是金山银山。"这段话精辟概括了经济发展与生态文明建设的关系，也为我国今后经济社会发展明确了价值次序和先进方向。长期追求数量的粗放型经济增长模式带来了生态环境破坏的沉重代价，对人民生产生活造成严重不利影响，必须寻找一条资源节约、环境友好型发展之路。

2015年4月，国务院印发了《关于加快推进生态文明建设的意见》，同年又出台了《生态文明体制改革总体方案》，提出建立健全国土空间开发保护制度、自然资源资产产权制度、生态文明绩效评价考核制度、责任追究制度等一系列制度安排。此后又连续出台了《土壤污染防治行动计划》《水污染防治行动计划》《大气污染防治行动计划》等一系列法律法规，严厉打击环境违法犯罪行为，表明我国生态文明建设步伐加快，经济发展理念和动能根本转变，以制度建设、制度规范生态文明建设的新时代即将到来。

> **思考题**
>
> 1. 创新驱动社会发展的作用机制表现在哪些方面？
> 2. 我国不同尺度区域的创新对社会发展产生了哪些积极的影响？
> 3. 结合本章谈一谈可以采取哪些区域创新措施促进社会的发展？
> 4. 哪些区域创新要素可以促进社会的发展？具体谈一谈各要素促进社会发展的方式。

参考文献

[1] 金光磊. 创新驱动与社会发展动力系统研究 [D]. 广州：华南理工大学，2017.

[2] 崔婷婷. 人力资本、技术创新与中国经济增长 [D]. 上海：上海社会科学院，2021.

[3] 贾鑫晶. 山东省区域创新能力时空演化及对经济增长的空间效应研究 [D]. 青岛：青岛大学，2020.

[4] 王刚. 我国科技创新型人才战略研究 [D]. 北京：北京交通大学，2010.

[5] 王君. 中国创新式经济增长实现机制的研究 [D]. 济南：山东大学，2016.

[6] 孙赫扬. 中国改革开放以来制度创新影响经济增长的实证研究 [D]. 沈阳：辽宁大学，2021.

[7] 安树军. 中国经济增长质量的创新驱动机制研究 [D]. 西安：西北大学，2019.

[8] 霍福广. 马克思主义创新思想发展的历史阶段性和时代特征 [J]. 哲学研究，2007（4）：18-21.

[9] 李忠杰. 论社会发展的动力与平衡机制 [J]. 中国社会科学，2007（1）：4-15，205.

[10] 郭湛，王洪波. 改革发展、稳定、和谐的动力机制 [J]. 天津社会科学，2008（5）：44-47，93.

[11] 张攀. 创新能力对区域经济增长质量的影响研究 [D]. 保定：河北大学，2021.

第八章 区域创新的经济效应

> **导言**
>
> 在影响经济高质量发展的诸多要素中,科技创新至关重要。技术、信息、人才等创新要素集中分布可以带来规模报酬递增,提高创新组合收益,而创新要素的扩散可以构建起跨地区的技术连接枢纽,有效缩短区域之间的空间。科技创新是保持经济长期增长和可持续发展的核心驱动力,是实现国家实力跃迁的重要基础。

第一节 区域创新和经济增长

创新是经济增长质量的核心要素,经济增长质量的提高离不开创新驱动。创新能力的发展必然带来社会经济的发展,这有利于解决社会福利和公平等问题。在知识溢出的影响下,创新使得区域之间的创新主体形成共同的价值取向,带来创新主体所处产业之间的逐渐交叉,为产业之间的融合提供前提,进一步有利于产业结构的优化升级;而在这个过程中,创新主体为追求利润最大化及绿色经济,完成对高耗能、高污染设备的更新换代,从而在保护生态环境的基础上促进社会经济的进步,最终实现经济高质量发展。

一、经济增长的创新驱动机制

增长是经济学永恒的主题,新增长理论和新制度经济学等对于创新和经济增长进行了很多研究。近年来,随着中国经济增长进入新常态,学术界越来越关注经济增长的质量。随着创新驱动发展战略的重要性增强,很多学者开始强调经济增长质量中创新的作用。

（一）经济增长和创新关系的理论基础

经济增长和创新关系主要涉及熊彼特的经济发展理论和新兴古典经济增长理论。

1. 熊彼特的经济发展理论

熊彼特的经济发展理论主要关注当经济在已经形成的均衡中循环往复时，是什么打破这种均衡让经济运行到新的轨迹，并通过内在机制达到新的均衡，而经济也在这个过程中整体向前推进。回顾人类发展的历史，战争与灾难是打破原有均衡的最明显的外在动力。但熊彼特认为，战争与灾难只是极为偶然的外在动力，而经济本身一定存在内在动力，不断推动经济向前发展，这个内在动力就是"创新"。熊彼特提出的"创新"并不是仅指技术创新，或者说单纯的技术革新并不能成为"创新"，新的发明被富有冒险精神的企业家引入生产，形成"生产要素的新组合"，建立"新的生产函数"，这样的经济行为才是"创新"。

熊彼特在定义了"创新"的含义后，探讨企业家为什么要创新，也就是创新的动力。熊彼特认为，社会中存在着潜在的利益吸引企业家去不断创新。熊彼特所提到的企业家并不是指保障企业简单再生产、管理企业日常运行的管理者，而是指富有冒险精神、将发明创造转化为实际生产、打造"生产要素的新组合"、建立"新的生产函数"的冒险家。这类企业家在发现潜在利益，或者消费者的潜在需求后，吸引投资、组织人力物力，将发明创造引入实际生产。在生产要素的新组合、新的生产函数、新的组织形式下，生产的产品有别于其他在原有生产条件下生产的产品，所以新产品会获得短暂的垄断利润，这也是潜在利益的最终实现方式。垄断利润自然不会长久，因为随着新产品的出现，其他的企业家也会发现这种潜在利益，更多的企业家选择模仿生产该种产品来瓜分垄断利润。竞争使价格下跌，当产品价格与生产费用相等时，垄断利润不复存在，新的均衡也就形成了。从创新到模仿，从获得潜在利益到垄断利润消失，从均衡被打破到形成另一个轨迹的均衡，这就是一个完整的创新过程。

在熊彼特的理论体系中，经济周期比经济增长拥有更高的地位，经济增长是依赖于经济周期的变动而实现的。创新打破经济的原有均衡，经历繁荣、衰退、萧条、复苏的过程，虽然经济总量有起有落，但是经济增长的趋势是扩大的，产品结构也在不断优化。

从熊彼特的经济发展理论中可以发现，熊彼特将5种情况定义为创新：生产新的产品、采用新的生产工艺、开拓新的产品市场、发现新的原材料供应来源、实现新的企业组织形式。这些创新打破经济的原有均衡，带动经济向更高轨迹的均衡靠近，并且都可以在现有条件下努力实现，通过生产资料、组织结构的调整来达到完成创新的条件。在新的创新产生后，熊彼特指出，下一个创新并不会马上出现，因为其他的企业家可以通过模仿来瓜分垄断利润，从而获得过渡时期的利益。这也为通过模仿创新推动经济增长提供了一个理论基础。

2. 新兴古典经济增长理论

新兴古典经济增长理论将分工作为影响经济增长的内生条件，分析了分工深化—劳动生产率提高—经济增长—分工深化的良性循环，而每个环节都可以通过创新机制来实现。

亚当·斯密曾经在《国富论》中提到分工对经济增长的促进作用，但是由于缺少合理的数学解释框架，这一观点逐渐被边缘化。杨小凯等提出的"新兴古典经济学"分析框架认为，每个经济参与者都是生产者，也是消费者，他们可以自给自足满足消费需求，也可以通过交换来满足需求。在经济发展初期，经济参与者生产效率低，不能支付交换所带来的交易费用，只能通过自给自足的方式满足需求。在日常实践中，当经济参与者逐渐积累经验，提高生产效率，能够通过支付一定的交易费用来交换日常所需时，分工就产生了。劳动分工的深化表现为经济参与者通过交换得到的需求占总需求比例的增加，市场容量与贸易依存度也在加深。分工的深化可以促进专业化水平的提高，从而促进生产率的提高，经济参与者有能力支付。分工促进了经济的增长，而经济增长反过来又可使分工深化。分工既受到生产率的促进影响，也受到交易成本的限制。

（二）区域创新驱动经济增长的影响机制

区域创新与经济增长的关系具体体现为：区域创新在空间上溢出，带动邻近地区创新能力提高；区域创新能力带动区域经济增长，最终实现整体创新能力的提高和整体经济的增长。区域创新为什么会在空间上溢出？区域创新如何促进经济增长？下面将从这两个角度出发进行阐述。关于两者之间的空间效应作用机制的分析，将从区域创新空间效应发生机制及区域创新对经济增长作用机制两个方面进行探索梳理。

1. 区域创新能力空间效应发生机制

Marshall 最早在 Principles of Economics 一书中提出了"溢出"的概念，"溢出"属于外部性的一种，任何外部不经济性都将导致经济效率低下。区域创新空间效应的本质是区域创新空间溢出，作为一种无形的力量，会引起知识、技术和信息等要素的流动、传播及空间扩散。但区域创新空间溢出效应必须在一定的条件和环境下才会进行。

区域创新能力空间效应的发生需要界限。因为知识的溢出和技术的扩散与地理距离之间存在敏感性，所以，只有具备了地理距离邻近这一基本条件，空间效应才可以发生。一方面，地理距离邻近为创新合作主体提供良好的技术、信息交流平台，许多关键技术、隐性知识的传播往往需要依靠面对面的交流，通过彼此的交流、合作与互动，促使空间邻近主体吸收知识并且掌握先进技术；另一方面，地理距离邻近为创新合作主体节省成本，如空间距离的邻近可以降低时间、运输和交易等方面的成本，从而提高创新主体继续学习和收集外部知识的能力，以及继续寻找合作同伴的意愿。

创新主体的交流方式影响区域创新空间溢出效应发挥作用。一方面，这种空间溢出效应表现为企业与其他主体进行交流与合作，有意或无意地获得收益。例如，企业与相关机构进行合作，在推动知识、信息传播及技术扩散的同时，通过合作将创新要素进行输出，不断吸收来自合作机构的创新要素，并享有成果获得的额外收益。另一方面，区域创新空间溢出效应发生的载体是人力资本，因为空间邻近使得人们将技术、知识、信息的传播变成了一种无意识的活动，依靠日常闲聊或交换信息引发传播，人们在长期交流中逐渐变成区域创新空间效应扩散的基础力量。同时，人力资本可以在地区内或跨地区进行流动，寻找到与自身知识体系相符合的企业，并且发挥专业技能，加速企业技术、知识和信息的外溢。

2. 区域创新能力对经济增长的影响机制

经济增长与区域创新能力有直接关系，持续稳定增长的创新能力是经济发展的助推器，会推动经济增长并表现出巨大活力。反之，如果创新能力逐渐减弱，就会束缚和限制经济的发展。创新可以推动形成新市场、产业集群及促进产业结构升级，实现经济增长。

区域创新可以推动形成新市场。市场有需求方也有供给方，区域创新能力提升形成了新的需求市场，带来了需求市场的繁荣；创新能力的提高带来了科技进步，加速了新产品的创造研发，为消费者提供了更多高技术、高附加值的新产品和新服务，扩大了消费市场需求。同时，区域创新能力提升还形成了新的供给市场，带来了供给市场的繁荣，吸引了更多的创新主体加入，不断进行技术创新，扩大了投资规模，供给市场开发活动不断活跃。双方市场的兴起与发展推动了区域经济增长。

区域创新可以推动形成产业集群。区域创新会带来各种相关要素的集聚，也会带来劳动分工的细化和专业工种集中，企业会按分工和专业进行聚集，逐渐产生一个新的产业集群。随着专业化及产业集群的不断成长成熟，这种新的生产方式势必成为推动经济增长的新动力。尤其是产业集群规模也随之扩大，减少了生产成本，规模效益不断发挥作用，间接地提高了区域综合实力，助力经济增长。

区域创新促进产业结构升级。产业竞争力会影响产业链的综合实力。区域创新能力不断提升的过程，也是科技加速开发与利用的过程。这个过程中原有的生产技术得到了更新，新产品研发生产速度加快，淘汰了旧产能，使得原有产业结构发生改变。因此，区域创新可以提高劳动生产率，形成新的消费需求和产业增长点，促进新兴产业崛起，推动产业更新升级，使当地经济保持持续增长态势。

3. 区域创新能力对经济增长的空间效应作用机制

从区域创新扩散层面来看，创新通过两种途径促进技术和知识的流动：①技术创新主体进行面对面的交流接触，直接导致知识、信息和技术的传播与扩散；②技术创新主体在地区内或跨地区进行流动，通过其他邻近形式间接导致创新空间溢出效应发生。所以，区域内部创新主体在自身创新实力提高的同时，一定会通过地理邻近的方式扩散到整个区域内部，从而使得整个区域的知识、技术拥有和部分创新主体同等的水平。

从区域创新对经济增长的作用来看，一方面，扩散创新能力的提升能够促进本区域内的技术进步，通过促进产业升级、形成产业集群及建立新市场，进一步促进经济增长；另一方面，创新所带来的扩散效应能够促进邻近地区的技术进步，提高邻近地区的创新能力，再进一步通过产业升级、形成产业集群及建立新市场，进而推动邻近地区的经济增长，最终提升整个区域的产出水平，实现整体经济增长和协调发展。

（三）创新驱动经济增长的表现

提高经济增长效率。一方面，生产要素的数量是有限的，而拥有高技能的专业劳动者的数量更是有限的，由于创新必然带动技术进步，而技术进步使同等的要素投入生产出更多的最终产品。因此，企业必须发挥创新精神，精简岗位设置，优化岗位作业流程和生产要素组合方式，把资源放到最合适的位置，进一步提高劳动生产效率和资源配置效率。另一方面，创新可以促进高污染、高耗能设备的更新换代，这将有利于提高能源利用效率。

优化经济结构。创新带来的新技术的推广应用会加速生产流程从传统产业中分离出来，实现企业生产方式的升级，进一步推动无论是性能、外观，还是质量都更完善的新材料和新产品的出现，这将会引起消费者的注意，刺激消费者的消费欲望，进而改变市场需求方向。需求结构的变化会促进新兴部门的产生、成长和发展，实现产业结构的优化。

增强经济增长稳定性。创新可以带来企业技术水平的改善，提高企业在行业中的市场竞争力，引起企业管理效率和生产效率的提升，推动管理的科学化和精细化，从而防范市场经济波动，实现经济长期稳定增长。创新促进新兴行业的产生和发展，而这会给新兴行业所在区域创造出新的就业机会，缓解当地就业压力，降低失业率，进一步促进经济的稳定发展。

二、区域创新与经济增长的实证研究——以四川省、山东省、山西省为例

当今世界，科技创新已经成为提高综合国力的关键支撑，成为社会生产方式和生活方式变革进步的强大引领。作为新常态下加速实现新旧动能转换的关键要素，推动区域创新是践行"创新、协调、绿色、开放、共享"五大发展理念的集中体现，也是贯彻落实创新驱动发展战略的重要组成部分，对实现协调发展、联动增长、共同富裕具有特殊意义。

（一）四川省区域创新与经济增长

四川省区域创新能力发展总体程度低、动力弱、发展不平衡。成都首位优势明显，区域创新能力差异大；创新系统对经济增长整体作用仍较小，尤其是科技创新的发展严重不足，明显小于知识创新对经济增长的推动作用，科技创新成果经济价值转化度不高；区域间的创新经济发展不平衡问题仍突出，个体效应存在明显差异。过多依靠城镇化过程中的城建改造来推动经济增长，而创新发展驱动经济增长的方式仍未转型成功；创新系统的发展与区

域发展特征条件未能够实现融合，仍未形成有机的协调发展系统，不同的发展条件变化使得创新对经济作用具有不稳定的特征，区域创新能力与区域资源禀赋和经济特征不匹配等。

综合创新能力对区域经济平均增长的影响较为明显，表明不同市域的财政支出规模、城镇化水平、产业结构和城乡收入差距对本地区创新发展下的经济增长影响较大，因此，加大财政支持力度、加快推进城镇化水平、改善产业结构和缩小城乡收入差距将有利于促进区域经济增长。但是，这些措施未能提高创新能力对区域经济增长的作用，因此，当地政府有必要反思如何在采取这些措施的同时，将其融入当地区域创新能力的提升性发展。

加快区域创新能力发展已成为四川省实现经济转型升级、迈入创新驱动全面发展新阶段的必然要求。①深化科技体制机制改革，增强区域创新发展新动能。深化财税体制改革，着力发挥财税引导功能；深化科技投融资体制改革，搭建更多投融资平台；建立和完善先行、先试创新成果推广扩散体制机制。②打造多类型、特色化创新驱动产业发展示范区，着力打造成都知识型产业发展引领示范区，打造绵、德、攀创新驱动产业转型升级先行区，促进全省创新驱动产业提质增效、竞相发展。③着力提升区域协同创新能力，促进创新成果跨区域扩散。建立区域协同创新网络中心，构建协同创新工作机制，搭建区域协同创新信息共享平台，建立交通、市场、物流及产业一体化的标准体系，培育协同创新主体，建设协同创新载体。

（二）山东省区域创新与经济增长

山东省区域创新能力呈上升态势，但速度明显放缓。从空间分布格局来看，呈现由东向西逐渐衰减、北部创新能力强于南部的格局。山东省区域创新能力存在极化现象，尤其是青岛和济南远高于其他地市，成为两个创新增长极，并且两地极化效应大于扩散效应，周围地区受到来自青岛、济南等城市创新增长极的知识溢出效应较小。从空间关联格局看，存在较强的空间集聚，高高区和低低区在空间上集聚格局明显。显著高高区主要分布在烟台等地，显著低低区主要分布在济宁等地，胶东半岛地区成为创新高值集聚区，鲁西南地区成为创新低值集聚区，且集聚态势进一步增强。

山东省创新能力推动了经济增长。一方面，区域创新能力提高，会显著促进经济增长；另一方面，相邻地区区域创新能力提高，也会显著促进本

第八章 区域创新的经济效应

地区经济增长,说明了区域创新存在正向空间效应。这表明创新作为一种投入要素,不仅可以在区域系统内部流动,也可以在区域创新系统之间进行流动,有利于区域创新能力的空间外溢效应发挥作用,并对整体经济水平的提升产生影响。因此,在统筹区域创新能力和经济发展时,必须加强合作,既要促进区域内部创新要素的流动,又要加强创新要素跨区域之间的交流。

此外,山东省的固定资本、就业水平等其他因素也会对经济增长产生作用。固定资产投入依然发挥重要作用,对经济增长的作用程度最高,从侧面反映了固定资产投资在经济发展中扮演着非常关键的角色。劳动力投入对经济增长的贡献率为负,这表明作为人口大省的山东,人力资本并没有发挥很好的经济增长效应,这与劳动力素质及人口净流出尤其是高端人才外流存在极大关系。

综合创新能力,改善和提高山东省经济发展水平的策略包括4个方面:①重视科技进步,加大创新投入力度。加大企业科技投入力度,推动企业参与到创新中来;增加政府创新专项资金投入,为社会营造良好的创新环境;同时,加强高校、科研机构和企业之间的深入合作与交流,提高区域创新能力。②充分利用区域创新溢出效应,推动经济均衡增长。加大对创新能力低值区地级市的扶持力度,充分发挥好创新能力高值区的引领作用。③转变经济增长模式,由投资驱动向创新驱动转变。加快新旧动能转换工作实施,助推产业结构升级,培育新的经济增长点,实现经济持续稳定增长;转变发展观念,重点从依靠投资驱动转移到依靠科技投入和人力资本投入上来。④吸引人才回流,改善劳动者素质。提高高素质人力资本的收益,积极引导人力资本的回流;完善收入分配改革,缩小与发达地区的工资差异;促进人力资本积累,改善劳动者素质。

(三)山西省区域创新与经济增长

山西省创新对经济增长的推动作用存在阶段性。近几年,山西省的经济增长率持续下滑,经济发展持续疲软,虽然其对科技创新的投入在不断增强,但产出能力却有待改善。目前,山西省正在扩大其投资拉动战略,但其供给品生产较为滞后,不能满足省内社会需求的不断扩大,使得进出口失衡,长此以往将不利于经济的可持续发展。私营经济发展对经济增长的促进作用不断增强,这一结果与山西省选择资源转型发展的战略目标需求相符,说明其转型战略的实施状况较为良好。而随着山西省科技创新能力的不断提升，对外贸易依存度和政府干预度对经济增长的贡献持续降低，究其原因可能是由于科技创新能力和市场化程度不断增强，这对于本省经济的长期发展将有所助益。

创新投入作为科技创新活动的重要支持力量，能够推动山西省经济的持续增长。①加大对科研类项目和机构的经费投入。加大对重点研究所、实验室、研究项目等的经费投入力度，逐步改善科研基础设施和装备水平，为能够保障地区经济增长的应用技术和试验研究提供有力的支撑。②建立多元化创新投入体系。提供更多的税收减免优惠、贴息贷款和科研风险保障，最大限度地调动企业和全社会对科技创新的资本和人力投入，逐步形成以政府为主导、企业为主体、其他金融机构为支撑的复合型投入体系。③调整政府研发经费的投入结构，加大对非资源型企业的研发投入，以新兴支柱行业和高新技术行业为重点培育对象，聚焦煤化工、装备制造、新材料等领域，鼓励产业部门进行产品和技术创新，发掘新的市场需求，通过拓展新的市场需求来进一步支撑企业的产品和技术创新，在整个区域形成良性循环。

第二节 区域创新要素的经济效应

随着全球科学技术的不断发展及经济全球化程度的加深，创新人才、技术创新和创新制度等创新要素的扩散和传播对区域经济发展的决定性影响受到地理学家的关注与重视。

一、创新人才的经济效应

创新人才是与常规人才相对应的一种人才类型。所谓常规人才是指常规思维占主导地位，习惯于按照常规的思维、方法处理问题的人才；而创新人才指的是既能继承前人的知识和成果，又能超越前人的成果，能创造性地分析问题和解决问题，具有首创精神的人才。科技创新是科学研究的真正永恒的主题，科学技术的发展就是在人类特别是科研工作者的不断创新中实现的。

（一）创新人才对经济增长的作用

创新人才是自主创新最根本、最关键的要素。创新人才倾向对产品和技术的自主研发和创新，具有创新能力，创新人才是知识和技术的重要载体，其在地理位置上的集聚有利于知识的传播，尤其是缄默知识的传播。缄默知识来自经验总结，不能变为书面内容进行传播，只能在一定地理范围内靠人与人之间进行传播，且传播效果随着地理距离的增加而衰减。而且，由于创新人才要素在地理空间的集聚使得信息交流方便，信息共享快速及时。

创新人才要素集聚有利于形成竞争与合作的创新环境。因为集聚是一种群体性活动，讲究团体合作，大家优势互补、团结合作、资源共享，能够提高工作效率，也有利于更好地发挥创新。在这种人才济济的大环境下，人们的好胜心会更加强烈，不管成功还是失败都会激励人才不断学习创新，使得团队整体的创新能力不断增强。在需求关联和成本关联的循环累积因果作用下，创新人才要素倾向于选择大城市集聚，而普通劳动力被动选择向中小城市集聚，从而使得创新人才集聚出现良性循环，创新人才集聚多的地方更容易吸引创新人才的流入。

创新人才要素集聚具有马太效应，创新人才要素集聚形成良好的学习氛围。由于技术知识溢出效应能够推动区域自主创新，加强区域在国际市场上的竞争力，从而产生经济效应。但是，在引进人才也要注意适度原则，不要形成人才过度集聚而造成资源浪费，同时其他地区人才短缺，使得创新人才要素集聚的总体效益无法达到最优状态。要对创新人才进行合理配置、合理引入，最大化发挥创新人才要素对地区产出的积极效应，最大限度地提高创新能力。

（二）创新人才促进经济增长机制

作为经济增长的关键要素，人才决定了经济结构转型升级的能力。世界银行指出，在全球经济中，技能正在替代其他生产要素成为比较优势的基础，一个国家的经济实力将在更大程度上依赖于其发展、利用和管理自身人力资源的能力，人才对经济增长的影响机制体现在以下两个方面。

一方面，人才培养本身就是经济社会发展过程中必要的投入要素。通过增加技能投资、培训等，人力资本提高劳动效率，直接影响经济增长。作为决定最终产品产出规模和质量的关键要素，人才还表现出收益递增的特点，人才存在的溢出特征使其具有的知识积累和技术能力通过各种渠道增加技能知识储备，提高人力资本质量，还可以对经济社会中的其他生产要素产生正向效益，即可以提升人才周围人力资本的生产率，进而提高经济社会的产出效益。因此，人力资本较强的正外部性也表现出对经济增长较强的促进作用。

另一方面，主要表现为创新人才作用于技术创新，继而影响经济增长。人才是技术创新的关键投入要素，而经济增长又依赖于技术创新水平的提高，由此形成人才、技术创新、经济增长依次影响的传导机制。除了作为直接投入要素，人才还具有依附性，因此，通常要外化成知识或技术影响经济增长。需要注意的是，在通过技术创新影响经济增长的过程中，人力资本具有的外部性，通过对技术创新的外化和影响使得技术创新也产生了外部性。因此，个人知识和技术的提高和扩散会带来整体技术水平的提高和经济产出的增加，在这个过程中，人才主要通过技术创新的扩散间接作用于经济增长。

（三）区域经济发展与创新人才培养相互作用框架

区域经济发展与创新人才培养相互作用框架是在经济发展与创新系统理论基础上构建出来的。创新系统是推动区域经济发展的核心，创新行为主体主要有高校、科研机构和企业，政府和中介机构分别扮演宏观调控和搭建信息桥梁的角色。创新人才的素质有赖于创新人才培养，只有不断地提高创新人才的素质，才能使其不断地创造出新知识、新技术、新产品，从而提高区域经济竞争力，推动区域经济快速发展。

1. 人才培养与区域经济发展的关系理论研究

一是三螺旋理论。在知识经济社会，以市场要求为纽带，联结创新制度环境的政府、用人单位、人才培养机构等各要素，形成3种力量交叉影响的螺旋关系。

二是区域竞争力理论。国民素质和科学技术是提升区域竞争力的核心要素，人才培养是关键环节。

三是非均衡增长理论。通过培养人才，带动科技产业结构更新，从而产生经济增长极，形成一种经济技术梯度，逐渐向外扩散，对整个经济产生不同的最终影响，并逐步实现一国经济的平衡发展。

四是新增长理论。人才资源的一种特殊形式——知识和技术是区域经济增长的决定性内生变量，知识的积累取决于经济当事人用于研究、开发、教育、培训等方面的投资。因此，人才培养是区域经济增长的动力源。

五是后发优势理论。人才资源是可再生资源,具有创新的潜质和后发的优势。经济欠发达国家、地区可以有效利用人才资源、创新机制等优势,获取更大的经济效益和更快的经济增长速度,实现与先进国家和地区的经济趋同化,甚至超越先进国家和地区的经济发展水平,实现跨越式发展。

六是教育外部关系规律理论。教育必然受到社会经济、政治、文化的一定制约,并要为其发展服务。教育与社会经济、政治和文化有着紧密、直接的联系,高等教育区域化是使高校更好地主动适应社会主义市场经济的有效途径。此外,地方高校不仅要研究国家经济政策的变化、与高校技术优势相匹配的技术市场的变化、与专业设置相关联的行业经济的变化,而且要特别注重处理好各方面的关系,包括政府关系、社区关系和媒介关系。

七是教育成本分担理论。教育成本分担理论有两条原则:第一,受益原则,即谁受益谁就应当担负教育成本;第二,能力原则。地方对中央所属院校也应该给予有效资助,并将中央所属高校纳入地方计划的范畴,但不宜进行过多的管理和干预。此外,还有第三职能理论、教育方针理论等。有的学者对高等教育与区域经济发展相互关系的研究认为:一方面,区域经济水平会影响公众对高等教育的投入,直接影响到高校毕业生的就业状况;另一方面,高等教育发展对区域经济的影响是区域经济发展的动力源泉,高校学生消费是区域经济发展新的增长点,高等教育是带动区域高新技术发展的基地。

2. 创新人才与区域经济发展的关系

创新人才是区域经济发展的推动力量。人是生产力中最重要、最具有决定性的因素,人才在区域经济发展中具有基础性、战略性和决定性作用;一个区域的建设,科技是关键,人才是核心,教育是基础,归根结底取决于劳动者素质和创新人才的数量质量。创新人才是大量人才资源中的精华,是提高自主创新能力、实现经济增长转变的重要推动力量;创新人才资源的开发利用,不仅可以直接促进社会生产力的进步,而且可以优化区域人才资源结构,有助于从根本上提高其他生产要素的利用与配置效率,实现区域经济持续、快速、协调、健康发展和社会全面进步。

创新人才培养是构筑区域竞争优势的核心要素。创新是一个民族进步的灵魂,是一个国家兴旺发达的不竭动力,创新系统是推动区域经济发展的核心要素。随着经济全球化进程不断加快,科技进步日新月异,以经济为基础、科技为先导的综合实力竞争更为激烈,而这种竞争最终反映的是人才的竞争。因此,培养高技能创新人才不仅是高校自身发展的需要,也是区域经济发展的客观要求，竞争呼唤富有创新精神和创新能力的人才。一个地区的发展和建设对于人才的需求是多样化的，其中创新人才已经成为竞争的焦点，谁拥有创新人才，谁就拥有竞争力，谁就拥有主动权。

创新人才培养与经济发展的关系。一是高等院校创新人才培养与经济发展的关系。经济要发展，人才是关键，教育是基础，经济发展需要教育。同时，教育发展需要国家经济实力的支持，经济发展程度制约着教育发展的规模和速度。二是科研人员的培养与经济发展的关系。作为知识和技能"承载者"的人力资源，是科研院所长期稳定发展的关键推动作用，也是处于行业领先地位的重要保证。科研院所必须把科技人才的培养摆在优先考虑的位置，把科技人才的培养作为一项长期、持续的工作来策划，最大限度地激励科技人才，充分挖掘和发挥其内在潜力，使他们自觉自愿地为实现组织目标而奋斗。三是企业创新人才的培养与经济发展的关系。企业是区域创新主体中对区域经济发展贡献最大的主体要素，企业对区域创新的贡献最终以高新科技产品产值来表现。企业的创新人才大部分来自高等教育机构，并且企业通过创新生产活动和内部培训机制对这些人才进行专门化引导和再造。

（四）创新人才促进经济增长措施

加速人才聚集，促进创意产业发展。创意产业核心竞争力在于人才竞争，培养一大批集技术、经营、管理与创意于一身的复合型人才，不仅是推进创意产业实现快速集聚的关键，而且是提升产业规模化、高端化和专业化水准，并进而提升产业集聚区域经济效益的重要举措。一是建立人才激励机制。建立创意人才激励机制，激发创意人才的工作热情和创意思维。构建良好的生活环境和创作氛围，吸引诸多创意人才和高端技术人才集聚创意园区创新创业，以加速创意产业集群形成，提升区域经济发展水平。二是构建人才培养基地。制定符合创意人才未来发展方向的政策措施，培养创作行业、表演行业及设计行业等新兴行业创意人才。同时，还应加强与各政府、学术机构及科研院所的交流协作，打造产学研一体化的双赢机制。

注重创新环境的建设。环境对人才培养的作用历来为教育家所重视，大学文化和校园文化建设体现了一种环境，它来源于现实生活，又高于现实生活，反映了教育者对未来社会的理想和追求，是需要人为去创造的有利于青年学生成长、优化的育人环境。培育自由思想、独立精神和自由讨论的风气，在争鸣中不断地激发学生们的灵感，不断地巩固知识，不断地创新；创造一个交流与合作的环境，尽量提供不同类型、不同专业学生互相学习、交流的环境，如为文、理、工、艺术等不同学科的学生提供互相合作与交流的机会和场所，提倡教师在科研实践中帮带学生，让学生在教师的启发下开展交流与合作；提供产学研一体化的实践环境，让学生直接与企业接触，到企业中去实践。

另外，高校实验室是培养学生创新能力的重要基地。学生在实验室里进行实际操作，可以培养严谨的科学实验作风，培养观察分析问题、解决实际问题的能力，培养坚韧不拔、克服困难的精神，这些都是培养创新能力所必需的。高校的实验室应当是与经济、科技结合的纽带，应当适应知识创新和技术创新的需要，更好地发挥实验室在培养人才方面的作用。

二、技术创新的经济效应

科学技术是第一生产力。在市场机制的作用下，技术创新可以将知识转化为物质成果，将潜在生产力转变为现实生产力，技术创新已经成为新常态下培育形成新的经济增长点、推动经济可持续发展的重要力量。

（一）技术创新影响经济增长的机制

技术创新通过垂直技术创新和水平技术创新实现对经济增长的影响。一方面，垂直技术创新会带来技术系统的变化，改变原有竞争环境。具体来说，技术创新通过提高企业传统产品的质量、要素利用率和附加值节约生产成本，促进劳动生产率的提高。同时，新型产品会将原有质量相对较低的旧产品淘汰，上升到企业竞争层面，表现为技术创新成功的企业会将创新失败的企业排挤出市场，即垂直技术创新主要通过"创造性毁灭"的特征手段提高生产率，进而推动产业结构升级和经济可持续发展。另一方面，水平技术创新通过技术研发向纵深发展，为市场带来新的生产投入产品种类，随着投入产品种类的增加将进一步推动专业化生产，最终提高生产效率。此外，在水平技术创新的过程中，投入产品的增加进一步拓展到最终产品种类的创新，最终产品种类的增加还可以从供给端影响经济增长，表现为新产品、新业态等的出现，会刺激居民消费，提升社会整体福利。

狭义和广义的技术创新区别在于是否包含技术创新的扩散过程。广义的技术创新强调了技术的扩散特征。根据技术扩散理论，技术创新扩散的形式分为两种：第一种强调技术创新的转移，主要是指技术在地区或行业之间通过合作、交易等形式发生的转移；第二种则强调技术创新过程中或者完成后，由于外部性效应，技术创新成果被其他企业或地区复制或模仿。内生增长理论将技术创新因素内生化，认为技术创新是由经济社会系统的内在要素决定的，人力资本的积累产生学习效应，进而带来广义的技术创新，产生技术的扩散效应，最终推动经济的长期增长。具体来看，技术创新发达的地区或企业处于技术前沿，对技术的改进更多通过自主创新途径，从而对落后地区或企业的技术创新产生示范效应。对于技术落后地区或企业而言，由于技术差距的客观存在，引进、模仿先进、前沿的技术也是技术创新的重要内容。一般而言，具有更多人力资本积累和更低市场壁垒的市场，从技术扩散效应中获得的收益更大。

（二）技术创新对经济增长的作用

新古典经济增长理论对技术创新促进经济增长提供了充足的理论依据。经济增长的早期为数量增长时期，以要素驱动为核心。这种增长模式存在问题：一是缺乏内生自发性的维护经济运行与生产过程的稳定器；二是过度依赖要素禀赋的作用模式制约了效率的长期边际改善；三是粗放式的数量增长加快了生态环境自然消损的速度。数量时期的增长问题为经济转型提供了主观驱动力，在经济增长质量阶段，要素禀赋结构演化，初始增长红利不复存在。此时，在条件端增长的核心驱动力需转为以创新驱动为主的质量增长模式。质量增长下的创新驱动以改善技术为核心，是生产要素组合方式的重塑，以提升全要素生产率与生产效率贡献率为主要路径，降低投入要素数量的变动对生产过程的影响，达到一定技术水平下的经济结构稳态及资源与环境消耗率最优，最终实现覆盖经济运行过程与结果的经济增长质量全面提升。

1. 技术创新有利于优化经济结构

经济结构指社会经济结构，是由反映一定社会生产关系的经济成分组合而成的有机整体，是决定社会关系的经济基础，广泛代表地区生产力布局情况。经济结构以经济系统中各个要素之间的比重及空间关系刻画，包含产业结构、消费结构、金融结构、收支结构等类型。

优化产业结构及技术创新能够提高经济增长质量。对产业结构而言，技术是产业之源，技术创新一大部分建立在科学发现的基础上，产业创新又建立在技术创新之上。技术创新产生的结构效应直接影响产业结构自然变迁的速度与方向。不同地区由于初始资源禀赋不同,产业专业化和多样化发展程度也不尽相同,辅之技术创新水平参差下的不同演化路径,最终形成不同的产业结构。因此,技术创新对产业结构升级的提升模式与效果具有不同的地区特征。我国东中西部的发展差异是最好的例证,东部地区的技术创新水平高于中西部,产业升级的进程及阶段同期快于中西部,同时在质量评价层面也长期处于较高水平。因而可以看出,技术创新通过产业结构对经济增长质量有稳定的促进作用,但其影响在不同区域表现出不同的特征。

对消费结构、金融结构与收支结构而言,技术创新的提升路径主要集中于对经济稳定性的维护效应。技术创新的集聚程度与广度提升,有利于自下而上自发地维护创新环境的公开、透明,同时激励创新主体参与创新权利保护制度的完善与建立进程,从而不断强化知识产权保护对减小经济波动影响的作用。换言之,知识产权保护程度越高,R&D投入越多,技术进步速度越快,而技术进步引发的质量型增长,有利于稀释数量时期由于经济周期产生的经济波动。经济保持稳定状态的时间越长,消费投资结构越容易在充分的时间内形成自发稳定的相对均衡状态,越便于改善地区的金融预期条件与贸易环境的不确定性,使经济增长过程中的结构维度步入稳定优化历程,促进经济增长质量的提升。

2. 技术创新有利于提升经济增长效率

技术创新能够提高经济资源的使用效率,从而明显提升经济增长率。技术创新的重要作用主要指以科学技术知识为核心的资源层面创新,或是以创造新技术为目的的创新。前者直接作用于基础研究,间接作用于生产,后者直接作用于生产。换言之,生产领域的技术创新分为两种:一是以科学技术为本源,在科学新发现的基础上进行技术变革的创新;二是在分工精细化的生产进程中对技术的再开发,其中包括对原有技术的应用创新。以具体的效率提升路径而言,两种技术创新同时作用于生产,以不同路径内化经济增长效率的提升。

在生产过程内部的转化进程中,科学本源的技术创新有利于提高资源的开发利用效率。开发利用效率为一般意义上的全要素生产率,是去除资本与劳动等要素投入效率之后的剩余,包含不可识别部分,整体可相对衡量出技术进步程度对效率的促进作用。在实际分解中,全要素生产率分解出纯技术效率与规模效率,构成了综合技术效率。其中,规模效率反映了实际规模与最优生产规模的差距；纯技术效率主要来源于企业的创新驱动作用，两者共同反映了在最优规模时投入要素的生产效率。此时的生产效率提升因素剥离了要素投入的影响，主要依靠技术与管理的创新，且创新程度增强生产过程的集约化水平，对效率的提升有正向促进作用。

随着技术外溢的过程，生产进程中的技术创新使得原始投入要素的生产率得到边际提升。在增长的初始阶段，依靠的要素主要是劳动与资本，增长阶段的转化在依仗内生技术进步的同时，在新的生产要素转换演变阶段中也取决于原始投入要素生产率的提升。对劳动要素而言，其生产率指劳动生产率，是劳动者在一定时期内创造的经济结果与其对应的劳动消耗量的比值。劳动生产率的提升路径包含投入要素的创新、要素质量的提升及要素转化方式的优化。当前社会经济活动中，人工智能还未完全代替人力资本在生产关系中的角色。劳动要素质量的提升来源于人力资本积累产生的知识外溢与"干中学"效应，劳动要素转化方式的提升路径来源于劳动过程中的技术创新带来的新生产方式，或原生产方式的优化带来的生产效率提升。对资本要素而言，其生产率指资本生产率，用以衡量资本存量创造的产出，产出越多，资本投资效率越高。在一定的制度与社会环境下，不考虑经济波动阶段的噪声影响，资本生产率的实际提升来源于技术创新，由技术创新带来的产出水平阶段性攀升是资本生产效率在质量维度上的改善。

技术内化增长效率提升的路径是技术创新自发性地传导至生产过程，从而诱发质量优化的过程。质量增长时期，内生的技术创新路径不仅对经济效率有直接促进作用，也将有效分离贡献度层面的无效模式，强化效率对增长的贡献效益，实现双向联动的质量提升轨迹。技术创新对经济增长质量的影响主要表现为创新活动促进科学进步，而科学进步又直接或间接地促进了技术进步。以技术进步为依托的经济增长有利于降低经济增长过程中要素的成本及资源、能源的依赖程度，大大提高了经济增长的效率。这种增长效率的提升路径是高质量且可持续的，对经济增长质量具有有效的优化效应。

（三）技术创新推动经济增长措施

技术创新不但推动经济发展方式转变，提高经济资源的使用效率，而且在生态环境治理和民生福利改善方面也有显著作用。下面就如何提升我国技术创新能力，并使之服务于经济发展提出可供参考的措施。

1. 促进产学研一体化发展

企业、高等院校、科研机构是从事科学技术研发与创新的微观主体。相较而言，企业是技术创新的主力军，在技术创新中居于主体和主导地位，技术创新资源配置应以企业为核心，才能保证技术创新效率和对经济发展的促进作用。但是，企业在技术创新中更愿意在可能带来经济效益的领域进行研发投入，这就导致经济效益不强、但对技术创新存在基础性作用的基础研究研发投入不足，基础研究发展滞后必然导致技术创新停滞。相比之下，因科学人才汇聚的规模效应、研发经费主要由政府划拨等原因，高等院校、科研机构在基础研究中拥有优势，这就需要将企业、高等院校、科研机构的科研资源有效整合，在发挥各自优势的基础上形成综合效应，促成产学研一体化发展态势。

我国一直提倡产学研结合的技术创新方式，但目前仍处于初级阶段，合作项目多是临时性或短期性项目，合作方式多以技术转让、单项合作为主，产学研尚未形成基于产业链的多方联盟的合作方式。为此，必须发挥我国社会主义制度优势，政府在产学研合作中多发挥宏观调控作用，以科学技术发展整体规划的形式促使企业、高校、科研机构合力攻克重大技术课题。政府应鼓励高校和科研机构人才自主创业，或加入企业研发机构，或与企业合作研发项目，在为企业攻克技术难题的同时，为企业培养一批科研人才，指导、帮助企业建立独立的研发机构。企业则应正视自身在技术创新中的主体地位，不仅要重视与高校、科研机构开展线式合作，更应重视形成由产业链上多家企业、高校和科研机构组成的网式联盟，建立基于产业链的长期合作的科研联盟。

2. 增强科技成果转化能力

科技成果转化能力是将科技创新成果转化为市场和社会需求的产品，进而实现规模化、产业化带动经济发展的能力。统计数据显示，我国科技人员拥有量居世界第一，研发投入居世界第二，每年至少产生3万多项科技成果和7万多项专利成果，但科技成果转化率仅为10%，而美国的科技成果转化率达80%。我国的大多数科研成果未能转化为生产力，未能为经济发展做出贡献，造成极大浪费。

造成科技成果转化率过低的原因有两个：一是科研成果成熟度不高。改革开放初期，由于我国技术水平明显落后于发达国家，技术引进、跟踪模仿是主要的技术创新方式，由此造成我国科技创新领域长期存在一种"拿来主义"，缺乏"敢为天下先"的魄力。另外，我国科研领域长期存在"重数量轻质量"的不良作风，导致多数成果缺乏实际需求，达不到成果转化的成熟度。二是企业缺乏成果转化的动力与能力。技术创新与成果转化过程存在高度不确定性，企业作为理性经济人，自然需要考虑其中的潜在风险，如果不能正确认识创新对企业长期发展的积极作用，而是着眼于短期风险，必然造成企业进行技术研发与成果转化的动力不足。而且，科研成果转化必须有充足的资金支持。研究发现，科技研发、成果转化、产业化3个阶段的经费投入比为1∶10∶100，多数企业缺乏充裕的资金用于技术研发成果转化。此外，科技成果转化的参与主体是企业，高校和科研机构以学术目的为导向形成的科研成果无法解决企业的技术难题，也就不能转化为经济效益。

三、创新制度的经济效应

制度不仅对经济增长是重要的，对经济增长质量也是如此。制度变迁是经济增长质量变化的重要原因，不论是作为正式制度的市场制度创新，还是作为非正式制度的文化创新，都对经济增长质量的提高产生了重要影响。制约我国经济增长更主要的瓶颈不是资本短缺，而是制度供给短缺，创新制度是推动我国经济持续稳定增长的根本途径，作为一个转型国家，不能忽视经济转型和制度变迁对于经济增长质量的影响。经济转型为经济增长质量的提高提供了制度基础，我国的经济转型在一定程度上促进了经济增长质量的提高。

（一）创新制度与经济增长的关系相关理论

创新制度与经济增长的关系可分别从发展经济学派和新制度经济学派来阐述。

1. 发展经济学派观点

经济增长取决于资本积累、劳动力供给与技术进步等传统生产要素，以及知识增长与经济制度等非传统要素。其中，技术进步、资本积累、劳动力供给直接决定经济增长，而知识增长与制度是影响经济增长的间接因素。传统生产要素受到经济主体行为的支配，而经济主体行为受制于制度。此外，制度与制度创新对经济增长的影响具有双向性，只有在变革旧有落后生产方式、保护生产主体权益的基础上让经济主体适应新的生产方式，才能真正地使制度促进经济发展。

发展经济学家 Redda 比较了印度与西方发达国家的经济发展差异，认为不发达国家在不合理的制度安排下资源分配扭曲，导致资本缺乏，甚至加重了资本稀缺的趋势。不发达国家想要转变为发达国家是一种创造复杂经济的过程，亦即重塑制度的过程，在这一过程中政治主体通过创造机构使分隔的生产主体连接起来，从而能够保证原材料与产品在市场中的双向流动，以合理的制度促进经济发展。

2. 新制度经济学派观点

在新制度经济学出现前，西方主流经济学将资本、劳动与技术归为引起经济增长的直接动力。按此逻辑的经济增长理论强调资本积累、劳动力供给与技术进步对经济增长的影响，忽略了影响经济增长的制度因素。诚然，资本、劳动力与技术会对经济增长产生直接影响，而制度通过间接地影响这些要素的投入和分配，从而影响经济增长。新制度经济学派突破了传统观点的桎梏，直接研究制度与制度创新对经济增长的作用，诺思甚至做出了"制度在社会中具有更为基础性的作用，它们是决定长期经济绩效的根本因素"的论断。

诺思在《1600—1850年海洋运输生产率变化的原因》中，分析了1600—1850年海洋运输的成本情况，发现海洋运输的效率在技术进步速率缓慢的前提下显著地提高了，原因在于海上运输的组织方式、市场规模、制度的变化改善了海洋运输环境，降低了海洋运输成本，提升了海上运输效率。这一研究让诺思认识到制度能够成为一种促进经济增长的要素。此后，在《制度变迁与经济增长》中，诺思认为，制度和技术进步在促进经济增长的过程中至少能起到相同的作用，制度的促进作用甚至会比技术进步更大。强调制度的供给是对要素价格变化的反应，而不是对技术因素变迁的反应；认为运作高效的经济组织会对经济增长起到决定性作用，甚至更加激进地认为，对经济增长起到决定性作用的因素只有制度与制度创新，而资本积累、劳动力投入与技术进步只是经济增长的结果，这一强调制度因素对经济增长决定性作用的观点即为制度决定论。

（二）创新制度影响经济增长的机制

制度创新通过产权变革、市场化改革和对外开放3种机制促进中国经济增长。在计划经济体制下，国家对国民经济实行绝对控制，在这种单一产权模式下激励机制僵化，市场主体缺乏投资与提供劳动力的意愿，市场主体全依行政指令行动，因此使中国的经济增长受限。改革开放后，产权模式在坚持公有制主体地位的前提下朝着多元化发展，在党的十四大中确定了公有制为主体、多种所有制并存的经济体制；党的十五大认同非公有制经济在社会主义市场经济中的重要地位；党的十六大提出毫不动摇地鼓励、支持、引导非公有制经济的发展；党的十七大出台以现代产权为基础发展混合所有制的方针；党的十九大指出经济体制改革必须以完善产权制度和要素市场化配置为重点，实现产权有效激励、要素自由流动、价格反应灵活、竞争公平有序、企业优胜劣汰。一系列会议通过顶层设计的形式，主导产权制度创新，促进产权多元化模式的构成，这种变化对市场和个人形成有效的激励和约束机制，促进了中国经济的增长。

在市场化改革方面，制度创新的形式实质上就是计划经济体制向市场经济体制的转变。改革开放前，中国实行高度集中的计划经济体制，产品的产销都靠国家的计划指令安排，产品的产量和价格不能成为供求关系的反映，这种错配机制束缚了中国的经济增长速度。市场化改革改变了计划经济体制下的资源配置方式，让市场在资源配置中起决定作用，为企业的生产活动提供了激励机制，降低了经济活动的交易费用，减少了政府的财政负担，促进了经济增长。市场化改革还体现在生产要素和价格形成机制的改革上，市场通过提高资本、劳动力、技术等生产要素的生产效率直接提升经济增长的质量和效益；价格能够迅速反映市场的供求变化，价格形成机制的市场化克服了行政指令指定价格的时滞与低效，从而提升经济效率。党的十九大以来，中国结合自身经济发展实际，创造了政府和市场机制有机结合的独特发展模式，坚持了社会主义与市场机制相融合的独特体制道路，构建了与打造现代化经济体系内在要求相适宜的新型政府与市场关系。

改革开放是中国的基本国策，对外开放促进经济增长的机制本质上是将中国并入要素流动更为自由高效的世界市场中，利用世界市场的激励机制与国内国外两个市场、两种资源的优势，促进国民经济的发展。从1979年经济特区的创办，到20世纪80年代建立沿海开放区，90年代沿江、内陆、边境城市的开放，21世纪加入世界贸易组织，提出"一带一路"国家级顶层合作倡议，中国构建了全方位多层次宽领域的开放格局，扩大商品和服务的贸易范围，经济增长的质量与效益也随之提高。党的十九大以来，中国更是加快了对外开放的步伐，截至2020年已经设立21个自贸区，并且举办中国国际进口博览会，加入《区域全面经济伙伴关系协定》，对外开放的大门越开越大。

（三）创新制度促进经济增长实证研究

选择产权变革、市场化改革与对外开放3项制度创新来研究中国改革开放以来制度创新对经济发展的影响。依据1999—2019年中国30个省（区、市）（研究范围不包含中国西藏及港澳台地区）的面板数据，结合资本投入、劳动力供给与技术进步等要素解释中国经济增长的现象，结论如下。

制度创新、劳动力供给、资本投入与技术进步均对经济增长起到显著的促进作用，4个要素的系数均在1%的水平上显著。就指标系数的大小来看，制度创新水平提高1%，会使得经济增长0.66%，制度创新对经济增长的促进效应在4个投入变量里排名第二，仅低于技术进步的2.267%。可见制度创新对经济增长起到重要的促进作用，而资本投入与劳动力供给分别提高1%，会引起经济分别增长0.315%与0.592%。

技术进步要素在东、西部地区能够起到显著促进经济增长的作用，在中部与东北地区并不明显。东、中部地区的制度创新引起经济增长的效应分别在1%与10%的水平上显著，而制度创新促进经济增长的效应在西部地区与东北地区并不明显，表明了制度因素促进经济增长的效应存在显著的地域差异。在其他控制变量中，劳动力供给促进经济增长的效应相对资本投入而言不显著，说明目前中国的经济增长仍然依靠资本投入，而人口红利衰减使得劳动力供给的促进效应不明显。

对贡献经济增长的投入要素进行方差分解，发现资本投入对经济增长的贡献度为46.74%，劳动力供给为22.92%，制度创新为15.69%，技术进步为14.64%。虽然提升制度创新能力能够更多地促进经济增长，但目前中国经济增长的主力并非制度创新，说明未来制度创新促进经济增长的潜力非常巨大，需要进行机制设计。最后，将产权变革、市场化改革与对外开放按照重要性赋予不同的权重进行回归，发现结果依然显著，证明了制度创新能够切实促进经济的显著增长，证实了研究结论具有稳健性与普遍性。

（四）创新制度促进经济增长措施

1. 保持宏观政策的连贯性

经过一次制度创新之后，如果不对制度创新进行跟进，那么制度创新速率就会回落至零，制度因素对经济增长与劳动平均产出的增长率就不会产生影响。换言之，如果想让一个经济体的经济不断增长，那么就应当不断地提供制度创新。现实生活中制度创新过于激进的经验证据，如俄罗斯东部地区于 20 世纪 90 年代实行的"休克疗法",虽然改变了俄罗斯的价格体系,但也将俄罗斯的经济体系改至崩溃。激进的、不符合当前生产力发展水平的制度创新,会带来无法挽回的后果,警示了国家与政府要当心过于激进的制度创新,且必须实行符合生产力发展阶段的制度创新手段。

诺思认为,政府作为推进制度创新的主体,也会遵循利益最大化的原则。然而,如果经济体完全依靠政府推进制度创新,则势必因为利益追求的变化而导致政策的前后不一致,引起更大程度的动荡。因此,需要由市场主体等制度需求者参与到与制度供给者的博弈当中,在此过程中应提升各类经济主体的谈判能力,而作为制度供给者的政府应当具备优秀的行政水平与审时度势、不断创新的能力,能够把握市场经济运行规律,提供与生产力水平相适应的制度。尤其是在经受了 2020 年新冠肺炎疫情冲击后,应当对经济刺激政策的缩窄方面做好稳健的跨周期调节准备。

2. 加快推进产权制度改革

党的十九大报告提出,"经济体制改革必须以完善产权制度和要素市场化配置为重点,实现产权有效激励、要素自由流动、价格反应灵活、竞争公平有序、企业优胜劣汰"。产权作为现代市场经济运行逻辑的出发点,只有产权明晰,才能产生有效的激励机制,才能保障市场交易,才能优化资源配置,才能真正建成社会主义市场经济。首先,应当通过立法方式进一步明确各种既有权益与新式权益的归属,让产权所有者得到保护,做到明晰产权。其次,在立法明晰产权的基础上通过法律规章等形式保护产权,保障市场主体公平竞争,让产权所有者具备相对应的权利与义务。最后,应当完善产权交易环节,疏通产权交易障碍,通过建立专门化产权交易场所,降低交易成本,促进产权的有序高效流转。

对于国有企业,应当在坚持公有制为主体的根本前提之下推进混合所有制改革。国有企业囿于政策性负担,适用于上个时代的运作模式已经不适合现在的经济体制改革,因此,首先需要厘清国企的改革思路,需要做强做优做大国有资本,深化国有企业改革,发展混合所有制经济,分类分层推进混合所有制改革,形成多种所有制经济平等参与、有序竞争的健康局面。

3. 加快完善市场经济体制

市场化程度提高能够显著促进经济增长。结合改革开放以来的经验证据,从计划经济体制转轨到市场经济体制,中国的经济走上了高速发展的道路。虽然近几年的市场化改革取得了一些成效,但是改革已经进入深水区与攻坚期,目前仍然存在国有企业行政性垄断严重、金融机构对小微企业实施金融歧视、"国进民退"等现象。因此，应当推进反垄断立法、利率市场化改革，坚持市场在资源配置中的决定性作用，维护公平公正的市场竞争秩序，激发市场活力，构建完备有效、充满活力、政府与市场边界清晰的现代市场经济体制。

此外，市场化程度的提高与政府在市场中的角色是一个问题的一体两面，推进市场化改革也要从政府角度入手。近年来，中国一直在进行"放管服"改革，根据《2020年营商环境报告》，中国的营商环境总体排名由2018的第46名上升至2019年的第31名，说明深化"放管服"改革取得了成效，"放管服"改革纵深推进。此后，应当在厘清政府与市场的边界的基础上，继续让政府围绕市场做文章，更好发挥政府的作用，实现宏观调控有度，让改善营商环境与减税、降费、简政工作多措并举，激发市场活力与社会创造力，在如今的新冠肺炎疫情时代更应如此。

4. 坚定不移扩大对外开放

首先，应当完善对外开放相关政策与制度，在"门内"与"门外"都做好文章，让内资与外资的经济活动都有可以遵循的准则，保护贸易往来经济主体的权益。在国家安全不受侵犯的前提下，提升进出口贸易的自由度与便利度，促进国际生产要素自由流动。其次，提升利用外资的能力与水平，做到对外资的合理充分利用。合理引导外资流向经济落后地区，实现精准滴灌，引进国外的先进技术与高素质人才，减少中国的区域发展差距。同时，利用跨国公司的经济影响力协助国内经济转型，调整中国产业结构。再次，应加快"走出去"的步伐。以"一带一路"建设为重点，坚持"引进来"和"走出去"并重，遵循共商共建共享原则，加强创新能力开放合作，形成陆海内外联动、东西双向互济的开放格局。最后，结合实际政策，加强国际合作。中国已于2020年成功签订《区域全面经济伙伴关系协定》，上海自贸区的建设与发展取得了巨大成功，应当把从上海开始实行的自贸区规则在全国分批分层地复制，推进中日韩自贸区早日建成，发展新设立的山东、江苏、广西、河北、云南、黑龙江6个自贸区，布局新一轮自贸区建设；建设自由贸易港，促进贸易投资的自由化与便利化。

5. 因地制宜实行政策供给

制度在不同地区对经济增长的促进效应是不同的，应根据实际情况确定差异化战略的政策。就东部地区而言，其具备更加完备的产权体系与更成熟的市场制度，并且对外开放水平也更高，应当重点着眼于发展科学技术，提高教育供给的水平，发展高新技术产业与战略性新兴产业等高端产业，发展高端服务业，优化产业结构等方面。而对于制度层面较弱的中部地区、西部地区和东北地区而言，则应当从制度供给方面入手，进一步完善产权制度，明晰产权、保护产权，促进市场主体公平竞争；深化东北地区国有企业改革，建立国企改革试验区，发展混合所有制经济；深化"放管服"改革，政府简政放权，尊重市场主体地位，优化营商环境，提高营商质量。根据西部地区、中部地区、东北地区各自的地缘优势扩大对外开放，让西部地区通过"一带一路"对接中亚、欧洲地区，发挥西部地区战略纵深优势，加大科技基础设施投入，建造科研基地，带动相关企业发展；中部地区发挥河南自贸区、湖北自贸区的战略优势，承接东部产业转移，推进长江经济带建设，对接"一带一路"建设；东北地区注重发展与俄罗斯、韩国、日本等邻近国家的边境贸易，推动中日韩自贸区建设，提高对外开放水平。

6. 发掘制度要素贡献潜能

研究发现，制度创新对经济增长的贡献为15.69%，资本投入的贡献为46.74%，劳动力供给的贡献为22.92%。在实证结果中，制度创新水平提高1%，会引起经济增长0.66%；资本投入提高1%，会引起经济增长0.315%；劳动力供给提高1%，会引起经济增长0.592%。说明制度创新比起资本与劳动力等传统生产要素更具备推动经济发展的潜力，然而，目前这种潜力并没有得到释放。因此，应当坚定不移地推进供给侧结构性改革，以化解结构性问题，深入推进"三去一降一补"，减少无效冗余的资本与劳动力供给，增加优质高效的要素供给；发展科教事业，以提高人力资本与知识的结合水平；同时，注重制度质量，推进制度变革与制度创新，提高供给结构的适应性与灵活性，让制度因素成为推动经济增长的主要动力。

思考题

1. 简述创新驱动经济增长的作用机制。
2. 简述我国不同尺度区域的创新对经济增长产生了哪些积极的影响？
3. 哪些区域创新要素可以促进经济的增长？具体谈一谈各要素促进经济增长的方式。
4. 区域创新对经济发展具有重要作用，请结合所学具体谈一谈可以采取哪些创新措施促进自己家乡的经济发展？

参考文献

[1] 张攀.创新能力对区域经济增长质量的影响研究[D].保定：河北大学，2021.

[2] 夏杰.创新投入对经济高质量发展影响研究[D].蚌埠：安徽财经大学，2021.

[3] 崔浩琛.呼包银榆经济区创新要素集聚及其产出效应研究[D].包头：内蒙古科技大学，2020.

[4] 徐一畅.基于区域经济发展的创新人才培养模式研究[D].长春：吉林大学，2009.

[5] 刘海艳.区域创新能力对经济增长质量的空间溢出效应研究[D].南京：南京财经大学，2020.

[6] 马晓俊.区域创新能力与经济增长关系的实证研究[D].武汉：中南民族大学，2018.

[7] 刘思佳.区域创新系统对民族地区经济增长的影响研究[D].南宁：广西大学，2021.

[8] 柳典宏.资源依赖、科技创新对区域经济增长效应的实证研究[D].太原：太原理工大学，2017.

[9] 周文杰.高新技术产业集群经济增长效应研究[D].哈尔滨：哈尔滨工程大学，2020.

[10] 白俊红，王林东.创新驱动是否促进了经济增长质量的提升？[J].科学学研究，2016，34（11）：1725-1735.

[11] 孙赫扬.中国改革开放以来制度创新影响经济增长的实证研究[D].沈阳：辽宁大学，2021.

[12] 梁炜.科技创新支撑中国经济高质量发展的理论与实证研究[D].西安：西北大学，2020.

第九章 区域创新的环境效应

> **导 言**
>
> 本章论述区域创新的环境效应内涵及分类,以长三角技术创新对水污染的影响为例,通过技术创新与水污染重心变化及耦合变化,来揭示技术创新对水污染的影响。基于对水污染影响因素的分析,提出了环境污染和技术创新良性互动的解决方案。

第一节 环境效应的内涵及分类

环境效应是指自然过程或者人类的生产和生活活动会对环境造成污染和破坏,从而导致环境系统的结构和功能发生变化的过程。环境效应一般可以分为自然环境效应和人为环境效应。自然环境效应是以地能和太阳能为主要动力来源,环境中的物质相互作用所产生的环境效果;人为环境效应则是由于人类活动而引起的环境质量变化和生态变异的效果。依据产生机制,环境效应分为环境生物效应、环境化学效应和环境物理效应3种类型。

一、环境生物效应

环境生物效应是环境诸要素变化而导致生态系统变化的效果。现代大型水利工程使鱼、虾、蟹等水生生物的繁殖受到不同程度的影响;工业废水大量排入江河、湖泊和海洋,改变了水体的物理、化学和生物条件,致使鱼类受害,数量减少,甚至灭绝。此外,对森林的滥砍滥伐,不仅会造成水土流失,增加干旱、风沙等灾害,从而使农业减产、城市受害,而且还会使鸟类的栖息场所缩减,影响鸟类繁衍,增加虫害等。

环境因素变化会导致生物效应变化。中生代恐龙的突然灭绝，就是气候变化引起的生物效应；现代大型水利工程的建设切断了鱼、虾、蟹的洄游途径，使水生生物的繁殖受到影响。这些都是人们熟知的环境生物效应的例证。生物效应引起的后果有时间和程度上的差异，分为急性的环境生物效应和慢性的环境生物效应，前者如某种细菌传播引起疾病的流行，后者则是经过几十年才出现的。环境生物效应关系到人和生物的生存和发展，因此，人们高度重视对这种效应的机制及其反应过程的研究，如进行各种污染物的毒性、毒理、吸收、分布和积累的研究，各种污染物的拮抗作用和协同作用的研究，生物解毒酶的种类、数量及对各种污染物的解毒作用的研究等。

二、环境化学效应

环境化学效应是在各种环境条件的影响下，物质之间的化学反应所引起的环境效果。环境的酸化和盐碱化是相反的环境化学效应。环境酸化主要是酸雨造成的地面水体和土壤的酸度增大，使农业和渔业减产；环境盐碱化主要是由于大量的可溶性盐碱类物质在水体和土壤中长期积累，或者受到海水的长期浸渍造成的。长期使用含盐碱成分的工业废水灌溉农田也会造成土壤盐碱化。土壤盐碱化使作物生长受阻、农业减产，还会导致土壤和地下水的质量降低。

三、环境物理效应

环境物理效应是物理作用引起的环境效果，如噪声、振动、地面下沉、热岛效应、温室效应等。噪声与振动主要是由工矿企业的机器和交通道路的车辆造成的，不仅会干扰人的思维活动和工作休息，降低工作效率，而且对人体健康有很大的危害。另外，建在冲积平原上的大城市，由于过量开采地下水，就会引起地面下沉。城市和工业区因燃料的燃烧放出大量的热量，加上建筑群和街道的辐射热量，致使城市的气温高于周围地带，产生热岛效应。大气中二氧化碳量不断增加，产生温室效应。

第二节　长三角技术创新对水污染的影响

改革开放以来，伴随着我国经济的迅猛增长，粗放的经济增长方式使得生态失衡和环境污染问题日益加剧。为此，党的十九大报告要求实施最严格的生态环境保护制度，环境污染治理进入攻坚期，各地纷纷制定较为严苛的环保政策，但是也对经济发展造成了一定的影响。在经济增长数量和质量的权衡与协调上，技术创新扮演着重要角色，经济的高质量发展需要依赖创新驱动发展战略的实施。在新常态经济建设下，寻求以创新为核心驱动的高效型增长模式是实现经济增长和环境保护"双赢"目标的最优选择。因此，环境污染与创新能力的关系引起了越来越多的关注。目前，技术创新对环境污染的影响还存在争论。

第一种观点认为，只有不断地寻求研发与创新才能实现企业的转型，技术创新能显著降低环境污染，通过长期的技术效应抵消治污的成本效应。产业集聚之所以能减少污染，主要是因为科技创新溢出效应，促进产业集群内的企业采用具备环保效应的生产技术进行生产。技术创新不仅可减少雾霾污染，还可以通过知识溢出效应，间接降低邻近地区的雾霾浓度。

第二种观点认为，基于对中国工业行业面板数据进行研究发现，技术创新对环境污染排放具有显著的正向影响。原因在于：第一，工业生产主要关注盈利的技术创新，忽视了环保技术创新、高质量专利；第二，产业和技术转移往往输出非环保技术。

第三种观点认为，基于对沪深上市重工业污染行业企业进行研究发现，技术创新对扩张型的转型企业并无作用。中国重污染行业存在创新却不"绿色"的现象，绿色技术的创新和应用有待加强。

第四种观点认为，技术创新具有环境友好特征，但是存在门槛值。也就是说，当技术创新水平较低时，环境污染就无法减少。

第五种观点认为，中国东中西部地区技术创新、产业结构升级降低环境污染的作用表现出了明显的区域差异，所有城市的技术创新对环境污染均存在负向影响，影响程度呈现由东向西渐次递增的空间分异格局。

第六种观点认为，创新集聚可通过规模效应降低雾霾污染，但创新集聚空间分布模式对雾霾污染的影响具有异质性。

总体上，国内外关于环境污染和技术创新的研究主要从时间角度进行定量分析，较少从空间角度探讨技术创新对环境污染的作用。仅有的环境污染和技术创新关系的相关研究，由于研究对象、时间段、指标选取和方法的差异，造成了在技术创新对环境污染的作用方面还存在诸多争论，单独探讨水污染与技术创新的文献仍较少，亟须从空间的角度探讨二者的关系。作为中国创新能力较强的区域之一，长三角地区创新能力提升很快，环境污染状况也得到明显改善，那么，技术创新对水污染的作用如何？不同类型的创新对水污染影响的空间究竟如何？

基于此，采用 ESDA 方法，分析了长三角地区技术创新与水污染的空间格局，采用重心分析方法分析了技术创新与水污染的重心变化，采用灰色关联模型分析了技术创新对水污染的影响，以期为科学制定长三角地区技术创新能力提升与改善环境等政策、促进区域经济高质量发展提供一定的决策参考与理论支撑。

一、技术创新重心与水污染重心迁移特征

运用 Arcgis 软件分析长三角地区创新投入、创新产出与水污染重心变化，通过三者重心变化观察创新投入与创新产出对水污染的影响。其中，以科学技术支出表征创新投入，以专利授权数表征创新产出，以工业废水排放量表征水污染。

长三角创新产出重心与创新投入重心变化趋势基本一致。二者基本沿着西北方向在嘉兴、苏州、无锡变动，尤其是 2015 年之前；水污染重心变化则沿着东北方向在常州、湖州和苏州附近变动。说明技术创新对水污染的影响不明显，这是因为大部分专利创新产出和创新投入都是围绕工业生产而展开的，节能环保领域的技术较少。随着环境规制日益强化，2015 年之后，专利创新产出与创新投入重心向西南方向移动，而水污染重心向东南方向移动，技术创新对水污染的作用开始在一定程度上显现。具体而言，长三角创新产出重心、创新投入产出重心与水污染重心在 2004 年、2010 年、2015 年和 2019 年分别在嘉兴—苏州—苏州—苏州、苏州—苏州—苏州—苏州、常州—湖州—苏州—苏州，2015 年之前创新产出重心、创新投入重心与水污染重心变动轨迹基本相反，2015 年之后三者重心变动轨迹才开始有一定的相似性。

二、技术创新重心与水污染重心耦合态势

耦合是指两个或多个系统之间相互影响、相互作用的现象，而耦合度则反映了系统之间协调配合程度的强弱。研究技术创新重心与水污染重心的空间分布与耦合变化可采用空间重叠性和变动一致性方法，其中，空间重叠性往往通过技术创新与水污染的空间距离来表征；变动一致性表示相对上一时间点两者的重心分别发生变动后，出现的位移形成的矢量角 θ，使用其余弦值 C 测度两者重心变动方向的一致性，C 值越大，θ 越小，变动方向越一致。

从空间重叠性来看，无论是创新产出重心还是创新投入重心，与水污染重心的空间重叠性整体上都呈下降趋势，整体变化趋势基本一致。但具体来看，创新投入重心与水污染重心的空间重叠性波动幅度相对较大，两者重心距离保持在 0.17~1.46；而与之相比，创新产出重心与水污染重心距离相对较小，保持在 0.05~1.27，波动幅度较小，变化相对平稳。由此可见，相较于创新投入，创新产出重心与水污染重心空间耦合关联性略强，平稳性稍高（图9-1）。

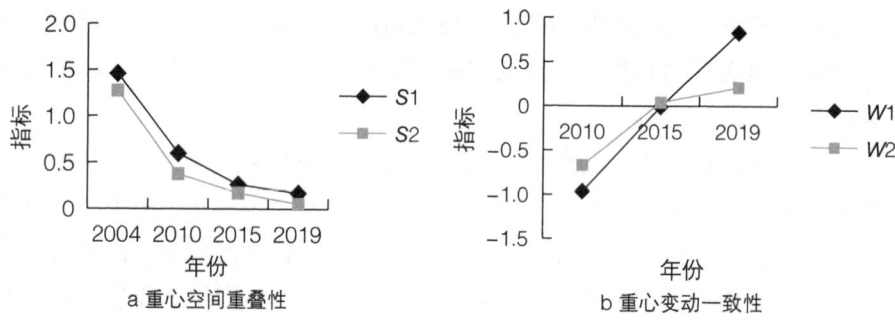

注：$S1$、$S2$ 分别为创新投入重心、创新产出重心与水污染重心的空间重叠性；$W1$、$W2$ 分别为两种类型创新重心与水污染重心的变动一致性。

图9-1 长三角技术创新与水污染重心的空间重叠性与变动一致性

从变动一致性来看，无论是创新产出重心还是创新投入重心，与水污染重心的变动一致性都呈上升趋势。具体来看，两种类型的创新重心与水污染重心的变动一致性整体趋向相同。2015年之前，创新产出重心与水污染重心的变动一致性较高；2015—2019年，创新投入重心与水污染重心的变动一致性较高。这与上述空间重叠性的结论一致。

三、技术创新与水污染灰色关联度分析

(一) 影响因素选择

采用2004—2019年长三角创新产出、创新投入与水污染的数据，运用灰色关联分析法测度技术创新对水污染的影响程度。综合考虑水污染的主要影响因素，选择产业结构、创新基础、城市绿化、环境治理、人口规模、外商直接投资 (FDI)、创新投入、创新产出8个方面，共涉及9个自变量。研究假设基于创新投入、创新产出对水污染具有一定作用，除此之外还有7个控制变量 (表9-1)。

表9-1　长三角水污染区位选择影响因素

影响因素	代表性指标	指标单位
产业结构	第二产业占GDP的比重	%
创新基础	移动电话年末用户数 (万户)、邮政业务收入	万元
城市绿化	建成区绿化覆盖率	%
环境治理	一般工业固体废物综合利用率	%
人口规模	年末总人口数	万人
外商直接投资 (FDI)	当年实际使用外资金额	万美元
创新投入	科学技术支出	万元
创新产出	专利授权数	件

① 产业结构可能会对水污染产生一定的影响，工业化进程的加速往往伴随着对资源的过度开发和污染排放的增长。随着社会经济的发展，技术进步的力量将使产业结构得到一定程度的优化升级，而第二产业在国民经济中比重的下降也会使资源和环境的压力得到缓解，具体选择第二产业占GDP的比重来度量产业结构。② 已有研究认为，创新基础对科技创新产生重要的正向直接影响作用，而通信则对创新基础功能起重要承担作用，具体选择移动电话年末用户数及邮政业务收入来表征创新基础。③ 城市绿化反映城市的绿化程度及对环境保护的重视程度，具体选择建成区绿化覆盖率来衡量其绿化程度。④ 环境治理对水污染状况具有明显影响，因此将一般工业固体废物综合利用率作为环境治理的代理变量。⑤ 人口规模的变化会影响环境承载能力，进而直接影响资源

与环境，具体选择年末总人口数来表征人口规模。⑥外商直接投资往往会带来污染的输入和转移，因此选择当年实际使用外资金额来表示 FDI 因素。⑦表征技术创新的影响因素有很多，但最重要的因素是创新投入与创新产出，因此以科学技术支出表征创新投入，以专利授权数表征创新产出。

（二）灰色关联度分析

运用灰色关联度，研究长三角 2004—2019 年技术创新对水污染的影响（表 9-2）。

表 9-2　2004—2019 年长三角技术创新指标水污染之间的灰色关联度

指标	灰色关联度	排序
第二产业占 GDP 的比重	0.5289	1
一般工业固体废物综合利用率	0.4602	2
年末总人口数	0.4591	3
建成区绿化覆盖率	0.4568	4
当年实际使用外资金额	0.3360	5
专利授权数	0.2810	6
科学技术支出	0.2635	7
邮政业务收入	0.2546	8
移动电话年末用户数	0.1863	9

第一，产业结构与水污染的灰色关联度最高，为 0.5289，说明产业结构对水污染影响最大。第二产业是环境污染的重要来源，产业的升级与改造、第二产业的比重与发展质量对环境状况有显著影响，工业结构是影响区域环境质量的重要因素，产业结构对污染物排放具有明显的拉动作用。

第二，环境治理与水污染的灰色关联度为 0.4602，说明环境治理对水污染的影响也较大。环境治理的力度与利用效率将直接影响污染物的排放，有效改善环境状况。

第三，人口规模与水污染的灰色关联度为 0.4591，表明人口规模对水污染的影响仍然较大。其他研究同样表明，年末人口规模每增加 1 个百分点，将引起地级单元二氧化硫排放量 0.597% 的相应增长。

第四，城市绿化、FDI与水污染的灰色关联度分别为0.4568和0.3360，对水污染的影响处于中等层次。城市绿化在一定程度上可以改善环境，城市绿化率本身也显示了政府部门对环境质量的重视与关注。FDI对水污染的影响一般，虽然外商直接投资输入和国外产业转移会加大国内地区的污染集聚度，但随着国家实行越来越严苛的环境政策，有针对性地进行产业转移，所以FDI对水污染的影响逐渐减弱。

第五，作为创新基础的邮政业务收入与水污染的灰色关联度较低，为0.2546，主要是因为随着社会的进步与通信的发展，电话与互联网不断普及，邮政业务在创新基础中所占的比重持续下降，对水污染的影响也较小。

第六，移动电话年末用户数与水污染的灰色关联度为0.1863，对水污染的影响最小。研究发现，数字经济发展显著降低了城市各类环境污染物的排放，绿色创新和产业结构优化是数字经济降低城市环境污染物排放的重要机制，技术进步和结构升级是互联网影响环境质量的关键传导路径，然而，目前传统产业仍占较大比重。

第七，相对而言，创新投入、创新产出与水污染的灰色关联度也较低，分别为0.2635和0.2810。技术创新更多是基于对生产效率的追求，并非对水污染的影响，经济发展规模的不断扩大，会耗费大量的稀缺不可再生资源，且技术创新在提高生产率的同时，可能会形成新的污染源，在这种情况下，即使出现环境改善，也是由于技术限制出现的暂时现象。

基于上述分析基础，运用灰色关联度研究长三角每个地市，深入探讨2004—2019年技术创新与水污染灰色关联度排序的空间格局。结果表明，创新投入、创新产出与水污染灰色关联度处于中上水平的城市数量大致持平。

通过灰色关联模型，定量分析也证实了创新产出与创新投入都与水污染的灰色关联度不大，说明长三角环境状况更多受到工业化驱动，技术创新对水污染的影响还比较弱。因此，为了有效改善环境状况，首先应制定完善的环境政策，降低环境污染排放，引导企业加大绿色技术创新研发，充分发挥技术创新在改善水污染中的作用，各地需提高信息化水平，优化产业结构，促进产业升级，尤其是提高工业生产过程中的绿色技术含量，以数字革命为抓手培养新兴产业；其次应进一步加大环境治理力度，同时要加大环境治理方面的投资，在保证经济发展速度的同时改善生态环境，实施一系列政策措施强化生产过程中的污染排放治理，同时合理控制人口规模；最后应加大力度植树造林，提高建成区绿化覆盖率，降低环境污染。

第三节　区域创新环境效应的技术路径

　　市场与政府对于创新环境的作用层面不同。政府服务外部创新环境系统，以保证内部创新环境系统正常运行；市场依靠供求关系及竞争机制，直接作用于内部创新环境系统，可以直接提高创新环境效率；而创新环境—市场政府这一机制良好循环的基础是政府力量与市场力量之间的合作博弈。目前，我国创新环境主要存在的问题是：创新主体多样性和创新供给原动力不足、创新体制机制和创新文化环境亟待优化等。为进一步改善我国的创新环境，减轻环境污染，应该从6个方面做出调整。

　　一是确定政策调整方向。发挥我国的制度优势，用好新型举国体制模式，解决关键核心技术受制于人的问题，通过建设国家实验室或设立重大科技攻关项目，政府直接投入并带动引导基础研究领域的资源投入和人才建设；完善科技人才评价和激励机制，优化科研人员行政管理模式，增大科研人员的经费自主权，赋予用人单位对科技人才的实际评价权力；加快建设高效的产学研协同创新联盟，充分激发创新主体的创新积极性，打通科技人才在不同创新主体之间的流动渠道，加快培养具有交叉复合背景的高层次人才，推动科技创新中介服务机构的建立；充分发挥不同地区的比较优势，实行差异化地区创新政策，形成有利于地区间创新互补的政策环境；营造优质的创新文化环境，创造兼容并包、宽容失败的国际一流科研环境，加强学术民主，建立科研诚信监督体系。

　　二是改善创新驱动的规模。首先，在减少政府多种创新政策的重叠和提高可操作性的基础上，转变政府科技投入方式，避免可能的研发资源浪费，有效发挥政府引领作用。同时，进一步协调和引导高技术产业创新驱动方式，提升高技术产业创新驱动的有效性。其次，随着高新技术产业市场竞争的加剧，适度集中和垄断的市场结构能够优化企业的创新驱动投入配置，满足高新技术产业的创新投入集中性，也有效推动了自主知识产权的发展，有利于专利保护，进而改善创新驱动效率。再次，注重改善外资结构偏重造成的专利围墙和挤出效应，在一定程度上避免企业把创新资源更多地进行业绩的短期改善，而非有效的创新驱动活动。开展有针对性的调整，促进创新资源合理流动。应加强及优化创新资源的运用，避免盲目投入资源，进一步提高创新规模的经济性和持续性。最后，依靠本身完善的技术和经济基础，一

第九章 区域创新的环境效应

方面自主研发技术前沿，增加高科技创新产出；另一方面深化完善创新产业化的中间环节，提高创新转化率。

三是增强环境效应的辐射功能。首先，大力推动工业技术高级化、多样化研发，淘汰落后产能，发展先进制造业和战略性新兴产业，构建绿色低碳循环型工业体系，积极促进工业结构升级，减轻污染。其次，采取更加有效的政策和科技创新手段，推动工业技术进步，降低因工业规模扩大造成的环境污染。积极促进各类要素在区域优化配置，构建环境协同共治机制，使区域整体环境质量不断改善。严格落实以重化工业为代表的高污染行业管控和退出机制，推动工业高技术化和绿色化。最后，注重合理控制城市土地开发强度，限制高开发强度城市土地的扩张，合理安排低开发强度城市的用地结构，提高生态资源的利用效率。处于高开发强度的城市，生态环境承受巨大压力，已不适合进行建设用地扩张，需要充分利用存量建设用地，提高资源利用效率，合理安排绿地、湿地和水域等用地比例，形成合理的用地结构，避免开发强度增长过程中对生态环境造成不可逆转的损害。

四是绿色技术创新研发。随着环境污染问题日益加剧，政府、消费者、供应商等利益相关者对企业的环境保护行为提出更高的要求和期望，企业价值的评估标准也从单纯的经济效益向环境效益和社会效益拓展。在此背景下，企业开始采取绿色发展战略，对绿色技术创新的认知也由起初对环保政策压力的被动响应转向主动承担环境责任。在相同的环境规制情况下，环境责任水平越高，企业主动寻求绿色技术创新的可能性就越大。政府、企业与研发机构需要在共同契约框架下制定联盟违约成本，以此避免企业投机行为，保证绿色技术创新联盟的稳定性。由于市场的缺陷，企业与研发机构在联盟研发绿色技术的过程中会出现技术创新溢出效应，进而诱发机会主义行为，破坏联盟的稳定性。政府可以采取以下措施为联盟提供法律依据和必要保障：健全绿色技术知识产权保护制度，建立绿色技术转移转化市场交易体系，加强绿色技术创新成果评估与绩效评价等。

五是政府干预社会保障，创建开放包容社会，营造创新环境。第一，完善创新科技人员的社会保障制度，科学技术人员是社会主义现代化建设事业的重要力量，完善创新科技人员的社会保障制度有利于为区域创新发展创造有利的环境和条件，充分发挥科学技术人员的创新发展潜能。为科技创新人员提供更好的研究环境，落实高质量的生活保障，切实提升科学人员的社会地位，为拓宽科学技术人才的培养道路打好社会基础、做好制度保障。第二，政府要有创新促进发展的意识，积极营造宽松的创新环境，在必要的时候适当放宽对企业的管制力度，或举办各种技术创新活动，助力企业营造良好的创新氛围，在社会上营造良好的创新创业的氛围。第三，要重视企业家、科学家等社会精英的科研力量及带动作用，着力发展高端装备制造业的创新发展，关注创新"高大上"，与此同时，也要鼓励广大劳动人民的创新创造，重视贴近人民生活的装备制造业创新，推动科技"接地气"。

六是夯实创新基础，加大科技资金投入，加强技术交流。第一，加大财政方面的投入，充分调动利用财政资金，为产业升级发展打下坚实基础。建立健全健康的财政资金增长机制，优化科技投资结构，合理分配财政资金在装备制造业研发、创新、产出等方面的投入。第二，积极采取科技创新税收优惠政策。拓宽投资渠道，采用多种方式开展资金投入。除常规的政府拨款、专项财政投资外，还可以与市场相结合，通过基金、市场招标、信贷、风险投资等方式来实现。充足的资金保障可以为创新发展打下坚实的基础，为企业的研发创新提供资金、物质基础。推动更多企业开展研发活动，促使企业成为装备制造业创新主体，构造完整产业链。第三，加大对高等院校创新型高端人才的培养，为高科技产业的发展提供充足的人才后备资源，同时也对高校创新发展起到极大的推动作用。加强地方与地方、企业与企业、企业与高校之间的交流与联系，提高创新成果的质量。

思考题

1. 试述区域创新与环境的相互作用。
2. 简述区域创新环境效应的技术路径提出的背景。
3. 简述区域创新与环境效应的关系。
4. 区域创新对环境的影响主要体现在哪些方面？

参考文献

[1] 徐鸿翔，韩先锋，宋文飞. 环境规制对污染密集产业技术创新的影响研究[J]. 统计与决策，2015（22）：135-139.

[2] 李婉红，毕克新，孙冰. 环境规制强度对污染密集行业绿色技术创新的影响研究：基于2003—2010年面板数据的实证检验[J]. 研究与发展管理，2013，25（6）：72-81.

[3] 李粉,孙祥栋,张亮亮.产业集聚、技术创新与环境污染:基于中国工业行业面板数据的实证分析[J].技术经济,2017,36(3):1-7.

[4] 原毅军,谢荣辉.产业集聚、技术创新与环境污染的内在联系[J].科学学研究,2015,33(9):1340-1347.

[5] 杨凤.政府与市场对长三角区域创新环境的影响研究[D].合肥:安徽大学,2018.

[6] 王宏伟,马茹,张慧慧,等.我国区域创新环境分析研究[J].技术经济,2021,40(9):14-25.

[7] 赖小东,詹伟灵.企业绿色技术创新内涵及影响机理评述[J].科技和产业,2021,21(10):320-327.

[8] 梁敏,曹洪军,陈泽文.环境规制、环境责任与企业绿色技术创新[J].企业经济,2021,40(11):15-23.

[9] 宁金辉,苑泽明,史方.大气污染防治考核与企业绿色技术创新[J].统计与信息论坛,2021,36(12):58-70.

[10] 陈恒,杨志,祁凯.多方博弈情景下政产学研绿色技术创新联盟稳定性研究[J].运筹与管理,2021,30(12):108-114.

[11] 吴炳煜,仇方道,张新林.淮海经济区工业结构演替的环境效应[J].江苏师范大学学报(自然科学版),2021,39(4):6-11.

[12] 王传荣,冯秀菊.中国乡村产业结构演进的环境效应研究[J].山东财经大学学报,2021,33(4):67-76.

[13] 赵亚莉,刘友兆,龙开胜.城市土地开发强度变化的生态环境效应[J].中国人口·资源与环境,2014,24(7):23-29.

[14] 吴琦,金洋,韩旭."双碳"目标下的能源发展路径[J].有色冶金节能,2021,37(6):6-9.

[15] 侯建,陈建成,陈恒.处理环境效应和随机误差的创新驱动发展绩效时空异质研究:以高技术产业为例[J].系统管理学报,2019,28(6):1143-1152.

[16] 王菲,董锁成,毛琦梁.中国工业结构演变及其环境效应时空分异[J].地理研究,2014,33(10):1793-1806.

[17] 周侃,樊杰.中国环境污染源的区域差异及其社会经济影响因素:基于339个地级行政单元截面数据的实证分析[J].地理学报,2016,71(11):1911-1925.

[18] 郭峰,陈凯.空间视域下互联网发展对城市环境质量的影响:基于空间杜宾模型和中介效应模型[J].经济问题探索,2021(1):104-112.

[19] 刘满凤,谢晗进.中国省域经济集聚性与污染集聚性趋同研究[J].经济地理,2014,34(4):25-32.

[20] 邓荣荣,张翱祥.中国城市数字经济发展对环境污染的影响及机理研究[J].南方经济,2022(2):18-37.

Part IV

第四篇　创新实践篇

第十章 智慧城市

> **导言**
>
> 从智慧城市的概念起源出发,界定了智慧城市的基本概念模型。比较了中外智慧城市的指标体系,阐述了我国智慧城市的发展进程;归纳了智慧城市的主要测度、评价方法和基本程序;探索了智慧城市的发展方向、理论更新和技术创新。

第一节 智慧城市的概念

一、智慧城市的概念提出

IBM 公司在 2008 年提出了"智慧地球"理念,本意是应用物联网和云计算等新一代信息技术,实现人类社会与道路、电网、建筑和机器等物理系统的整合,使人类能以精细和动态的方式智慧地管理生产和生活状态。这一理念被认为有助于促进城市的经济、社会与环境、资源的可持续协调发展,缓解城市发展中的各种矛盾。越来越多的城市引进智慧城市的发展思路,并成为众多城市政策制定、规划管理和发展战略的主要范式。例如,美国政府提出"智慧城市挑战",欧盟委员会制定"智慧城市框架"并资助了"智慧城市解决方案",城市国家新加坡设立直属总理办公室的"智慧国家和数字化政府办公室"并提出了"智慧国家 2025 计划",印度政府制定了"智慧城市使命"等。

二、智慧城市的概念模型

2011 年,帕尔多特等学者提出了智慧城市的三大认识维度:第一,技术维度。它是基于使用基础设施及相关方式，改善和改变城市的生活和工作。这个维度容纳了数字城市、虚拟城市、信息城市、有线城市、泛在城市、智能城市等概念。第二，人的维度。它是基于人、教育、学习和知识，且认为它们是智慧城市的关键驱动力。这一维度能够容纳学习型城市和知识型城市的概念。第三，制度维度。它基于治理和政策，认为利益相关者和机构政府之间的合作对于设计和实施智慧城市计划至关重要。这个维度可以容纳智慧社区、可持续城市和绿色城市的概念。根据学者的研究，国外智慧城市的多元概念模型如表 10-1 所示。

表 10-1 国外主要学者的智慧城市概念模型

学者	模型名称	要素描述
安索普洛斯（2015 年）	智慧城市维度	资源、交通、城市基础设施、生活、政府、经济、凝聚力
内罗蒂等（2014 年）	智慧城市域	自然资源与能源、交通与移动、建筑、生活、政府、经济与人
格雷布伐等（2014 年）	智慧城市概念要素	智能交通系统、公共安全、能源消耗管控、环境保护、ICT
IBM（索德斯特伦等，2014 年）	九柱模型与智慧	规划管理服务、基础设施服务、人的服务（将城市现象转化为数据）
	城市方程	互联（数据）+智能
拿帕哈德（2011 年）	智慧城市模型	政府服务、交通、能源和水、医疗、教育、公共安全与其他核心 ICT 系统
霍兰茨（2008 年）	智慧城市模型	仪表化（基于数据收集）、互联（促使数据流动）、智能（利用数据改善城市生活）
吉芬格等（2007 年）	智慧城市组件	智慧经济、智慧治理、智慧人群、智慧出行、智慧生活、智慧环境

根据智慧城市的诸多模型抽象出的基本维度，形成统一的智慧城市概念模型，包括设施、服务、治理、规划和管理、数据+设计和人等层面（表 10-2）。

表 10-2 智慧城市模型基本维度

领域	研究涉及的相关概念
能源	自然资源与能源、环境、可持续性、城市先进性
交通	交通与移动、可达性、智慧出行
城市基础设施	建筑与城市规划、实体、优质建筑和城市设计、混合住宅、传统的邻里结构
生活	医疗、安全、教育、人、密度增加、优质生活、智慧生活
政府	治理、善治、政策、智慧政府
经济	经济与人、多用途与多样性、城市开放、合作模式、服务创新、经济基础、智慧经济
凝聚力	社会、社会整合、人与社区

国际主要标准化组织都定义了智慧城市框架，旨在加强城市人的生活、经济、政府、流动和环境。因而，标准化组织认为智慧城市框架包括人员、治理、流动性、经济、环境和生活等维度。

智慧城市概念的发展基于两条主线。第一，有关智能和信息城市的研究和探讨，特别是关于信息与通信技术在 20 世纪晚期城市发展中的作用，以及对城市规划和城市体系的影响。第二，有关智慧增长方面的研究。智慧增长是 20 世纪 90 年代源于美国并在世界范围内产生广泛影响的一种城市规划思潮，它的产生主要是针对第二次世界大战后，美国城市蔓延式扩张所产生的一系列城市和社会问题。智慧增长主张通过紧凑集约型用地、鼓励公交和非机动车出行、保护城市开放空间，以及规划周边农业用地、开发多类型混合住宅等措施，促进城市的可持续和公平发展。智慧城市继承并整合了这两种思潮，着力于通过信息和通信技术在城市中的应用来提高城市管理效率，实现城市的可持续和公平发展。

智慧城市的概念模型是技术中心、以人为本及两者的结合。其中，技术中心论强调信息通信技术及相关硬件设施的核心作用。近些年，智慧城市理论开始强调人及社会资本的重要性，强调技术和硬件设施只是手段，而人和社会资本才是发展智慧城市的核心。这两种观点分别强调了智慧城市中技术和人这两个核心因素。最新关于智慧城市概念的阐述通常将两者结合起来，并将智慧城市的概念延伸到社会学习和创新方面。也就是说，通过技术和社会创新的结合，智慧城市的建设不仅是为了提高人的生活质量，还要为持续的社会学习和创新创造条件。

智慧城市的核心内涵，通常也是评价一个城市是否是智慧城市及其"智慧"程度的主要指标，包含以下6个核心方面。

① 智慧技术：指信息和通信技术及大数据挖掘在城市基础设施和管理中广泛应用。

② 智慧设施：包括但不限于电信、通信、网络、市政、能源和交通等基础设施；镶嵌于城市基础设施及交通工具上的智能设备，以及与之相配套的智能卡；接收、处理、分析来自智能设施产生的实时数据的计算机和数据分析中心；大数据分享平台；与家用电器相配套的智能设备与遥控装置等。

③ 智慧人民：指在发展智慧城市的过程中增强城市个体的创造性、多样性及持续学习的条件和能力。例如，通过增加电脑拥有率和宽带的使用，让更多的市民方便地接触更多的信息和学习的机会。

④ 智慧制度：指智慧技术和设施在政府管理和决策过程中的应用，如电子政务、以城市大数据分析为基础的决策分析、以网络为基础的政务公开和公民参与决策等。

⑤ 智慧经济：在智慧技术、设施、人民和制度的基础上发展知识和创新经济，提高生产效率，增加就业机会和灵活性，增强经济活力。

⑥ 智慧环境：既包括可持续发展的绿色物质环境，也包括开放、包容及有利于创新和学习的社会环境。

智慧城市的6个方面相互紧密联系。其中，智慧技术和智慧设施分别是技术和物质基础，智慧制度是提高城市管治效率的制度基础，智慧经济和智慧环境是发展目标，智慧人民则是智慧城市的根本并贯穿所有方面。通过6个方面的建设，提高人们的生活质量、创造性及持续学习的条件和能力，继而为其他方面的建设和创新创造条件。

三、我国智慧城市的发展

我国智慧城市的概念具有中国特色。基于两个阶段的概念升级：一是从数字城市到智慧城市；二是从智慧城市到新型智慧城市。

（一）从数字城市到智慧城市

1999年11月，北京召开了首届中国数字地球大会，相关概念有"数字中国""数字省""数字城市""数字化行业""数字化社区"等。基于目标导向的政策安排及问题导向的效率思维，许多省市将其作为"十五"期间经济技术发展的重要战略，如海南、湖南、山西、福建等省都立项启动数字工程，促进了数字城市概念的广泛运用。2000年5月13日，中国近百名市长与百名IT企业精英聚首"二十一世纪数字城市论坛"，探讨数字城市的发展与建设。国家测绘地理信息局2000年的全国局长干部会议上，明确了测绘系统的主要任务就是构建"数字中国"的基础框架。

学界对数字城市的研究主要分为三大领域：一是测绘与地理信息领域，有代表性的是北京大学邬伦教授的《数字城市实现的技术体系研究》，分析了数字城市的产生背景，提出了数字城市的研究体系，如基础研究、实现技术及工程研究。二是城市规划领域，较有影响的是南京大学顾朝林教授等的《"数字城市"研究漫谈》，认为借助数字化、网络化做成可管理控制的规划虚拟模型，人们就可以在模型中获取所有与城市有关的信息，如城市土地利用等数据，成为一个实在的城市综合管理与决策支持系统。三是公共管理领域，有关研究成果主要发表在《公共管理学报》《中国行政管理》等刊物上，比较有影响的是华中科技大学公共管理学院前院长徐晓林教授的《"数字城市"：城市政府管理的革命》，认为数字城市将重铸城市政府的权能，并驱动政府管理模式的重塑。

从数字城市的内容来看，同国外研究比较类似，注重技术的运用及数字化实现，特别是地理信息的数字化技术，这也是地理信息遥感测绘、城市规划学界研究介入比较多的原因。2009年之后，数字城市的概念逐渐被智慧城市的概念替代。有关数字城市和智慧城市在认识上的联系与区别，李德仁院士认为，"智慧城市是在城市全面数字化的基础上建立的可视化和可测量的智能化城市管理和运营，包括城市的信息、数据基础设施，以及在此基础上建立的网络化城市信息管理平台与综合决策支撑平台。"

从数字城市向智慧城市演进的过程中，国外从关注数字城市技术运用及管理的问题转向关注智慧城市解决可持续发展问题、社会问题及人的问题，而国内在城市信息化转型研究中，在技术运用与城市管理问题上关注较多。

(二)从智慧城市到新型智慧城市

2015年12月,中央网信办提出了"新型智慧城市"的概念,指出新型智慧城市的建设目标:"为民服务全程全时、城市治理高效有序、数据开放共融共享、经济发展绿色开源、网络空间安全清朗",通过体系规划、信息主导、改革创新,推进新一代信息技术与城市现代化深度融合、迭代演进,实现国家与城市协调发展的新生态。2016年7月,国务院印发了《国家信息化发展战略纲要》,要求各地要加强顶层设计,分级分类推进新型智慧城市建设。

2016年10月9日,习近平总书记在中共中央政治局集体学习时明确指出:要深刻认识互联网在国家管理和社会治理中的作用,以推行电子政务、建设新型智慧城市等为抓手,以数据集中和共享为途径,建设全国一体化的国家大数据中心,推进技术融合、业务融合、数据融合,实现跨层级、跨地域、跨系统、跨部门、跨业务的协同管理和服务。

2016年11月,国家发展改革委办公厅、中央网信办秘书局和国家标准委办公室联合发布《关于组织开展新型智慧城市评价工作务实推动新型智慧城市健康快速发展的通知》,指出探索新型智慧城市建设,融入信息化创新、机制体制创新和管理服务创新,全面提高城市治理水平,提升人民群众幸福感和满意度,推进产城融合、实现可持续发展的新理念和新模式,即以"三融五跨"的新理念、新模式推进新型智慧城市建设工作。

下面以住房和城乡建设部《国家智慧城市(区、镇)试点指标体系》与国家发展改革委办公厅、中央网信办秘书局和国家标准委办公室的《新型智慧城市评价指标》进行比较(表10-3),来说明智慧城市与新型智慧城市的共性与差异。

表10-3 智慧城市与新型智慧城市评估指标对比

发布部门	名称	一级指标	权重说明
住房和城乡建设部	《国家智慧城市(区、镇)试点指标体系》(2012年)	保障体系与基础设施	
		智慧建设与宜居	
		智慧管理与服务	
		智慧产业与经济	

续表

发布部门	名称	一级指标	权重说明
国家发展改革委办公厅、中央网信办秘书局和国家标准委办公室	《新型智慧城市评价指标》（2018年）	惠民服务	26%
		精准治理	11%
		生态宜居	6%
		智能设施	5%
		信息资源	8%
		信息安全	扣分项
		创新发展	4%
		市民体验	40%

从指标体系框架上看，新型智慧城市的评价指标更加注重需求侧，即人的生活与体验，而智慧城市建设评估则是以供给侧为主，主要关注政府的投入与保障、管理、部门智慧运用与经济发展。

第二节 智慧城市的标准体系

一、智慧城市概念的基本框架

2014年8月，国家发展改革委等八部委联合下发的《关于促进智慧城市健康发展的指导意见》，认为："智慧城市是运用物联网、云计算、大数据、空间地理信息集成等新一代信息技术，促进城市规划、建设、管理和服务智慧化的新理念和新模式"。定义采用描述法进行表述，相对比较抽象，但其实质是利用先进的信息技术，实现城市智慧式管理和运行，形成合理的产业体系，从而为城市中的人创造更美好的生活，达到促进城市的和谐与可持续成长的目的。以我国2009—2018年核心期刊中引用与下载次数相对较高的64篇文献作为分析对象，智慧城市的概念框架基本上由词频较高的8个维度构成，即"创新""管理""智能""信息技术""资源""服务""生活""持续"。

2018年新型智慧城市评价指标提出的主张维度，与学术研究的智慧城市概念框架具有很高的契合性，显示出了学术逻辑与行政逻辑保持着相对的同步性。智慧城市解释的学术逻辑与行政逻辑,则是从技术属性延伸到经济、社会发展属性方面,尤其关注社会方面的城市居民的体验感受,这与我国在发展中着力提升人民群众的获得感、幸福感密切相关;而国外对于智慧城市的研究从技术属性走向经济社会属性,进而强调政治属性。

二、智慧城市标准现状

(一)国内智慧城市标准现状

我国智慧城市标准体系从国家层面初步建立起国家标准化管理委员会、中央网信办和国家发展改革委牵头,住房和城乡建设部、交通部、工业和信息化部、公安部、科技部等多部门配合的统筹工作机制,从标准体系制定、评价指标体系建立及基础性共用性标准制定等方面开展了顶层设计工作,并取得阶段性成果。

2015年10月,国家标准化管理委员会下达了《智慧城市评价模型及基础评价指标体系第1部分:总体框架》《智慧城市评价模型及基础评价指标体系第2部分:分项评价指标制定总体要求》《智慧城市 城市运营中心》《智慧城市 跨系统交互》《智慧城市 数据融合》《智慧城市 智慧医疗》《智慧城市 时空信息基础设施》等23项国家标准制定任务。

2016年12月,国家标准化管理委员会批准发布《新型智慧城市评价指标》国家标准,包括客观指标、主观指标和自选指标。标准的制定遵循"以人为本、惠民便民、绩效导向、客观量化"的原则,由国家发展改革委等25个部委组成的新型智慧城市建设部际协调工作组,共同完成了惠民服务、精准治理、生态宜居、智能设施、信息资源、网络安全、改革创新及市民体验等8个一级评价指标,是目前我国开展智慧城市评价工作的主要依据。

我国积极参与国际标准的制定,2015年提出了国际标准提案《智慧城市ICT参考框架》和《智慧城市ICT评价指标》,其中《智慧城市ICT参考框架》分为3个部分:《第1部分:业务框架》《第2部分:知识管理框架》《第3部分:技术框架》。

(二)国外智慧城市标准现状

国际上,纽约、伦敦、巴黎、东京、首尔等城市相继提出智慧城市战略举措。国际标准化组织、国际电工委员会、国际电信联盟、英国标准研究院、美国国家标准技术研究院等组织已从不同层次启动了智慧城市标准化工作。

2013年11月,国际标准化组织/国际电工委员会第一联合技术委员会成立"智慧城市研究组",中国、美国、法国、韩国、日本、加拿大、荷兰、德国、英国、新加坡均积极参加研究组工作。

我国于2013年5月向国际标准化组织/国际电工委员会第一联合技术委员会提交了《JTC1[①]在智慧城市领域潜在工作建议》,提出建议JTC1成立智慧城市研究组,综合研究和整体规划信息技术领域的智慧城市国际标准工作。6月,JTC1规划特别工作组会议中对中国提案表示大力支持,并提出由我国专家袁媛代表JTC1规划特别工作组作关于智慧城市的报告。9月,我国正式向JTC1提交了发起成立智慧城市研究组及拟承担秘书处和召集人的提案。2015年10月,JTC1正式成立智慧城市标准工作组,并确定由我国专家担任召集人和秘书。智慧城市工作组的成立及召集人、秘书的任命,标志着我国在智慧城市领域标准协调推进工作得到国际主要国家的高度认可,体现了我国话语实力的不断加强,对于我国继续引领该领域国际标准化工作、促进国际国内资源协同推进具有积极意义。

2016年3月,由中国提出的两项国际标准《智慧城市ICT参考框架》和《智慧城市ICT指标》获得ISO/IEC JTC1投票通过,批准正式立项。

三、新型智慧城市标准体系框架

为了统一和协调各地的智慧城市建设,使得各部门的智慧城市专项应用之间可以实现互联互通、信息共享、业务协同、安全保密,需要一套统一的标准体系作为指导和借鉴。

(一)标准体系

目前,全国智慧城市标准体系仅限于行业领域制定的框架,更多突出了行业特点,如更多注重于建筑、家居,或注重于交通、通信等。为了更好地贯彻"创新、协调、绿色、开放、共享"发展理念,以及更好地适应国家治理体系和治理能力现代化要求,需要进一步补充完善现有智慧城市标准体系。

新型智慧城市的标准体系架构由3个维度组成,包括系统技术维度、体

---

① JTC1是一个关于信息和通信技术(ICT)环境中用户系统接口领域的标准化组织,为企业和消费者应用开发全球信息和通信技术(ICT)标准。

制机制维度、评价指标维度,主要对应新型智慧城市顶层规划中技术和机制改革"双轮驱动"的理念,包含改革推进、模式创新、政策法规、人才保障、信息共融共享等内容。突出体现新型智慧城市建设不仅是技术的使用、创新,还应综合考虑管理、投融资模式及相关体制机制改革因素,才能保证整体进程的顺利推进。系统技术标准维度侧重新一代信息通信技术在新型智慧城市建设中的核心地位,特别是新型泛在物联网感知技术、大数据技术等的充分利用;主要体现新型智慧城市建设的目标,即城市治理体系和治理能力现代化、便捷为民服务、创新经济发展、绿色低碳集约等。

(二)标准体系参考模型

新型智慧城市建设以提升城市治理和服务水平为目标,以为人民服务为核心,注重顶层设计,处理好基础支撑建设和应用体系建设的关系,基础支撑建设是前提,应用体系建设是核心。其中,基础支撑建设方面贯彻"六个一"建设理念,即构建一个开放的体系架构、构建共性基础"一张网"、建立一个通用功能平台、建立一个数据体系、建立一个高效的城市运行中心、建立一套统一的标准体系;应用体系建设方面以数据为支撑,加强各种数据的采集、融合、共享和利用,实现治理更现代、运行更智慧、发展更安全、人民更幸福。

从技术角度看,智慧城市包括6个层面:一是社会基础设施层,是信息中心机房、信息亭等与智慧城市建设相关的配套硬件设施;二是信息感知层,通过透彻感知全方位获取城市系统数据;三是网络通信层,通过广泛互联将孤立的数据关联起来,把数据变成信息;四是数据(资源)层,为各种信息资源(包括数据、信息、软件、服务)提供安全可靠的存储;五是服务支撑层,提供地理空间信息、时间基准、基础数据服务等共用应用支撑和服务接口,以减少重复开发建设,提高信息共享和资源重用水平;六是应用层,把知识与信息技术融合起来应用到各行各业形成智慧。

智慧城市建设是不断发展、完善、提升的过程,从城市综合治理与运行的信息流程视角分析,智慧城市应具备全面感知、联通整合、共享创新、协同运作四大能力和功能特征,结合智慧城市的6个层面和四大能力和功能特征,构建新型智慧城市标准体系框架。

(三)新型智慧城市标准体系框架

新型智慧城市标准体系框架包括总体标准、基础设施标准、建设与宜居标准、管理与服务标准、产业与经济标准、运维与保障标准等六大类。

一是总体标准，包括决策层面的规划设计、评价模型。

二是基础设施标准，包括信息、水能、交通、环保设施建设，信息设施又包括信息感知、网络通信、计算服务和信息安全等。

三是建设与宜居标准，包括规划设计、运行与实施管理。

四是管理与服务标准，包括市场应急、社区人口、房产、交通、物流、教育、文化、医疗、住房、金融、电子商务与政务。

五是产业与经济标准，包括产业规划、结构与发展。

六是运维与保障标准，包括运行环境、状态监控评估、工程管理等。

四、新型智慧城市评估评价方法

智慧城市评估体系注重体现新型智慧城市的概念内涵和特征，重点关注新一代信息通信技术在城市中的广泛应用和效能提升，主要评价城市建设、服务、运行和管理等各方面的智慧化程度，以智慧化指数度量新型智慧城市建设所处的发展阶段，明晰分级分类城市的建设方向和重点，以评促建、以评促改、标杆引领，引导新型智慧城市向好的方向建设和发展。

（一）评价指标体系

在设计新型智慧城市评估指标体系时，应注重体现新时期国家对城市发展和建设的要求，重点关注新一代信息技术在城市各领域和跨领域中的广泛应用和效能提升，同时，评估时应综合考虑各个城市的发展特色和发展阶段。在设计新型智慧城市评估指标体系时，应按照城市规模、发展阶段、自身定位、功能特色等进行分级分类，评估指标应具有易获取、可量化、代表性强、来源可靠等要求。新型智慧城市评估指标体系由通用类指标和特色类指标组成：一级指标8个，包括机制突破、信息基础设施建设、市政基础设施智能化、网络空间安全、惠民服务、在线政府、城市治理7个通用类指标，以及信息经济1个特色类指标；二级指标共32个。

（二）分级分类方法

1. 分级方法

按照城市的人口、经济、占地等综合规模情况和区域重要性，计算每个城市的城市分级指数，根据其所处的区间范围，将城市分为4级。

一级城市：定位于国际大都市，拥有雄厚的经济基础和庞大的中产阶层人群。在国际中具有较高的政治地位、科技实力和教育资源等，对国家发展具有重要影响力。

二级城市：定位于综合性区域中心城市，对周边城市具有很强的辐射带动作用，主要包括省会、计划单列市或有重要战略定位的城市。

三级城市：定位于综合发展一般的城市，有一定的经济基础，商业活跃度相对较强。

四级城市：定位于充分发挥资源禀赋优势的特色小镇，经济条件一般，拥有一定的居民消费能力。

2. 分类方法

结合城市的功能定位、发展趋势和现阶段经济发展的重点，选取采矿业、制造业、建筑业3类第二产业，交通运输业、信息传输计算机服务和软件业、批发和零售业、住宿餐饮业、金融业、房地产业、旅游业、租赁和商务服务业、文化体育娱乐业9类第三产业作为城市经济分类的特色要素。

（三）我国智慧城市标准现状与实施

完善新型智慧城市标准体系。贯彻落实国家"创新、协调、绿色、开放、共享"发展理念，以持续提高国家治理体系和治理能力现代化为目标，根据大数据等信息技术的发展和智慧城市评价试点建设的经验，从标准体系框架结构的合理性、完整性等方面进一步优化细化，为指导新型智慧城市相关标准的制定提供依据。

建立新型智慧城市特点的评估方法。在现有国家标准《智慧城市评价模型及基础评价指标体系第1部分：总体框架》《智慧城市评价模型及基础评价指标体系第2部分：分项评价指标制定总体要求》的基础上，不断丰富城市的智慧化指数，从惠民服务、精准治理、生态宜居、智能设施、信息资源、网络安全、改革创新及市民体验等方面建立评价指标，并制定配套的系列标准，提高新型智慧城市评价标准的系统性和可操作性。

强化新型智慧城市咨询和评估机制。加强智慧城市标准体系、智慧城市基础标准及评价体系的宣贯和咨询服务，提升城市管理水平和人民幸福指数，建立和完善配套的智慧城市评估机制，有效度量智慧城市建设取得的成效。

标准体系实施监督。在新型智慧城市建设过程中要树立标准体系的引领

第十章 智慧城市

地位,并加强标准实施监督,发挥标准体系在新型智慧城市建设过程中的指导、规范和约束作用。

构建标准信息服务平台。以"互联网+"的思路构建国际一流的标准技术服务平台和机构;吸引企业、社会团体、产业联盟等社会力量参与标准体系的建设,开放、创新地构建标准体系;在全国乃至世界范围内在新型智慧城市建设、标准体系建设等方面开展方案制定、建设实施、服务咨询等业务。

第三节 智慧城市的理论

一、"合作共创"视角下的智慧城市理论整合模型

(一)基于管理角度的整合模型的构建

智慧城市是城市管理者以城市运行中所产生的海量数据为依据,运用新一代信息技术解决城市发展中所面临的问题,提升城市治理效能,增强城市韧性,促进城市和人全面可持续发展的一种新型城市治理模式。智慧城市的主要工作层包括"物联感知—网络通信—数据及服务支撑—智慧应用",每个层级都围绕数据开展工作。数据源于人类活动,被人加工、为人服务,人是整个智慧城市的核心。实现智慧化决策必须具有数据获取的物理支撑,建立数据应用的制度保障,具备开放创新的条件和能力。智慧城市的核心是人,基本元素是与人的活动相关的数据。智慧城市经过数据采集、传输、脱敏、脱密、加工和形成信息等环节,将信息用来为法人、社会管理者和自然人服务。

智慧城市的"智慧"源于数据,其工作起点是数据源,原态数据被采集、存储后,经过脱敏、脱密和专业加工后形成有价值的信息,这是智慧城市中信息价值链的第一个增值环节。信息形成后被用于政府相关部门的公共服务,由于这类信息的使用,提升了服务效率,改善服务了水平,增强了服务互动,节约了服务成本等,从而更好地为人服务,这是智慧城市中信息价值链的第二个增值环节。政府提供基于精准信息的公共服务后,不仅管理效能提升了,而且由于新一代信息与通信等技术的采用,在城市中形成组织与组

织、组织与人和人与人之间的良好互动。这种充分的交流将进一步形成知识创新的多重螺旋，并不断产生知识创新。知识创新进一步推动政府服务水平和智慧城市行业数据采集和加工的软硬件技术水平的提升，并加速新一代智慧城市模式形成过程，这是智慧城市中信息价值链的第三个和第四个增值环节。在持续建设过程中基于信息的价值链不断增值，直至形成新的价值增长极。在整个信息价值链中，人类活动是起点，人是智慧城市服务的对象，是知识创新的主体，因此，人是整个信息价值链的主体。

（二）整合模型的主要观点

根据智慧城市建设源于人、服务于人，建设需求源于城市实际需要，建设项目须围绕数据等特征，按照智慧城市工作逻辑，智慧城市理论整合模型的主要观点包括：①人的认知是智慧城市建设的动力源；②智慧城市建设是一个复杂系统；③智慧城市建设是一个不断深化的连续体；④智慧城市建设内容需要经历基础设施建设、制度转型和大众创新3个阶段，即"3I"。

1. 人的认知是智慧城市建设的动力源

智慧城市建设中人的认知包括技术认知和城市发展认知，当两者出现耦合时就会产生诸如智慧城市之类的城市新型治理模式。技术认知会随着技术的成熟度和社会化程度的发展而不断提升，当城市的某个子系统在发展中暴露问题并亟须提升治理效能时，就会出现智慧城市建设。随着人的认知不断深入，智慧城市建设不断推进，直到实现能拥有"决策智慧"的城市治理模式。

2. 智慧城市建设是一个复杂系统

智慧城市的重要任务之一就是使城市子系统（业务单元）互联，形成一个巨大的复杂系统，人是复杂城市系统的主体。在该系统中，人会根据自身活动的需要，利用信息与通信提升城市某些子系统的效能，从局部到整体实现城市整个复杂系统的智慧化。常见的智慧旅游、智慧公安、智慧交通、智慧教育、智慧城管、智慧水务、智慧环保及智慧政务等都是智慧城市系统属性的体现。

3. 智慧城市建设是一个不断深化的连续体

随着信息与通信技术成熟度提高和技术应用能力提升，与城市发展需求产生耦合，由此产生智慧城市建设需求。智慧城市大致都经历了需求产生、需求确定、项目建设、项目试运行、推广运营、绩效评价、模式修正与升级等阶段，这些阶段构成某种形态智慧城市的一个生命周期。和普通事物生命周期不一样的是，智慧城市不会消失，只会在各类因素的综合驱动下不断改进，智慧城市建设是一个基于人的认知而不断深化的连续体。

4. 智慧城市建设内容需要阶段推进

智慧城市建设内容需要经历基础设施建设、制度建设和大众创新3个阶段，市民全程参与是智慧城市建设的基础支撑。其中，基础设施建设阶段主要解决智慧城市建设的硬件和软件问题，包括硬件布置、软件开发、接口开发及网络建设等，这是城市变得智慧的前提，其作用有如人的感官和神经系统。制度建设主要为智慧城市的顺利运行提供保障和规范，建设内容包括数据共享、处理和保护制度、政府公共服务业务流程转型制度和规范制度等，其主要作用是保障智慧城市业务数据流转顺畅和操作规范。大众创新阶段是指市民基于智慧城市提供的公共平台进行信息交流和知识创新，推动智慧城市升级发展。

二、基础理论与技术方法

（一）智慧城市发展的现代理论基础

1. 以人为本的理念

智慧城市是人类用ICT来实现城市的可持续发展，其本质是城市，而城市的核心是人，所以，智慧城市建设必须回归到以人为本的建设轨道。智慧城市建设不仅体现在硬件、网络通信等技术本身，还要人性地认识城市。智慧城市的核心价值观应体现为：一是感知，即通过技术手段来感知获取各种信息，这也是人们越来越依赖智能手机的原因，因为它已经变成了一个感应器；二是共享，也叫分享，有计划地管理，不能成为信息孤岛。城市智慧发展也需要自律性理论的支撑。自律性理论是指城市发展要有一定的自我约束作用，这种约束可以来源于道德规范，也可以来源于法律准则，确保城市有一定的规章制度，从而能够整体上控制城市的发展行为。

2. 生态化的方向

智慧城市所依赖的软环境和硬环境两个维度，构建成了智慧城市建设生态系统。该系统是基于智慧城市业务单元和工作逻辑而构建的，其中软环境包括公共服务、科教文卫、休闲娱乐、人口结构、城市人文、城市社区、制度政策及市民生活风格等；硬环境包括城市建筑、道路交通、城市产业、基础设施、能源、水资源、ICT设备应用水平及气候等自然条件。不管是软环境还是硬环境，都受政府管理影响，并共同组成城市生态体系。智慧城市内部驱动因素主要源于领域的需求及政府的城市发展愿景等。

智慧城市应用系统基于互联网、云计算等新一代信息技术，以及大数据、社交网络、Fab Lab、Living Lab、综合集成法等工具和方法，营造有利于创新涌现的生态，实现全面透彻的感知、宽带泛在的互联、智能融合的应用，需要从理念体系、技术体系、目标体系、标准体系及示范体系等方面进行构建，并且在其中加入共生、多元平衡、系统及人本等要素，加强理念的构建。同时，在建设中需要对其核心和本质进行契合，将智慧生态城市建造与自然和谐相处、循环及共生的关系进行发扬。在城市建设中，需要城市和自然在各个方面都能够达到共生，在规划方面，理念、目标、布局、技术和政策都要进行一定的调整和改进，进而对问题进行解决。

3. 绿色发展

绿色发展需要公共利益理论的支撑。公共利益理论强调在建设过程中一定要注重公共利益，维护人与人之间及人与自然之间的和谐关系。公共利益理论需要对资源的分配和利用合理化，创造一个和谐的环境是公共利益理论的核心。绿色发展强调采用非高新技术、非高成本的适宜技术。在智慧生态城市的建设过程中，当前要使用先进的技术及智能化科技，需要对当地的生态进行监测，包括气候、空气质量等，这样才能保证城市的生态化发展。

4. 智慧和生态城市的融合

智慧生态城市建设要遵循生态学原则，城市建设与服务管理应用最新的信息化、智能化技术，实现人、自然、环境和谐共存，能够让人们适宜居住，资源可持续发展。科技对生活起到较大的促进作用，其中就包括现代信息技术，而云计算及大数据等技术对城市居住生活具有极强的改善作用。人工智能的出现降低了人们的工作强度，提高了生活水平。能够起到这样的作用，主要源于智慧生态城市是建立在生态学基础之上。

生态城市建设要素强调按照生态学原则，并运用信息技术和人工智能技术构建起新型社会关系，包括对社会经济、自然协调等方面进行重建，作为一种新的生产和生活方式，其对于资源的有效利用和可持续发展是传统城市生态难以达到的。生态城市系统构建的模式是将城市看作一个系统，并从资源能源、生态环境、生态产业及人居环境4个子系统方面分别提出各项构建技术。在此基础上，可提出新型生态系统各项构建技术体系，并可对不同城市如何构建进行具体分析。

（二）智慧城市的生态技术基础

1. 基于信息技术的智慧城市技术

智慧生态城市的建设依赖于计算机网络和信息技术的发展。在智能化的生态城市建设中，未来城市生活都会围绕着"智慧政务""智慧民生""智慧产业"。在手段上，第一步采用全面感知，通过现代科学技术发现问题、收集数据，数据的来源非常广泛，几乎涵盖了生活中的所有领域，在智慧生态城市建设中，这些数据就是建设的基础。第二步对数据进行分析和处理，通过现代新型技术，让数据包含的意义能够更好地表达出来，数据与数据之间进行交换，即信息分享。随着现代科技的发展，人们获取信息资源的途径已经大大增加。这是一个数据共享的时代，人们每天都生活在接收数据和输出数据的环境里。第三步是智能解题，智慧生态城市建设最重要的是其建立的根本目的，智能解题的环节就是用先进的技术和手段处理问题。例如，在医疗行业，传统医疗事务都由人工进行，患者在等待挂号的过程中可能会耽误很多时间，但在智能化医疗建设之后，可以通过网上预约的方式，大大缩短等待时间，让城市管理更加智能化和系统化。

智慧城市应用技术随着通信技术的进步而发展。"北斗"导航系统的出现，更是体现了我国在信息方面的进步；5G技术试点的启动，遥感卫星与导航技术的新成果，拓宽了城市信息获取途径，提升了城市信息处理能力；时空信息云平台建设，支撑了城市管理与服务决策。

2. 绿色城市技术建立在生态技术之上

2018年4月1日，国家住房和城乡建设部施行《绿色生态城区评价标准》（GB/T 51255—2017），标志着我国在绿色生态城区评价方面已经拥有国家标准，从土地利用、生态环境、绿色建筑、资源与碳排放、绿色交通、信息化管理、产业与经济、人文及技术创新等9个方面进行技术评价，并根据各个方面所占的权重对评价对象进行加权打分（表10-4）。由此可见，生态城市技术具有种类多、涵盖范围广、可量化的特点。

表 10-4 绿色生态城区评价技术项目

项目	控制项	评分项	涉及生态技术	权重
土地利用	符合规划要求，注重土地功能的复合性	混合开发规划布局、地下空间	容积率、产城融合、用地混合	0.15
生态环境	制定环境保护措施与指标	自然生态、环境质量	绿化率、城市下垫面、通风廊道	0.15
绿色建筑	符合《绿色建筑评价标准（GB/T 50378）》、绿色建筑专项规划	各类绿色建筑技术标准	绿色建筑、节能、节地、节水、节材、环境保护、绿色施工	0.15
资源与碳排放	符合能源利用规划及方案要求	能源、水资源、材料与固废资源、碳排放	城市能耗、固废资源化、建筑材料	0.17
绿色交通	相应的交通专项规划及其管理	绿色交通出行、道路与枢纽、静态交通、交通管理	公交优先、TOD、轨道交通、交通诱导系统、需求管理	0.12
信息化管理	能源与碳排放信息管理系统	城区管理、信息服务	城市管理信息系统、城市防灾信息系统	0.10
产业与经济	产业低碳发展目标及管理要求	资源节约环境友好、产业结构优化、产业准入与退出、产城融合发展	城市产业结构、城市经济、循环经济	0.08
人文	公众参与、绿色生活消费导则、保护历史遗存	以人为本、绿色生活、绿色教育、历史文化	城市公益福利设施、绿色人文活动、城市历史文化系统	0.08
技术创新	按规定对绿色生态城区创新项加分	符合绿色低碳生产生活的技术创新	都市农业区域面积等 13 项加分项	按具体加分项进行加分

第四节 我国智慧城市发展水平的空间结构研究案例

一、数据来源与研究方法

依据张建伟的研究,根据 2012 年和 2014 年的《中国统计年鉴》《中国城市年鉴》数据,遵循科学性、可行性、完整性及可比性的原则,选取 77 个试点智慧城市。通过智慧基础设施、智慧技术、智慧服务、智慧产业及智慧生态 5 个一级指标,以及 18 个二级指标表征智慧城市发展水平,构建起智慧城市发展的评价指标体系(表 10-5)。

表 10-5 智慧城市发展的评价指标体系

一级指标	二级指标	一级指标	二级指标
智慧基础设施	国际互联网用户数量	智慧产业	万元 GDP 能耗
	电信业务总量		邮政业务总量
	固定电话用户数量		客运量
智慧技术	专利申请数量		货运量
	科学技术活动服务人员		废水排放量
	科学技术支出		
智慧服务	就医便利程度	智慧生态	二氧化硫排放量
	社会保障		一般工业固体废弃物综合利用率
	卫生保障和社会福利人员		建成区绿化覆盖率
	信息技术传输和软件服务人员		

二、中国智慧城市的空间结构及演化

(一)2011 年智慧城市空间结构的主因子

首先,分别对 2011 年和 2013 年的数据进行标准化处理,消除观测量纲的差异,采用 SPSS17.0 软件中的因子分析,运用最大方差法旋转处理后得出主成分的特征值和贡献率。

从 18 个因子中提取了 4 个主因子 F_1、F_2、F_3、F_4 作为主成分，这些因子主要涉及智慧基础设施、智慧技术、智慧服务和智慧产业，可命名为智慧城市综合实力因子、宜居因子、互联网因子和绿化因子，F 为最后的总得分，前 20 名城市排序如表 10-6 所示。排名前 5 位是北京、上海、广州、天津、杭州，综合得分都大于 0.710；其后为宁波、武汉、芜湖、无锡、金华、昆明、大连，综合得分在 0.240～0.360；重庆、南通、青岛、烟台、温州、常州、珠海综合得分在 0.048～0.134，其余城市综合得分都小于 0。北京在呈正相关的主因子 F_1 上排名第一，综合得分也远高于其他的城市，表现出了北京发展智慧城市具有非常强的综合实力，但是其他主因子为负数，说明北京在互联网、生态宜居、绿化方面应该进一步强化。根据《首届（2011）中国智慧城市发展水平评估报告》显示，中国智慧城市发展水平极不平衡，智慧城市发展较好的主要集中在北上广等一些特大城市，其他城市发展较为滞后，且具有明显的等级结构，表明智慧城市水平等级与其规模呈正比。

表 10-6　2011 年前 20 名城市综合排名

城市	F_1	F_2	F_3	F_4	F	排名
北京	7.498	-0.994	-2.118	-0.291	4.828	1
上海	3.416	1.818	2.565	1.409	2.980	2
广州	0.904	1.899	1.742	-0.334	1.021	3
天津	1.026	0.905	0.961	-0.453	0.892	4
杭州	0.552	1.079	1.583	0.415	0.720	5
宁波	0.234	0.653	0.998	0.113	0.360	6
武汉	0.169	0.874	1.100	0.014	0.345	7
芜湖	0.481	-0.889	0.592	0.414	0.327	8
无锡	0.109	0.248	1.321	0.575	0.297	9
金华	0.254	0.118	0.948	-0.535	0.257	10
昆明	0.443	0.552	-1.583	0.662	0.245	11
大连	0.031	0.711	0.569	0.935	0.240	12

续表

城市	F_1	F_2	F_3	F_4	F	排名
重庆	-0.516	6.337	-1.644	-0.898	0.134	13
南通	-0.108	0.527	1.203	0.130	0.132	14
青岛	-0.068	0.456	0.844	0.396	0.132	15
烟台	-0.017	0.198	0.297	0.228	0.062	16
温州	0.139	0.216	0.866	-2.151	0.056	17
常州	-0.180	-0.049	1.309	0.473	0.053	18
珠海	-0.064	-0.685	0.862	1.004	0.048	19
乌海	-0.384	-0.140	-2.351	-0.723	-0.602	20

（二）2013年智慧城市空间结构的主因子

运用相同的方法，对2013年中国智慧城市的数据进行分析。系统对选取的18个因子进行旋转处理后，提取出4个主因子，得出2013年智慧城市发展水平前20名的城市（表10-7）。

表10-7 2013年前20名城市综合排名

城市	F_1	F_2	F_3	F_4	F	排名
上海	4.730	-0.128	0.652	0.792	3.832	1
北京	6.448	-1.017	-0.334	-1.378	3.301	2
广州	1.006	2.579	1.868	1.962	2.578	3
天津	0.981	1.071	-0.209	0.696	1.277	4
杭州	0.837	1.101	0.469	0.729	1.273	5
无锡	0.629	-0.662	0.949	0.875	1.033	6
武汉	0.507	0.259	-0.021	0.700	0.861	7
石家庄	0.169	1.134	0.139	0.780	0.822	8
南通	0.264	-0.491	0.593	0.948	0.821	9
温州	0.114	0.140	0.073	1.043	0.819	10

续表

城市	F_1	F_2	F_3	F_4	F	排名
宁波	0.507	0.378	0.281	0.540	0.798	11
重庆	0.421	6.440	−0.316	−0.612	0.733	12
常州	0.139	−0.801	0.829	0.956	0.721	13
金华	−0.201	0.260	0.268	1.044	0.640	14
阜阳	−0.222	−0.420	−0.574	1.105	0.489	15
泰州	−0.151	−0.675	0.580	0.890	0.470	16
青岛	0.040	0.361	0.563	0.489	0.469	17
镇江	−0.096	−0.886	0.534	0.800	0.412	18
芜湖	−0.158	−0.612	0.270	0.757	0.352	19
大连	0.132	0.367	0.283	0.257	0.345	20

2013年和2011年相比，上海发展很快，上升到第1位，北京居第2位，其后依次为广州、天津、杭州。无锡也发展较快，由第9位上升到第6位，武汉依旧为第7位，石家庄发展最为迅猛，从20位之外大幅上升到第8位，南通、温州、阜阳、常州、泰州、镇江、大连发展速度很快，而宁波、金华、青岛、芜湖排名则有一定程度的下降，其中芜湖下降最为明显。居前4位的城市中，北京占据绝对优势，但与2011年的数据相比，其相对优势已不明显，地位有所下降，与排名第一的上海差0.5分左右。相反，其他城市经过2年的发展城市整体水平均有所提高，且大部分城市位于第三等级。整体看来，智慧城市的发展的水平都在整体提高且发展呈现出以北京、上海为两中心的发展趋势。

三、智慧城市的空间结构特征

（一）聚类分析与结构类型

利用全国70多个地级以上试点智慧城市的数据，依据综合实力整体得分F进行聚类分析，可将城市分为5个等级（表10-8）。在智慧城市等级体系中，2011年为金字塔形结构，等级越低，所分布的城市越多；2013年为不规则的梭形结构，中等层次以上的城市数量较多，低等层次的城市数量较少。

表 10-8 智慧城市空间等级类型

年份	等级体系	城市
2011年	第一等级	北京
	第二等级	上海
	第三等级	广州、天津、杭州
	第四等级	宁波、武汉、芜湖、无锡、金华、昆明、大连
	第五等级	重庆、南通、青岛、烟台、温州、常州、珠海、唐山、太原、镇江、株洲、石家庄、泰州、桂林、遵义、威海、乌鲁木齐、柳州、东营、鄂尔多斯、德州、保定、廊坊、牡丹江、黄山、四平、蚌埠、许昌、秦皇岛、银川、漯河、铜陵、宝鸡、新余、淮南、绵阳、萍乡、邯郸、遂宁、淮北、黄冈、阜阳、咸阳、呼伦贝尔、兰州、晋城、长治、郑州、宿迁、宜宾、延安、鹤壁、雅安、贵港、金昌、石嘴山、朔州、齐齐哈尔、克拉玛依、淮南、毕节、阳泉、吴忠、乌海
2013年	第一等级	上海、北京
	第二等级	广州
	第三等级	天津、杭州、无锡、武汉、石家庄、南通、温州、宁波、重庆、常州、金华、阜阳、泰州、青岛、镇江、芜湖、大连、黄冈、许昌、渭南、蚌埠、遂宁、咸阳、德州、牡丹江、遵义、兰州、绵阳、贵港、保定、郑州、东营、廊坊、株洲、宿迁、柳州、石嘴山、威海、烟台、淮南、乌鲁木齐、鹤壁、株洲、萍乡、淮北、桂林、邯郸、延安、银川、新余、铜陵、南平、克拉玛依、齐齐哈尔、晋城、黄山
	第四等级	四平、朔州、毕节、唐山、太原、吴中、长治、宜昌、昆明、宝鸡、呼伦贝尔、秦皇岛、乌海
	第五等级	鄂尔多斯、阳泉、金昌

207

（二）聚类空间结构特征

2013年，北京、上海同为第一等级，在智慧城市建设方面体现了极强的优势，提高了整个城市的发展水平和建设能力；广州凭借较为完善的基础设施、良好的人文环境和社会环境，成为次级智慧城市；以天津和杭州为代表的第三等级城市，发挥了各自的优势，优化了智慧城市的结构；以四平、唐山、太原为代表的第四等级城市，具有巨大的发展潜力；鄂尔多斯、阳泉、金昌为代表的第五等级城市，需要完善基础设施、优化城市环境、鼓励智慧产业的发展，以促进经济的发展和优化结构。2011年与2013年各个城市不同等级的划分，表明不同城市在智慧城市建设方面存在着较大的差距，同时，2011年与2013年的对比体现了智慧城市建设的演变。

（三）空间变化特征

1.影响智慧城市空间结构和区域差异的主要是综合实力因子

2011年，除北京、上海、天津、广州、杭州位于前三等级，宁波、武汉、芜湖、无锡、金华、昆明、大连位于第四等级外，其余大量城市都位于第五等级。影响智慧城市主因子的因素有4个，其中综合实力因素包括了初始因素的大多数，具有极强的代表性；宜居、互联网、生态及绿化因子也发挥了一定作用。2013年，中国智慧城市有了较大发展，影响智慧城市的因素变化不大。

2.地级以上智慧城市的总体水平空间差异较明显

2013年，东部沿海城市和京津唐地区均属于第四等级，而部分中部、西部城市仍属于第五等级，智慧城市发展差异较大，北京、上海、广州、天津、杭州等城市位于前三等级，而其他城市位于第四、第五等级。其中，智慧城市发展水平较高的是北京和上海。北京借助政治、经济及社会交通等方面的优势，实现了相对较好的智慧城市建设；上海则依靠先进的技术、知识及高技术人才优势，推动了智慧城市的快速发展。然而，大部分城市正处于上升和发展阶段，其发展空间广阔，但是需要政府投入更多的资金和人员来建设和发展。

3.发展格局呈现由单极向多级的发展趋势

2011年，智慧城市呈现以北京为主体的单级格局，无论是在单项主因，还是在综合得分上都明显高于其他城市，显示了单级格局的存在。2013年，智慧城市的单极格局现象有所消减，呈现多极格局的发展趋势，第一等级城

第十章 智慧城市

市有所增加,第四等级城市数量增加则更加突出。这种演化得益于各地级市政府优惠政策的推动、创新能力的提升和经济的快速发展。智慧城市的空间格局演化本质上是由于不同等级间城市的生产力发展水平、经济发展水平、创新能力差异所导致的。

(四)智慧城市空间结构演化的成因

1. 区域特征

较高等级的智慧城市主要分布在城市化水平较高、科技水平较高、人才资源较为充足的城市,等级较低的智慧城市则主要分布在城市化水平较低、基础设施不太完善、人才资源相对匮乏的城市。然而,等级较低的城市发展潜力巨大,具有更多的发展空间。

2. 政策驱动

政府通过政策手段进行一定程度的干预和指导,可推动城市发展模式及发展方向的转变。在政策及政府行为的层次上,城市规划和政府政策对建设和发展有着重要的影响。2012年,住房和城乡建设部印发《国家智慧城市试点暂行管理方法》《国家智慧城市(区、镇)试点指标体系(试行)》。2013年,住房和城乡建设部先后公布两批国家智慧城市(区、县、镇),试点城市高达193个。2014年,经国务院同意,国家发展改革委等八部委印发《关于促进智慧城市健康发展的指导意见》,为智慧城市的健康发展提供了相应的依据。各个城市开始建立智慧公共服务和城市管理系统、智慧城市综合体、智慧政务城市综合管理运用平台,建设智慧安居服务、智慧教育人文服务、智慧服务应用、智慧健康保障体系。总体来看,地级智慧城市以城市建设为基础,在政府政策的推动下不断发展。一方面,智慧城市的发展遵循了城市化发展的一般规律;另一方面,促进智慧城市的发展也是我国推动城乡一体化的重要途径。

> **思考题**
>
> 1. 简述智慧城市的概念。
> 2. 简述智慧城市的概念模型类型及抽象出的基本维度。
> 3. 智慧城市标准体系的主要指标有哪些?
> 4. 智慧城市的生态技术基础体现在哪些方面?
> 5. 简述智慧城市的现代理论基础。

参考文献

[1] 吕拉昌. 创新地理学[M]. 北京：科学出版社, 2017.

[2] 傅荣校. 智慧城市的概念框架与推进路径[J]. 求索, 2019（5）：153-162.

[3] 董宏伟, 寇永霞. 智慧城市的批判与实践[J]. 城市规划, 2014（11）：52-58.

[4] 臧维明, 李月芳, 魏光明. 新型智慧城市标准体系框架及评估指标初探[J]. 中国电子科学研究院学报, 2018, 13（1）：1-7.

[5] 杨磊, 刘丽棠, 张大鹏, 等. 智慧城市ICT参考框架与评价指标研究[J]. 信息技术与标准化, 2016（8）：63-67.

[6] 樊友山. 携手共建新型智慧城市美好未来[R]. 乌镇互联网大会"数字中国论坛", 2015.

[7] 郭理桥. 中国智慧城市标准体系研究[M]. 北京：中国建筑工业出版社, 2013.

[8] 王爱华, 陈才, 等. 智慧城市：构筑于信息高地上的城市智慧发展之道[M]. 北京：电子工业出版社, 2014.

[9] 万碧玉, 等. 智慧城市基础设施标准技术报告[M]. 北京：中国建筑工业出版社, 2015.

[10] 曼纽尔·卡斯特. 网络社会的崛起[M]. 夏铸九, 王志弘, 等译. 北京：社会科学文献出版社, 2003.

[11] 张佳丽, 王蔚凡, 关兴良. 智慧生态城市的实践基础与理论建构[J]. 城市发展研究, 2019, 26（5）：4-9.

[12] 仇保兴. 弘扬传承与超越：中国智慧生态城市规划建设的理论与实践[M]. 北京：中国建筑工业出版社, 2014.

[13] 张建伟, 李贝歌, 毕东方, 等. 中国智慧城市发展水平空间差异研究[J]. 世界地理研究, 2017, 26（2）：82-90.

[14] 高亚满. 基于熵权法的河南省智慧城市发展水平评价[J]. 科技和产业, 2021, 21（12）：174-179.

[15] 关丽, 丁燕杰, 刘红霞, 等. 新型智慧城市下的体检评估体系构建及应用[J]. 测绘科学, 2020, 45（3）：135-142.

第十一章 创新城市

> **导言**
>
> 从创新城市的形成过程和构成要素出发,归纳了创新城市的基本类型模式,构建了中外创新城市的指标体系。分析了创新城市的形成因素和过程机制,探讨了创新城市的城市空间体系。

第一节 创新城市发展

一、创新城市的提出

对创新城市的研究源于现代城市发展过程中面临的问题。为了解决交通管理、产业发展、城市生态、种族融合等问题,提出了具有创造性的解决方案,从而实现城市的复兴,后来逐渐转向研究以创新作为城市经济增长模式的驱动力,并融合了社会发展的理念与思想。霍尔撰文分析了处于不同时期的众多城市作为创新环境的历史演变过程,他认为那些拥有高度创新性的城市往往具备一些特质,是社会和意识形态剧烈动荡的中心;大多数贸易城市是吸引世界各方资本的磁石。兰德瑞指出,创新城市拥有开放的思想、多元化与宽容性、独立的个性、可达性、弹性及富有活力的公共空间、高质量的人居环境,以及基于本地性的全球化导向等内涵特征。

国内学者倾向于将创新定位为城市竞争力的源泉。杨小迪等认为,创新城市是一种能够激发和应用创造力的新型城市。杨冬梅等认为,创新城市是在新经济条件下,以创新作为核心驱动力的一种城市发展模式,是知识经济和城市经济融合的一种城市演变形态。杨贵庆等强调自主创新的重要性,认为创新城市的社会经济发展以科技创新为内涵,以原创性实践为特征,并以知识创新及转化为动力。尹继佐认为,创新城市的一个重要特征就在于创新意识，已经成为市民思维不可分割的一部分，并推动城市将创新想法付诸实施。还有学者从要素集聚的角度来定义创新城市，认为创新城市是一种依靠人才、知识、技术、资本、环境、文化等创新要素的有效聚集，进而能够激活创新意识，发挥创新作用，创造创新成果，并对其所在城市群或更大范围内的其他区域具有高端辐射与引领作用的城市发展类型。

二、创新城市的构成要素

（一）软硬件组成的视角

创新城市的实现需要软件和硬件设施的结合。软件主要指高技能和高弹性的劳动力，活跃的思想者、创造者及执行者，大量正式、非正式的智力设施和老牌大学，释放个性的空间，城市内外的密切交流，以及全面应用于社会或经济目标的企业文化；硬件则指承载上述软件的设施与空间。

（二）经济文化视角

从经济集聚、文化多样性等角度来看，西米等认为，本地经济集聚将促进同一产业内企业的空间集结，带来城市化经济规模进程的加速，并能够在全球化驱动下深化城市与国际市场的联系程度，进而构成城市创新的主要来源，在创新城市的构建过程中，高质量的知识劳动力和便利的基础设施及通信是两项最为核心的城市资产。Florida则强调了创意阶层人才、技术水平及宽容的态度的重要性，而宽容的态度实际上就意味着城市对于多元文化的包容。在文化多样性之外，人口集中性、城市处于非稳定状态及积极的城市声誉亦是激发城市创新形成的重要因素。

（三）综合视角

创新城市的形成必须具备主体、资源、制度与文化4个基本要素，由企业、大学、研究机构等组成的创新主体是最为重要的能动要素，其余皆为环境支撑要素。

城市创新系统的运行离不开政府调控、研究开发、企业创新和创新服务四大体系的有效支撑；产业创新、基础设施建设及制度创新是创新城市构建的三大要素。在产业发展层面，毛荐其等强调了企业、产业链、产业集群3个层面构成的协同创新网络及其对于创新城市建设的基础性推动作用。在空间视角层面，有学者指出城市的创新空间是知识经济或创新产业在空间上的集群，该集群以创新、研发、学习、交流等知识经济主导的产业活动为核心内容，是各种硬件物质要素（研究开发园区等）和软件机制文化要素的综合体。

在全球化日益深化发展的背景下，学术界也逐步将研究的视野从城市内部转向城市外部，开始关注推动城市创新发展的外生力量源泉。王德禄等认为，城市能否实现创新，取决于城市与全球创新尖峰链接的程度，而实现成功链接的关键桥梁在于人脉网络，人脉网络中凝结的技术、资本、产业链3个核心链接机制能够达成对全球创新资源的有效利用。倪鹏飞等指出，城市与全球市场的联系是决定创新系统效率的关键因素，对于城市科技与创新竞争力的培育与提升具有十分积极的影响。

三、创新城市的类型与模式

（一）两分法

创新城市模式多样，城市技术与文化的组织与作用方式是最为主要的区分标准。有学者将创新城市划分为文化型和科技型两种类型，不同类型城市创新活动的产业侧重各有不同，文化型创新城市通常实施文化导向的创新策略，创新活动集中于文化艺术产业，而科技型创新城市大多实施技术导向创新策略，主要通过在制造业领域的研发投入来促进经济增长。

（二）三分法

根据政府和市场驱动力组合的不同，创新城市的发展模式划分为政府主导型、市场主导型及同时吸收政府和市场两种力量的混合型3种类型，如上海属于政府主导型发展模式，深圳则属于"政府引导+市场驱动"的混合型发展模式。根据技术创新与扩散的速度，创新城市又可分为领先创新、同步创新和跟随创新3种类型。

（三）四分法

学者霍斯珀斯提出了技术创新、文化智力型、文化技术性和技术组织型4种相类似的创新城市类型。还有根据创新驱动要素在城市创新过程中的地位不同，将创新城市划分为知识创新、技术创新、产业创新和制度创新4种发展模式。

（四）六分法

有学者将创新城市扩展为科技创新驱动、产业创新驱动、开放创新驱动、"两型"示范驱动、体制创新驱动及综合创新驱动6种类型。

多数学者将创新城市大致分为两类：①基于技术的创新城市，以专利作为主要产出带动城市经济增长，其主要的分支类型有高科技型城市、科技创新城市、研发城市等；②基于文化的创新城市，以版权和制度作为主要产出推动城市经济发展，其主要的分支类型有创意城市、制度创新城市等。无论何种类型，都反映出创新城市是一种涵盖了科技、文化、产业、组织、制度、管理等全方位创新的城市治理模式。

四、创新城市指标体系

（一）国外创新指标系统

国外创新城市指标涉及企业创新与国家创新等方面。

2000年，欧洲委员会针对企业创新指标，提出了由投入、公司活动、产出3个一级指标，人力资源、研究系统、资金和支持、企业投资、联系及创业、智力资产、创新者、经济效应8个二级指标，24个三级指标组成的欧盟创新记分牌。

2000年，波特等针对国家创新能力指数，提出了由科学家及工程师比重、创新政策、产业集群创新环境和联系质量4个一级指标，9个二级指标组成的指标体系。2006年，美国学者里查德·佛罗里达提出了由才能、技术和容忍度组成的3T创新指数。2010年，奥古斯都·洛佩斯-克劳罗斯提出了由制度环境、人力资本培训和社会包容、监管和法律框架、研究和开发、信息和通信技术5个一级指标，12个二级指标和52个三级指标组成的国家创新能力指数。2011年，波士顿咨询集团和美国全国制造商协会提出了由制度、人力资本、基础设施、市场完善度、商业完善度5个创新输入指标，以及科学、创新指标构成的全球创新指数。2011年，澳大利亚创新研究机构构建了包括文化资产、人力资本、市场网络和专利授予4个方面，由162个指标构成的全球创新城市评估指标体系；同时，英国知名智库组织罗伯特·哈金斯协会依据人力资本理论和经济增长的内生模型，编制了以知识经济为主导的城市竞争力判断模型——WKCI模型。

第十一章 创新城市

（二）国内评价体系

国内创新城市评价代表性指标体系有科技部的创新城市建设监测评价指标体系、中国科学院科技发展战略研究小组的中国区域创新能力评价指标、中国科学院创新发展研究中心的区域创新能力评价指标、中国人民大学的国家创新评价指标、创新城市评价课题组的中国创新城市评价指标、创新国家建设报告课题组的创新城市评价指标、国家创新体系建设战略研究组的创新城市评价指标、中关村创新指数、深圳创新指数和张江创新指数等多个体系。

综合分析国际国内关于创新城市的评估标准，方创琳等把中国创新城市建设的评判标准确定为由一个 1 万美元、3 个 5%、3 个 60% 和 3 个 70% 组成的十大判断标准：①人均 GDP 超过 1 万美元；②全社会 R&D 投入占 GDP 的比重超过 5%；③企业 R&D 投入占销售总收入的比重超过 5%；④公共教育经费占 GDP 的比重大于 5%；⑤新产品销售收入占产品销售收入的比重超过 60%；⑥科技进步对经济增长的贡献率超 60%；⑦高新技术产业增加值占工业增加值的比重大于 60%；⑧对内技术依存度大于 70%；⑨发明专利申请量占全部专利申请量的比重大于 70%；⑩企业专利申请量占社会专利申请量的比重大于 70%。凡是满足以上十大标准的城市就可认定为达到了创新城市的建设标准，这是城市实现可持续发展的重要标志。

第二节　创新城市的过程机制

创新城市的发展过程是城市创新主体在一定的制度、组织和文化背景下所进行的一系列创新活动，其实质是在城市发展的过程中对诸要素进行新的整合而产生的一系列城市创新活动。城市创新对于引导城市纳入全球化轨道、提升城市地位具有至关重要的作用。

一、城市创新过程

城市创新产生的研究主要来自两个视角：一是城市的本地蜂鸣（Buzz），即城市能够提供频繁的、计划外的和有激发性的面对面交流，增加了创新的可能性；二是城市具有丰富的劳动力、完善的基础设施和接近市场等优势，有利于创新的产生,这一主线建立在经典的集聚理论之上,有更多实证研究结果的支持。集聚理论认为,城市能够提供降低成本和风险的外部性,但这可能更多地关系到在不确定环境下发展的新兴产业,对已经成熟的产业和企业的影响较小。

(一)知识溢出

知识是创新最重要的决定性投入要素之一,知识有着很多确定的特性,这些特性影响着区位作用于创新的效果。知识有两种类型:一种是显性知识,另一种是隐性知识。隐性知识构成了基于创新的价值创造最重要的基础,正如马斯克尔等所指出的,当人们相对容易获取显性知识时,独特能力和产品的创造将依赖于隐性知识的产生和使用。当前,经济全球化发展带来一个有趣的结果常常被忽略,那就是可编码化的知识越容易获取,隐性知识对于维持或提升企业的竞争优势就变得越重要。换句话说,全球化的一个结果就是许多先前本地化的能力和生产要素变得无处不在。然而,那些不可交易的知识没有普遍化,它们体现为隐性知识,只能在某一给定的时间通过实践产生。

阿什海姆等认为,隐性知识是某个地理空间创新活动的关键决定因素,这一观点包含两个因素:第一个因素与所处的社会和制度环境密切相关,因为隐性知识不易清晰化和编码化,难以进行远距离交换,这一特性使得它与空间是密不可分的;第二个因素与正在变化的创新过程本身有关,尤其是社会所组织的学习过程变得愈发重要。创新日益基于企业、研究组织和公共机构等经济体之间的互动和知识流动。

隐性知识最好的传播方式是面对面地交流和连续、重复地接触与联系。这类知识的传播不易与个人、社会及环境分开,所以产生了知识溢出的地方性,也使得集聚在知识的传播中具有特殊意义。另外,空间上的接近性对于隐性知识的有效产生、传播和共享的关键作用,强化了创新集群、城市和区域的重要性。

塞里恩指出,城市中知识溢出的最大化会产生本地化效应和城市化效应。本地化效应强调产业集中度是产生知识溢出的主要因素,因为来自同行业的知识是紧密相关的。本地化效应来自企业外部影响因素,但是产生于特定区位的行业内部。这种外部性能够降低投入成本,创造更大、更专业化的投资和产品市场。企业利用这一优势可以达到更高的生产率和更好的创新绩效。不同于本地化效应依赖于产业专业化，城市化效应强调不同行业的企业之间的互补性，以及本地产业的多元化和互补性对知识溢出产生的重要性。

（二）多样性与专业化对创新的影响

从产业角度来看，知识的外在性可以分为产业内的外在性和产业间的外在性，产业内的外在性是指同一行业内的公司之间的外在性。自从马歇尔第一次阐述了行业集聚与外在性的观点后，他的观点得到阿罗等的发展：在一个特定空间的某个行业的大量集中能促进该行业公司之间的知识溢出，格莱泽等将它称为"马歇尔-阿罗-罗默"外在性。当然也存在产业间的外在性，那些有差异的公司之间也存在知识溢出。马歇尔-阿罗-罗默外在性强调专业性促进了创新发明，而雅各布斯则认为差异性和多样化更有助于创新发明。城市之所以是创新的基地，正是因为在城市里，不论是知识还是商品，其差异性和多样化程度都是最大的，他强调在一个地域内产业的差异性和多样化提升了知识的外在性，最终推动了创新和经济增长，当然，这应该是在差异性活动互相作用的条件下，而一个共同的科学基础是必要的。

在马歇尔-阿罗-罗默的理论框架中，对于知识溢出和创新来说，地方垄断是优于地方竞争的，因为创新产品的垄断利润会激发创新动力；但波特关于意大利瓷器和珠宝业的案例说明，在一个有限的地域上集中大量厂商，激烈的竞争是在产品创新上而不是在价格上；雅各布斯认为，竞争比垄断更有利于知识的外在性，这里的竞争是指新思想、新创意在产品市场上的竞争。公司数目的增加为新思想带来了更大的挑战性和竞争性，而公司之间的竞争又使得那些在某个特定产品的小环境里有专长的公司更容易进入，这是因为往往从小的、专业性公司处得到互补性投入和服务更合适，而不必从大的、垂直一体化厂商处得到。

二、城市规模与创新

人口密度更大的城市或区域更具有创新性。例如，卡利诺强调专利活动和城市人口密度呈正相关，认为人口稠密的中心城市更能够促进知识溢出和创新的产生。布雷斯基对意大利的区域创新表现空间分布进行了研究，发现创新活动比经济生产更加集聚，主要集中在大都市区域。

学者们对创新引用数据进行分析，发现城市规模依然十分重要。卡尔松利用瑞典的一个数据库进行研究，发现新技术的采用率与区域的基础设施和劳动力市场规模呈正相关。

大城市更具创新性的一般解释是集聚经济。集聚经济主要来自知识溢出、充足的技术劳动力和专业的供应和服务商。相比小城市，大城市的优势可能正如 Lever 所陈述的，"隐性知识的传播往往需要面对面的交流，大城市里的经济主体之间互相访问和接触的机会最多"。另外，大城市的优势不仅来自隐性知识，还取决于知识基础。知识基础是由显性知识、隐性知识和知识基础设施共同组成的。对欧洲大城市的研究显示，知识基础的质量和城市经济表现呈正相关，表明高质量的知识基础能够促使企业取得更好的创新和经济表现。

基于产业生命周期的视角，能够更深刻地认识城市规模和创新之间的关系，也有助于更好地理解产业结构专业化和多样化对城市经济增长的贡献。区域经济的多元化在处于不同发展阶段的产业创新过程中发挥不同作用，同时，人口数量的差异也会对城市创造和扩散新知识的能力产生影响。

三、城市发展与创新

研究发现，企业一开始会选择在能够提供多元化、创意环境的大城市中心开发新产品，随着技术和行业的不断成熟，企业就会选择迁移至专业化城市，利用专业化城市的成本优势进行大规模生产。大城市的产业结构比中等城市和小城市更加多元化，拥有更多的知识密集型产业。相关研究还揭示创新活动，包括 R&D、专利和产品创新等也与城市规模密切相关，并且主要集中在大都市区域。

产业结构多元化的大城市受经济变革的影响程度会比较低，而产业基础比较单一的小城市更容易受到产业生命周期的影响，进而导致经济的增长或者下降。某个行业高水平的专业化发展的确能刺激一些中等城市的经济增长，但这些城市的未来取决于专业化行业的发展前景。一旦这个行业失去了竞争力，城市也可能会由于缺乏知识资产而难以培育和推动本地经济的多元化和新产业的发展壮大。另外，这些城市往往缺少能够孕育新思想和新的经济增长点的制度，所以经常面临着革新本地经济发展基础的挑战。这表明城市创新和经济增长的根源不能简单地归结于产业结构多元化或专业化水平，更重要的是城市调动一切经济资源寻求新的增长点的适应能力。同时，也说明了城市创造和扩散新知识的能力对其长期发展前景和经济调整能力的提高至关重要。

四、创意人才和城市创新

吸引人才的能力对城市和区域经济的繁荣发展至关重要。创新、个体化的知识交换和经济增长之间的重要联系，使得由高等教育人才和创意工作者组成的广阔的劳动力市场成为最重要的区位资产，库克称之为具有"全球意义的区域人才池"，能够使城市吸引和嵌入全球流动投资，促进创新的产生和城市经济的增长。

佛罗里达指出，创意阶层分为"具有异质性创造力的核心人员"和"创造性的专业人士"两个部分。前者包括学者、科学家、诗人、艺术家、创意编辑、咨询公司研究人员、媒体文化人士等，以及其他社会名流；后者包括高科技、金融、法律及其他各种知识员工。创意阶层对城市生活条件有较高的要求，良好的城市生活条件能够吸引创意阶层集聚。佛罗里达在创意经济发展"3T"（Technology，Talent and Tolerance）理论中又增加了一个"T"（Territorial Assets，领域资产），于是就有了所谓的"4T"理论。而格莱泽提出了创新城市的"3S"（Skill，Sun and Sprawl）优势因素。各种不同文化背景的创意人混合，各种新观念共存，才能产生新的组合，从而带来更高的创新力，更多的高科技企业、新就业机会，以及促进经济增长。

调查发现，艺术家及其他非科学类职业和企业的集聚与城市经济呈正相关，艺术和娱乐业和区域劳动力生产率高度相关。在全球化经济中，城市降低了知识转移的成本，且人才的集聚成为创意产生和扩散的中心。城市人口密度，尤其是创意工作者的密度和大都市区专利活动密切相关，是影响知识溢出和创新的一个关键因素。研究表明，最大的城市吸引最强的知识流动，意味着大城市能够从高度集聚的技术密集型制造业及高等教育人才中不断增加创新优势。研究认为，伦敦、纽约、波士顿和芝加哥等城市在过去几十年中经济复苏的原因，一方面是因为知识对于经济的重要性不断增加，规模大、人口密度高的城市在促进知识流动上具有明显的比较优势；另一方面是因为人才对城市基础设施，如娱乐等与日俱增的消费者偏好。

尽管人才是城市创新和经济发展的基础，但在许多发展比较成功的城市中，创意人才和高技术劳动力的分布不平衡，扩大了社会差异。北美和欧洲创意城市的崛起归因于高水平的技术创新和具有经济效益的知识。然而，这种城市发展模式同样会给经济和社会发展带来一些问题。大城市中新兴经济的发展伴随着特权阶层，如管理、科学、技术和其他高层次的劳动力与大量的低层次劳动力之间鸿沟的深化。如果采取人才战略来促进创新和经济增长，就需要致力于解决社会差异问题，保证吸引更加广泛的、不同技术和职业的劳动力。

第三节 创新城市的空间体系

一、世界城市网络与城市创新发展

创新网络是指在特定产业、技术领域内，分布在世界各地并具有相互关联的创新主体，为追求创新而建立的地方和全球网络合作联系的总和。城市通过信息网络被吸纳进世界城市体系中，城市间各种要素流动的迅速增加使得全球城市间的联系更加紧密，城市间的经济网络开始主宰全球经济命脉，并涌现出若干在空间权力上超越国家范围、在全球经济中发挥指挥和控制作用的世界性城市。世界城市可以看成众多服务性公司为了能够在全球范围内提供服务而在全球主要城市设立分支机构，从而形成全球性的服务网络。于是，多国公司在全球范围内组织生产和管理，建立起扁平化的网络体系，以实现城市间的有效合作与协同竞争。

创新系统是指由一定空间范围内相互分工与关联的生产企业、研究机构、高等学校、地方政府等构成的有利于创新活动的组织系统。全球创新系统是多个地方创新网络通过跨越不同地方文化而重新组织的新型全球创新网络。创新主体包括跨国公司本地分支机构与本土独立企业、高等院校与科研机构、中介机构等。从分工协作角度看，高等院校与科研机构主要负责知识生产，表现形式主要为基础理论研究基地建设、高端人才培养及发表科技论文；企业与中介机构主要侧重于技术研发、市场开拓及学习模仿。其中，技术研发与市场开拓主要服务于开发满足市场新需求的新产品或新服务，表现形式为专利及新产品产值；学习模仿则与技术扩散、知识溢出和主动知识学习密切相关。

世界城市网络是由一个诸多节点内在连接而成的系统。大城市作为一个节点的价值在于它和其他节点之间的相关性，一个城市与其他节点之间的联

第十一章 创新城市

系越多,其越有可能获得频繁流动的信息和知识,并通过生产、分配和消费方面的创新来抓住经济发展的机会。

二、国际城市化与创新的跨国传递

全球化的发展推动了国际城市化,城市化表现为人口、技术、资金的跨国流动,人力资源迁出地是人力资源的流失地,人力资源迁入地则获得了巨大的人力资源财富,为经济发展创造了巨大潜力和动力。现在,发达国家成为人力资源的净流入国,发展中国家成为人力资源的净流出国。人力资源的流入国往往成为人才集聚区、文化融合区,孕育了创新发展的动力。因此,人力资源的流动加剧了区域发展的不平衡。跨国资本的流动同样是创新流的流动,技术创新、管理等依托跨国投资在全球传播。国际城市化表现为国际人口、资金、技术向该国集中的过程,该国文化受全球文化影响的过程,外籍人口数量及国际性活动在城市中比例提高的过程。

跨国公司已成为全球技术、知识、信息的主要载体,其全球活动促进了创新的传播。目前,跨国公司控制着全球80%以上新技术、新工艺的开发,以及70%的国际技术转让。1990年以后,跨国公司投资在地理上的分布不断趋于分散化,不仅在跨国公司所在的发达国家相互投资增多,而且新兴工业化国家正在成为发达国家研发的新兴市场。与此同时,一些发展中国家的跨国公司也纷纷到海外经营研发,且具有强劲的势头,许多新兴国家、地区或城市成为全球研发的重要节点。国际城市化的加速发展意味着地区、城市间创新传递的加速,并在全球形成了以跨国公司为主要纽带,以人力资源和资本、信息流等为重要基础,以世界主要城市为主要节点的创新网络体系。

三、全球创新城市空间等级体系

全球创新城市空间存在等级的差别及空间扩散规律。依据创新环境及激励、创新实现及创新市场等方面,2007年全球创新城市的排名依次为维也纳、波士顿、巴黎、纽约、罗马、莱比锡、布拉格、墨尔本等。传统城市地理中,城市体系存在等级与规模间的规律,城市创新等级与规模间的关系尚待研究。1953年,哈格斯特朗提出三阶段空间扩散的观点:①创新在一些主要城市采用;②创新传播到第一批中心的四周和次要中心;③创新传播到次要中心的周围，扩散过程结束。Pred 解释了创新通过城市体系的等级扩散，认为大城市在这个过程中占据循环优势。

城市创新空间具有等级扩散的特点，且大城市起重要作用。目前，创新扩散是双向的过程，创新沿城市等级自上而下传递的同时，也会发生自下而上的传递。例如，跨国公司在全世界的城市设立子公司，通常将其技术与知识从母公司输入子公司，而海外子公司作为母公司战略的参与者，其创造性地吸收和利用当地知识，已经成为跨国公司提高当地回应能力的重要方面，也成为跨国公司全球学习的重要部分。

思考题

1. 创新城市的构成要素是什么？
2. 谈谈你对知识溢出的理解。
3. 影响创新城市的主要因素有哪些？
4. 创新城市的过程机制有哪些？
5. 城市空间体系影响创新的因素有哪些？

参考文献

［1］吕拉昌.创新地理学［M］.北京：科学出版社，2017.

［2］曼纽尔·卡斯特.网络社会的崛起［M］.夏铸九，王志弘，等译.北京：社会科学文献出版社，2003.

［3］曾国屏，苟尤钊，刘磊.从"创新系统"到"创新生态系统"［J］.科学学研究，2013，31（1）：4-12.

［4］黄亮，杜德斌.创新型城市研究的理论演进与反思［J］.地理科学，2014，34（7）：773-779.

［5］黄昱方，徐悦.人与环境匹配视角下城市创新系统动力生成机制研究［J］.中国科技论坛，2014（3）：24-29.

［6］李丹丹，汪涛，周辉.基于不同时空尺度的知识溢出网络结构特征研究［J］.地理科学，2013，33（10）：1180-1187.

［7］吕拉昌，黄茹，廖倩.创新地理学研究的几个理论问题［J］.地理科学，2016，36（5）：653-661.

［8］阳建强.走向持续的城市更新：基于价值取向与复杂系统的理性思考［J］.城市规划，2018，42（6）：68-78.

[9] 田莉,陶然,梁印龙.城市更新困局下的实施模式转型:基于空间治理的视角[J].城市规划学刊,2020(3):41-47.

[10] 月芳,曾刚,曹贤忠.基于全球—地方视角的创新网络研究进展[J].地理科学进展,2016,35(5):600-609.

[11] 吕拉昌,梁政骥,黄茹.中国主要城市间的创新联系研究[J].地理科学,2015,35(1):30-37.

[12] 龙开元.创新地理学:中国科技布局的理论与实践[M].北京:科学技术文献出版社,2013.

第十二章 创意城市

> **导　言**
>
> 剖析创意城市的内涵、基本类型和主要特征，了解创意城市的发展阶段与特征。比较中外创意城市的测度指标，明确创意指数及其对城市竞争力的意义，归纳创意城市的网络类型，指出创意城市的驱动因素和发展阶段。

第一节　创意城市的内涵与类型

21世纪以来，全球化浪潮与知识经济的快速发展推动着各国经济文化与社会转型，创意产业成为城市发展新的增长点。创意经济与城市经济相互作用，创意空间与城市空间互相推动。城市空间结构是支撑创意经济发展的平台，而创意产业的发展及其空间集聚形态促进城市功能转型与空间重构。在城市发展进入后工业化时代的背景下，伴随产业转移、城市重生和创意产业的兴起，出现了一种推动城市复兴和重生的模式——创意城市，创意城市是21世纪城市发展的新方向。

一、创意城市概念的形成与内涵要点

（一）创意城市概念的形成

在文化创意产业发展的影响下，20世纪80年代末，霍尔提出了创意城市的概念，并认为拥有高度创意的城市大多是那些旧秩序正遭受挑战或刚被推翻的城市。霍斯伯斯认为，创意城市不是由政府规划出来的，政府可以提供适当的基础条件来增加城市创意出现的机会。

查尔斯·兰德里正式提出并全面阐述了创意城市的概念。他认为，创意

第十二章 创意城市

城市代表着城市成为创意产业集聚的大型载体和场所；当代大都市发展面临着严峻的结构问题，而这些问题往往需要创意的方法才能加以解决，因而创意城市将成为城市发展的新范式。他在2000年出版的《创意城市：如何打造都市创意生活圈》一书中指出：创意城市所倡导的是基于创意文化而促进城市的发展，通过发展文化创意产业，并在公共、私人及小区域内合理运用创意，从而有针对性地解决城市问题，并进一步形成可以面对新形势下各种问题冲击的城市弹性管理机制。

理查德·佛罗里达提出了著名的"3T"理论。他指出，为了激励创意和促进经济增长，一个城市、一个地区必须同时具有技术（Technology）、人才（Talent）和宽容度（Tolerance）优势。①技术。经济学理论已证实了科技是发展的关键，麻省理工学院的罗伯特·索洛把"技术"因素从发展的推动要素中单独列出，并获得了诺贝尔奖。②人才。经济增长与接受高等教育者的密集度密切相关。诺贝尔奖获得者罗伯特·卢卡斯提出发展是人力资本带来的结果，认为人口密集的都市具有更大的生产力优势，因为城市发挥着集合并强化人力资本的作用，城市也因此成为决定创新和生产力发展的关键。③宽容度。宽容度是佛罗里达"3T"理论的重点，也是其主要创新之处。为什么一些地区在吸引诸如人才、技术等关键生产要素方面比其他地区更具有优势呢？佛罗里达认为在于开放性、多样性和宽容性。这里的宽容性不仅指宽容差异，能够接受不同种群和人群，更为重要的是"主动地去拥抱差异"。在"3T"理论的基础上，佛罗里达经过对美国5个州的社区调研，补充了第4个"T"，即领域资产（Territorial Assets）。领域资产是指一个社会（或社区）的自然环境、建筑及心理环境，也是一个社会（或社区）区别与其他社会（或社区）的独特"氛围"，其本质上就是"创意氛围"，高技术人才或者移民容易被这种氛围所吸引，而这种氛围与城市的基础设施建设密不可分。因此，佛罗里达提出的"4T"就形成了关于创意城市内涵及其发展的代表性理论。

科瑞德通过对纽约时尚、艺术与音乐以及创意产业、创意经济的历史发展演化路径进行研究与考察，在《创意城市：百年纽约的时尚、艺术与音乐》一书中提出了创意城市理论，其重点在于阐述了城市中的创意是如何产生的。他认为，那些看上去不太正式的社交场合，给了纽约文化经济持久的动力，而这些非正式社交生活在培育时尚、艺术、音乐、设计和相关产业之间流动的创造力和共生关系方面发挥了重要作用。同时，引入马克·格兰诺维特用于解释人际互动如何推进事业、传播思想的"弱连接"概念,提出城市中产生创意的交流节点是在休闲吧、酒吧、餐厅包间和咖啡厅等具有社交性质却又与娱乐相关的环境中,因为"弱连接"和社交生活的结合是艺术与创意经济最明显的特征,但发生在创意交流节点的不只是消费行为,它们作为娱乐设施将吸引更多创意人才,为创意大碰撞提供平台。伊丽莎白·科瑞德也指出,社交是一个重要的生产系统,它是创意优化的关键,社交对创意经济领域内传播思想、衡量商品和服务价值、分配工作、学习技能等方面都有推动与保障作用。

(二)创意城市内涵要点

首先,人才的多元化是促进创意城市发展的关键。兰德里在决定城市发挥创意的先决条件中,将"人力的多元性与各种人才的发展管道"作为其中之一,指出当城市中出现多样族群时,有助于增进城市活力,发挥城市创意。佛罗里达的"文化熔炉"指数和波西米亚人指数也说明了人力多元化对于创意城市、创意经济发展的重要性。

其次,宽容度是创意城市取得成功的最重要的因素。佛罗里达的"3T"理论把宽容单独列出,将其视为"3T"中推动创意城市成功的最重要的一个"T"。兰德里在论述了人力多元性之后,特别强调生活在城市中的人们要学会包容,以形成良好的社会氛围,这是吸引并留住人才的关键。

最后,营造创意氛围是创意城市永葆活力的根本。城市中的休闲吧等既具有社交性质,又与娱乐相关的环境是营造创意氛围、产生创意的根本。创意氛围是一种空间概念,必须重视城市中能够激发创意的一切软硬件设施。佛罗里达的第四个"T"也指明,对于创意阶层来说,城市里优美的环境、发达的基础设施,以及咖啡馆、餐馆、书店、音乐俱乐部等元素构成的种种风情和氛围激发了创意本能。

综上所述,创意城市是依靠创意要素在城市的有效聚集,通过营造良好的社会、经济环境,推动和促进整个城市在新知识运用、新技术突破及其产业化的基础上实现经济社会更大的发展,进而从根本上突破原有的经济增长方式,改变城市发展模式。创意城市一般具有创意人才密集、创意氛围宽松、创意经济发达、创新能力强大、知名大学众多等特点。可见,以知识经济为基础的创意经济时代正在来临,而创意城市的建设则是一些具备条件的城市发展的重要方向和未来趋势。

二、创意城市的特征

创意城市是在经济全球化的背景下，由产业转型升级所推动，伴随城市更新和创意产业而兴起的，是建立在消费文化和创意经济的基础上，不断推动城市重生与复兴的发展模式，其核心是创意驱动经济、消费引导发展。英国经济学家汤姆·坎农认为，未来的城市发展将更主要依靠人的创意和创造力来推动其在全球经济中的竞争，创意的思维和理念将渗透到城市社会和经济的各个领域。创意城市的崛起为城市重塑形象开辟了新的通道和空间，其共性特征如下。

第一，创意城市最本质的特征是创意思维，表现为城市的发展理念和模式的创新性。

第二，创意城市以发达的创意产业为支撑，推进和支持社会经济领域进行更为广泛的创新。创意产业具有关联性极高的价值链，其产出往往会成为其他产业的要素投入，为消费者提供新的价值元素。芭比娃娃、米老鼠等都是创意产业的丰硕果实。创意产业依赖于雄厚的经济基础，不仅需要政府文化发展基金的支持，也需要民间力量的扶持，同时还需要金融服务业为其提供风险投资、创业投资和产业投资。

第三，创意城市的发展离不开科学技术的有力支撑，尤其是网络技术、数字化、电子通信、计算机软硬件和高新技术的飞速进步使人类的创造潜能得到巨大释放。

第四，创意人才是主要的生产要素，特别是优秀的创意人才和经营管理人才形成的创意阶层，可大大增强城市的创意氛围。

第五，创意城市的核心要素是创意氛围。创意氛围有利于诞生和培育富于个性、创新性和创造力的创意人才，营造适于创意人才和企业生存发展的优良环境，形成巨大的创意产品消费市场。浓厚的创意氛围不但具有一定水平和数量的受众，而且宽松包容，允许多样性文化的传播和发展，使创意活动得以顺利进行。

总之，创意城市并不仅是经济学的概念，还是文化学、社会学范畴的概念。创意城市的发展脱离不了"文化"的特征，一方面，文化是创意城市存在的物质内容和基础；另一方面，文化存在于一切城市创意活动当中。

三、创意城市的发展阶段与类型

创意城市是一个动态的发展过程,可以划分为从萌芽、起飞、活跃、普及到最终创意中心形成等5个阶段。①萌芽阶段,城市决策者意识到创意的重要性,但缺乏战略性考虑,城市创意处于萌芽阶段,但城市留不住创意人才。②起飞阶段,产业从业者和公共机构开始关注创意经济,城市开始出现创意文化,创意人才的流失与回归开始走向平衡。③活跃阶段,创意开始由局部走向普遍,创意人才出现明显的回流。④普及阶段,公共部门与私人机构均意识到创意经济的重要性,城市已经可以自己培养创意人才,但是高级的优秀人才仍然缺乏。⑤创意中心形成阶段,城市利用自身优势吸引大量创意人才集聚,成为全国甚至国际知名的创意中心,大量的创意企业与机构集聚在城市中,此时城市已形成高效的自我更新、自我反思的发展循环周期。城市成为吸引创意阶层的磁石,可以提供各种类型的专业服务。

根据经济与城市发展的历史进程,霍斯伯斯总结出4种类型的创意城市,即技术创新型、文化智力型、文化技术型和技术组织型(表12-1)。

表12-1 创意城市的4种类型

类型	特点	历史上的创意城市	当代的创意城市
技术创新型	多为新技术得到发展或者技术革命的发源地	1900年的底特律(亨利·福特在此奠定了美国汽车工业的基础);19世纪的"纺织之城"曼彻斯特、"造船之城"格拉斯哥、"钢铁之城"鲁尔(采煤和钢铁业);柏林(电力)	美国的硅谷(旧金山和帕洛阿尔托)、剑桥(同为信息技术的圣地)
文化智力型	更偏重于文化"软"条件,由主张改革的艺术家、哲学家、知识分子的创造性活动引起文化艺术上的创新革命,随后吸引了大量的外来者	古典时代的雅典;文艺复兴时期的佛罗伦萨,17世纪的伦敦(舞台剧)、巴黎(绘画)和维也纳(科学和艺术);20世纪早期的柏林(歌剧)	大学城,如德国的海德堡、爱尔兰的都柏林、法国的图卢兹、荷兰的阿姆斯特丹、比利时的卢维恩

续表

类型	特点	历史上的创意城市	当代的创意城市
文化技术型	兼有技术创新型和文化智力型两类城市的特点,将技术与文化结合起来,形成所谓的"文化产业"	20世纪20年代好莱坞和宝莱坞的电影产业、孟菲斯的音乐产业、巴黎和米兰的时尚产业;20世纪90年代曼彻斯特的新摇滚乐和柏林墙推倒后的莱比锡多媒体产业等都代表了该类城市最鲜明的形象气质	阿姆斯特丹和鹿特丹(后者被选为2001年欧洲文化之都)
技术组织型	是在政府主导下与当地商业团体公司合作,共同应对人口大规模聚集给城市带来的种种问题,如城市生活用水供给、基础设施、交通和住房需求等,对这些问题的原创性解决造就了技术组织型创意城市	恺撒时期的罗马拥有著名的引水工程;19世纪的伦敦和巴黎建造了庞大的地铁系统;20世纪初的纽约建立了引人注目的摩天大楼;20世纪80年代的伦敦道克兰地区改造;战后斯德哥尔摩修建的耐久住宅等都引领了世界风潮	提耳堡(公司制管理城市);鹿特丹(港口区复兴)

根据我国城市发展的现状,国内学者对创意城市的类型也进行了深入研究。从发展方式的角度,张婷婷等将创意城市分为创意产业导向型(如深圳)、文化资源导向型(如西安)、城市更新导向型(如沈阳)、混合型创意城市4类(如北京、上海)。

四、创意城市测度

创意指数又称创意产业竞争力指数,可以直观地了解一个国家、区域或城市创意产业的发展状况,可以评价区域或城市创意产业的竞争力水平。目前,国内外较成熟的创意指数研究包括理查德·佛罗里达的"3T"创意指数、欧洲创意指数、全球创意指数和上海创意指数等。这些创意指数在国内外不同区域的实践中得到应用,对创意城市的建设与发展起到了一定的指导作用。

(一)佛罗里达的"3T"创意指数

美国学者理查德·佛罗里达在《创意阶层之兴起》一书中提出了对创意经济而言非常重要的"3T"模型:人才、技术、宽容度。认为当前的经济发展是以知识和创意为驱动力,技术是经济发展的核心,人力资本和宽容环境则起到一定的促进作用。佛罗里达构建的一套创意指数指标体系主要由4个相同权值的因素组成:人才指数即创意阶层在就业人口中的比例,创新指数即每人平均专利数,高科技指数即美国米尔肯研究院的技术标杆指数,综合多元化指数则包括熔炉指数(移民或在国外出生者占总人口的比例)、波西米亚指数(从事艺术创作的相对人口)等。

(二)欧洲创意指数

目前,欧洲创意指数是全球范围内最具影响力的创意指数,是佛罗里达在"3T"理论的基础上与艾琳·蒂纳格利合作后在欧洲的延伸,在《创意时代的欧洲》报告中首次采用了"欧洲创意指数"这一概念,其中包括欧洲人才指数、欧洲科技指数、欧洲宽容度指数(表12-2)。作为一项突破性的研究,欧洲创意指数对创意产业的发展、城市竞争力的提升起到了巨大的推动作用。

表12-2 欧洲创意指数及其分指数的测算方法

指数	测算项目
欧洲创意指数	各人才、技术和宽容指数的总和得分除以最大得分的比值;创意阶层指数:创意从业人员占全部地区从业人员的比例
欧洲人才指数	人力资本指数:24~64岁持有学士或以上学位的人员比例;科学人才指数:每1000人中科学研究人员和工程师人员的比例
欧洲技术指数	创新指数:每10 000人拥有的专利数;高科技创新指数:每10 000人拥有的高科技专利数;研发指数:研发支出占国内生产总值的比例
欧洲宽容度指数	态度指数:度量对少数族群的宽容态度比重;价值指数:度量一个国家或地区中人们不同取向的价值观(如宗教、民族主义、女权、婚姻、堕胎、权威) 自我表达指数:度量对自我表达、生活质量、民主、信任、休闲、娱乐和文化的态度

（三）全球创意指数

在欧洲创意指数研究的基础上，佛罗里达和艾琳·蒂纳格利又将"3T"理论应用于全球，提出了全球创意指数，指数的衡量与计算方法与欧洲创意指数相同，即人才指数、科技指数、宽容指数。运用该指数体系，佛罗里达等评价了全球范围内不同国家的创意竞争力，包括绝大多数欧洲国家、经合组织成员国及主要的亚洲国家，如中国和印度。但是，由于发展中国家与发达国家的经济发展水平仍然存在较大差距，不同国家的国情与文化也不尽相同，将统一的衡量标准运用于各国并不完全合适。

（四）上海创意指数

上海创意指数是中国第一个具有权威性的城市创意指标体系，它不仅选择性地吸收了欧洲、美洲等发达国家或地区的创意指数之精华，而且结合了中国具体情况及上海作为一个国际大都市的具体特点。它主要涉及5个方面的评价指标，分别是产业规模、科技研发、文化环境、人力资源和社会环境，其中涵盖了33个分指标（表12-3）。上海创意指数创造性地提出了不同指标所占的权重，根据各指标对创意产业发展的重要程度，上述5个一级指标所占的权重分别为30%、20%、20%、15%、15%，从而有效地反映了不同因素对创意效益的作用效果。

表 12-3　上海创意指数

一级指标	二级指标
产业规模指数	创意产业的增加值占全市增加值的百分比
	人均 GDP（按常住人口）
科技研发指数	研究与发展经费占 GDP 比值
	高技术产业拥有自主知识产权产品实现产值占 GDP 比值
	高技术产业自主知识产权拥有率
	每 10 万人发明专利申请数（按常住人口）
	每 10 万人专利申请数（按常住人口）
	市级以上企业技术中心数

续表

一级指标	二级指标
文化环境指数	家庭文化消费占全部消费的百分比
	公共图书馆每百万人拥有数（按常住人口）
	艺术表演场所每百万人拥有数（按常住人口）
	博物馆、纪念馆每百万人拥有数（按常住人口）
	人均报纸数量（按常住人口）
	人均期刊数量（按常住人口）
	人均借阅图书馆图书的数目（按常住人口）
	人均参观博物馆的次数（按常住人口）
	举办国际展览会项目（按常住人口）
人力资源指数	新增劳动力人均受教育年限
	高等教育毛入学率
	每百万人高等学校在校生数（按常住人口）
	户籍人口与常住人口比例
	国际旅游入境人数
	因私出境人数
	外省市来沪旅游人数
社会环境指数	全社会劳动生产率（按常住人口）
	社会安全指数
	人均城市基础设施建设投资额（按常住人口）
	每千人国际互联网用户（按常住人口）
	宽带接入用户数
	每千人移动电话用户数（按常住人口）
	环保投入占 GDP 百分比
	人均公共绿地面积
	每百万人拥有的实行免费开放公园数（按常住人口）

五、全球创意城市网络

2004年10月,联合国教科文组织第170届执行理事会上,根据教科文组织的文化多样性全球联盟的倡议,决定设立全球创意城市网络的评选项目。加入全球创意城市网络时,需要撰写申请,突出内容:①申请城市的文化资产在创意城市网络平台上的位置;②申请城市在地区经济和社会发展方面的核心创意因素;③重点介绍申请城市在培训当地文化工作者方面的专业能力和地方优势;④列举申请城市通过知识、经验和技术方面的交流来培养创意人才的经验;⑤列举申请城市在国内和国际市场上促进文化产品多样化的事例。申请城市只有得到联合国教科文组织的认可,才能授予其称号。目前,有来自全球31个国家的68个城市入选创意城市网络(表12-4)。

表12-4 全球创意城市网络名单

称号	城市
文学之都	爱丁堡、墨尔本、爱荷华城、都柏林、雷克雅未克、诺利奇、格拉纳达、海德堡、布拉格
电影之都	布拉德福、悉尼、釜山、戈尔韦、索菲亚
音乐之都	塞维利亚、波隆纳、格拉斯哥、根特、波哥大、布拉柴维尔、滨松市、汉诺威、曼海姆、哈尔滨
民间手工艺之都	圣达菲、阿斯旺、金泽、利川、杭州、苏州、发布里亚诺、帕迪尤卡、雅克梅勒、景德镇、拿骚、北加浪岸
设计之都	布宜诺斯艾利斯、柏林、蒙特利尔、神户、名古屋、深圳、上海、北京、圣埃蒂安、首尔、格拉茨、毕尔巴鄂、库里奇巴、邓迪、赫尔辛基、都灵
媒体艺术之都	里昂、札幌、昂吉安莱班、达喀尔、光州广域市、林茨、特拉维夫、约克
美食之都	波帕扬、成都、顺德、厄斯特松德、全州市、黎巴嫩、弗洛里亚诺波利斯、鹤岗市

中国共有9座城市入选,分别是设计之都——深圳、上海、北京;美食之都——成都、顺德;民间手工艺之都——杭州、苏州、景德镇;音乐之都——哈尔滨。伴随创意经济的蓬勃发展,尤其是城市创意产业的异军突

起，带动了新兴产业集群的发展，推动城市功能的转型与城市空间的重构，使传统的城市从"效率城市"迈向"创意城市"。

第二节 创意城市的驱动因素和发展阶段

一、创意城市形成的驱动因素

创意形成创意产业，创意产业构筑创意城市，是一种推动城市复兴和重生的模式。"美第奇效应"原指不同领域、学科、文化的人通过互相交流并在交叉点上进行联系，产生非同凡响的新想法的现象。在创意城市生态中，它连接了4种特征元素：①异场域性的生态圈，实现多样化新思想、新灵感、新知识的交流碰撞；②跨界创新的生态层，集聚各种创意生产要素；③社交生活的生态网，营造友善包容的公共服务环境；④创意共生的生态链，孕育精致的文化气质，打开通往世界各地的合作通道。从创新发生的"美第奇效应"来看，不同创意城市的特征如下。

1. 西班牙毕尔巴鄂

①作为艺术家和创意者本土发展的活跃社区；②废弃建筑或旧街区的改造与再利用产生的价格亲民的工作空间；③能提供基础设施建设和发展机会（教育培训或展览等）的公共投资；④鼓励创意性公共—私营合作关系的良好氛围。

2. 芬兰赫尔辛基

①深厚的历史文化与创意传承精神；②独特的地理环境与大众生活的影响；③芬兰政府的政策支持，它是第一个运用政府、高校和企业三方合作的"螺旋结构"来激励创新的国家；④创意聚集社区的形成；⑤人才的教育理念与培养体系。

3. 中国深圳

①人员构成的多元性，是城市文化的多样和创新因子，让社会焕发出文化活力；②包容的文化品格，使创意人才在此有广阔的发展空间；③政策的开放性，鼓励设计企业和设计师走出去，培育广阔的国内外文化交流渠道；④经济特区的创新性。

二、创意城市的发展阶段

英国学者克里斯·比尔顿在《创意与管理》一书中指出,创意管理是一种创意系统和创意网络的生态管理,也是放松管制的"软管理"和适度控制的"硬管理"相结合的"巧管理"。目前,城市主政者面对的是网络社会,新时代应当采用组织化、网络化的领导方式:领导者的位置是中层圆心,而非金字塔的顶端,实行共享式领导或下放式领导,强调精简组织结构。对于创意人才的激励,内部动机比外部驱动更有效,创意工作往往是项目式的和个人式的,源于工作出色完成的成就感才能成为创意活动的核心动力。要培育创意城市文化、创新生态和文化基因,依据世界创意城市发展的历史经验,大致要经历几个阶段。

(一)市场创新:推进"领军企业"

重点是实施"文化+",加快培育新媒体艺术、移动互联网创意设计等新型文化业态,助力文化创意产业成为支柱产业,推动产业升级和产业结构优化。

(二)社会创新:实施"创意惠民"

政府工作重心转为向全社会,特别是向学校、市民推介文化创意的意义和作用,完善城市的公共设施,美化城市环境,提高居民的生活质量,提升人们的审美情趣,这样更易形成创意人才的聚集,实现经济效益和社会效益的双赢。

(三)科技创新:加强"产学研用"

提高创新主体的创新能力,完善科技创新体系,鼓励企业与高校联合建立科技园区或孵化器,进一步促使产学研三方利益共享,通过与科技的深度融合释放文化产业的"溢出"效应。

(四)连接创新:辐射"创意磁场"

着力点放在向国内外强力推介城市的优秀创意设计,扩大服务输出,用好"设计"这张名片提升城市品牌形象,吸引并整合更多的社会资源。

（五）审美创新

实现"城市新创意"目标。该阶段的重心为总结和形成自身成熟的教育体系和城市风格，培养市民追求创新，提升审美价值观和创造力。

通过以上各个阶段的发展，打造充满艺术魅力和创造活力的城市气质，将创意理念和战略思维植根于城市的文化精神中，让创意成为城市可持续发展的血液和基因。

思考题

1. 创意城市的"3T"理论是什么？
2. 创意城市的特征是什么？
3. 简述创意城市有哪些类型？
4. 创意城市测度的一级指标包括哪些内容？
5. 影响城市空间体系创新的因素有哪些？

参考文献

［1］吉姆·麦圭根.重新思考文化政策［M］.北京：中国人民大学出版社，2010.

［2］姚子刚.城市复兴的文化创意策略［M］.南京：东南大学出版社，2016.

［3］理查德·弗洛里达.创意阶层的崛起［M］.北京：中信出版社，2010.

［4］褚劲风，等.创意城市国际比较与路径选择［M］.北京：北京大学出版社，2014.

［5］汤培源.城市创意空间［M］.南京：东南大学出版社，2014.

［6］陈红玉.文化创意产业与创新型城市建设［J］.当代经济，2013（9）：4-5.

［7］吕拉昌.创新地理学［M］.北京：科学出版社，2017.

［8］盛垒，杜德斌.创意城市：创意经济时代城市发展的新取向［J］.经济前沿，2006（6）：21-25.

［9］克里斯·比尔顿，斯蒂芬·卡明斯.创意战略：商业与创新的再连结［M］.向勇，译.北京：金城出版社，2015.

［10］张京成，李岱松，刘利永.文化创意产业集群发展理论与实践［M］.北京：科学出版社，2011.

［11］向勇.中国创意城市：中国创意城市理论与实践［M］.北京：新世界出版社，2011.

［12］潘谨，李金，陈媛.创意产业集群的知识溢出探析［J］.科学管理研究，2007，25（4）：80-82.

[13] 艾伦·J.斯科特.城市文化经济学[M].北京：中国人民大学出版社，2010.
[14] 爱德华·格莱泽.城市的胜利[M].上海：上海社会科学院出版社，2012.
[15] 陈旭，谭靖.关于创意城市的研究综述[J].经济论坛，2009(5)：26-29.

第十三章 科技创新中心与创新高地

> **导 言**
>
> 本章着重讲述科技创新中心与创新高地的内涵、特征及指标评价体系,以硅谷、东京、深圳等世界科技创新中心为例,阐述其建设历程及启示,以河南省建设中西部创新高地为例,探讨河南建设创新高地应采取的措施。

第一节 科技创新中心

一、科技创新中心的形成及历史演变

科技创新中心是指科技创新资源密集、活动集中、实力雄厚和科技成果辐射范围广大的区域。科技创新中心的形成与发展机制研究对中国建设科技创新中心具有一定的指导意义。

(一)科技创新中心的形成

科技创新中心的兴起、更替及多极化,本质上是由科技革命、制度创新、经济长周期的波动等因素的历史性演变所决定的,也是时间与空间要素相互交织的结果。

科技创新中心的形成与科技革命的发生紧密相关。世界性科技创新中心的形成与转移都发生在历次重大技术革命出现后的历史机遇期。近现代以来,先后在英国、法国、德国、美国、日本等国家形成了科技创新中心,首要原因是这些国家抓住了每一次重大技术革命及相应的产业革命所带来的历史性机遇,进而占据了世界经济主导地位和科技创新领先地位。17世纪后期,恰逢人类进入蒸汽动力时代,英国伦敦地区成为第一个全球科技创新中心并

第十三章 科技创新中心与创新高地

长期保持；18世纪后期，法国巴黎大力推动自身重工业发展，成长为第二个全球性创新中心。每一次在新的区位造就新的科技创新中心，都会引起国际政治格局中的大国消长和霸权更迭。

科技创新中心的空间更替是经济长周期波动的体现。经济长周期的波动很大程度上是经济系统中引入了重大的新技术，并受创新的动态性特征影响。一方面，经济长周期的波动本质上是某一种经济增长模式的兴衰，以及一种经济增长方式向另一种经济增长方式的转变过程。这种经济增长方式的转变不仅包括"技术—经济范式"的转变，也包括国家和国际层面的"社会—制度范式"重构；另一方面，创新的动态性特征就是指随着时间和空间的变化而表现出的多样性，即随着时间的推移，创新的中心会从一个部门、区域和国家转移到另一个部门、区域和国家。

科技创新中心形成的重要基础是领先的制度创新。领先的制度创新是具有全球影响力的科技创新中心形成的重要前提。例如，英国的工厂系统、学徒制、科学社团和专利制度；法国的技术学院和专业工程师制度；德国创办专科学院和大学，开创教学、科研相统一的高等教育体系，并建立企业内部实验室制度；美国的大规模生产体系、国家实验室、公司制度、风险投资体系等；日本的精益生产体系、质量管理革命等。

（二）科技创新中心的历史演变

科技创新中心的发展是一个长期演进和转型升级的过程。一个城市或区域成长为全球性的科技创新中心是一个历史演进的过程，也是内驱动力不断转换和升级的过程。从发展的动力机制来看，自工业化初期算起，基本遵循了萌芽起步期、快速成长期和成熟稳定期3个阶段的转型规律（表13-1）。

表13-1 工业化3个阶段的转型规律

发展阶段及特征	萌芽起步期	快速成长期	成熟稳定期
驱动条件	生产要素驱动为主，包括自然资源、劳动力、单一领域的技术等	投资驱动为主，个体和企业研发投资快速增长，强调新生产要素的创造	创新驱动为主，高水平大学、研究机构集聚，高素质人才持续流入，企业的全球化创新能力较强

续表

发展阶段及特征	萌芽起步期	快速成长期	成熟稳定期
创新模式	大企业以满足区域内或国内市场的流程创新为主，大学、公共机构基础研究占主导	小规模创业活动频繁，企业主导的区域性创新集群形成	以先导性、突破性的技术创新为主，基础研发与商业化联系密切，开放性创新网络逐渐形成
政府政策	鼓励基础设施投资，公共扶持（如政府经费投入）或贸易保护程度较高（可能导致产业缺乏效率）	支持共性技术研发，强化专利保护、市场竞争等规则完善，孵化器、技术服务中介等得以引导	很少直接干预创新，更注重教育、信息、居住环境等基础设施，以及制度环境的持续改善
产业集群	制造业为主或单一产业功能区、工业区，也可能是大学科技园区	高端制造业逐步占据主导，一些支撑性服务业兴起（金融、贸易等）	现代服务业、创意产业、高端制造业等协调发展，更多体现为知识密集型
代表性城市或地区	欧美国家早期多数工业区（如芬兰的赫尔辛基、英国的威士），战后初期的东京都周边	美国波士顿、西雅图、新加坡、中国台湾新竹、印度班加罗尔等	硅谷、大伦敦地区、德国的埃尔朗根、大柏林地区，以及瑞典、芬兰等

二、科技创新中心的特征及指标评价体系

（一）主要"全球科技创新中心"的特点

1. 美国硅谷的主要特点：成长模式——"热带雨林"型创新生态系统

硅谷的特点有：①汇聚创新链条上全球顶级人才。硅谷仅诺贝尔奖获得者就有50多位，技术移民占硅谷人口的36%。②产学研集群效应显著。高水平大学与高科技企业融合发展，孕育了众多的全球顶尖高科技企业。③完善的科技服务支撑体系。融资、咨询、人才和企业协作等全方位服务体系十分完备。④成熟的创新资源网络。在硅谷，高校、企业研发机构、风险资本和各类中介机构紧密互动，形成了开放创新资源网络，信息、知识、技术、资本、人才资源和其他创新资源在其中自由流动、形成共享、促进合作，为新技术、新商业模式的诞生提供最佳的土壤。

第十三章 科技创新中心与创新高地

2. 以色列的主要特点：成长模式——"全民创新创业＋海外资金"

以色列的特点有：①全民创新。在以色列，创新并不仅局限于现代化工厂和实验室，而更多蕴含在普通人点点滴滴的生活之中。②政府主动参与创新创业，与学术界、孵化器、产业投资者、资本市场及其他力量共同营造创新创业机制。③形成"循环创新"的良性格局。以色列积极鼓励科技型中小企业发展，并在成长到一定阶段后将其出售给跨国大企业或上市。创业者在价值实现后，继续开始新的创新创业历程，产生了许多"循环创业式企业家"，形成了循环创新的局面。④实施开放式创新。以色列积极与全球重要的创新国家和国际组织开展科技合作，鼓励全球领先企业投资建立研发中心。此外，以色列还致力于吸引外资，获得了大量国际资金支持。

3. 英国牛津郡的主要特点：成长模式——"政府与市场协调推进"

英国牛津郡正逐渐成为全欧洲科技创新的重要中心之一。牛津郡的特点有：①产业链上纵向协同科技创新。②公司之间形成非交易相互依赖性，促进了公司之间知识的流动与学习。③政府与大学共同打造资金、创新和学习的企业沟通平台。④鼓励科技人员衍生创业。衍生创业主要指的是原公司的技术开发人员，或高校学生自己开办公司进行科技创新的现象。可见，搭建知识共享平台促进知识分享，推动不同创新要素持有者之间的交流，支持创业、激励创新等是资源相对丰富区域向"全球科技创新中心"转化的关键要素。

（二）科技创新中心的指标评价体系

科技创新中心指标评价体系的构建尽可能使用政府统计年鉴中的标准指标，以便于获得相应的统计数据。基于此，全球科技创新中心指标评价体系由8个一级指标、22个二级指标构成，其中，一级指标包括创新资源、创新产业、创新投入、创新载体、创新成果、创新文化、创新创业和创新影响，具体如下。

①创新资源有3个二级指标：人才资源、技术资源和资本资源。②创新产业有2个二级指标：知识密集服务业和生产高技术制成品产业。③创新投入有3个二级指标：人力资本投入、技术资本投入和金融资本投入。④创新载体有2个二级指标：公共技术创新载体和企业技术创新载体。⑤创新成果有3个二级指标：论文成果、专利成果、产业成果。⑥创新文化有3个二级指标：知识产权保护、公民科学素养、知识共享设施。⑦创新创业有3个二级指标：创业孵化园、创业企业、创业人员。⑧创新影响有3个二级指标：

区域影响力、全国影响力和全球影响力。各二级评价指标下又可根据不同标准划分出多种三级指标，具体因时因地而异。

三、科技创新中心建设启示

当今世界，科技创新城市特别是高等级全球科技创新中心是一个国家综合科技实力的集中体现和核心依托。积极打造具有全球影响力的科技创新中心，成为许多国家和地区提升国家综合实力和应对新一轮科技革命的重要举措。

一要明确目标，长远谋划。国家应引导和鼓励相关城市把握全球科技创新趋势，对接国家创新战略需求，立足自身优势特色，制定建设科技创新中心城市的明确目标和长远战略规划，把科技创新作为城市发展的主导战略，把科技研发作为城市经济的主导产业，把培育创新引擎企业和世界一流大学作为重点任务，持之以恒、持续推进。

二要理顺体制，统筹发展。正确处理好科学研究与创新发展的关系，既要完善保障科学研究发展的政府投入机制，进一步加大基础研究财政投入，也要优化有利于创新发展的市场竞争机制，营造良好市场竞争环境。要立足经济社会发展全局统筹谋划科技创新，完善科技发展的宏观管理，建立主要领导牵头的管理体制，强化对科技创新工作的统筹协调。

三要因地制宜，错位发展。遵循创新高度集聚的规律，注重体现地方特色，发挥地方优势，以产业链、价值链和创新链为依托，在有条件的省（区、市）系统推进科技创新中心培育试点工作，引导不同区域、不同能级的科技创新中心城市实现错位协同发展，带动和引领全国科技创新实力提升。

四要营造环境，集聚人才。一方面，应加快高等教育改革开放步伐，引进海外一流大学，调整高等教育结构，提升人才队伍培养能力；另一方面，应进一步加大人才引进力度，探索降低永久居留权门槛、放宽签证期限、个人所得税减免等人才政策试点，优化引才环境，集聚全球顶级人才。同时，要优化人才评价激励机制，提高人才使用效率，强化科技人员创新劳动同其利益收入对接，提高创新回报。

第二节 科技创新高地

一、科技创新高地的内涵与特征

科技创新高地指的是在一定地域范围内,科技创新资源、科技创新活动明显集聚,并且创新产出显著高于周边地区,科技成果辐射影响周边地区。

科技创新高地的内涵:①具有一定的地域空间和开放的边界,与周边区域对比具有先发优势,有显著的引领辐射作用;②以生产企业、研究与开发机构、高等院校、地方政府机构和服务机构为主要的创新主体;③不同创新主体之间的社会交互作用构成创新系统的组织和空间结构,从而形成一个社会系统;④突出产业创新系统作为创新极的作用,依托创新极的特色、强势的创新能力和技术研发水平,带动区域创新绩效和效率提升,支撑区域经济的发展;⑤强调机制和治理安排对于知识的形成、利用和扩散的重要作用,支持运行过程中的知识流动、产业集聚和空间集聚。

科技创新高地的特征:第一,地域性。不是区域整体都要建设科技创新高地,不是创新资源分散于区域,而是根据现有创新空间布局进行集聚优化。第二,创新产出高。科技创新高地必须汇聚科技创新资源,科技创新活动频繁,科技实力强。第三,辐射性。科技创新高地可辐射带动并形成不同等级的科技创新体系,带动本地区相关产业发展。

二、科技创新高地的适应性评价

科技创新高地是一个区域科技创新综合实力的载体和依托。目前,对科技创新高地的研究还相对较少,主要围绕创新高地的制度供给,创新高地和科技创新中心的对比,滨海新区自主创新高地的内涵、特征、机制及路径研究,但尚未对创新高地的指标体系及适宜性展开研究。张建伟对中国中西部科技创新高地的适宜性评价表明:

① 中西部科技创新高地的适宜性程度空间差异明显。2015 年,适宜性从高到低的 5 五个省份依次为河南、湖北、安徽、四川和湖南;中部地区建设科技创新高地的适宜性较优,河南省建设中西部科技创新高地的适宜性显著。

② 影响科技创新高地的主因子变化不大,主要是创新综合实力因子;创新综合实力、创新政策、创新环境对构建科技创新高地有显著影响。创新

综合实力决定了创新发展的起点、方向和效率,是一个地区创新发展的基础;地区政策显示出政府对创新产业的重视程度,影响着创新发展的环境;产业结构体现创新产业在地区产业经济中所占的比重,显示了创新产业发展状况。

③ 河南省打造中西部科技创新高地优势明显。2015 年,河南省创新综合实力、创新政策和科技创新高地适宜性方面均位列第一,且其创新程度远远高于其他省份。

第三节 科技创新中心案例分析

一、硅谷科技创新中心城市发展之路

单纯从地理位置上看,硅谷是一块从旧金山绵延到圣何塞市,南北长约 50 公里、宽约 16 公里的广袤而平坦的土地。从硅谷经济发展的历史上看,硅谷与其所在神奇沃土的高科技经济有关,硅谷就取自于半导体的"硅",是高科技创造了硅谷,因此可以说,硅谷是一个地理概念,更是一个高科技经济概念。硅谷成为全球性科技创新中心,成就斐然,其独特的发展道路值得剖析。

首先,政府的作用和角色。硅谷是在市场经济自由竞争中形成的,但并不是说政府在硅谷的发展过程中没有起作用。高科技相关的企业刚刚兴起,政府便因势利导,制定了包括鼓励中小企业发展和风险投资在内的一套市场法律法规。按照美国的规定,创办一家高新技术企业,无论规模大小,政府都将给予 5 万美元的投资补贴,还制订了贷款计划和税收优惠计划等,给企业提供有益帮助。此外,政府还以采购的形式支持硅谷企业的发展,尤其是国防军事采购和提供配套的资金补贴。但政府部门不会直接干预和指导企业的发展计划和日常事务,美国政府在硅谷的作用和角色是一个有序竞争游戏规则的制定者、执行者和裁判,它本身并不直接参与到游戏中,保证了市场经济中企业之间竞争的有序进行,为企业的发展提供了一个良好的环境。

其次,大学及科研机构的作用。斯坦福大学源源不断地向硅谷输送高水平的毕业生,为硅谷高科技创新活动储备了丰富的人力资源,学校还通过网络注册等形式为已参加工作的工程师们提供在职研究生培训课程,使他们的

第十三章 科技创新中心与创新高地

知识能不断地得到更新，以保持持续的创新活动。斯坦福大学与产业界合作开展大量科研项目，一方面学校获得了充裕的科研经费；另一方面使得学校的科学研究能积极反映市场需求，为科研成果的快速投产商业化提供了有效途径，为硅谷的技术创新提供了大力支持。

最后，灵活而富有弹性的、以创新为目的和特征的产业系统。硅谷有独特、分散的"惠普模式"：在总公司的协调和管理下，公司各个部分和单元高度分权自治，进行分散决策。在硅谷采用"惠普模式"的公司与大学、科研机构等参与市场的主体构成一个紧密联系的创新型产业系统，也可称为创新网络，在这个网络中，各主体之间，主要是公司之间既开展激烈的竞争，又进行各种形式的交流合作，打造了硅谷持久不衰的核心竞争力。

二、东京科技创新中心城市发展建设

东京位于日本群岛的东南侧，是日本的首都，也是日本最大的城市，一直是日本国民生产总值的经济龙头，也是整个亚洲地区经济发展比较快速和充满活力的城市。东京之所以具有这么高的经济地位，更多应该归功于创建创新型城市的政策和措施。

一是各项减免税政策的实施。从 2000 年开始，根据日本政府颁布的《促进日本基础技术开发的各项税制》，东京政府对辖区内的高新技术企业实施税收优惠，采取减税和免税的税收政策。

二是扶持信息产业的发展。东京政府关注信息产业的发展，增加科研税务贷款，同时在信息产业中专门增设软件研发储备金和意外损失储备金，还规定免征 7% 的技术开发资产税。

三是提供各种贷款优惠，加大力度支持高新技术企业发展。对高新技术企业实施特别贷款制度，以便企业获取低息贷款，同时贷款期限可以适度延长，有的长达 25 年。

四是培育一体化的创新型城市体系。加大力度支持原始创新，东京政府鼓励高校联合产业界共同创建研究中心，政府会拨专款进行补贴。东京政府会拨款支持高校的研究人员进行研发，对于开发出的成果，研究人员可以获得 50% ~ 80% 的专利收入。

基于以上政策和措施，东京地区的高科技企业蓬勃发展，技术含量逐步提高，原材料消耗越来越少，环境污染程度降低，城市经济增长逐步实现了由要素驱动向创新驱动的快速转变，东京地区由此取得了创建创新型城市的巨大成功。

三、深圳科技创新中心城市发展历程

深圳科技创新历经"创新原始积累和需求形成""产业创新谋划与腾飞""实施自主创新发展""科技创新跨越提升走向全国引领""迈向前沿基础领域"等发展阶段，创造了城市科技创新奇迹，经历了"从无到强"的蜕变，成为中国乃至世界科技创新的新星。

一是构建以企业为主体的技术创新体系。深圳大部分科技公司都通过需求导向模式开展创新。与传统创新模式不同，深圳以企业为主体的创新体系能够充分利用市场的倒逼机制，将需求由市场终端向上游传递，依托市场优胜劣汰的机制，促进企业针对市场现状及潜在需求加大研发，不断提升企业自主创新能力。由此，深圳诞生了一批又一批与技术进步和产业升级同步的行业领先企业，一大批科技企业崛起并蓬勃发展。

二是要素配置围绕企业创新布局。深圳不存在游离于经济系统之外的科研系统，资源配置和政策设计均围绕市场主体进行。在人才方面，深圳根据全市科技产业发展的特点，从人才聘用、引进、配置、培养、评价、激励、保障和服务等方面，为人才创新创业营造良好的环境，提升人才创新创业的热情和效率。在资金方面，深圳通过股票市场、产业扶持资金、天使投资、创业投资、引导基金等多种渠道，建立多元化的科技金融体系，为深圳科技企业提供了重要支撑。在土地空间方面，深圳通过土地使用权市场化改革、建设高新园区促进集聚发展、规划建设高新技术产业带等途径，提升土地利用效率，优化土地资源配置，支撑科技企业发展壮大。

三是政府始终围绕企业创新需求提供创新服务。深圳根据科技创新的需求，不断突破传统科技创新体制的束缚，在科技资金配置、科技管理体制、科技项目实施监管等方面进行改革和探索。同时，注重政府体制改革的创新，不断转换政府职能，更好地发挥政府作用，建设和完善产学研深度融合的科技创新体系，不断提高科技创新治理效能和组织效率，畅通科技创新循环，促进"科学发现、技术发明、产业发展"联动发展，产业链与创新链互为支撑。

第四节 科技创新中心与创新高地建设的路径与政策研究——以河南省为例

创新主体在一定地域集聚，可以共享资源、节约成本、减少风险，更重要的是空间邻近为信息交流创造了条件，有助于知识和技术的扩散，有助于创新能力的提升。随着相关企业的进一步集聚，还可不断地对国内外其他相关企业构成强大的吸引力。因此，需要创造各种条件促使研发机构、人才、研发资金等创新要素在一定地域集中，为创新的提升创造便利条件，充分发挥创新集聚效应和联动效应，以现有创新主体集聚核心区为基础，结合创新主体的集聚现状，统筹不同产业的空间布局，形成一个核心区和若干功能扩展区。

一、优化创新空间布局

河南省建设中西部科技创新高地，不是把河南省整体都打造成科技创新高地，而是根据现有创新空间布局进行科学谋划，首先打造创新核心集聚区，然后分阶段有重点地推进。2016年，河南省成功获批郑洛新国家自主创新示范区，相关研究也发现，郑洛新三地创新能力较强，创新联系也较为紧密。因此，应举全省之力打造郑洛新国家资助创新示范区，突出以郑洛新国家自主创新示范区为核心，加快国家重大战略的统筹管理与部署推进。持续优化郑洛新国家自主创新示范区空间和功能布局，加快建设开放创新先导区、技术转移集聚区、转型升级引领区、创新创业生态区，协调推进核心区、辐射区和共建区的创新发展，依托各级各类高新开发区、产业集聚区等创新创业载体，通过产业孵化和投资者的结合，构建一个全方位、多层次的创新空间布局，集聚各类创新资源要素，激发全社会创新创业活力。

二、优化政策环境

在加速科技成果转移转化方面，加强知识产权的运用和保护，强化郑州知识产权快速维权中心建设，提升集知识产权快速审查、确权、维权于一体的一站式综合服务水平；加速推动成果、专利等无形资产价值市场化；探索建立科技成果限时转化制度；促进高等院校、科研院所创新创业资源共享。同时，提升孵化载体建设水平，引导众创空间向专业化、精细化方向升级,建设一批资源共享程度高、产业整合能力强、孵化服务质量好的众创空间。

在金融财税政策方面,首先,加大对中小微企业的资金支持力度,让创业者、投资者和企业家成为科技创新的主体力量,激发创新动力;其次,积极发展债权、股权融资服务,强化对创业投资企业的支持,推动创新的社会效益与经济效益协调发展;最后,加快培育形成创业投资企业体系,大中型企业要积极扶持中小型企业开展研发创新活动,为它们提供技术支持。

三、优化创新环境

充分发挥河南的区域优势,加快融入全球创新网络。主动参与全球研发分工,开展国际研发合作,积极融入全球创新网络,增强以品牌、技术、质量、服务为核心的出口竞争力。努力建设"具有全球影响力的产业科技创新高地",在创新驱动发展的过程中,以自主创新示范区建设为契机,建立产业科技创新体系,不断增强科技创新支撑能力,集聚创新资源和要素,壮大创新型企业集群,优化创新生态系统,着力构建完备的产业科技创新体系。

通过构建河南省科技创新体系,积极实施人才战略,强化创新主体,加强创新平台建设,通过推进创新机制体制改革,积极营造创新环境、培育创新产业,主动融入全球创新网络,参与全球研发分工,必将极大推动河南省中西部科技创新高地的建设步伐。

四、加大人才培养及引进力度

创造优厚条件和创新环境,注重人才引进和培养。围绕新兴战略行业和河南省确定的重点行业和优势行业,在世界范围内吸引最拔尖的人才,特别是高层次人才、产业技术领军人才、博士后人才、重点领域紧缺人才等重点人才,综合利用国内外各种优势资源培育专业技术人才,努力为他们的成长进步搭建阶梯、提供平台。同时,充分利用大学、科研机构培养河南省急需的相关专业人才,利用科研项目和创业项目提升人才创新创业能力。在生活方面,完善教育、医疗、文化等方面的基础设施建设,为人才提供更先进的技术设备和高质量的生活水平,在子女入学、住房等方面要给予最大程度上的便利,解除他们来豫工作的后顾之忧,使其能专注于研发创新活动。在信息方面，为人才进行国内外交流提供便利，使其能与全球科研与创新网络建立有效联系。在科研运作机制方面，要给予科技顶尖人才管理上的便利，赋予他们充分的技术路线决策权、科研经费支配权和人力资源调动权。

建设中西部地区科技创新高地，必须着力深化人才体制机制改革，释放人才发展活力。首先要建立创新人才培养开发、评价、选拔任用机制。确立以能力、实绩和贡献为主的人才评价导向，建立符合不同人才成长规律和实际特点的评价机制，克服唯学历、唯职称、唯论文的用人导向。其次是建立合理的创新人才流动配置和激励保障机制。充分发挥市场在人才资源配置中的决定性作用，打破体制壁垒，扫除身份障碍，畅通高校、科研院所和企业科技人才双向流动机制，支持高校、科研院所等事业单位的科研人员兼职创新、在职创办企业或离岗创新创业。研究制定高层次人才激励机制指导意见，出台国有企业人才激励政策，对贡献突出的高技能人才实行年薪制、股权制和期权制。最后是突出"高精尖缺"导向，吸引更多高端人才来河南开展科技研发和项目合作，加快集聚一批站在行业科技前沿、具有国际视野和能力的领军人才。加快培养、引进创新人才，特别是高层次科学家、科技企业家、领军人才的创新团队，注重培养既懂科技又懂市场的复合型创新人才，加快形成一支规模宏大、富有创新精神、敢于承担风险的创新型人才队伍。

> **思考题**
>
> 1. 科技创新中心兴起与演变的影响因素有哪些？
> 2. 除本章所提及的科技创新中心外，试列举世界上其他的科技创新中心城市。
> 3. 世界科技创新中心城市除成功经验外，有何教训值得借鉴？
> 4. 试分析河南省创新高地与科技创新中心建设政策中还有哪些不足？

参考文献

[1] 张建伟，杜珊珊，肖文杰，等. 河南省建设中西部科技创新高地的适宜性评价研究[J]. 创新科技，2017（9）：31-34.

[2] 熊鸿儒. 全球科技创新中心的形成与发展[J]. 学习与探索，2015（9）：112-116.

［3］陈搏.全球科技创新中心评价指标体系初探［J］.科研管理,2016,37（S1）:289-295.

［4］杜德斌.对加快建成具有全球影响力科技创新中心的思考［J］.红旗文稿,2015（12）:25-27.

［5］杨付红.东京案例对济南市建立创新型城市的启示［J］.中国市场,2013（23）:78-80.

［6］汪云兴,何渊源.深圳科技创新:经验、短板与路径选择［J］.开放导报,2021（5）:86-94.

［7］吴国玺,刘培.河南省建设中西部科技创新高地实施路径［J］.决策探索（下半月）,2017（9）:8-9.

第十四章 创新区

> **导　言**
>
> 　　创新区是创新空间的一种组织模式，是将创新发展与城市发展相结合的一种发展路径。它是全球创新活动逐渐向城市中心地区回流，城市创新由"郊区化""园区化"向"城区化"模式转变的产物，是城市存量空间实现创新发展的一种类型。本章梳理和归纳创新区的产生背景与发展阶段，重点阐述创新区的分布模式、发展机制及其社会价值。

第一节　创新区概述

一、创新区的概念

　　创新区区别于创新型城区，其抛开行政区的概念，是区域内自发形成的创新空间，是创新驱动时代形成的新经济空间，也是地区创新驱动、转型发展进程中的重要平台。创新区作为一种全新的城市经济新空间，目前国内学者对其研究较少。结合欧美城市创新城区实践情况来看，创新区是一种新型的刺激经济增长的城市规划手段，是充分考虑城市中心工业区、创新集聚区等因素而形成的新经济空间。

　　巴塞罗那普布诺地区和波士顿海港改造地区是学术界公认的最早的创新区，创新区的发展均是基于这两个创新城区的发展模式来进行调整和完善的。根据两大创新城区的发展过程和学术界对创新区的研究来看，创新区在原有工业区、科学园区的基础上，集聚了现代创新经济所需要的创新资源要素，它们之间相互协作，共同为创新城区的形成打造良好的基础。创新区的形成，一方面揭示出城市发展的新趋势；另一方面重新建构了社会结构及关系网络之间的联系属性。在创新区内部，各个创新主体之间有一种"开放创新"的机制,其相互密切合作并分享成果。科技型企业更倾向于将研发机构、研发中心、研发基地等创新机构布局在国家实验室、大学的区域内,而不再是环境优良的生态区域。

结合国内城区的发展情况,参考布鲁斯学会的研究,根据其他典型创新城区的特征和内涵,创新区是指集聚了高端科研机构、企业集群、孵化器和金融机构等创新主体,具有十分完备的创新环境的城市空间。同时,"创新城"主要存在于城市中心城区或者大都市区的边缘区,并具有紧凑、便捷、网络性、智慧性、功能混合等众多特性。

二、创新区的产生

全球化与知识经济的挑战。在全球化背景下,快速的城市化、匮乏的资源、传统的经济结构正在逐渐阻碍着城区的发展,而全球化的进程是促进经济发展和创新的重要部分。传统城区在逐渐衰退,新的经济发展模式亟待生成。作为城市中的区域概念——城区,其形成的初衷就是协助城市快速形成动态环境,更新传统城市的发展模式。创新城区正是在这样的背景下应运而生的,并迅速上升为国家的发展规划战略。知识和学习所创造出的创新能力均对区域经济发挥着重要作用。人才的集聚在很大程度上促进技术的发展,同时,创新的产出会进一步提升经济上升的空间。创新要素、创新思想在城区区域内逐步集聚,将会为创新活动和经济增长提供有力的保障和发展的基石。知识经济无时无刻不在影响着区域经济的发展,而城区是区域的一个类别,也不例外地受到其影响和挑战。城区作为区域的重要组成部分,在全球化的背景和知识经济双重压力下,创新活动越来越集中于城区。在现代知识经济发展的时期,由于创新主体(企业、科研机构和大学)的创新活动集中聚集在城区,城区逐渐出现两极分化的迹象,有些城区成为跨国公司的研发应用基地、全球或区域内的创新中心和经济中心,还有一些城区演变为研究(开发)中心。

新时期城市发展的诉求。作为城市的核心部分,城区在创新经济的发展中肩负着特殊的历史使命。创新成为新时期城市发展的名牌和有效的驱动力,如何更好地发挥创新的作用、促进城市快速发展,将是城市最为关注的话题和议题之一,也是摆脱传统经济走向创新之路的必要措施。创新城区是国家创新发展的重要载体,集聚了各类创新资源、创新主体,将大幅提升区域创新水平和国家综合创新能力。因此，新时期建设创新区是城市创新发展的必然选择，能够激发城市创新主体迸发创新激情、提升技术、升级传统经济发展模式，从而帮助国家经济在全球经济发展中领先，并将对城市可持续发展起到非常重要的现实意义。

国家发展战略的需求。为全面贯彻落实习近平总书记关于实施创新驱动发展战略的一系列重要讲话和《中共中央 国务院关于深化体制机制改革加快实施创新驱动发展战略的若干意见》精神，充分发挥科技对经济社会发展的支撑引领作用，激活各种创新要素和资源，全面推进创新城区建设，目前我国已经相应建设多个不同层次和功能的城市创新空间主体，如中关村国家自主创新示范区、张江国家自主创新示范区（国家科学城）、环同济知识经济圈等。创新活动不断积聚，慢慢形成了城市创新空间，其具有以创新、研发、学习、交流等知识经济主导的产业活动为核心内容的城市空间系统。一方面，创新区不单单是一些硬软件设施的简单组合加总，而是先后形成了以经济、文化为基础，以物质为核心的城市属性；另一方面，创新区不仅包括空间结构、空间形态、产业结构，还包括创新机制和创新文化精神。

三、创新区的发展阶段

创新区的建设不仅要有丰富的要素，而且要有城区层面的协调发展。创新区的建设就是创新资源和创新主体集聚，它们之间相互配合、相互协作，共同促进创新城区的发展。随着经济和技术的不断发展，依靠传统生产要素发展的基础城区已经不再适合新时期城区的发展要求，也不能满足和推动各个创新主体对城区的需求。在这个时期，各个创新主体先后通过自身的创新技术、创新机制来推动创新城区开展创新活动，激发城区的创新活力，集聚更多的外界创新资源，提升城区的创新能力，最终形成具有创新力的创新城区。创新城区的形成是循序渐进的，不是拔地而起的。一般而言，创新区的形成均是以传统基础城市为起点，融入创新要素、创新机制等活动内容。依据创新资源的集聚度和创新能力水平，创新区分为4个阶段。

（一）传统城市阶段

在传统城市阶段，城市主要依靠土地、能源产业等，创新基本上不存在，且城市内部高素质人才缺乏，用于研发的资金数量有限，甚至科研机构和图书馆的数量都很少,导致城市内部产生的科研成果数量极少,基本上不存在重要的创新活动。

在这个阶段,创新城区基本上还没有出现,城市主要按照传统的方式进行发展,所用的生产要素依然是劳动力、资本等传统要素,创新科技等要素并没有出现,仍然沿用工业化的发展模式。在这一阶段,城市中依靠自然资源生产、加工的传统产业经济处于岌岌可危的地步,中心城区尚未形成,创新能力不足,由于政府、企业、科研机构没有意识到创新的重要性,导致城市处于半停滞状态,创新活动比较少。此外,创新城区在这一阶段中的创新活动大部分属于偶发行为,并没有实质性的创新资源发展,创新资源严重匮乏。

(二)创新城区的萌芽阶段

随着资源、环境不断的恶化及人口红利的消退,城市之间为了发展而相互竞争,为了能够在市场中占有一席之地,政府、企业、高校及科研院所等都逐步关注创新活动的培养和开发,提高科研机构的成果转化率。但是,由于城市发展的缓慢性及创新人才的局限性,创新资源仍然处于起步阶段,尚未形成大的发展。创新主体开始转变创新思维,逐步向创新方面发展,产业升级改造,城市更新换代加快创新活动的开展。此时,各个城区逐步增加创新投入、提高创新产出,城区内部开始出现创新活动,但数量极少。因此,此时的创新城区只是有初步发展的意向,总体水平处于较低的阶段。

在这个阶段,创新城区内部已具备少许创新资源,创新主体也逐渐增多,少量高新技术企业慢慢入住创新城区,企业、政府、科研机构内部的创新活动也在慢慢兴起。传统城市阶段所积累的大量资金支持、雄厚的产业基础和完善的商业环境,提升了创新城区的吸引力和创造力,产业结构调整,创新水平急剧上升,人口急剧增加,创新城区逐渐进入正轨。

(三)创新城区的发展阶段

随着国家对创新的认识,无论是在政策还是在实践方面,各个创新主体都开始发力。产业升级的趋势显现、创新基础的不断完善、创新人才的不断融入、创新投资基金的提升都为创新活动的开展打下良好的基础。随着创新资源的集聚,政府加大对环境友好型企业的政策扶持和资金支持。在此基础上,创新主体拥有充足的创新资金和良好的政策扶持,企业的研发活动逐步开展，创新成果不断转化；与此同时，创新人才被企业的优厚待遇所吸引，集合众多创新资源发展创新活动，并且打造创新城区的创新环境。随着创新资源的不断丰富，创新主体之间相互交流，逐渐形成官产学研联盟，创新主体之间的创新资源不断交换和合作，创造出更多的创新活动。创新活动的兴起，帮助各创新主体的研发能力有很大程度的提升，城区内部的研发创新能力不断提高，其发展速度呈现几何增长的趋势，城区创新能力步入快车道。官产学研的建立标志着创新活动之间的交流，也标志着创新城区进入快速成长阶段。

（四）创新城区的成熟阶段

进入创新时期，国家出台多个法律法规和配套文件，其目的就是快速推进创新城区的建设。为了充分调动科技对经济社会发展的引领作用、集聚创新要素和资源、推动创新城区的快速发展，创新城区在成熟阶段的后期，通过加大宣传及推广创新活动，吸引更多的创新资源到创新城区内部，从而进一步提升创新城区的核心竞争力。此后，创新城区进入平稳发展期，发展速度趋于放缓，发展重心从集聚创新资源转移到有效配置创新资源，从而在很大程度上推动创新城区的深度发展。在创新城区发展的中后期，创新城区内部高效利用创新资源推动创新活动，但是受到创新区域面积和经济规模的限制，城区内的发展规模不可能无限扩张，创新发展将逐步进入新的发展阶段。综上可知，在创新城区成熟期，创新城区的创新能力不断提高，但增速放缓，处于平稳增长的时期。

该阶段代表着创新城区建成。在创新城区建设的中后期，创新城区已经呈现产业结构已完成调整、创新驱动经济体系建成、高端服务业和产业有很高的经济效益、创新人才超过既定标准、自主创新能力较强等现象。创新城区内的创新主体之——政府进一步考虑城区的健康稳定发展和打造与众不同的城区名片，及时完善创新城区的软实力和硬实力，帮助创新城区进入良性循环的时期。在创新主体的齐心协力下，创新活动稳步推进，创新资源不断积聚，创新环境不断优化，创新城区将迎来新的发展机会和发展计划。

第二节 创新区的分布模式及发展机制

各国在全球范围内逐渐开展创新城区实践，尤其是美国，在布鲁金斯学会提出创新城区的概念后，政府及学者将多处城市片区按照创新城区的理念开展实践探索。本节根据创新城区的发展和现有实践案例，归纳了创新城区的两大类、4种模式，分析了创新城区发展的背景，并对目前较为成熟的创新城区案例进行了梳理。

一、创新区的分布模式

卡茨将创新城区归纳为 3 类模式：一是"锚机构+"模式，指位于城市中心区或次中心区，依托于大学、研究院发展的创新城区；二是"重塑城市区域"模式，指在工业区、旧城等区域通过政府更新计划实现改造的创新城区；三是"城市化科学园区"模式，指在城市近郊区或郊区围绕相对隔离的科技园区而形成的创新城区。但这种分类方式存在一定的局限性：一是未能梳理清楚创新城区中创新和空间的关系，不能反映出创新城区的发展机制和发展路径；二是创新城区的分布并不一定按照城市中心、次中心、郊区的方式，也存在郊区创新集聚的可能性，分类方式对空间的划分方式并不合理；三是 3 类创新模式并不能很好地将现有创新城区的典型案例涵盖。

结合创新源、创新服务、创新环境的创新生态体系机制及城市空间发展基础，从空间和创新两个角度，可将创新城区划分为两大类、4 种模式：一类是创新要素集聚类，包括创新驱动模式、服务和环境吸引模式，另一类是空间载体塑造类，包括旧城更新模式和园区转型模式。

（一）创新驱动模式

这类创新城区主要分布在大学、研究机构集聚区，以及创新型、研发型企业集聚区。其核心是具有知识溢出、技术研发作用的创新主体，围绕创新源集聚了创业者、中小企业和大企业创新的衍生企业。主要目标为创新成果得以转化，创新经济持续发展。它的社区关系是创新导向社区，以创新功能带动区域发展。分布在美国大城市中心及次中心的大学和研究机构，往往在其周边形成了创新城区的发展，如马萨诸塞州剑桥市的肯德尔广场、休斯敦市的得克萨斯医疗中心等。

第十四章 创新区

美国肯德尔广场位于查尔斯河西岸的剑桥市,紧邻麻省理工学院,是全球创新企业最多、创新活动最活跃的地区之一。该区域承接了麻省理工学院的知识技术外溢,集聚了大量能源、IT与数据、生物医药等企业,其产业环境是具备全球竞争力的新兴高新技术产业集群。肯德尔广场是典型的创新驱动模式的创新城区。

肯德尔广场经历了3个发展时期,实现了从工业区、办公区到创新区的转变。最早麻省理工学院在政府资金支持下进行军事研发,其附近区域逐渐发展成为军事工业;1960—1970年,政府财政投入逐渐减少,开始转型发展民用电脑生产行业;而1980年后,区域内的企业逐渐从硬件转向软件开发,并基本摆脱了对国家财政的依赖,工业逐渐迁出,旧厂房逐渐更新为办公楼;1990年,在校企合作下,生物技术产业首先爆发式发展,随后新能源等新兴科技产业崛起,区域创新能力不断增强。近年来,市政府希望将肯德尔广场及周边区域提升成一个密度更高、更具活力、更动态弹性的创新城区。

(二)服务和环境吸引模式

这类创新城区主要分布在具备良好的创新服务水平及创新环境品质的地区,如资本集聚、商务服务机构密集、环境品质良好、文化氛围开放及生活条件优越的地区。其驱动因素是创新服务水平和公共服务水平,核心目标是增强创新能力和经济效益、空间收益。它的社区关系是经济型、服务型社区,经济活跃或服务良好。这类区域本身不具备显著的创新源,但通过其他创新要素对于创新企业的吸引和对创业氛围的塑造,使得片区的创新能力不断提高。目前美国知名的纽约"硅巷"、洛杉矶"硅滩"均是这类创新城区模式。

纽约"硅巷"名字的由来是源于美国西海岸的硅谷,通常也会称为科技创新发展的西部模式和东部模式。"硅巷"的崛起源于纽约曼哈顿第五大道和23街交汇处的熨斗大厦(这片区域被称为熨斗区),此后逐渐蔓延到曼哈顿的中区和下区,随着规模的扩大,曼哈顿上区及河对岸的布鲁克林地区也逐渐成为科技创新企业的集聚地,形成了以曼哈顿为中心、范围覆盖大都市区的科技创新高地。曼哈顿是全球的金融中心,集聚了大量的资本机构、公司总部,金融、媒体服务业蓬勃发展,因此,纽约"硅巷"是典型的服务和环境吸引模式,而且是偏向于创新服务吸引发展的创新城区。

（三）旧城更新模式

这类潜在创新城区主要分布在发展成熟后逐渐开始衰败的老城区、传统工业集中区及滨水物流仓储。其核心目标是重塑空间环境，提高城市品质和就业率。其社区关系是混合型社区，功能混杂，发展条件不足。这类片区的整体发展遇到瓶颈，转型升级是必然出路，而该类地区凭借其悠久的历史传统、毗邻高租金的城市中心等优势，通过空间的更新改造，逐渐集聚了一批先进的研究机构和代表企业。旧金山米申湾波士顿南湾、西雅图的南湖联合区和布鲁克林的海军造船厂等均属于旧城更新模式的创新城区。

米申湾位于旧金山市中心东侧，紧挨圣地亚湾片区，占地120公顷。该片区此前分布有大量工厂和仓储用地，且临近码头，是旧金山的生产基地和物流集散地。1998年后，政府开始城市更新计划，片区内的工业企业和厂房逐渐外迁，经过20年的发展，如今的米申湾正被打造成一个发展生物和信息技术的创新高地，按照发展路径来看，是典型的旧城更新模式的创新城区。

米申湾片区成为创新城区的优势：一是通勤便利，米申湾片区通过城市主干道与主城区连接，同时，城市内快轨和城市间火车站均位于该片区周边，通勤条件良好；二是低成本空间，历史遗留的工业废弃用地为企业办公、居住等降低了成本，使得年轻人和创业者可以留在临近市中心的位置；三是专业学科群强大的学科建设和技术外溢能力，该片区大学及研究院在神经科学、遗传学、脑发育、癌症、骨骼疾病、心血管疾病等方面领先全美甚至全球。

（四）园区转型模式

这类潜在创新城区主要分布在封闭式科技园区及周围区域，传统的科技园区往往与市中心相互隔离，通过通勤与中心区连接。其核心目标是单一产业园区向科技综合体转型。它的社区关系是生产型社区，以生产功能为主、生活功能为辅。该类片区正通过提高空间密度、注入新的商业形态（包括零售和餐馆等）为集聚区企业创新提供广阔空间。北卡罗来纳州的三角研究园或许是20世纪最具代表性的研究和开发园区，同时也是园区转型模式创新城区的代表。此外，其他科学园区也积极努力投身于科技园向创新城区的提升转型中，如威斯康星大学麦迪逊分校的大学研究园、弗吉尼亚大学在夏洛茨维尔的研究园、亚利桑那大学在图森的科技园区等。

北卡罗来纳三角研究园成立于1959年,是由州政府、当地企业、学校联合创办的美国最早的高科技研究园区,规划占地面积30平方公里,位于达勒姆、教堂山、罗列三市中间,靠区域性道路与城市相连。北卡罗来纳三角研究园一度引领区域及全国的科技发展方向,依托杜克大学、北卡罗来纳大学和北卡罗来纳州立大学的科研成果,形成了制药、微电子、生物技术、电信和纺织等产业的技术积累与企业集聚。但近年来,管理者发现远离城市环境和大学校园,使得园区对于人才和企业的吸引力逐渐降低,园区的孤岛式区位、单一功能组织不能满足依赖于创新环境和非正式交流网络的创新人才、创业企业的需求,所以,园区管理者采取措施,将园区向创新城区模式转型发展。

从创新城区的发展路径上,4类创新城区也存在明显的差异:首先,创新驱动模式和服务和环境吸引模式是市场主导、创新优先、空间为辅的发展路径。这两类创新城区一般发展较为成熟,通过创新驱动或服务和环境吸引的方式集聚了创新要素,初步建立了创新生态体系,具有了创新城区发展的内在动力,而这种动力源于市场的力量,源于创新的发展需求。政府在这两种模式中起辅助的作用,通过政策和制度手段优化创新生态的运作机制。其次,旧城更新模式和园区转型模式是政府主导、空间先行、创新后进的发展路径。这两类创新城区一般处于发展的起步期,创新城区的发展契机是政府对片区的重新规划,通过空间规划手段提升基础设施建设、公共服务水平和环境品质,进而优化片区功能、产业结构。在空间提升的基础上,大力发展新兴产业,鼓励创新创业,形成创新城区。

二、创新区的发展机制

根据创新城区相关理论基础,创新城区的发展基于创新转变、主体转变和空间转变,形成了"创新生态—主体特征—空间创新"的发展机制。

(一)创新区的理论演进

创新城区是时代进程的产物,经得住理论和实践演进过程论证的创新城区才是可以长期发展的创新空间模式。从理论演进的角度来看,创新城区的出现基于生产要素与创新主体在空间上的规律,空间规律从区位论强调成本和地方联系,到新产业空间理论强调关系网络和本地化,再到创新系统强调创新网络,生产关系的变化和主体对空间选择的变化影响着空间组织模式。

创新城区的空间组织演进过程划分为3个阶段:第一个阶段,工业迅速发展,在规模经济主导的经济模式下,区位理论很好地解释了工业集聚区、工业园区模式的形成和发展机制;第二个阶段,随着产业发展的复杂化、网络化,核心生产资料和生产组织模式发展转变,产业发展对技术创新及外部资源的依赖性加强,逐渐形成产业集群和科技主导的科技园、科技城;第三个阶段,随着新经济的发展,全球及本地的生产关系进一步复杂,社会分工更加弹性化、扁平化,生产空间出现聚集与分散共存的新趋势,呈现传统空间与新空间割裂与融合的全新发展模式。在全面推进创新驱动发展,开放、共享新经济理念的背景下,创新城区的发展是强调建设创新网络、营造创新生态,同时具备良好创新环境的发展阶段。

（二）创新区的发展转变

创新城区的演变过程是经济社会发展转变背景下的空间体现。创新城区的发展以创新转变、主体转变、空间转变为基础,呈现创新环境更复杂、创新要素更多元、创新主体更灵活和创新空间更开放等新特征。

1. 创新的转变

创新城区作为创新活动的承载,需要顺应创新的发展规律,创新发展经历了理论和实践方式的转变,逐渐形成了以创新生态系统为基础的新理念。

创新理论研究的转变。创新的理论研究经历了一次方向转变,在1950年前后的创新研究中,创新的定义和研究领域还相对狭义,创新主要是指科学研究产生的技术创新,技术经过技术转化后形成新的产品,完成创新的过程,这个过程中的创新是单向的、可控的,创新模式是线性的,其涉及要素有限。随着管理学、经济学、社会学等学科不断将创新理论应用到经济社会各个领域,创新理论的内涵更加丰富,理论应用性也更强,可以用来解释产业发展、企业成长、创新环境等问题。创新逐渐延伸到知识技术产生、流动等活动中,创新的过程是非线性的、网络化、嵌入式的发展模式。

创新方式的转变。新的技术变革和文化变化影响着社会的供需关系,进一步影响着创新发展的方式和路径。新的供需关系要求市场可以更快、更灵活地做出回应,创新环境变得更加开放,创新主体和创新要素更加多元,创新更加广泛。从技术发展的角度来看，随着互联网等新技术的普及与应用，不仅信息和技术作为生产资料在经济系统中发挥越来越大的价值，而且让远程生产与远程办公成为可能，为小型团队和个人在市场中发挥价值创造了技术条件。从文化演进的角度来看，社会文化价值观不断被重塑，多元化的文化和价值观共存于同一时空，产生了更多愿意选择自主探索、自主创业的小型团队和个人，社会网络的作用越来越重要。在技术与文化的影响下，经济市场上出现了定制化生产、小规模生产和弹性生产，越来越多地服务于个性化消费和差异化消费，为专业化小型团队和个人拓展了市场空间。

创新生态的形成。随着创新内涵的外延，创新发展需要更全面的统筹，创新生态系统理论应运而生。新经济、新企业的发展不仅取决于当地的经济发展，也取决于市场、人力资源、资本、文化、基础设施等因素，创新创业生态系统就是将各类要素统筹考虑。创新创业生态系统与地理区位是有关系的，这不仅体现在经济环节，还包括这个地方是否有知识源，是否有良好的文化氛围、生活氛围，物理空间是否适合居住、是否促进交流。但是，创新生态系统也强调其非空间的概念。创新生态系统强调的是系统内的各要素关联，创新城区是在一个相对可以界定的有限范围内讨论创新创业主体的行动策略、相互作用，及其与创新创业生态圈环境的互动关系。

2. 主体的转变

核心主体的转变。在创新转变的趋势下，创新不再只是由大企业、国企、高校、科研机构主导，而更多是在市场力量下由创新型企业、创新型人才主导的创新发展。在企业层面，关注创新型企业的发展成为影响未来城市竞争力的关键。彼得在《创新与创业精神》一书中提出，"新经济"主要是指以大量创新型成长型中小企业为支撑的经济形态，他认为"创新型企业是美国经济发展的主要动力"。在人才层面，更关注广义上的创新型人才的培育与吸引。创新人才由专门的科技人员向更广泛的人群主体偏移，创新人群呈现多元化、年轻化，创新型人才的数量和质量逐渐成为城市竞争的关键。

主体行为的转变。创新型企业和创新型人才对于外部环境的要求更高，对于空间的自主选择意愿更强烈。随着技术创新的进步，企业为了实现自身的发展，追随知识源和创新源，也随着人才汇聚到城市中心地带。创新型人才对就业、生活、个人价值的需求与偏好经历了演变过程，导致人才与企业选择的关系发生了变化，实现了从人才追随企业到企业追随人才的转变。主体行为的转变具体分为4个阶段。

第一个阶段中，在生产资料驱动的时代，企业往往选址在生产资料富裕的区域，人的选择是被动的，工作岗位和工作所提供的薪资是就业者考虑的核心因素，为了获得良好的工作岗位和较高的薪资水平，人才将追随企业活动。

第二个阶段中，随着社会分工的细化和生产技能要求的提高，人才的类型和技术的方向更加细分，工作的类型更加多元。此时人才选择追随技术，技术的重要性提高，核心技术往往分布在某些特定的区域，当技术优势达到一定程度时，就会吸引该领域、该方向的科研人员和工程师集聚到该区域，进而带动了知识和技术的进一步流动。

第三个阶段中，人才除了工作本身外，开始关注城市环境品质，便捷的交通、宜人的环境、良好的服务水平都是吸引人才的重要因素。此时，人才占据了主动权，企业需要更多地从人才的角度考虑选址，不仅要满足企业发展需求，更要满足人才生活需求，逐渐进入企业追随人才的模式。

第四个阶段中，在空间及物质条件外，人才开始关注区域的精神文化差异，随着物质生活的满足，创新型人才的就业开始出现对精神愉悦、个人价值等更高层面的精神需求，不同城市的文化氛围不同，同一座城市不同区域的文化氛围也有差异。

地方政府在发展策略上也随之改变，在传统城市发展策略中，政府首先考虑的是通过税收政策、资金鼓励等方式吸引企业，形成产业的集聚，拉动经济发展，并在吸引劳动力后促进城市发展。而现在，政府的策略思路发生了转变，通过制定人才政策、改善生活条件、提供公共服务、提高基础设施水平，从而加强对多样化人才的吸引，进一步带动企业的集聚。

3. 空间的转变

空间供给的转变。传统的产业空间一般由政府主导，通过用地规划来审批划拨工业用地、科研用地等，或者通过政策集中规划工业园区、科技园区等，为企业发展、技术落地转化等提供空间支持。一方面，创新城区的空间供给是多主体参与的结果。在创新城区中，创新型空间的供给不仅限于政府行为，在市场运行下，更多的企业、第三方机构会通过各种途径和模式为创新型企业和人才提供承载空间，如联合办公空间、众创空间等模式的空间。另一方面，城市内部存量空间的利用也提供了新的空间发展路径。历史上，城市的中心往往有工业发展的基础，给市中心留下破旧的厂房、荒废的铁路，如波士顿、旧金山、伦敦。随着旧城复兴、内城绅士化的进程，这些待更新的建筑场地成为政府和市场合作的基础，有助于吸引新的经济活动，促进形成新的城市空间模式，为大都市区的市中心、次中心、旧城、老工业区等区域带来新的发展机会。

空间利用的转变。创新城区在空间利用上符合现代城市转型发展的普遍规律。一是功能组织趋于融合，城市各类功能区的空间边界越来越模糊，追求产城融合、多业态融合是目前城市规划的大趋势，集生产、生活、消费于一身的综合体、综合性片区越来越多。二是空间利用更加弹性，由于新业态、新模式的出现，以及空间使用主体的多样性、灵活性，要求城市空间不能局限于固定的、稳定的"空间组织和功能"，在时间和空间上追求更大的弹性。三是城市土地利用进一步混合化，以互联网、物联网为基础的小微企业和团体是城市发展的重要主体，这决定了传统大工厂所需要的集中性单一用地类型不能满足使用需求，促使了用地类型的混合度变高。

（三）创新城区的发展框架

创新转变、主体转变、空间转变出现的新趋势，既是创新城区产生的驱动力，也是创新城区发展的应对思路，创新城区的发展机制需要从创新生态、主体特征和空间创新3个层面展开。创新生态涉及创新要素及其相互关联，是创新城区的基础生态网络；创新型企业和创新型人才是核心创新主体，是创新城区的根本发展动力，其行为特征和空间偏好将影响创新城区的空间组织；创新城区的空间规划是在空间规划层面具体的空间发展策略，既需要组织模式的创新，也需要制度和政策层面的支撑。

创新城区的关键在于机制联动，需要从形式到内涵进行转型，聚焦创新生态的建立，实现创新要素的联动，促使创新区域变"物理过程"为"化学作用"。聚焦创新主体，即建立聚焦创新型企业需求、创新型人才需求与创新服务创新环境的联动机制，最终实现空间模式的转变和创新，形成创新城区的发展模式。

第三节　创新区的社会价值及实证研究

创新城区作为集聚高端生产要素、提升城市发展水平和能力、构筑地区竞争优势的新空间载体，对于推动地区经济社会高质量发展具有十分重要的现实意义。从实践来看，我国的创新城区建设多层次、多层面推进。随着我国经济发展的深度转型及城市间竞争的加剧，创新城区建设由北京、上海、深圳等重点城市率先进行。近年来，更多地方政府对此予以重视，纷纷制定战略规划，创新城区在经济发达地区更是如雨后春笋般涌现。

一、创新区的社会价值及存在的问题

（一）创新区的社会价值

创新城区建设旨在优化城市布局，集聚创新要素，促进城市产业革新，承载着引领和带动区域经济社会高质量发展的重要使命。

集聚和整合创新要素，提供和完善创新服务，奠定城市高质量发展的基础。一方面，创新要素包括创新源、创新主体和创新环境。创新型人才属于创新源，是创新城区中企业、专业化支持和服务机构员工的重要来源，是创新城区发展的关键力量。创新城区通过打造宜居宜业的城市生活环境，满足人才从办公到居住、消费，再到社交的各类需求，吸引具备知识与技术的各类创新型人才集聚，形成创新驱动城市发展的高端要素。另一方面，创新城区通过集聚实现企业间共享基础设施与公共服务，减少失业与岗位空缺，提高劳动力的市场匹配性，降低企业生产成本、企业之间的交易成本及企业对人才的搜寻成本，最终发挥集聚的正外部性作用，为城区内企业提供良好的创新服务，并使其反作用于创新城区自身的城市更新与再造，进而形成累积性的循环发展优势，奠定城市高质量发展的基础。

增强区域创新能力，促进产业结构迭代更新。创新城区体现了区域创新发展实践的协同创新理念，注重在特定区域内高效集聚创新创业企业、创新型人才、科研院所、融资机构及企业孵化加速器，形成一个较为完善的区域创新体系，从而更好地促进区域协同创新，促进创新资源的集聚，产生协同效应，由区域创新带动提升城市整体创新能力。此外，创新城区立足产城融合的发展趋势，有助于推动传统的夕阳式产业进一步更新换代，有助于在当地发展现代化服务业、创新型和具备较高附加值的高新技术产业和新兴产业，契合我国供给侧整体结构性深化改革所强调的"三去一降一补"五大改革目标，为推动城市经济产业从中低端走向高层次的转型升级发挥重要作用。

提升城市内涵，增强城市可持续发展动能。创新城区云集众多知名企业、众创空间、科技孵化器与创新服务平台，为城市提供了科研、生产的空间。同时，创新城区把创新与城市其他各项功能相融合，打造生活、休闲的空间，在此基础上，将城区内历史悠久的建筑、古老街道等具有代表性和战略意义的资源与城区内交通、医疗、文化等基础配套服务设施进行整合，在很大程度上提升城区中人们对于基本住宅和就业的需求密度，推动产业、科技、人文与城市发展相互融合，在完善城市基础设施建设的同时，实现城市创新从以往以高新技术为主的"硬"创新向以文化创意、信息技术等为核心动力的"软+硬"创新转变。结合城市特色打造新的城市地标，丰富和提升城市内涵，通过中心城区的带动辐射作用，为整个城市加快实现城市经济的健康可持续发展目标提供持久动力。

（二）创新区建设中存在的主要问题

现代社会的创新是科研院所、企业和政府三大主体发挥各自的功能，相互协同推动创新活动螺旋式前进的结果。其中，政府的科学规划、正确引导、有效支持与推动至关重要，影响乃至决定着创新城区建设的水平及其功能发挥。制约创新城区的建设及其功能发挥的主要问题如下。

发展定位不清。创新城区建设是推动城市实现内涵式发展的重要举措，但各城市的区位、产业、文化等资源禀赋不同，具体的发展目标和定位应当有所差异。在创新城区建设的热潮中，一些城市匆忙决策，往往缺乏明确的定位和长远的规划。一些创新城区的建设注重规模扩张和投资驱动，却忽视了自身发展的特色、远景目标及效益回报。在一些地区，动辄投入上百亿元资金推动基础设施建设，而随着领导的变动，一些新区及重大项目的建设往往被忽视甚至无疾而终。发展定位在根本上涉及创新城区建设的体制机制及发展策略问题，意味着政府的重金打造并非是万能的保证。

创新引领功能缺失。创新城区建设的核心使命应当是实现创新要素的聚合与裂变，从而引领整个城市和区域经济社会的高质量发展。其中，创新企业的集聚和特色产业的形成是创新城区发展的基础，企业与大学、研究机构、人才等创新要素之间的联系，是保持创新发展的关键。然而，在一些地方创新城区建设中，引进落户的项目在结构上较多集中于医疗、教育、商业等服务性产业，对促进区域实体制造业、特色经济发展的创新项目偏少，与当地经济发展的特点和需要的契合度较低，创新引领和辐射的影响力较弱，突出表现在对增量空间的建设较多地引进高端商业和商务办公。此外，一些以追求经济效益最大化为目的的房地产商在开发创新城区建设项目中常常是

"先声夺人",各种因素交织的投机力量提高了区域内生产和生活的成本,制约创新城区的建设和发展,导致在存量空间建设层面,伴随着创新城区建设带来的老旧城区改造,城市原有的风貌往往被破坏,使创新城区丧失各自应有的特色,产生同质空间,违背创新城区以创新为契机,促进经济、社会、空间的全面提升和可持续发展的本意。

人才服务优势不突出。创新城区作为一种新兴城市空间发展模式,体现"创新"内核与"城区"载体的结合,工作与生活的相辅相成,成为吸引企业、研发机构和人才的重要突破口。相较于省市级特大城市的创新城区所拥有的相对完备的城市功能,一般的地级城市应当在创新条件、生活成本及环境宜居等方面创造更加突出的优势以吸引人才。但在现实中,由于城市更新基础设施和空间再生产,这些城市的创新城区普遍形成了高房价、高租金的高生活成本,既增加了创新创业的成本,也增加了创新人才的生活压力。尽管有不少城市政府从优惠福利待遇的角度出发,实施了一定的人才优惠政策,以满足人才的住房及子女教育需求,但这些人才常常还会面临企业待遇不高、职业发展前景不明等实际困顿,导致其缺少归属感,抑制创新激情。

产学研融合度较低。创新城区发挥其作用的重要前提和表现是创新网络生态的形成,产学研融合、协同发力,使科技成果得以较好地转化为新产业、新产品、新优势。实现产学研融合,政府的组织、服务、引导和推动至关重要。而从实际情况来看,作为创新主体的产学研之间缺乏相对稳定的联系网络,未能形成协同创新的合力。原因在于,一是从组织结构层面看,由于产学研分属不同领域,彼此之间的信息交流较少,存在"信息孤岛"现象,相互之间的信任度不高;二是从功能发挥层面看,则是由于产学研合作保障机制不健全。目前,我国地方性的产学研合作多属于短期性的,加之政府对产学研合作主体间的责任与利益问题缺乏有效界定,致使部分企业对于政府推动的合作存在顾虑,导致不少地区的产学研合作呈现短期性、表面化的特点,仅注重和依赖地方政府政策,难以长效开展。

二、创新区的实证研究

(一)美国硅谷

硅谷位于美国西部的加利福尼亚州旧金山湾区南部,一般包括圣塔克拉拉县和东旧金山湾区的费利蒙市,濒临太平洋,沿101号高速公路顺势延展,总长达80多公里，面积约3880平方公里，整个谷地呈扁平状。这里最早是研究和生产以硅为基础的半导体芯片的地方，因此得名。现有人口近300万，经过半个多世纪的发展，硅谷集聚了大量的创新企业及各领域的人才，著名的企业有惠普、英特尔等，还培育了比尔·盖茨等一大批世界级的科技商业巨头。美国硅谷作为世界最成功的高新技术产业集群，引领世界操作与应用软件、互联网的发展方向，成为众多高科技人才创新和创业的基地。

虽然受困于金融危机和日益高涨的房价，目前硅谷的发展速度放缓，但根据经济学家约瑟夫·熊彼特总结的创新生命周期特征，可以预测硅谷的未来发展前景依然光明，仍将是高新技术的领导者，会在高科技领域继续发展，如在信息技术、生物技术和其他技术的融合，以及人工智能的开发方面。

1. 美国硅谷的形成原因

早期无线电和军事技术的基础。第二次世界大战之前，旧金山地区就是美国海军的重要基地，周围有很多为海军服务的技术公司，后来，军用雷达的发展促进了无线电技术的发展。第二次世界大战期间，海军和空军相互依靠，因此，航空技术也于此时得到了发展，后来著名的洛克希德公司就是在那个时候诞生的。战争结束后，这些技术转为民用，使得该地区的科技基础比较雄厚，为以后硅谷的发展打下了基础。

斯坦福大学工业园。第二次世界大战结束后有一次移民浪潮，学生大量回流。为了解决财务和回流学生的就业问题，斯坦福大学开辟了工业园，供其毕业生创业使用，以及出租给其他高技术公司。最早入驻工业园的公司就是斯坦福的毕业生创立的，副校长特曼还自己为最初的公司提供风险资本。到1955年，园内共有7家公司，1970年达到70余家，全部是高科技企业，后来逐渐形成科技园区，吸引了更多企业前来，科技园区逐渐向南段发展，这就是硅谷的雏形。到20世纪90年代，通用电气在斯坦福科技园设立研究机构，这里逐渐成为旧金山地区的技术中心和研发中心，硅谷的扩张就有了技术核心和基础。

硅晶体管的商业化发展。硅谷的由来就是由于硅晶体管产业的发展。1956年，硅晶体管发明人威廉·肖克利创立实验室，主要研究内容是半导体的应用。后来，研究室的8位工程师离开实验室，分别成立了新的公司。最初成立了仙童半导体公司，后来诺伊斯和摩尔创办了著名的英特尔公司。半导体产品的出现，开启了电子产品的新革命，为网络世界的诞生铺平了道路。

风险资本。硅谷的第一家风险投资公司于 1972 年在斯坦福附近落户。之后，风险资本在硅谷得到了长足发展，顺应了硅谷的创业趋势和潮流。直到后来苹果公司上市，20 世纪 80 年代吸引了更多的风险资本，一直以来，硅谷的风险资本占全美风险投资总额的比重很大。

软件产业兴起。硅谷在发展初期半导体工业兴盛，而现在硅谷的软件产业和互联网服务也很具有竞争力。著名的网络公司已经为人熟知，其他新兴的从事游戏开发、移动搜索及生活应用的小公司层出不穷，每个公司都拥有自己的创意。据统计，39% 的大型软件公司都在此设立总部或者分公司，现在软件产业已经支撑起了硅谷的半壁江山。

2. 硅谷创新机制与环境要素分析

创新型企业。作为硅谷发展的重要因素，创新型企业在支撑硅谷崛起的过程中发挥了重要作用。硅谷有许多优秀的企业，如苹果公司、惠普公司、英特尔公司、谷歌公司、应用材料公司、艺电公司、闪迪公司等，这些企业构成了硅谷技术生态系统的根基。

大学和研究机构。斯坦福大学为硅谷培养了大批人才，每年都会有许多该校的毕业生到该地区工作，补充了硅谷的人才库。硅谷的高科技公司也通常将目光瞄准斯坦福大学，并且硅谷最早的雏形就是在斯坦福大学创立的科技园的基础上发展起来的，它对硅谷的影响是深远的。除了斯坦福大学，硅谷地区还有很多高校，如西北理工大学、旧金山大学、加州大学伯克利分校等，这些高校各有特色，全方位地支撑起硅谷的发展。

风险投资机构。硅谷的发展离不开风险投资，但硅谷的风险投资体系是自身发展起来的。硅谷第一轮创业的人在企业经营过程中获得大量的资金和经验，他们自己也会寻找一些机会去进行投资，而大量的初始创业者也需要这样的资金，这样下一轮新公司的成长就得到了原始风险投资的支持。最早在 20 世纪 60 年代，第一批公司已经成长，著名的苹果公司等众多大企业都得到了风险投资的支持。到了 80 年代，很多机构投资者将硅谷作为重点市场，纷纷派驻分支机构，现在已经成为全美地区风险投资最活跃的科技园区。硅谷风险投资体制经历了 30 年的磨炼已经成熟，吸引着越来越多的资金和企业，该地区陆续聚集了 300 多家风险投资公司，每年投入近 100 亿美元的风险投资。长期以来，硅谷的风险投资额达到了美国风险投资额的 1/3 甚至更多。

人才智力资源。硅谷的科技人才储备充足，包罗了世界各国各种族的高学历人才，舒适的生活环境、良好的工作氛围吸引着世界各地的科学家前来安居乐业，尤其对亚裔和拉美高学历人才的吸引力更大。2015年，硅谷的总人口已经达到300万，而大专及以上学历的人口数超过70%，并且还有众多的美国科学院院士和诺贝尔奖获得者。硅谷的人才种族多元化体现得淋漓尽致。

人文环境。一是多元的文化背景。美国移民人口较多，硅谷更是吸引着世界各地的人才聚集，人口的多样性促进了文化的多样性。在硅谷，随时可以听到不同的语言，领略不同的文化，这个地区包容性很大，任何高学历的人才都可以在这里发展。二是宽松的人文背景。首先，硅谷提倡冒险精神。硅谷文化的重要特色就在于它具有提倡冒险、允许失败的价值观念。其次，硅谷宽容失败。经历失败意味着奋斗过，有奋斗经历的人取得成功的可能性要远高于碌碌无为的人。最后，硅谷提倡创新。硅谷将创新放在前所未有的高度，并努力去实践它。由于不断创新，硅谷的产品也在不断变化以适应全球经济的发展，甚至可以说，硅谷的创新产品在引领全球经济的发展。

政策环境。硅谷早期也是政府政策的受益者，美国政府和州政府制定了很多政策来支持硅谷的发展。这种作用主要体现在两个方面：一方面是资助大学进行科学研究，斯坦福大学从工业界获得了大量的资金进行实际研究，产生了很多能直接用于商业的成果；另一方面是政府大量采购硅谷的技术产品。旧金山湾地区的高科技历史可以看作一个受益于技术军转民的最佳示范，也是政府进行干预的完美案例。无线电和电子工程的最初动力来自两次世界大战，在很大程度上受到了军队的资助，美英两国政府还资助了电脑的研发，美国宇航局是第一批集成电路的主要用户。

（二）中关村科技园区

中关村的全称为中关村科技园区，是中国高新技术产业聚集区，1988年5月经国务院批准成立。它是中国第一个国家级高新技术产业开发区、第一个国家自主创新示范区、第一个国家级人才特区，也是京津石高新技术产业带的核心园区，被誉为"中国硅谷"。中关村起源于20世纪80年代初的"中关村电子一条街"，前身为北京市高新技术产业开发试验区，现已成为覆盖北京市16个区县、天津市滨海中关园的跨行政区域的高端产业功能区。

1. 中关村科技园区发展模式

前期市场力量为主导，后期政府大力支持。追溯中关村这些年发展高科技园区的道路，很难把它简单地归入硅谷模式或筑波模式。从早期发展来看，中关村类似于硅谷，它聚集了众多大专院校、科研机构及高水平的专业技术人才，有了众多技术成果积累；它荟萃了一大批勇于创新的企业家和教育家，以及民营高科技企业。十几年来，在改革开放的大环境下，依靠科技人才和企业家的创新精神和实践，逐步发展成为一个独特的高科技区域。从某些方面来说，它也类似于筑波，政府在其发展过程中制定了详细的规划，给予了一定的优惠政策，这对中关村的发展也起到了一定的推动作用。

以科研院所和大学为母体，科技企业繁衍的技术区域。中关村作为科研院所密集区域，为科技企业发展提供了良好的智力资源，支持新兴公司的创业者大多数是中国科学院和大学的科技人员，他们往往依托科研院所强大的科研技术支持开发新产品。另外，尽管20世纪80年代初中国的计算机技术在整体上落后于国外，但是在个别领域，中国也建立了自己的技术优势和技术储备，但这些技术有时候还停留于实验室而无法商业化。例如，北京大学的王选教授自20世纪70年代就开始研究激光照排技术，这为以后北大方正的崛起提供了技术储备，而中国科学院计算技术研究所多年的研究积累，特别是倪光南院士的工作对联想以后的崛起也是非常重要的。迅速地将技术储备商业化以打开市场，构成了20世纪80年代新兴公司技术开发的一个重要动力。

"以贸养技""以贸养工"，技工贸一体化模式。20世纪80年代初，中关村的新兴公司从一开始就选择了以贸易为主的成长道路，原因主要是：一是市场进入壁垒，80年代初期，国外许多新技术、新产品涌进中关村，当时我国自行发展起来的微电子产业并不能满足正在变化着的市场需求，相对于自己独立研制来说，引进的代价要低得多。二是市场机遇，80年代以前，与电子和计算机相关的研究开发和生产活动主要隶属于国防科工委系统，主要用户也是国防和与国防有关的产业，因此，这一行业严格按中央计划经济的模式运行，受到体制的制约而无法转向正在迅速崛起的民用市场。在上述情况下，引进国外的技术和产品变得十分迫切。在中关村电子一条街最初的300多家企业中，在从事电子、电脑贸易的同时，已经开始从事计算机及应用技术的开发，特别是在办公自动化和计算机开发方面做出了成绩。经过多年的积累，新技术企业有了一定的财力，有了市场营销的知识和销售网络，中关村联想、方正、四通等公司经过周密思考后，纷纷进入计算机行业。至此，中关村地区以市场为导向的"技工贸一体化"科技企业正式形成。

2. 中关村科技园区特点分析

人才资源丰富。中关村地区拥有包括清华大学、北京大学在内的70余所大专院校，以中国科学院为代表的232个研究院所及37.8万名科技人员，两院院士 322 名，人数占全国院士的 36%，每年有数千项科研成果从这里辐射全国；国家级实验室，工程技术中心在这里最为密集，大型科研仪器设备约占全国的 1/3。中关村已具备了科研力量密集、科学仪器设备密集、图书情报信息密集、科研成果密集四大优势，成为世界上科教文化最发达的地区之一，其智力密集程度居世界前列。

政府大力扶持。为了促进北京高新技术产业的发展，北京市出台了一系列扶持高新技术产业发展的政策和措施。在人才引进方面，市、区两级政府发布了《北京市关于进一步促进高新技术产业进一步发展的若干规定》《关于支持高新技术产业和加强人才建设引进急需人才的暂行办法》等文件；在创业支持方面，发布了中关村科技园区管委会《关于重申中关村科技园区有关优惠政策的通知》和《财政部关于在中关村科技园区实行优惠政策的函》等文件。中关村科技园区处于城市的边缘区，北京市政府对周边的交通网络建设进行了整体规划，并分步实施。另外，2000 年 6 月，北京市出台了"首都二四八重大创新工程"，即建立两大体系、建设 4 个基地、实施 8 项高新技术产业化示范项目。两大体系即首都企业孵化体系和首都经济创新服务体系；4 个基地即北京软件产业基地、北京北方微电子基地、北京生物医药基地和北京新材料基地；8 个高新技术产业化示范项目涵盖电子信息、光机电一体化、新材料和新能源、生物医药工程等领域。"首都二四八重大创新工程"的核心区域是中关村科技园区。

园区规模成型。经过 20 年的发展，中关村科技园区已形成了具有鲜明特色的空间布局和产业发展格局。在空间布局上，已形成包括海淀园、丰台园、昌平园、电子城科技园、亦庄科技园等在内的"一区七园"，在功能定位上各有分工、相互合作、优势互补。在产业发展格局上，形成了以电子信息产业为龙头，包括光机电一体化、生物工程和新药、新材料、环保产业在内的五大支柱产业结构。

思考题

1. 创新区的概念是什么，创新区的产生背景是什么？
2. 创新区的分布模式有哪些？它们之间的联系和区别是什么。
3. 创新区有哪些分类？它们各自的功能和特点是什么。
4. 以你所熟知的创新区为例，结合所查资料，分析它的形成原因、发展模式及社会价值。

参考文献

[1] 任俊宇.创新城区的机制、模式与空间组织研究[D].北京：清华大学，2018.

[2] 冯雪冬.中关村科技园区发展模式研究[D].北京：首都经济贸易大学，2005.

[3] 贾珊珊.沈阳市创新城区发展影响因素研究[D].沈阳：沈阳大学，2020.

[4] 张小秋.武汉光谷和美国硅谷科技创新机制与创新环境比较研究[D].武汉：武汉理工大学，2015.

[5] 夏帅伟.上海市创新城区空间组织及发展的影响因素研究[D].上海：上海社会科学院，2017.

[6] 杜卓群.京津冀创新城区空间韧性测度及路径提升研究[D].北京：北京建筑大学，2020.

[7] 李健，屠启宇.创新时代的新经济空间：美国大都市区创新城区的崛起[J].城市发展研究，2015，22（10）：85-91.

[8] 李健.创新驱动空间重塑：创新城区的组织联系、运行规律与功能体系[J].南京社会科学，2016（7）：76-82.

[9] 任俊宇，刘希宇.美国"创新城区"概念、实践及启示[J].国际城市规划，2018，33（6）：49-56.

[10] 季燕霞，王国庆.高质量发展视阈下的创新城区建设及其功能发挥[J].经营与管理，2022（1）：149-154.

[11] 徐建刚，祁毅，张翔，等.智慧城市规划方法：适应性视角下的空间分析模型[M].南京：东南大学出版社，2016.

[12] 任俊宇.创新城区的机制、模式与空间组织研究[D].北京：清华大学，2018.

第十五章 产业创新

> **导 言**
>
> 创新驱动产业结构升级，是保持区域竞争力的关键所在。本章在论述产业创新的概念、层次、影响因素和类型的基础上，以我国产业创新为例，揭示了产业创新的空间分布规律，并针对产业创新的现状和问题，提出产业创新的优化路径，以促进产业合理发展。

第一节 产业创新的基本概述

产业创新是指技术创新或形成新的产业，或对产业进行彻底改造。产业创新在许多情况下并不是一个企业的创新行为或者结果，而是一个企业群体的创新集合。产业创新起步于概念创新。消费者的意识进化、市场的需求引动和创新主体的创意活动3个因素相互影响，共同推动了概念创新。一是由于社会经济发展促进了消费意识进步，提升了消费品位和市场需求水平，这是概念创新活动的最初动因；二是消费意识进步和市场需求水平提升引发了消费者激增的个性化需求，加快了市场需求的节奏变化，形成了市场需求引动，将市场需求信息传递给创新主体；三是创新主体接收到市场需求信息的变化情况，将需求引动与现有产品进行比较分析，找出市场需求变化的溢出价值，结合消费者意识进步和丰富多变的个性化需求，发挥自身的想象力和创造力，组织形成产品创新最初的意识形态，即概念创新。

一、产业创新的层次

从其内在的逻辑性分析，产业创新分为技术创新、产品创新、市场创新和产业融合4个循序渐进的层次。

（一）技术创新

技术创新是产业创新的逻辑起点。从历史上看，新产业的形成都是由技术创新所引起的，如蒸汽机的产生、电的发明、计算机的诞生等都带动了一大批新兴产业的发展。当代的技术创新不只是个别技术领域得到发展，而是出现了一系列影响深远的高新技术。这些高新技术互为条件，构成了新兴技术群。某一专业技术取得重大进步，常常由此开始扩散、渗透，从而使原有技术系统得到改造，促使新兴产业出现。

（二）产品创新

产品创新是企业成功的基础，也是产业创新的关键。只有不断推出新技术、新产品，企业在激烈的市场竞争中才能始终处于主动的地位，获得较高的经济效益；只有连续不断地进行技术创新和产品创新，开发出具有广阔市场前景的新产品，才能使众多企业进入该领域，实现产业创新。产品创新会吸引大批企业进入，使企业层面的产品创新转化为产业层次的产业创新，标志着新兴产业的形成，单个产业的创新也就基本完成了。

（三）市场创新

企业的市场开拓能力是产业创新成功的关键环节。市场创新就是刺激市场需求，采取极富创造性的方法来使人们认识和接受新产品。市场创新是一个连续不断的过程，它与技术创新、产品创新是一个互动的回馈。市场创新是产业创新的关键环节。市场创新的主要内容有：一是塑造产业的竞争规则，如建立产品质量标准、确立产品的市场形象、建立分销渠道等，使企业可以遵循并在这些原则的指导下发展繁荣；二是开拓新的客户资源。市场容量是一个产业成长的基本环境。

（四）产业融合

产业创新向产业间转变的过程称为产业融合阶段。产业融合是由两个因素决定的：一是某些产业的创新会呼唤另一产业的创新，连锁式地对产业创新产生影响；二是一个产业创新会成为另一个产业创新的供给因素，表现为需求—供给的螺旋式发展效应。技术—产业的关联强弱是产业融合程度的决定性因素。如果某一产业的核心技术对其他产业有很强的关联，则这一产业与其他产业融合的可能性也就较高，产业的创新空间较大；反之，则容易衰退或被替代。

二、产业创新的影响因素

产业创新是一个系统的过程,市场需求只是给产业创新提供了前提条件,但产业创新能否实现,还受技术要素、资本要素、人力要素和外部要素的制约。

(一)技术要素

技术要素是产业创新的关键性要素,新产业的萌芽往往是在新技术获得突破以后才出现。一方面,技术创新是最本质的资源配置手段,当实现了技术创新,获得技术突破,其技术创新的成果也得到了市场的检验,那么,资源就会在市场的作用下围绕技术创新成果来进行配置,这也会给产业带来分化的机会;另一方面,由于技术的突破带来效率的提高,使需求得到更大的满足,产品的价格会更低、功能会更好,这可以刺激出更多的需求,从而保证了产业的市场需求增长,为产业创新提供更大的市场空间。如果技术创新没有获得突破,产业创新所依赖的技术条件不具备,产业创新就不会突破,新产业也就不会诞生。

(二)资本要素

资本是产业发展的重要要素,也是产业创新的基础条件。新产业的形成是资本要素的转移过程,新产业必须有新的资本要素供给。就高新技术产业而言,依靠现代化的生产设备和生产手段进行生产,其资本的投入与传统产业相比要大得多。与高新技术产业的高风险相适应,资本要素供给除了传统的产业资本外,还包括风险资本的供给。

(三)人力要素

与技术和资本要素相适应的人力要素,可以为新产业提供创造力基础。高新技术产业是知识密集型产业,人力要素对高新技术产业的形成起着重要的作用,尤其是具有创新能力的创新型人才对高新技术产业的形成更是至关重要。人力资本是技术创新的支持性因素,谁拥有高素质的创新型人才,谁就有可能在技术创新上取得突破,在产业创新上具有领先地位。

（四）外部要素

很多外部要素对企业生产具有重大的刺激作用和限制作用，特别是与技术、资本和人力要素有关的潜在供给环境及公共基础设施。此外，信息和企业家要素的供应也对产业的形成产生影响。

在所有影响产业创新的要素中，技术要素起着十分重要的作用，是企业间竞争的重要因素。第一，技术要素从根本上形成了产业间的差别，可以将新兴产业从传统产业中独立出来。无论资本怎样增加，它都不会带来产业性质上的改变，人力资本虽然可以成为技术创新的支持性因素，但如果没有转化为技术要素或制度要素，仍然不会形成新的产业。在新兴产业的形成过程中，起决定作用的仍然是技术要素。第二，技术要素的排斥作用更强，这种作用使产业通过技术壁垒将自己保护起来，保持自身的独立性。进入产业的资本要素和人力要素因其通用性而并不难以获得，而技术要素则因其垄断性而无法随机获得。因此，技术将产业保护起来，使得不拥有技术要素的企业无法随意进入。尽管看到某些市场十分有前景，但有些企业因没有掌握必要的技术而难以进入。

第二节　产业创新的类型

区域经济高质量发展主要体现在创新驱动下的产业高效协调发展，产业创新是经济结构调整、培育增长动力的有力支撑，能有效促进区域经济优势互补和高质量发展。本节主要从智慧农业、装备制造业和高技术产业3个方面入手，分析其主要特征及发展中产生的问题，提出合理化建议。

一、智慧农业

迄今为止，学术界尚未对智慧农业给出一个确切的定义，一般根据智慧农业的实质内容或应用场景将其描述为：以信息和知识为核心要素，通过现代信息技术和智能装备等与农业深度跨界融合，实现农业生产全过程的信息感知、定量决策、智能控制、精准投入、个性化服务的全新农业生产方式，并且认为智慧农业是农业信息化发展从数字化到网络化，再到智能化的高级阶段。

（一）智慧农业的特征

从系统工程的角度，可以将智慧农业理解为先进生产力要素组合后引起农业生产方式的变革。智慧农业技术作为先进的生产力，融合了农业生物技术、农业信息技术及农业智能化装备，辅助和代替人力操作，大幅提高农业生产力。农业经济将成为经济发展中的重要一环。

1. 智慧农业具备先进的生产力特征

结合智慧农业的技术特点与应用场景，智慧农业融合了三大生产力要素：一是农业生物技术，这是智慧农业的技术基础；二是农业信息技术，即主要依赖先进的信息科技，增加人的智慧，提升农业装备的智能化水平，为农业赋能；三是农业智能化装备，主要是辅助或替代人力操作，减少生产经营者的劳动强度。智慧农业技术是直接的生产力，通过与农业各生产力要素（农业生产者、农业生产工具、农业生产对象）渗透融合，起到生产力倍增器的作用，可以大幅提高农业劳动生产率。

2. 智慧农业的经济特征

智慧农业可以创造数字经济。数字经济已经成为当今世界经济发展的主要驱动力，智慧农业带动经济的发展。2020年，我国数字经济规模达到39.2万亿元，占GDP的38.6%；农产品网络零售额达到6107亿元，农业数字经济总量达到6920亿元，预计2025年我国农业数字经济规模将达到1.26万亿元。根据中国信息通信研究院的数据，预计2035年中国数字经济规模将达150万亿元，占GDP的55%，达到发达国家平均水平。

（二）我国智慧农业发展现状

随着城乡互联网普及率的进一步缩小，农村信息化不断加强，带动农业规模化经营，为智慧农业发展创造了条件。在智慧农业技术研究活跃领域中，中国走在世界前列，研究热点聚焦在农业传感器、农业大数据与人工智能等方面。目前，我国智慧农业通过机器学习、大数据挖掘、智慧图谱构建和语音智能识别等技术的应用，在一些地方一定程度上实现了农业个性化精准服务。

1. 高度重视智慧农业的发展

近10年的中央一号文件中，每年均强调了信息科技助力农业农村现代化的内容。2020年中央一号文件提出，要加快物联网、大数据、区块链、人工智能、第5代移动通信网络（5G）、智慧气象等在农业领域的应用，同时明确实施数字乡村试点工程。2021年中央一号文件指出，推动农村千兆光网、第5代移动通信（5G）、移动物联网与城市同步规划建设；发展智慧农业，建立农业农村大数据体系，推动新一代信息技术与农业生产经营深度融合。此外，《中华人民共和国国民经济和社会发展第十四个五年规划和2035年远景目标纲要》中提出，加强大中型、智能化、复合型农业机械研发应用，完善农业科技创新体系，创新农技推广服务方式，建设智慧农业。

2. 农村信息化促进了智慧农业的发展

目前，我国互联网和4G村级覆盖率达98%以上。根据中国互联网络信息中心第48次《中国互联网络发展状况统计报告》，截至2021年6月，我国网民规模达10.11亿，农村网民规模达2.97亿，农村地区互联网普及率为59.2%，较2020年12月提升了3.3个百分点，城乡互联网普及率差距缩小至19.1个百分点。农业规模化经营为智慧农业发展创造了条件。根据第3次全国农业普查，2016年耕地规模化占比为28.6%，而生猪、家禽养殖规模化占比分别为62.9%和73.9%。目前，我国土地流转占比40%以上，农民专业合作社、家庭农场、龙头企业的数量达300万家以上，为智慧农业的发展提供了载体和需求的驱动力。

3. 智慧农业技术创新取得明显进步

2008—2018年，我国智慧农业技术研究活跃程度（相关学术论文数量）世界排名第二，仅次于美国，研究的热点聚焦在农业传感器、农业大数据与人工智能、农业智能控制和农业机器人等方向。近年来，我国智慧农业技术也取得了长足进步，主要表现在：①一般性环境类农业传感器（光、温、水、气）基本实现国内生产；②农业遥感技术广泛应用于农情监测、估产及灾害定量化评损定级；③农业无人机应用技术达到国际领先，广泛用于农业信息获取、病虫害精准防控；④肥水一体化技术、测深精准施肥技术、智能灌溉技术、精准施药技术广泛应用于规模化生产等方面。

4. 智慧农业技术在全国范围内得到初步应用

在东北、西北、黄淮海平原等大田生产领域，通过广泛应用遥感监测、专家决策系统和农机北斗导航作业等技术，实现大田精准作业。在设施养殖领域，主要应用动物禽舍环境监测、动物个体形态与行为识别、精细饲喂、疫病防控等技术；特别是近年来，非洲猪瘟大范围发生后，高度智能化的楼房养猪发展迅速。此外，我国南方的智慧水产养殖发展也很快。在设施园艺领域，目前所有的现代玻璃温室和40%的日光温室采用了环境监测、水肥一体化技术；设施食用菌产业也广泛应用了信息技术进行产量和品质的控制。在农业农村信息服务领域，通过机器学习、时空大数据挖掘、知识图谱构建、语音智能识别等技术的应用，实现个性化精准服务。

（三）我国智慧农业发展的特点与问题

农田地块规模小、耕地细碎化问题突出。美国的农场规模平均为 200 hm^2 以上，平均每个农民的经营面积超过 113 hm^2，欧盟国家农场面积大于 20 hm^2 的占 82%，农场面积为 100 hm^2 的占 52%。而我国农田地块小，碎片化程度高，经营面积 3.4 hm^2 以下的小农户占比 95% 以上，而耕地面积却占我国总耕地面积的 80% 以上，小农、小地块的农业生产经营方式导致智慧农业技术投入的边际效益低，经营主体应用积极性不高。

农业机械化水平比较低，制约了智慧农业的大规模发展。近年来，我国加大力度支持和推广全程、全面机械化，2020 年年底主要粮食作物耕种收综合机械化率达到了 71%，丘陵山区农作物耕种收综合机械化率为 49%，设施园艺综合机械化率为 32%，畜牧养殖机械化率为 35%，水产养殖机械化率为 30%。然而，受农机产品需求多样化、机具作业环境复杂等因素的影响，农机化和农机装备的智能化水平与发达国家相比仍有 10~20 个百分点的差距，尤其是部分农机装备的农机农艺结合不够紧密等制约了智慧农业的规模性推广和实施。

农村基础设施薄弱。农村宽带网络虽然已经覆盖到村，但到农户的比例低，到农业园区的更少；4G 网络信号不稳定、5G 基站少、通信费用高等问题限制了农业生产基地信息化产品的应用；农村信息采集终端应用少，物联网基础设施薄弱，农田气象、耕地质量、土壤墒情、水文等监测点偏少；缺乏专业的信息化设备运营队伍，使得农业生产经营主体获取信息难且成本高。

智慧农业技术有效供给不足。由于缺乏基础研究和技术创新，缺乏核心的农业传感器和智能决策的算法模型，以及高端农业智能装备，不能满足实施智慧农业的需求。在传感器方面，尽管我国农业环境信息传感器和仪器仪表的国内市场占有量超过进口产品，但在精度、稳定性、可靠性等方面与国外产品差距巨大，核心感知元器件主要依赖进口，高端产品几乎全部依赖进口。缺乏针对我国农户和小地块的技术，难以满足我国广大小农户的需求。此外，多样性的生态农业对技术与应用模式的要求也是多样的，但对于研发主体来说，在投入大量资金进行研发后，却不能像工业技术产品一样大规模复制推广，低效益导致企业研发主体不愿意也不敢投入。

政策与机制问题政府投入力度不够。无论是对于技术研发主体，还是对于生产经营应用主体，政府都缺乏广泛的优惠政策支持；企业税收高，人力成本高，应用、运营成本高，高新技术申请政府补贴程序复杂、通道不畅。

二、装备制造业

装备制造业是为经济各部门进行简单生产和扩大再生产提供装备的各类制造业的总称，是工业的核心部分，承担着为国民经济各部门提供工作母机、带动相关产业发展的重任，可以说，它是工业的心脏和国民经济的生命线，是支撑国家综合国力的重要基石。习近平总书记多次在地方考察中强调指出，装备制造业是国之重器，是实体经济的重要组成部分。

（一）装备制造业的特性

1. 资本密集

资本密集是指装备制造业企业需要很大的财力投入。装备制造业从农用机械等生产通用类装备，到机床等生产基础类装备，再到石油等生产成套类装备，以至军事等更高级的生产安全保障类装备和高技术关键装备，其厂房成本、设备成本、材料成本、研发成本、人力成本等开支都十分巨大，投资规模动辄上亿元，甚至百亿元。近年来，国际资本对中国装备制造业的投资节节攀高。

2. 技术密集

技术密集是指装备制造业的生产过程对技术和智力要素的依赖大大超过其他行业。装备制造业又可谓技术密集型产业，如生产数控机床、大规模集成电路，微电子和电力电子器件、仪器仪表、自动化控制系统，矿产资源的井采及露天开采设备，大型火电、水电、核电成套设备，民用飞机、高速铁路、地铁及城市轨道车、汽车、船舶等先进交通运输设备，大型科学仪器和医疗设备，大型先进军事装备，通信、航管及航空航天装备等。这些产品技术含量高、生产工艺精密、组织过程复杂，对研发水平、技术实力、知识产权投入方面的要求都很高。

3. 劳动密集

劳动密集是指装备制造业需要大量人力参与生产成品的制造过程。一般来讲，生产过程对技术要素的依赖与对劳动要素的依赖成反比，即只有当技术程度低时，容纳的劳动力才会多，但装备制造业则不同，技术密集与劳动密集同时存在。原因在于：装备制造业所生产的产品，生产组织过程都非常复杂，主要是通过按单制造、非标制造、项目制造等模式进行的，而这些生产组织模式与最终消费品制造业的生产组织模式极为不同。最终消费品制造业的产品多可进行批量化、流水线生产，而装备制造业几乎不存在由少数几个工人看管数条生产线便可以使生产过程运转顺利的情况。在按单制造等模式中，存在着大量的定制化采购、设计、生产组织和装配工作，以及过程中的技术工艺变更、生产计划调整等事项，这些都需要靠人力介入进行解决，没有一成不变的、按钮式控制的"傻瓜式"生产过程。

所以，装备制造业在资金密集、技术密集的同时，也是劳动密集型产业，是少有的对资本、技术与人力的需求都很旺盛的行业。也正因如此，装备制造业对投资、技术进步、就业的拉动效果极为明显，的确不愧为国民经济的支柱性产业。

（二）我国装备制造业存在的问题

中国仍处于工业化的中期阶段。无论从管理机制、技术创新能力，还是从企业规模、竞争实力等方面，中国装备制造业与西方发达国家都存在较大差距。

1. 组织结构不合理

企业规模小，大企业的规模也不够大。长期以来，中国装备制造业重外延、轻内涵，投资分散、重复布局十分严重，且多数企业按大而全和小而全建设，致使装备制造企业规模普遍很小，即使所谓特大型和大型企业的规模也不够大。在中国重大工程项目的工程设计中，产品设计和制造分属不同部门，严重地影响了技术装备成套供应体制和能力的形成。国内金融业参与装备制造业的投资、组合的渠道受到众多限制和约束，难以通过资本市场解决装备制造业的改组。

2. 技术结构不合理

企业未成为技术创新的主体。由于企业规模小，研究开发能力薄弱，致使自主开发能力差，技术创新能力低。高新技术装备和重大技术装备在很大程度上还要借助引进外国的技术。研究开发经费和人员主要集中于研究机构和大学，企业还未真正成为技术创新和科技投入的主体。

3. 产品结构不合理

中国装备制造业多致力于"铺摊子"，扩大生产能力，而对提高企业创新很少关注，传统和大路货产品生产能力猛增，致使不少产品生产能力过剩，供过于求，企业效益不好。与此同时，重大技术装备和高新产品生产能力又严重不足，致使国外产品大量涌入国内市场，在中国国内市场上的份额已达30%。除为基础产业提供的重大技术装备多数源于进口外，某些技术含量高的产品进口份额也已占国内市场的50%以上。

装备制造业的发展滞后已成为制约中国经济发展的重要因素。全社会固定资产投资中设备投资的2/3依赖进口，石油化工装备、轿车工业装备、数控机床、纺织机械、胶印设备等要依靠进口，装备制造业主要产品的技术来源50%以上从国外引进，企业对市场的快速反应能力差，新产品的开发周期长。

（三）解决途径

中国装备制造业的发展正处在关键时期。一方面，国民经济持续快速发展，需要大量的技术装备；另一方面，装备制造业技术水平不高，造成大量技术装备依靠进口的局面。然而，工业化和现代化是从国外买不来，也买不起的，必须通过装备制造业的发展得以实现工业化，而且只有拥有强大的装备制造业才能成为工业化强国。应该制定系统的装备制造业发展战略和计划，并有效组织实施，将中国建成世界上重要的装备制造和供应基地。

继续深化装备制造业的结构调整。装备制造业的振兴必须首先通过加大改制、改组力度，激发企业活力，增强国际竞争力；加快企业产权多元化的进程，加强企业激励机制与制衡机制的建设，真正激发起企业的活力；围绕中国装备制造业的优势和强项进行产业结构、组织结构的调整与重组；打破部门、行业保护，加大企业间重组、并购力度，建立起大装备制造业体系。

集中资源实现重大突破，发挥产业集聚效应。对于与中国经济安全和国防安全紧密关联的重大装备及应用工程项目，充分发挥社会主义集中力量办大事的优越性，由国家出面组织优势和有效资源，通过改制、改组、改造及组织科技攻关、装备研制和工程示范，力争实现重大突破和跨越。为充分发挥资源的最大效能，国家应做好规划引导，在资金、资源、技术具有比较优势的地区制定优惠政策，招商引资，吸引优秀人才，发挥产业集聚效应，鼓励形成国际知名、各具特色的若干装备制造业集中地。

坚持技术引进、消化与自主创新，促进传统制造业的升级。在引进国外先进技术的同时，注重引进技术的消化吸收和自主创新。积极引进发达国家装备制造业的关键装备技术、配套零部件生产技术，并努力消化、吸收与创新，最终实现国产化，带动中国传统制造业的转换升级。在此基础上，逐步加大自主开发和自主创新的力度，使装备制造业的技术创新模式由引进技术型向引进技术和自主开发相结合型转变，进而走向自主创新型。

三、高技术产业

高技术产业具有智力性、创新性、战略性和环境污染少等优势，对社会和经济的发展具有极为重要的意义。20世纪80年代以来，高技术产业的蓬勃发展，对世界经济产生了巨大影响，为人类社会开拓了一个前所未有的美好前景。高技术产业又叫高科技产业，是指用当代尖端技术（主要指信息技术、生物工程和新材料等领域）生产高技术产品的产业群。高技术产业的主要特点有：知识和技术密集，科技人员的比重大，职工文化、技术水平高；资源、能量消耗少，产品多样化、软件化、批量小，更新换代快，附加值高；研究开发的投资大且工业增长率高。

利用高技术产业改造传统产业和基础产业，可以迅速优化我国的产业结构，推进经济协调稳定发展。中国已经初步形成了长江三角洲、珠江三角洲、环渤海地区等各具特色的高技术产业带。我国高技术产业四大密集区为：以北京中关村科技园区为中心的环渤海高新技术产业密集区，以上海高新区为中心的沿长江高新技术产业区，以深圳高新区为中心的东南沿海高技术产业密集区，以西安—杨凌高新区为中心的沿亚欧大陆桥高新技术产业密集区。大力发展高技术产业，可以大幅提高我国的劳动生产率，减少资源消耗；同时，可以迅速提高我国企业的竞争力，增强综合国力。

国际形势有利于我国发展高技术产业。和平的国际环境、发达国家出现的产业空心化及高技术产业向国际化发展的趋势，为国际合作和利用外力发展我国的高技术产业提供了有利条件。世界的主战场正从军事转向直接的经济争夺，国际市场竞争空前加剧，贸易保护主义更加盛行，我国寻求发展机会带来重重困难，使我们面临的挑战也更加严峻。

改善国家宏观管理环境有利于我国发展高技术产业。在国家改革开放总方针的指引下，经济、科学、教育和政治体制的改革全面展开并已取得初步成效；确定了依靠科学技术发展经济的方针，将发展高技术产业纳入国策，并参加国际大循环；制定了863计划和以促进高新技术成果商品化、产业化为宗旨的火炬计划，并开始组织实施国家重大新产品试生产计划。

第三节　我国产业创新的发展

东部地区和中、西部地区高技术产业创新的空间分异明显。从占全国专利申请数比重来看，专利申请数从2003年的8270项增加到2012年的127 806项，全国80%以上的专利来自东部地区，而中、西部地区的比重变化不大，均不足20%。从年均增长率来看，2003—2012年，中国高技术产业专利申请数的年均增长率为35.56%，东、中和西部地区的年均增长率分别为35.12%、44.95%和32.07%，中部地区为专利申请数增加最快的地区。高技术产业是创新活动最为活跃的领域，其中，2012年东部地区专利数申请较多的省（区、市）为广东、江苏和浙江，中部地区为安徽、湖南和湖北，西部地区为四川和陕西。对比2003—2008年和2008—2012年2个阶段，发现东部地区在第二个阶段的年均增长率低于第一个阶段，说明东部地区创新产出发展到一定阶段，速度开始减缓；中、西部地区在第二个阶段的年均增长率明显高于第一个阶段，说明随着创新意识和能力的逐渐提高，中、西部地区高技术产业创新相较于第一个阶段发展加快。

一、我国高技术产业发展特征

高技术产业发展各有特点，但总体而言有一定的共性特征，主要反映在以下两个方面。

1. 采用自由市场型产业发展模式

在自由市场型产业发展模式下，政府基本不采用政策对产业进行干预，政府的功能主要是营造良好的投资氛围，而且即便是政府管理，也是指和法制、知识产权、反腐败等相关的广义上的管理。实行这类产业发展模式的政府认为，采用产业政策会扭曲市场，因此，政府仅需对基础教育和健康进行投资，不去过多干涉产业具体发展，而是制定自由市场型产业政策进行补充。当今大部分经济学家都支持使用自由市场型产业发展模式。

2. 将发展增长能力作为高技术产业发展总体目标

在所实施的产业政策中，都将发展增长能力作为产业发展总体目标，即不仅要促进生产能力的发展，更要加速生产能力的发展。因此，政府对农业、灌溉、制造业或服务业中具有生产能力的领域都进行大力扶持，同时进行大规模土地改革以提高土地生产力，通过这些领域的发展来加速资本积累、技术进步和生产多样化，从而达到进一步加速生产能力发展的目的。总体而言，政府的产业发展目标不仅在于发展优化市场的能力，更是在于发展优化增长的能力。

二、我国产业创新存在的问题

从要素投入、贸易带动、投资拉动向创新驱动的经济发展方式转变是一个复杂的系统工程。基础研究、需求引动、人才保障、制度建设等因素相互影响，共同推动产业创新系统发展，但过去几十年粗放式的经济发展方式给产业转变造成了一定困难。

（一）基础研究薄弱

知识积累和基础研究是实现科技创新和技术进步的根基。一方面，从我国科技发展历史来看，对基础科学研究缺乏应有的重视。近代自然科学起步较晚，数学、物理、化学等基础学科发展时间不长，知识积累和基础研究不足，缺乏培育创新的基础条件。另一方面，我国现代工业起步较晚，科技创新经验不足，过去的创新多集中在技术的产业化和商业化上，更多强调技术创新的最终成果和收益；而在知识积累和基础研究方面，长期依靠对外学习和技术引进，造成创新基础薄弱、创新能力不强的现状，这对企业成长和产业长期发展造成了一定困难，成为经济发展方式转变的障碍。

（二）创新需求不足

从创新理论来看，需求引动是经济增长和创新发展的原动力，但长期较为保守的消费习惯影响创新引动。一是改革开放初期，市场活力受到激发，并在一定程度上带动了技术进步和产业创新。但这种需求只是阶段性的，在改革开放中后期，市场需求逐渐稳定，这种短暂的需求引动也趋于减弱。二是随着经济不断繁荣，市场需求逐渐扩张，但新兴市场需求往往受到国外先进技术产品的吸引，对国内的产业创新影响有限，甚至在一定程度上打击了国内企业的创新积极性，形成了国内品牌和国外品牌之间的需求间隔，加剧了技术鸿沟的破坏性，给我国产业自主创新发展造成了负面影响。三是我国经济发展空间不均衡造成了市场需求差异，一方面，东部发达地区的需求水平较高，对创新的带动作用更为显著，而中、西部欠发达地区的需求水平则较低，对创新的带动作用相对较低；另一方面，城镇需求长期保持相对较高水平，而广大农村市场需求长期以来增长缓慢，这种非均衡的市场需求不能为创新型经济发展提供持久动力。

第四节　我国产业创新的实现路径

　　知识积累和基础研究薄弱、过分依赖技术引进和技术模仿、缺乏需求引动、缺乏制度创新是我国产业创新驱动滞后的四大影响因素。通过产业创新驱动关联体系分析，结合产业创新驱动的构建内容，提出产业创新驱动的实现路径，包括加强基础研究、坚持自主创新、培育创新市场、创新制度环境4个方面。

　　加强基础研究。从政府层面加强基础研究，加大基础研究的投入比例，从国家科研立项、科研经费划拨等方面向基础研究倾斜；发挥企业的创新主导角色，鼓励企业加大基础研究力度，通过基础创新成果的技术应用和市场化交易获取基础研究收益；发挥高校、研究院所的科教作用，增加基础研究比重，重视基础研究能力培养，积累基础研究经验，强化产学研有机结合，提升基础研究能力。

　　坚持自主创新。提高技术性产品的生产设备进口关税，增加平行技术进口成本，保护国内技术市场的自主性，鼓励科技创新产品出口，给予创新型企业出口退税政策，提高出口产品的科技含量，激发企业创新活动的外向性，提高创新竞争力；发挥政府引导作用，鼓励企业加大关键技术的自主研发力度，对自主研发创新给予政策倾斜，加大财税补贴力度，促进企业提高自主创新意识，逐步摆脱主导产业发展的对外依赖性；以政府购买为杠杆激发自主创新动力，加大政府采购中自主创新产品的比例，实施分散采购，鼓励中小创新型企业参与政府采购招标，带动中小企业创新积极性。

培育创新市场。逐渐建立知识资本的定价机制，不断完善知识产权保护的相关法律法规，鼓励知识积累、技术专利、基础研究成果、有价信息等知识产权的市场化交易，激活知识资本的市场价值；逐渐减小政府对创新活动的直接干预，以政府采购方式加大创新成果的购买力度，建立公平高效的创新市场规则，提高企业的创新积极性，通过新产品市场销售创造利润；加大创新市场的开放程度，吸引各类企业参与创新市场活动，通过大型企业在创新市场中的主导地位带动创新市场发展，鼓励中小企业参与创新活动，促进创新市场的繁荣。

创新制度环境。深化市场经济体制改革，减少政府在市场活动中的直接干预，激发市场活力，以市场逻辑推动企业创新发展；逐渐强化市场竞争机制，加大对垄断行业的规制强度，充分激发创新竞争积极性，培育公平有效的竞争环境；优化金融体系，引导风险投资、私募基金、证券市场、个人股权投资等多元化的金融资本注入创新要素市场，降低创新活动的金融风险，为创新市场提供金融支撑；不断健全法律法规，加强知识产权保护，强调创新产权交易的合法性，保护创新活动的权益，在市场逻辑和法律保障的双重推动下以创新驱动经济发展方式转变。

思考题

1. 什么是产业创新，包括哪几个方面？
2. 我国智慧农业发展现状是什么？
3. 我国产业创新中存在的问题有哪些？
4. 产业创新的实现路径主要有哪些？

参考文献

[1] 安金明.产业创新的层次性与影响因素研究[J].企业技术进步，2008（11）：23-24.

[2] 陈应斌，周伟贤.中国产业技术创新问题分析[J].江西金融职工大学学报，2006（2）：38-40.

[3] 吕文晶，陈劲，刘进.工业互联网的智能制造模式与企业平台建设：基于海尔集团的案例研究[J].中国软科学，2019（7）：1-13.

[4] 罗序斌. 传统制造业智能化转型升级的实践模式及其理论构建 [J]. 现代经济探讨, 2021 (11): 86-90.

[5] 吾尔尼沙·卡得尔, 刘凤之, 刘丽媛. 新疆吐鲁番葡萄产业发展及转型升级建议 [J]. 中国果树, 2021 (11): 94-97.

[6] 施晓丽, 林晓健. 产业转移对区域创新的影响分析: 基于中国制造业的实证研究 [J]. 河北学刊, 2021, 41 (4): 155-163.

[7] 姜倩倩, 皮君. 产业创新的驱动因子及其实现路径 [J]. 产业创新研究, 2019 (11): 72-74.

[8] 吕国庆, 曾刚, 郭金龙. 长三角装备制造业产学研创新网络体系的演化分析 [J]. 地理科学, 2014, 34 (9): 1051-1059.

[9] 惠宁, 仇萌, 李勃昕. 论产业创新驱动的关联体系、构建内容及实现路径 [J]. 西北大学学报 (哲学社会科学版), 2014, 44 (5): 5-12.

[10] 赵春江. 智慧农业的发展现状与未来展望 [J]. 中国农业文摘 (农业工程), 2021, 33 (6): 4-8.

[11] 金乐佳, 王旭超, 李培旭, 等. 河南省装备制造产业的转型升级与创新发展路径 [J]. 创新科技, 2019, 19 (12): 65-72.

[12] 郭泉恩, 孙斌栋. 中国高技术产业创新空间分布及其影响因素: 基于面板数据的空间计量分析 [J]. 地理科学进展, 2016, 35 (10): 1218-1227.

[13] 汪前元, 祝佳, 唐松. 中国产业发展模式与政策: 东南亚区域经验及启示 [J]. 贵州财经学院学报, 2011 (6): 1-7.

[14] 张建伟, 王贤. 湖南省承接产业转移与创新产出的非均衡格局及影响因素 [J]. 湖南师范大学自然科学学报, 2020, 43 (1): 15-21.

第十六章　创新的空间测度与方法

> **导　言**
>
> 本章在分析创新空间测度研究进展的基础上，首先介绍了创新投入与创新产出数据；其次介绍了创新测度的主要研究方法：投入产出法、综合指标法、效率评价法、建模计量法；最后介绍了创新的空间测度指标。

第一节　创新空间测度的研究进展

基于生产函数分析框架的研究。宏观经济学家最先受到熊彼特创新思想的启发，早期的创新研究主要关注的是技术前沿发达国家的技术进步问题，强调技术进步需要发明，而发明则需要研发投入及专利、论文等研发成果。基于生产函数的分析框架下，创新的测度主要分为两个方面：一是通过测算全要素生产率反映技术进步。最初，以美国经济学家 Solow 为代表的宏观经济学家通过增长模型的余值法测算全要素生产率，以反映技术进步；此后的学者基于方程法和 DEA – Malmquist 指数法对全要素生产率进行了各种测算，关注的是效率而不是对创新本身的测度。二是通过扩展资本边界，分析研发等创新资本的产出弹性及回报率，侧重创新资本的识别。基于内生技术进步的视角和不断扩展的资本边界，分析各类资本的产出弹性及回报率。

基于社会网络分析框架的研究。1953—2008 年，经历了半个多世纪后，该核算标准被不断完善，随着决策者将注意力转向长期经济增长，社会网络分析框架（SNA）及主要发达国家的国民经济核算实践也开始适应创新测度及研究长期经济增长驱动的需要。2014 年实施的欧盟国家和区域账户体系将研发纳入核算，从而覆盖了 SNA2008 定义的全部知识产权产品。澳大利亚早在 2009 年便率先将研发纳入 GDP 核算，加拿大和日本也分别于 2012 年和 2016 年将研发纳入 GDP 核算；中国国家统计局 2016 年积极启动并实现了基于全国层面的研发资本化核算,行业和区域层面的研发资本化核算仍在研究中,还未纳入其他自给性知识载体产品。

基于创新能力指数评价分析框架的研究。具有国际影响力的创新指数主要有:①欧盟于2000年创立且于2001年开始每年发布的欧洲创新记分牌;②欧洲工商管理学院于2007年开始每年发布的全球创新指数。

欧洲创新记分牌评价了欧盟创新绩效,还派生了区域创新记分牌,用于欧盟成员国的区域创新评价,同时还以企业创新调查数据为基础发布了创新晴雨表。这一修正加强了从微观到宏观创新测度的协调性,其修正对于创新投入的测度明显倾向于对创新投资的测度,强调了研发以外的其他创新投入,而且明确了创新活动的中间产出与最终产出的差异。

欧洲工商管理学院基于81个指标对全球127个经济体的创新能力进行了评估,通过测算创新投入指数、创新产出指数,进而计算了创新效率及平均GII 2017(全球创新指数2017)。界定创新投入包括制度(政治、监管与商业环境)、人力资本与研发(教育、高等教育与研发)、基础设施(信息通信、一般基础设施、生态可持续)、市场成熟度(信贷、投资、贸易竞争及市场规模)、商业成熟度(知识工作者、创新合作、知识吸收);创新产出则包括知识与技术产出(知识创造、影响与扩散)和创意产出(无形资产、创意货物与服务、在线创意)。与GII 2007创新指标体系框架相比,GII 2017强调了基于广义范畴的创新投入及产出的视角。

此外,中国国家统计局2012年开始正式发布中国创新指数,中国科学技术发展战略研究院2011年以来连续发布了《国家创新指数报告》,2013年以来连续发布了《中国区域创新能力评价报告》等。

第二节 创新的空间测度数据

鉴于可利用数据的限制,在创新的空间测度中,学者们通常采用在科学、技术、创新研究领域中最常用的数据,如创新投入、创新产出、创新媒介和创新网络等。

一、创新投入

最常用的表示创新投入的是 R&D 数据,包括 R&D 支出、R&D 人员及信息资源等。

(一) R&D 支出

学者们使用不同来源的 R&D 数据,如产业 R&D 支出和大学 R&D 支出,研究创新的空间分布及扩散问题;也会采用特殊的 R&D 支出数据,如采用社区 R&D 信息服务、数据库所资助的项目数量研究欧洲 R&D 活动的扩散,调查学习型活动的实验室 R&D 预算及其在总的 R&D 中支出的比例来研究特定区域创新活动的程度。

(二) R&D 人员

实证研究时,通常采用研发人员数量对国家或区域创新能力及其对经济发展的影响进行测度。通过产业科学家和工程师的扩散数据,研究基本的知识存量与产业生产率增长之间的关系。由于大多数国家的研发人员数据在区域和城市层面上是不可获得的,所以常采用创造性产业部门的就业数据,将研发人员数量作为测度区域创新的指标,部分地解决了这个问题。学者们也常采用就业数据作为替代指标,来反映高科技部门的创新情况。

(三) 信息资源

信息的地位从知识的边沿转移到当代社会核心的"资源"或"商品",这是近 40 年的事。马克卢普等经济学家首先提出信息经济的概念,并把信息称为工业化社会的改造资源,由此衍生出上述概念。

信息与传统的、有形的资源是有一些重要区别的:①信息没有内在的价值或其价值无法以数量表示,信息的价值依赖于具体环境中具体用户对它的使用,且无法预先确定。②信息的"消费"不意味着减少,随着它的分享和传递反而引起增长,从经济角度来说,它有"自我增值"的性质。③信息是造成系统变革的动力,是形成中的组织实体,而不是堆积起来的事实。④信息的生命周期是不可预断的。⑤信息具有许多不同的形式并以许多不同的方式来表达,它只是在单个情势中获得某种价值,因而说,信息具有"个性"。信息是资源,但它与其他资源有着质的区别,尤其是不同于上面列举的有形资源。

学者提出，只当满足以下3个条件时，才可将信息作为资源管理：①为组织的某种目的进行的信息生产；②信息与实现既定目标的关系可以明确显现出来；③对上述关系可进行经验性检测。信息资源管理是把信息科学、数据处理、管理科学、档案管理等方面的技能和观点混合在一起，在大型商业和政府组织中找到自己最直接自然的立足点。

1. 信息资源的特性

客观性。信息在自然界中无论是其自身的物质载体发出的信息，还是依赖其他载体发出的信息，都是客观存在的，人们不仅能够凭借自己的感觉器官去感觉、识别和接受它，而且可以依靠各种仪器和仪表、使用各种检测手段或技术去感觉、识别和接受它。

可传递性，即信息具有可以通过各种介质进行传递和扩散的特性。语言、文字和电磁波等载体不仅使人类可以方便地交换信息和利用信息资源，而且使人类能够突破空间与时间的限制，有效获取、快速传递、大量保存信息。在社会主义市场经济条件下，应该充分利用信息资源的这一特性发展生产、合理消费、提高经济效益水平。

有效性或有用性。信息资源是一种客观资源，其中的各种信息都有各自的用处。信息的效用如何与信息接收的受体有着非常密切的关系。信息的有效性还表现在不同的信息载体及不同的信息接收形式导致不同的结果。

可替代性，信息资源的利用可以减少或避免人力、物力和资金的消耗与浪费。

科技信息资源是国家的重要资源，一个国家科技信息资源的存储、积累、开发和利用水平是国家科学技术能力、知识储备能力和信息利用能力的重要标志。同样，科技信息资源也是科技信息事业和机构生存的基础、发展的条件。从深层次意义上讲，科技信息资源是利用后发优势实现技术跨越的必备资源。在市场经济条件下，科技信息资源更显重要。

2. 信息资源的理论研究

资源依赖理论认为，企业的生存和发展取决于其从周围环境中获取资源的能力。当前，已有部分研究围绕外部资源获取能力对企业绩效的影响展开。资源获取对初创企业绩效具有显著的正向影响，并且这种影响呈现动态加强态势。正式和非正式的外部资源获取对企业绩效均有促进作用。企业信息资源获取、知识资源获取、资金资源获取对技术创新经济绩效有显著的正向影响。其他研究同样表明，获取外部资源的企业具有较高的绩效水平。

开放式创新理论认为，在交易成本理论的基础上强调外部资源和内部资源的同等地位，成为资源获取方面有重要影响的理论框架。创新资源结构明确了技术资源和互补资产在创新中的地位，强调了对互补资产的投入对于技术创新的重要性。创新资源结构的开创性意义在于打破以往仅重视技术研发投入的成见，明确了互补资产的重要地位，为建立全面的资源投入框架奠定了基础。

二、创新产出

创新产出分为中间产出（如发明专利）及最终嵌入市场上出售的商品中的产出。实证研究时，常采用创新产出数据中的一种或者几种。

（一）专利产出

专利是专利权的简称，这是"专利"一词在专利法上的基本含义。专利权是指国家专利行政部门授予专利申请人在一定期限内对其发明创造所享有的独占权。拥有专利权的数量和质量，以及运用专利制度的能力和水平是衡量一个国家和地区的市场竞争力、综合实力的重要指标，也是进一步提升综合国力、增强市场竞争力的重要基础。

专利权的客体是可依法授予专利权的发明创造。各国专利法对专利种类的规定并不一致。大多数国家的专利法仅以发明作为专利权的客体，对实用新型和外观设计另行立法进行保护。少数对实用新型实行保护的国家则对实用新型的申请人授予"实用新型专有权"或"实用证书"。在有关的专利国际公约中，也是将专利的种类限定于发明这一类智力成果。我国则是将发明、实用新型和外观设计确定为专利的客体。因此，进行专利数量的国际比较时需要加以区分。

在我国，专利分为"发明专利""实用新型专利""外观设计专利"。其中，发明专利对创造性的要求高，对原创的要求也高，通常产生于革新性产品研发过程中，因此，可以作为测度研发能力的指标。为了有效地制定各地专利发展战略，提高研发资源支出的针对性和有效性，必须对各地专利产出进行科学的评估。

（二）科技论文

科技论文也称科学论文或学术论文，通常简称"论文"。它是用来讨论、研究科学技术领域中的问题和表达科学技术研究成果的一种议论文。因此，它具有一般议论文的特点，有鲜明的论点、充足的论据和严密的逻辑论证。

科技论文按照研究方法的不同，可以分为理论型、实验型和描述型 3 类。无论是哪种类型的科技论文，其在描述和分析实验（试验）现象时，经常要使用表格、坐标图或曲线图等图表来罗列和展示研究结果。

科技论文指在学术刊物上发表的最初的科学研究成果，应具备以下 3 个条件：①首次发表的研究成果；②作者的结论和试验能被同行重复并验证；③发表后科技界能引用。全国科技论文发表数包括在国内科技刊物上发表的论文数和三系统（SCI、EI、ISTP）收录我国的科技论文数。

科技论文具有其自身的特点：①科学性。作品的内容一要真实，二要成熟，三要可行；作品的表述一要准确，二要明白，三要全面；作品的结构必须符合逻辑推理、论证反驳等思维规律。②创造性。创造性要求作品创造了前人没有过的新理论、新方法、新技术，提出了新的观点、新的见解和新的结论，即做到"有所发现、有所发明、有所创造、有所前进"。③学术性。科技论文的科学性和创造性体现了它的学术性。学术性是作品之所以称作科技论文基本的条件，是科技论文区别于其他作品的主要特点，所以，科技论文又常被称作学术论文。④可读性。主要指文字通顺，概念准确，词汇丰富，条理分明，通俗易懂。也就是说，要讲究辞章，能够朗读成诵，达到科学和文学、科学和美学的完美结合。

我国的科技论文分布呈现五大密集地区：东北区、京津区、西部区（西安—重庆—成都）、长江中下游区（武汉—南京—杭州—上海）、珠三角区。①东北区作为一个整体，具有很强的创新能力，主要集中在沈阳、长春、哈尔滨 3 个工业中心。②京津区是我国最大的科技论文核心分布区，大学、科研院所云集，科研资金充足。③西部地区也存在一个科研密集中心。长期积攒起来的科技实力依然很强，在新经济时代这些地区强大的科技实力必定会转化成经济增长。④长江中下游地区的创新群主要由上海、南京、武汉、杭州、长沙、合肥等组成，科技实力雄厚，并且经济总量大、活力强，经济和科技分布一致性高，未来具有很好的发展前景。⑤珠三角区的核心是广州。广州的科技论文发表量在全国居前列，但是地区总体实力较弱，表现出非常明显的核心—边缘模式。

（三）新产品产值

新产品是指采用新技术、新设计的全新产品，包括政府有关部门认定有效期内的新产品及企业自行研制的新产品。简单来说，新产品产值是指报告期企业生产的新产品的产值。新产品产值是创新利润转化能力的体现,但无法衡量未投入生产的原始创新。新产品产值的常见测度变量有研发费用、发明和专利数目及新产品种类数目。

新产品产值的特征和功能包括5个方面:①新产品产值以创新结果的形式衡量了企业实际的创新产出,具有很强的代表性。②新产品产值是自主创新转化能力的重要体现,也是自主创新效率衡量的重要指标之一。产出指标的选择要能够反映自主创新的成果及创新成果的转化能力。③新产品产值作为反映技术创新成果的最终指标,体现了新技术的市场价值及商业化水平。④新产品产值作为经济效益指标,可以较为准确地体现企业创新能力,并且数据有较好的可获得性,可以采用企业新产品产值对创新进行测度。⑤用新产品产值比重来量度企业研发倾向时存在一定的缺陷。当企业的新产品产值比重接近其最大值1时,并不意味着企业的研发倾向达到了最高水平;若等于1的则意味着企业必须全部放弃原有产品的销售,转而启用新产品来开拓市场。

(四)技术市场合同交易额

技术市场是指从事技术中介服务和技术商品经营活动的场所,是科技进步和经济发展之间相互联系的纽带,在促进科技向经济生产力转化、高新技术人才的交流和增强企业发展活力等方面有着重要的意义,是我国市场体系中的重要组成部分。

技术市场与其他类型的市场相比,有其自身的特点。首先,技术市场是建立以企业为主体的技术创新体系不可或缺的要素。其次,技术市场是连接科技与经济的桥梁,在加快科技的社会传播与普及、增强企业活力、促进科技人才的流动等方面具有重要作用。最后,技术市场具有复杂性,是一种建立难、定价难、监管难的特殊市场。技术市场包括技术市场主体及其结合方式、环境和运行机制等内容,运行机制包括行为约束、中介组织、信息共享、市场监管等。

技术市场交易是科技成果商品化、高新技术产业化的主渠道,技术市场能够为新技术的认可和推广提供平台。然而,技术市场的不同发展阶段对科技资源创新绩效的影响不同。发展初期,技术市场能够加速技术的交流与转化,潜在利益驱使相关部门增加科技投入,凸显了科技基础设施的创新弹性;发展中期,技术市场自身的完善与发展可能遇到某些瓶颈,制约了科技资源的创新绩效；趋向成熟阶段时，技术市场加速了人才市场和金融市场的融合，更有利于科技资源产出绩效的提升。

我国技术创新的水平还比较低，技术创新能力有待提高。我国技术市场的发展快，但技术转移不容乐观。推动技术转移进程，不能仅依靠"技术市场"。20世纪80年代中期以来，随着全国技术市场管理机构和经营体系的相继建立，技术合同交易额逐年上升，全国技术市场技术合同交易额稳步增长，呈现良好的发展态势。技术市场是重要的生产要素市场，是我国市场体系的组成部分，大力培育和发展技术市场对建立社会主义市场经济体制、推进科技经济一体化、实现国际接轨具有十分重要的意义。

第三节 创新空间测度的主要研究方法

投入产出法/单一指标法。在20世纪80年代以前，对创新的认知以"线性创新模型"为主导，创新活动被简单地划分为包括R&D、市场开发在内的几个序贯环节，相应的测度主要是通过表征创新投入和创新产出的少数几个单一指标来实现。其中，"R&D支出"是最常用的投入指标；而"专利数量"及"论文发表"则是最常用的产出指标。由于简单易行，这种做法得到各国政府部门和国际组织的广泛认同。经济合作与发展组织于1963年发布了第一版《弗拉斯卡蒂手册》，用来规范各成员国"R&D支出"的调查统计。在专利方面，经济合作与发展组织在20世纪70年代末的两次研讨会的基础上，也发布了专门的《专利手册》，用来规范"专利产出"的调查统计。此外，还有针对技术贸易统计的《收集和说明技术国际收支数据的标准方法建议》和针对科技人力资源投入的《堪培拉手册》。

综合指标法。综合指标法的大致内容如下：依托创新系统理论，从多维度构建一套指标体系；通过设定基准值等方式，对原始数据进行标准化处理，使所有指标具有同样的测度单位；采用特定方法为各个指标赋权，合成一个综合指数，用于对不同被评价单元间创新能力的比较和排序。综合指标法在创新测度实践中被国际组织和民间智库等广泛采用，相关组织和机构有欧盟委员会、联合国开发计划署、联合国工业发展组织、世界知识产权组织、世界经济论坛及兰德公司等。比较有代表性的例子是欧盟于2000年率先提出的"欧洲创新记分牌"和美国康奈尔大学、欧洲工商管理学院与世界知识产权组织于 2007 年开始共同编制发布的"全球创新指数"。

数据包络分析（DEA）效率评价法。通过 DEA 效率评价法测度创新能力的基本思路为：在创新生态系统中，主要创新投入经约束后最终转化为创新产出的效率，这种创新的投入产出转化效率是创新主体创新综合能力的重要体现。所以，针对创新能力的测度就转变为针对创新效率的测度，而 DEA 方法作为一种相对有效的评价方法，正是测度决策单元的恰当途径。上述逻辑，一方面重点关注创新活动的两端，即创新投入和创新产出；另一方面 DEA 效率评价法也需要构建创新投入产出指标体系，并认同创新活动的系统性特征，但却利用数学规划工具巧妙地回避了刻画系统性特征的具体难点和障碍。

建模计量法。建模计量法的通行做法为：在新增长理论的框架下，梳理出影响创新能力的主要因素；基于主流经济学的基本范式建构数理模型；在数理模型下寻找代理变量，就各相关因素对被测度单元创新能力的影响程度进行实证检验和定量分析。在一些经典的建模计量法文献中，以创新体系理论、新增长理论及竞争优势理论为基础，遵循知识生产函数的方式构建数理模型。基于数理模型的结构，寻找合适的代理变量，收集经济合作与发展组织各个国家及具有高水平创新能力的经济体的数据，然后针对影响国家创新能力的主要因素进行实证检验和计量分析。

第四节 创新的空间测度指标

创新可能在特定的区域集聚，也可以沿着供应链扩散，或者是无规则地分布。到 20 世纪 80 年代晚期，才开始采用定量研究方法探索创新的空间集聚，但没有设计新的指标和方法，主要采用在经济地理、区域发展文献中已经使用的地理集中指标。根据能否测度溢出效果，将学者们采用的创新的空间测度指标分成两类：第一类不能度量溢出效果，包括区位商（LQ）、水平集聚区位商（HCLQ）、区域基尼系数（LGC）、赫芬达尔－赫希曼指数（HHI）；第二类在一定程度上可以测度溢出效果，包括埃利森－格兰泽指数（EGGCI）、地理集中指数（GCI）。

一、区位商与水平集聚区位商

区位商（LQ）指一个地区特定部门的产值在地区工业总产值中所占的比重与全国该部门产值在全国工业总产值中所占的比重之间的比值，是用来判断一个产业是否构成地区专业化部门的常用指标。区位商的本质是通过相关指标来建立一个地区与相对较高一级地区在某产业上的比较优势，这些指标可以是产值、就业人数及其他要素。如果将区位商赋予空间意义，区位商的数值就可以反映出某一区域要素的空间分布情况、某一产业部门的专业化程度，以及某一区域在高层次区域的地位和作用等。学者们广泛使用 LQ 指标测度就业/创新的集中。LQ 值越大，说明特定区域特定产业的就业/创新超过平均值的程度越大。虽然 LQ 能表明一个区域的就业/创新相较于国家指标的情况，但不能反映区域产业的绝对规模。鉴于这个缺陷，美国经济学家 Fingleton 等发展了水平集聚区位商（HCLQ）。

美国经济学家 Fingleton 等对区位商进行了改进，采用本地产业提供的就业数反映产业规模。将 HCLQ 定义为本地产业提供的就业数超过预期的规模数，产业预期规模是 LQ=1 时的产业就业。HCLQ 是实际产业就业和预期产业就业之差，考虑到研究的空间单元及企业间的地理临近，使用集聚强度来测度每个区域的就业数，也被用来测度创新的集聚/扩散。

二、区位基尼系数和赫芬达尔-赫希曼指数

美国经济学家 Krugman 运用洛伦兹曲线和基尼系数，在测定行业在区域间分配均衡程度时提出区位基尼系数（LGC）。区位基尼系数值在 0~1 变化，数值越接近 0，说明地区产业的就业/创新与整个产业的就业/创新的空间分布是一致的，就业/创新平均地分布在各地区；数值越接近 1，说明地区产业的就业/创新集中分布在一个或几个地区。克鲁格曼使用 LGC 测度的是制造业就业的空间分布，而不是创新本身。但是美国经济学家 Agarwal 等很多学者将这个指标应用到创新活动的地理集中研究中。

赫芬达尔-赫希曼指数（HHI）是反映创新活动市场集中度的综合指标。其最初定义是特定市场上每个公司市场占有率的平方之和，指数值在 0~1 变化，指数值越大，说明市场上产业的集中度较高，其有效性部分取决于对特定市场的选择。赫芬达尔-赫希曼指数在创新的空间测度中也被学者们广泛

采用，如在欧洲跨国公司的专利模式的研究中，荷兰经济学家 Verspagen 等通过其测度了专利的地理分布。

三、埃利森－格兰泽指数和地理集中指数

为了区分集聚是由外部性经济还是由内部性经济带来的，美国经济学家 Ellison 等基于外在的随机区位模型，提出了埃利森－格兰泽指数（EGGCI）。这个指标可以考虑到企业区位随机分布的影响，通过比较空间集中指数的估计值和期望值之差来反映溢出效果。EGGCI 指标具有两个优点：①便于计算，不使用任何先进的统计软件包；②不受企业数量及其地理分布的影响，可以进行不同区域、不同产业、不同时间段的比较。EGGCI 指标最初用来研究制造业，但学者们很快就采用其进行创新地理集中的研究。

地理集中指数（GCI）是美国经济学家 Jaffe 在 1989 年首次提出的，当时并不是用它来测度创新的空间扩散，但后来它被广泛应用于研究特定区域的知识溢出。在美国经济学家 Jaffe 关于 R&D 和大学研发的溢出研究中，提出这个指标是为了解决美国州一级的数据不能正确反映知识溢出的地理范围的问题。地理集中指数是衡量某一要素在地域上集中程度的指标，也是表征某个区域的面积与其他地理事物之间关系的重要指标，在表征某个区域的地理要素的空间分布情况，以及该区域在高一级区域中的地位和作用等方面，地理集中指数具有重要意义。

思考题

1. 创新投入的表示指标有哪些？其中最常用的是哪一种？
2. 创新产出的表示指标有哪些？分别有什么特征或特点？
3. 创新测度的主要研究方法有哪些？
4. 创新的空间测度指标有哪些？
5. 你认为最常用的创新测度的主要研究方法是哪一种？主要步骤是什么？

参考文献

[1] 徐映梅, 孙静. 创新测度研究回顾与企业创新测度展望[J]. 统计与信息论坛, 2018, 33(7): 123-128.

[2] 罗庆朗, 蔡跃洲, 沈梓鑫. 创新认知、创新理论与创新能力测度[J]. 技术经济, 2020, 39(2): 185-191.

[3] 王桂军, 张辉. 促进企业创新的产业政策选择: 政策工具组合视角[J]. 经济学动态, 2020, (10): 12-27.

[4] 董晓芳, 袁燕. 企业创新、生命周期与聚集经济[J]. 经济学(季刊), 2014, 13(2): 767-792.

[5] 张营营. 生产性服务业集聚与中国制造业全要素生产率[D]. 西安: 西北大学, 2020.

[6] 邓红. 协同创新对成渝城市群创新绩效的影响研究[D]. 重庆: 西南大学, 2019.

[7] 彭治军. 中间品贸易自由化、制度环境对企业研发创新的影响研究[D]. 兰州: 兰州财经大学, 2020.

[8] 余静文. 人民币汇率变动、市场竞争与企业创新[J]. 世界经济研究, 2016(4): 51-65, 135.

[9] 孔祥帅. 基于DEA-Tobit模型的中部六省上市公司创新效率研究[D]. 焦作: 河南理工大学, 2018.

[10] 汪建, 张驰. 支持研发能力提升的产品多样化决策研究[J]. 科学学研究, 2020, 38(11): 2008-2019.

[11] 陈珏涵. 高管海外经历对企业创新绩效的影响研究[D]. 哈尔滨: 哈尔滨工业大学, 2020.

[12] 乔锦忠, 汤亭, 沈敬轩. 2013—2018年高层次人才吸引力的区域比较研究[J]. 教育经济评论, 2021, 6(6): 84-108.

[13] 吴志萍, 王旖琪. 京津冀协同发展研究[J]. 合作经济与科技, 2021(24): 4-8.

[14] 刘璐. 区域专利产出评价及与区域创新能力的关系研究[D]. 北京: 北京理工大学, 2016.

[15] 王文春. 基于科技论文发表量的中国城市知识创新分布研究[D]. 西安: 西北大学, 2008.

第十七章 创新测度的案例分析

> **导 言**
>
> 创新测度是创新评价、制定创新政策的基础。本章主要通过对区域创新、企业创新、创新网络等的案例分析,介绍创新测度的方法、思路与测度过程,加强对创新测度的认识。

第一节 区域创新案例分析

一、中国省域创新关系案例分析

基础设施通常指为社会生产和居民生活提供公共服务的物质工程设施,包括交通、邮电、商业服务、科研与技术服务、园林绿化、文化教育和卫生事业等市政公用工程设施和公共生活服务设施等,是保证国家或地区社会经济活动正常进行的公共服务系统。基础设施不仅是一种"投资",而是作为具有"外部性"的公共物品,能够间接对经济增长产生长期的影响。随着全球化和知识经济时代的到来,支撑全社会创新活动的创新基础设施条件日益成为国家参与全球竞争的重要战略资源,创新基础设施的建设正在成为国家创新体系和创新能力建设的重要组成部分。目前,中国大部分城市正处于由工业型城市向创新型城市转型的阶段,创新基础设施对城市创新产生着重要的影响。

(一)创新基础设施与创新产出关系分析

我国创新基础设施与创新产出有着强关联,创新基础设施的完善对创新产出水平的提高有促进作用。各省创新基础设施与创新产出之间具有显著的地域差异,我国创新产出较多的地区为江苏、浙江和广东,其次为北京、上海、山东、安徽、福建和四川,中西部地区较少。从整体上看,创新基础设施与创新产出存在高度关联的地区可分为东部沿海的北京、天津、上海、山东、江苏、浙江、广东、海南,以及中西部的四川等部分区域。

与其他相关影响因素相比,创新基础设施对创新产出的影响最大。从整体来看,中国创新基础设施与创新产出存在正相关,创新基础设施的完善和发展对创新产出的增加有显著的促进作用。从创新基础设施指标来看,不同省份的创新基础设施对创新产出的影响程度也不同。

(二)提高创新产出水平的建议

加强对企业研发机构的整体部署,实施地区间差异化的管理政策。东部地区要积极推动产学研合作,加大研发投入强度,提高企业研发机构的建设水平。中西部地区要加快对外开放步伐,改善西部地区的创新环境,营造出能够吸引企业研发机构和研发人员流入,同时减少人才流失的区域环境,建立与周边邻近地区人才、技术等资源共享机制,合理引导研发技术和人才的区际流动,加强地区间的创新合作。

加大科技企业孵化器的投入与管理力度。推动孵化器的建设主体由政府主导转变为政府引导,企业为主体,社会广泛参与。东中部地区通过政策的支持,积极推动政府和企业加快对孵化效果差的地区进行持续改进,减少资源投入的浪费,提升其孵化运行效率。西部地区要加大科技企业孵化器的资源投入,吸引资金和高素质人才流入,建立以企业为中心的创新孵化体系,提高初创企业的成活率和成果转化率。

营造良好的集群环境,促进资源整合。东部地区充分利用东部沿海城市的地域优势,吸引著名研发机构、企业集聚,实现技术本土化发展,政府建立相应制度,积极引导相关企业和技术的集群化发展,加强各企业间的合作研发机制。

注重发挥大学科技园的引领作用。东部地区大学科技园较多,因此应完善大学科技园的功能,构建高效的大学科技园综合服务平台,逐渐走国际化道路。中西部地区政府应增加教育和科研经费的投入,协助大学科技园建立完善的激励制度,实现人才和创新产业的集聚,加大科技投入,构建良好的科技创新平台。

二、长江经济带创新案例分析

长江经济带覆盖上海、江苏、浙江、安徽、江西、湖北、湖南、重庆、四川、云南、贵州等11个省市，面积约205万平方公里，在我国发展格局中具有重要战略地位的区域，也是我国创新驱动的重要策源地。长江经济带与"一带一路"、京津冀协同发展成为经济新常态背景下我国重大区域发展战略。长江经济带是我国综合实力最强、战略支撑作用最大的区域之一，拥有最广阔的腹地和发展空间，对于我国东中西三大区域联动发展、长江中游城市群建设、建设陆海双向对外开放新走廊具有重要意义。另外，长江经济带作为国际战略性和导向性的重点区域，与长三角、珠三角等政策区不同，国家将以科学空间组织作为重点，以确保经济带的整体性和高水平的产业竞争力，对于区域创新能力和创新体系建设提出了新的挑战。

（一）长江经济带创新产出差异的时序特征

长江经济带县域创新产出绝对差异具有缓慢增加之后急剧拉大的特征。长江经济带县域创新产出的绝对差异与长三角的经济发展趋势密切相关，2001年之前，虽然长三角地区和其他地区的差距在不断拉大，但是发展速度相对缓慢，2001年加入世界贸易组织后，长三角的区位优势充分显现，经济迅速发展，外商投资不断加大，一些研发中心及人才陆续入驻，所以，2001—2012年长江经济带创新产出绝对差异急剧拉大。2008年全球金融危机过后，国内从东部向中西部的产业转移趋势日趋明显，在这一背景下，2012年后长江经济带的绝对差异开始明显减小。

长江经济带的相对差异呈波动状态，变化不大。1986—1988年，长江经济带的创新产出较高，原因在于这一时期国内刚刚建立专利统计系统，专利创新产出主要在一些特大城市，所以其分布极不均衡，相对差异较大；1988—1995年，专利创新产出明显放缓，这一时期长江经济带中西部地区有所发展，拉低了相对差异；1995—2004年，长江经济带东部地区发展较快，相对差异开始缓慢拉大；2004—2012年，相对差异处于波动中的平稳状态；2012年后，长江经济带相对差异也开始明显减少，国内产业转移作用明显。

长江经济带空间关联类型分布差异明显，西部地区低低集聚类型占主导地位，且有向中部扩展的态势。长江经济带县域单元绝大多数表现为空间正相关类型。低低集聚类型有所减少,表明一些县域创新产出增长较快;高低集聚类型进一步增多;显著空间关联类型总体格局稳定,局部变化明显。

(二)长江经济带提升创新能力的对策

创新是推动经济增长的主要驱动力。在长江经济带的发展过程中,近30年来,长江经济带创新产出空间格局变化不大,创新产出主要集中在江浙沪一些经济比较发达的县市区,并呈现显著的高高集聚关联的态势。虽然近年来由于2008年后金融危机的影响,出现了以国内产业转移为主的第四次产业转移,长江经济带的创新产出区域差异有所减小,但是其内部仍存在巨大差异,制约着长江经济带战略目标的实现。

长江经济带内部应该有序进行产业梯度转移,完善基础设施,发展经济,为创新打下坚实的基础,而创新能力的提高也有助于经济发展,使创新产出与经济发展良性互动。以沿江上海、南京、武汉、长沙、成都、重庆等国家创新型城市为核心,突出上海张江自主创新示范区、武汉东湖自主创新示范区、合芜蚌(合肥、芜湖、蚌埠)自主创新综合试验区、长株潭自主创新示范区建设,将长江经济带建成国家创新轴,把沿江城市群建成创新型城市群,将沿线中心城市建成创新型城市。

应更多地着力于区域创新集聚互动体系的构建,以夯实创新发展的集聚互动基础,通过城市群和城市的技术创新、产业创新、人居环境创新和体制机制创新,将长江经济带建成辐射南北的创新支撑带,最大限度地利用创新空间溢出效应,实现对现有创新资源的最有效利用。

发挥长三角体制机制创新能力强的优势,率先破解中国创新成果转化环节的难题,用机制创新提升综合科技创新能力,以科技创新成果产业化效率作为体制机制创新的目标和重点,实现在创新发展中继续走在全国前列的目标。将长江经济带建成辐射南北的创新支撑带,最大限度地利用创新空间溢出效应,实现对现有创新资源的最有效利用。

制定促进长江经济带内部产业转移的政策及科技创新政策,提升创新能力。尽快制定并发布《长江经济带承接产业转移指导目录》,科学编制规划和实施方案,成立长江经济带开发管理委员会,出台系统化的支撑政策,打破行政壁垒,促进一体化市场体系发展,加强长江经济带东、中、西部地区间的产业联系。同时,制定财政、税收、人才集聚等方面的科技创新政策。

第十七章　创新测度的案例分析

第二节　企业创新案例分析

随着市场的加速变化，企业间竞争日益激烈，企业技术创新日益成为企业竞争的主导内容，成为企业获取和保持竞争优势的源泉。究其原因，企业技术创新活动并非企业竞争优势提升的充分条件，企业还需要对整个技术创新过程进行有效的监控管理，而技术创新绩效评价是其核心和基础。企业技术创新绩效评价是指企业通过科学、合理的方法评价企业技术创新活动，洞悉技术创新投入产出的整个过程及其中的优势和薄弱环节，以有效改善和提升创新活动在企业整体价值创造和提高过程中的作用，进而获得持续竞争优势。

大企业技术创新绩效最主要的影响因素是企业组织战略、企业文化等对企业技术创新活动的支撑。大企业技术创新的所有投入和产出变量之间都存在简单相关关系，大型企业社会产出与管理产出具有直接影响关系，人力资源投入与经济产出具有直接影响关系，人力资源投入与管理产出和社会产出无关。对大企业来讲，企业技术创新的管理投入和产出是企业技术创新中最关键的因素；企业的人力资源和技术经济投入需要通过有效的组织管理活动，才能产出良好的经济效益，才能提高组织管理活动效率；企业与外部社会的良好技术交流、政府有效的政策法律支持及企业内部良好的组织环境建设和管理措施实施等方面的投入直接影响企业技术创新的管理产出，从而影响企业的经济效益和外部社会效益。

对于中小企业，技术创新的人力资源投入、管理投入、外部环境投入与社会产出具有直接相关关系，经济产出、社会产出分别与管理产出具有直接相关性。中小企业技术创新所有投入、产出指标之间都存在简单相关关系。企业的技术和资金投入来自外部社会，当社会环境不利于企业融资、不支持企业技术创新时，企业的技术创新之路必将艰难。中小企业技术创新绩效最主要的影响因素是创新相关主体，它包括内部从事技术创新活动的技术人员和外部受技术创新活动影响的相关组织机构（政府、组织、消费者、投资机构等），要取得技术创新的高绩效，企业必须注重创新相关主体方面的资源投入。

中小企业的技术和经济方面的支持只有在良好的外部环境中才能产生效益，因此，在这方面政府需要制定相应的政策来保护中小企业的技术创新活动，且中小企业往往由于资金技术限制，需要与外界进行创新合作，以减少风险、增加收益。中小企业必须意识到，组织管理活动效率的低下常常成为其技术创新经济收益低下的重要制约因素，而且中小企业技术创新环境方面的产出也通过企业内部的各项组织管理措施影响着其经济收益。

第三节 创新网络案例分析

"创新网络"最早由Freeman提出，是指应对系统性创新需求的一种制度安排，企业间的创新合作关系是该网络的主要架构。创新合作网络是由企业、高校、政府等主体通过合作构成的相对稳定的结构系统。区域创新网络的相关研究主要是从区域创新网络的结构特征、演化及绩效等视角展开。

一、长三角创新网络演化机制

区域创新网络结构的相关研究是从产业、企业等层面进行的，以网络的结构属性、机制及特征等为研究对象，选取或构建相关指标用以度量网络结构特征，进而展开定量分析，描绘特征趋势。区域创新网络演化的相关研究主要针对区域创新网络的动态变化过程，将区域创新网络的演化进行阶段划分，并在此基础上开展实证研究。

长三角是我国经济最发达的地区之一，拥有完备的科技创新资源基础及产业体系，为科技创新和高技术产业发展提供了良好的基础。随着长三角一体化上升为国家战略，沪苏浙皖进一步加深合作，已初步形成了以企业为主导，政府、科研院所、金融机构和服务机构等联动发展的区域协同创新网络。在经济全球化的大趋势及信息技术快速发展的背景下，各类创新主体不断增强交流联结，创新的多元性、动态性和复杂性不断增加。由此，近年来区域创新合作行为受到较多关注。随着长三角地区科技创新合作范围进一步扩大，合作深度进一步强化，一体化发展战略为区域创新合作网络的构建提供了发展契机，将有效促进区域内知识、信息、技术、资本和设备等创新资源的流动和整合，进而促进区域内创新水平和创新绩效的提高。

2010年以来，长三角地区城市群科技创新合作网络密度与联系强度提升明显，但内部结构出现明显发展不均衡的现象。虽然各城市节点间知识流动与技术合作模式趋于成熟化，但是对内部结构的进一步分析发现：网络中核心区域是本地科技创新网络成熟化的主要贡献者，核心区域科技创新能力与水平的提升带动了整个网络创新绩效的增长；而处于边缘区域的城市与网络内其他城市节点的创新合作关系进展缓慢，科技创新能力一直没有得到有效提升。这种增长的不均衡已经成为长三角地区科技创新发展的障碍。核心区域与边缘区域之间的差异严重影响创新网络结构的稳定，导致网络整体通达性与凝聚力下降；同时，网络结构的不完善也会导致通过跨界通道获取的外部知识难以实现完全利用，从而变相增加区域创新成本，影响创新绩效的产生。

基于关系地理学提出的"本地蜂鸣—全球管道"模型的相关理论不难发现，长三角地区城市群科技创新网络在"全球通道"的构建上发展良好，城市群既不断拓宽与外部展开知识交流与技术合作的渠道，又重视外部知识与技术流入对网络内各城市的提升作用，而长三角地区城市群本地网络中核心区域与边缘区域的差异导致"本地蜂鸣"作用弱化。未来长三角地区城市群科技创新网络发展的重心应该放在缩小核心区域与边缘区域的差距上，既要利用边缘区域科技创新能力的提升推动长三角地区整体科技创新水平的提高，又要强化核心城市的通达性及对网络整体的控制力，从而实现区域科技创新实力的增强。

二、淮河生态经济带创新网络结构分析

淮河生态经济带作为中东部合作发展的先行区，在承接长三角地区的产业转移方面发挥着淮河水道和新亚欧大陆桥经济走廊纽带的重要作用。因此，对淮河生态经济带创新网络进行研究，可为加快其产业转型升级及新旧动能转化提供积极的参考。

淮河生态经济带的城市创新网络呈现错综复杂的形态，区域中部形成较强的网络连接，区域外围的网络连接较弱。城市创新网络大致形成以宿迁、蚌埠为核心向外辐射的复杂网络形态，其中，蚌埠、商丘、连云港与宿迁处于创新网络中的核心位置，与其他城市的创新联系度较强，阜阳、滁州等城市处于次核心位置，其他城市处于创新网络的边缘位置，网络结构整体上呈现"核心—外围"形态。

高强度与中等强度的创新联系分布在淮河生态经济带的东北部地区，西南部的创新联系网络较弱。淮河生态经济带城市之间的创新联系存在显

著的非均衡性，高强度的城市创新联系分布在区域的东北部及中部，并以江苏省与安徽省内部城市之间的创新联系为主，省际的创新联系较弱。中等强度的城市创新主要集中于区域中部，表现为省际城市之间的联系。其中，河南省城市与其他地区联系较小，表现为一种弱联系。整体来看，淮河生态经济带城市创新网络主要集中于东北部及中部，空间分布差异较为显著。高强度的城市创新联系以宿迁、阜阳与蚌埠的单中心辐射为主；中等强度的城市创新联系以中部区域的局部网络化为主，主要表现为安徽省内城市之间的创新联系。其中，地理空间因素对城市之间的创新联系影响较小。

城市创新网络的整体密度偏低，网络连接较为松散，网络中缺乏强有力的核心整合创新资源，需提高整体的网络密度。在网络结构形态上，淮河生态经济带城市创新网络形成以宿迁、蚌埠、连云港与商丘为核心向外辐射的复杂网络状态，整体上呈现"核心—外围"形态。在网络结构特征上，淮河生态经济带城市创新网络具有显著的空间异质性，高强度的城市创新联系分布在区域的东北部与中部，行政区划的阻隔效应明显。另外，节点城市的等级规模特征显著，节点分布表现为"核心—外围"格局。首位联系多为城市对之间的相互联系，城市的向心性较弱，整体呈现以六安与宿迁为核心的"双核"系统。

加大城市创新资源的投入力度，加快创新资源的整合流通，缩小城市之间的创新联系差距。宿迁市与连云港市处于网络中的强核心位置，为区域的创新合作中心，所以通过加强网络中创新资源的流通能力，能够提高整体的创新水平。商丘、蚌埠等地居于创新网络中的核心位置，与其他城市的创新联系强度相对较弱，其创新联系多集中于邻近地区的创新合作，多分布在区域的中部。经济发展与科技发展水平较高的徐州市，其创新规模较强但创新辐射较弱，与省界内城市的创新联系较强，但与其他地区城市的创新联系较弱，导致其在整体的创新网络中处于半边缘位置。因此，要加大徐州地区创新的区域开放力度，提高与其他城市的创新联系水平。漯河与淮北处于网络的边缘位置，创新联系较弱，应合理调整淮北与漯河的创新投入支出，加大与其他城市之间的创新联系。

要促进淮河生态经济带城市创新网络的发展，需培育创新型中心城市，加强边缘城市的对外创新联系，缩小区域间的创新联系差距；需要注重处于结构洞[①] 位置城市的创新发展，大力实施创新发展战略，通过创新网络自身所处的网络优势，加快创新资源与信息的流通，促进城市之间创新资源的融合；应制定鼓励城市间创新合作的政策，以降低城市之间创新合作的制度壁垒。

思考题

1. 论述中国基础设施创新与创新产出的关系。
2. 分析如何提高我国企业的创新产出。
3. 简述长江经济带提升创新能力的对策有哪些。
4. 了解城市经济带创新网络机制的优势。

参考文献

［1］段学军，邹辉，王磊.长江经济带建设与发展的体制机制探索［J］.地理科学进展，2015，34（11）：1377-1387.

［2］刘雪芹，张贵.创新生态系统：创新驱动的本质探源与范式转换［J］.科技进步与对策，2016，33（20）：1-6.

［3］方创琳，周成虎，王振波.长江经济带城市群可持续发展战略问题与分级梯度发展重点［J］.地理科学进展，2015，34（11）：1398-1408.

［4］于英杰，吕拉昌.基于省域尺度的中国创新基础设施对创新产出的影响分析［J］.科技管理研究，2021，41（7）：1-8.

［5］李平，王春晖.基础设施与经济发展的文献综述［J］.世界经济，2011，34（5）：93-116.

［6］邓聚龙.灰预测与灰决策［M］.武汉：华中科技大学出版社，2002.

［7］许玲玲，张晓婧，郑世愿.高新技术企业创新效率的测度评价研究：全国、中部地区和河南对比分析［J］.产业创新研究，2021（21）：40-42.

［8］易将能，孟卫东，杨秀苔.区域创新网络演化的阶段性研究［J］.科研管理，2005，25（5）：24-28.

［9］池仁勇.区域中小企业创新网络形成、结构属性与功能提升：浙江省实证考察［J］.管理世界，2005，20（10）：102-112.

［10］朱琛.国内区域创新网络研究文献综述及展望［J］.物流工程与管理，2020，

---

① 指社会网络中的空隙，即社会网络中某个或某些个体和有些个体发生直接联系，但与其他个体不发生直接联系，即无直接关系或关系间断，从网络整体看好像网络结构中出现了洞穴。

42（8）：141-144.

［11］吴传清，黄磊，文传浩.长江经济带技术创新效率及其影响因素研究［J］.中国软科学，2017，31（5）：160-170.

［12］李刚，王梦伟.淮河生态经济带城市创新网络结构与网络资本分析［J］.青岛科技大学学报，2020，36（3）：17-25.

［13］张建伟，石江江，王艳华，等.长江经济带创新产出的空间特征和时空演化［J］.地理科学进展，2016，35（9）：1119-1128.

［14］彭甲超，许荣荣，付丽娜，等.长江经济带工业企业绿色创新效率的演变规律［J］.中国环境科学，2019，39（11）：4886-4900.

［15］李牧南，王雯姝.中国高技术产业区域创新效率的动态演变趋势［J］.科技管理研究，2019，39（1）：1-11.

Part V

第五篇　创新应用篇

第十八章 科技政策演变与发展

> **导 言**
>
> 基于政府制度、政策与创新基本理论,分析中国科技政策发展演化阶段及其特点,从经济发展、制度厚度、政府与市场关系和创新模式等视角,对科技政策演化趋势进行分析。针对我国科技政策问题,比较欧美国家的科技政策与创新系统,总结我国科技创新政策体系进展及未来思考,通过中外科技制度和政策比较,获得启示与借鉴。

第一节 政府制度、政策与创新

创新是指在一定规则下,主体选择技术、使用知识、形成产出、实现创新的过程,包含作为规则制定者的政府与创新参与者的互动关系,涉及政府角色的重要内容。制度改善、基础设施建设、宏观经济稳定、人力资本提升、市场完善皆有助于经济持续增长,但其边际效益均逐步递减,唯创新使经济水平呈扩展性提高。因此,创新驱动问题备受关切。创新驱动究竟如何实现?政府可扮演何种角色?自创新理论诞生以来,便形成不同流派。从公共管理学科视角来看,相关研究可归为政府创新政策的制定和政府对创新体系的完善两大方面。

一、政府行为与创新政策

20 世纪 80 年代,学者就对产业活动中的政府角色进行研究,也引发了学界对新自由主义或新发展主义的再度思考。通过研发与技术革新,创新产业开拓市场并实现增长的相关产业,其投入的高风险性与过程的高不确定性使政府的角色更显微妙,政府对创新产业的政策干预是公共管理学、经济学乃至政治学的共同前沿思考。

新自由主义者反对政府产业政策，认为政府信息缺乏、调整滞后，其产业干预效果也因制度和非制度因素的制约而难以确定或无法递增。依靠市场机制，激励企业家发明、创造，从而实现创新利润的创新产业，政府对此无法在新事物创造前给予创新者扶持、激励。

新发展主义者以政府积极干预为核心，认可公权力为促进国家发展而制订计划与安排措施，并促使私人部门加以实施执行。强调政策干预通过制度管道向市场与社会的嵌入和渗透，创新产业的政策工具和制度背景的合理确定，应基于政策干预与制度设计能否顺应甚至增进市场，能否为市场提供投入，从而扶持结构转型并驱动经济增长。政府不断完善市场机制，才能最终保障国家的永续繁荣。政府的作用并非挑选与辨别赢家，而是基于一定范围制定政策、鼓励创新，促进知识社会的快速成长。此外，新古典主义信奉的市场制度的建设核心，正是依靠政府行政作用的去行政化过程，而行政力量的施政重点是维持稳定。

关于政府干预行为，罗德里克认为，产业政策应具有嵌入性、奖惩性与透明性，认为产权、法治、市场型激励、可持续公共财政是共同的需求。一些学者针对政府的直接投资、补贴、税收优惠等政策进行实证检验，认为研发补贴会激励一些企业研发投资；产业政策不能提高企业的市场竞争力和创新投入效率，特别是在政府资源集中于少数企业的情况下；没有良好的制度条件，政府的研发补贴不一定能促进有效的研发合作。因而，除政策工具的准确选择外，政府还需建立高效的制度，以保障创新政策的有效实施。

二、政府职能与创新体系建构

20世纪80年代，伦德瓦尔、弗里曼、尼尔森等学者不满于主流经济学对技术变迁的忽视，替代性地构建了技术变迁在宏观经济行为、结构变迁过程和经济制度转型中的角色理论。伦德瓦尔和弗里曼继而提出国家创新体系概念，尼尔森等将其诠释为创新活动参与者的相互作用整体、体系规则影响创新主体选择技术、使用知识、形成产出、实现创新，强调政府规则对创新主体的互动影响。

学者从不同角度对国家创新体系进行了经典研究，均涉及政府在其中的作用。弗里曼认为，技术革新呼唤新的制度规范。波特认为，创新因素包括

第十八章 科技政策演变与发展

要素条件、需求条件、产业条件，以及创新过程中的政府影响。尼尔森和温特将企业、大学和国家技术政策的相互作用置于核心，认为创新与研发、教育、劳工关系、金融制度密切相关。埃茨科威兹和劳德斯多夫透过组织结构分析官、产、学的关系对创新的多元影响。从发展演变角度，演化经济学者认为，创新主体关系的动态演化再塑造着主体的行为、能力、新问题、新对策乃至最终演进方向，政府作为资源和规制的供给者，其干预成效取决于干预行为的系统性和响应性，其创新政策需从系统角度加以衡量。

近几年，创新体系研究分为测度与制度两个方面，共同体现了政府在创新发展的制度建设中的重要作用。测度研究关注变量提取，主要以创新主体网络和制度环境为基础，关注资源投入、市场需求、企业服务与制度支撑，强调企业的核心地位，以及政府对市场环境与制度背景的有效塑造。制度研究直接透过制度设计考察创新运行的机制、过程，认为制度安排影响资源分配与创新成本，对企业要素整合和市场运行机制有根本影响，改善制度可使创新从风险主导转向收益主导，从而促进创新的动力形成与能力提高。具特定情境与脉络的制度背景，作为创新的结构性因素，将塑造特定的创新主体行为和创新模式特征。

三、政策创新体系系统

雷奥奇尼把创新系统分解为知识、技术产品、市场与制度4个子系统。①知识子系统由科学知识和技术知识组成。科学有一般、基础性原则，技术具有针对、应用性特征，两者具有共同演化的特质。大学、公共研发机构和私人实验室是主要主体。②技术产品子系统旨在产生可售产品，以企业为主要主体，以知识为投入，产出特定技术产品。③市场子系统中，消费者购买创新产品，实现商业转化。家庭消费是市场系统的主要构成，有时政府也通过公共购买发挥作用。④制度子系统中，通过制定规则，促进或锁定子系统的发展、交流。创新是子系统共同发展的结果，如知识子系统为技术产品子系统提供知识，技术产品子系统为市场子系统提供商品，市场子系统为技术产品子系统，甚至知识子系统反馈需求，促进产品创新与科技变革。

通过创新子系统理论，可以分析创新的制度基础与政策选择，分析政策、制度对创新驱动的具体影响。创新子系统体系中：①制度是系统载体，从根本上影响子系统运行；②创新政策受制度约束，是政府影响子系统的媒介，引导政府如何塑造各子系统的主体活动与交流互动；③知识与产品子系统的交集是创新知识作为资本进入产品生产，产品与市场子系统的交集是技术产品商业转化，知识与市场子系统的交集是知识以商业形式满足市场需求。

第二节　中国创新系统

中国致力于创新驱动发展之际，对创新型国家和城市进行研究与借鉴非常必要。1985年中共中央《关于科学技术体制改革的决定》启动了科技创新体系改革，1995年确定实施科教兴国战略，2006年提出自主创新战略，2013年强调科技创新是国家发展全局核心，2014年明确技术创新是转变经济发展方式的关键，2015年提出"2020年进入创新型国家行列"。

一、中国国家创新系统

随着中国"建设创新型国家"战略不断推进，国家创新系统的建设取得了明显的进展。科研院所、高等院校、企业研究开发部门和技术中介机构等百花齐放，不断发展成为具有独特优势的创新主体，创新系统结构趋于优化和完善。全国的研究与开发经费、开发人员总数和科技中介服务机构数量稳步上升。在创新的制度保障方面，技术合同正发展成为技术转移及产学研合作中非常重要的法律形式，如《科学技术进步法》《技术合同法》《专利法》《促进科技成果转化法》等，尤其是2007年颁布的《科学技术进步法》的实施，为我国科技创新工作提供了充分的法律依据和必要的制度保障。

随着国家创新系统的不断建立与完善，创新系统由计划型向计划、市场混合作用的形式转变，创新政策由国家政府计划向市场导向转变，创新主体由以高校、科研机构为主体向以企业为主体转变，企业内部组成比重也由国有企业向民营企业倾斜。随着社会主义市场经济的发展，政府的职能有所改变，使得企业和高校、科研机构获得了较大的自主权，相应的企业、高校、科研机构在创新中的作用也显著提高。

二、中国区域创新系统

在中国区域创新系统的建立过程中,区域创新主体大多不是因产业集群而主动聚集发展而来的,相反,区域政策和以产业园区为载体的空间规划是驱动创新发展和连接创新主体的重要因素。中国区域创新系统的主要特点是:①区域创新的原创性前沿知识来源更多是外生性的,即通过跨国企业直接投资或者进口贸易的形式获得;②区域创新系统的中介机构和体制发育尚未完善,包括技术经纪和交易机构、知识产权保护机构、相关的法律和规章等,从而影响了区域创新主体之间的协同和互动;③中国区域创新系统的创新环境,特别是区域创新文化培育不足,在转型背景下,法律和制度框架不断改革,市场机制也未完全建立起来,企业经营面临难以预见的成本和风险,从而削弱了其开展长期创新活动的积极性。中国区域创新系统内的学习网络通常是基于亲戚、朋友和熟人的社会关系及网络,具有一定的封闭性和路径依赖性,容易陷入网络锁定的困局。

三、中国创新系统问题分析

虽然我国的国家创新系统已有一定规模,但仍然存在以下问题:

第一,国家创新系统建设中科技体制改革的力度不够。社会创新资源配置结构效率不高,国家对产业方向和资金投入以及企业技术创新和推广的管制干预过多,政府在创新环境建设等宏观调控方面的管理欠缺力度。在开放资本市场,建立有效、回应性的政府,完善法治社会和监管环境方面不够完善。

第二,创新系统中仍然是简单的线性创新模式。科研部门是创新的起点,其研究出来的成果通过不同方式向企业转移,企业扮演的角色就是研发成果的最后接收者。这种创新模式导致创新主体数量的减少及其创新效率的降低,需要建立企业主导的自主创新体系。企业的技术创新主体还不够明确,企业对创新的投入不足,拥有核心技术的竞争力不强。

第三,国家创新系统要素配置还不够合理。科学技术系统的要素资源配置不合理,导致科技信息咨询服务、技术创新服务、投资顾问等体系不健全。科研人员数量多,成果推广人员数量少,缺少技术中间服务商和服务机构,不能及时进行信息交流,导致技术开发与经济发展脱节。

第四，创新系统的外部环境生态需要优化。在风险投资建立、科技人员流动政策、知识产权保护及科技型企业的融资政策等方面工作还需要完善；在科研人员流动、社会对人才和知识的尊重程度方面不够全面；科研成果转化为经济生产力的途径不畅通，技术市场建设不够完善，配套服务网络建设尚不健全，新技术成果的供求仍然受到较大的时空限制；在科研成果转化过程中，成果价值评估和利益分配机制不太顺畅，新技术推广进度缓慢。

第三节　中国科技政策演变

科技政策是指一个国家或地区为强化其科技潜力，以达成其综合开发目标和提高其地位而建立的组织、制度及执行方向的总和，是政府为促进科技持续、健康、快速发展而制定的各种规划、制度及方针。通过比较国家与国家之间，或某个国家内部不同区域之间科技政策的实际运行情况，探求科技政策与其他因素的相互作用机制，揭示其内在的因果关系和发展规律，可以更好地为国家或地区制定相关科技政策提供参考。

一、中国科技政策的发展演化阶段划分及其特点

改革开放40多年来，我国科技政策经历了重建、系统发展、调整和提升4个发展阶段，每个阶段的政策制定和执行都有其所在的社会政治经济背景，而且科技政策的关注点和战略导向也有所区别。

（一）重建阶段（1978—1985年）

1978年，中国共产党第十一届三中全会胜利召开，拉开了改革开放的序幕。当年的全国科学大会明确提出："四个现代化，关键是科学技术的现代化"，重申了"科学技术是生产力"的著名论断。颁布的主要科技政策法规有：《中华人民共和国发明奖励条例》《1978—1985年全国科技技术发展规划纲要》《关于我国科学技术发展方针的汇报提纲》《中共中央关于科学技术体制改革的决定》。在《中共中央关于科学技术体制改革的决定》中，重点对科技管理体制、科技拨款制度、国家重点项目管理、科研机构的组织结构等方面加以改革，确定了"经济建设必须依靠科学技术，科学技术工作必须面向经

济建设"的战略方针，为改革开放科技政策的制定指明了方向。

这一阶段出台的相关科技政策是对中华人民共和国成立以来科学体系的恢复与重建，开启了科学技术发展的新时代。然而，由于该阶段依然实行计划经济，科技体制运行还存在许多问题，如科技与经济"两张皮"的现象比较突出、科技创新资源的利用效率相对不高、科技管理体制比较僵化。

（二）系统发展阶段（1986—1994年）

这一时期先后出台了《高技术研究发展计划（"863"计划）纲要》《中华人民共和国技术合同法》《中国科学技术政策指南》《国务院关于进一步推进科技体制改革的若干规定》《国务院关于深化科技体制改革若干问题的决定》《中华人民共和国科学技术发展十年规划和"八五"计划纲要》《中华人民共和国科学技术进步法》《中国21世纪议程》。这些政策法规的出台促进了科技政策的系统发展，不断推动我国科技创新能力提升。在此期间，还有"星火计划""火炬计划""攀登计划"。"星火计划"旨在依靠科技进步振兴农村经济，普及科学技术，带动农民致富，它是政府批准实施的第一个依靠科学技术促进农村经济发展的计划；"火炬计划"是一项发展高新技术产业的指导性计划，目的是充分发挥科技力量的优势，推动高新技术成果商品化及高新技术商品产业化；"攀登计划"是为了加强基础性研究而制订的一项国家基础性研究重大项目计划，它根据经济建设的需要和科学发展的趋势，由国家组织，对具有全局性和带动性的重要项目开展研究工作。

这一阶段的指导思想是科学技术要面向经济建设，经济建设要依靠科学技术。科技政策的市场导向明显，引入竞争机制，发挥市场在资源配置中的作用，实行"国家主导、市场引导"的科技体制模式。然而，由于我国市场经济体制刚刚建立，科技与经济脱节的问题依然没有得到有效解决，科技成果转化不理想，科技创新效率低，在一定程度上制约了科技创新的发展动力。

（三）调整阶段（1995—2005年）

1995年，全国科学技术大会召开并颁布了《中共中央　国务院关于加速科技进步的决定》，同时提出"科教兴国"战略，坚持以教育为本，继续推进科技体制改革，构建国家创新体系。1997年，党的十五大正式把"科教兴国"确定为国家发展战略，陆续提出"985工程"和"211工程"，对我国高等院校学科体系发展和科研能力提升都起到了较大的推动作用。

这一阶段出台的科技政策法规主要有：《关于"九五"期间深化科学技术体制改革的决定》《中华人民共和国促进科技成果转化法》《迎接知识经济新时代　建设国家创新体系》《国家重点基础研究发展规划（"973"计划）》《关于设立中外合资研究开发机构、中外合作研究开发机构的暂行办法》《中共中央、国务院关于加强技术创新，发展高科技，实现产业化的决定》《关于促进科技成果转化的若干规定》《关于外商投资设立研发中心有关问题的通知》《科研条件建设"十五"发展纲要》《2004—2010年国家科技奖基础条件平台建设纲要》。这一时期开始注重科技创新体系的建设，尤其注重发挥高等学校在创新体系中的功能，促进科技创新产出，不断加大科技成果转化力度，增强科技创新对外开放水平。这些科技政策法规的制定，推动了科技进步及创新体系中创新主体之间的联系和互动，科技法律法规体系日臻完善，科技政策越来越开放，科教兴国取得了初步成效。然而，这一时期科技人才缺乏，尤其是在关键科技领域中的拔尖人才成为我国科技发展中的短板。

（四）提升阶段（2006—2018年）

2006年出台了《国家中长期科学和技术发展规划纲要（2006—2020年）》，确立了"自主创新、重点跨越、支撑发展、引领未来"的指导方针，提出在2020年进入创新型国家行列的目标定位。2007年，党的十七大报告提出，提高自主创新能力、建设创新型国家是国家发展的战略核心，是提高综合国力的关键。2012年全国科学技术大会发布《关于深化科技体制改革加快国家创新体系建设的意见》，指出科技体制改革要紧密围绕国家创新体系建设这一宏伟目标。党的第十八大明确提出，科技创新是提高社会生产力和综合国力的战略支撑，必须摆在国家发展全局的核心位置。2015年，中央深化改革领导小组发布《深化科技体制改革实施方案》，提出坚持走中国特色自主创新道路，聚焦实施创新驱动发展战略，以构建中国特色国家创新体系为目标，推动以科技创新为核心的全面创新，营造有利于创新驱动发展的市场和社会环境，加快创新型国家建设步伐。

为了充分发挥高等学校在创新体系中的作用和功能，教育部联合中组部和财政部启动了"基础学科拔尖学生培养试验计划"（简称"珠峰计划"），旨在培养中国自己的学术大师。2012年，教育部开启了高等学校创新能力提

第十八章　科技政策演变与发展

升计划（也称"2011计划"），它是继"211工程""985工程"之后，高等教育系统又一项体现国家意志的重大战略举措，"2011计划"旨在推动知识创新、技术创新、区域创新的战略融合，对我国创新体系和创新型国家建设意义重大。

这一时期科技政策更加开放、精准，瞄准世界经济和科技前沿阵地，通过引进、消化、吸收、再创新，最终实现自主创新和开放创新。

二、不同视角下科技政策演化趋势分析

为了进一步分析我国科技政策的演变和发展，在演化阶段划分的基础上，从不同角度出发深入分析科技政策的演化趋势。

（一）基于国民经济和社会发展规划纲要的视角

国民经济和社会发展规划纲要为我国社会经济发展描绘了阶段性蓝图，历次规划纲要中涉及的有关科技政策的内容也可以反映和折射出科技政策的演变过程。从"八五"规划纲要到"十三五"规划纲要中涉及科技政策的重点内容可以发现，科技发展和经济建设相互推动是贯穿我国科技政策的主线，科技政策中强调高新技术发展和基础研究并重，促进科技成果的商品化和产业化发展。同时，注重产学研合作和一体化建设，让企业成为技术开发的主体，这一提法在不同阶段存在不同的表述（表18-1）。这一阶段关于产学研的政策内涵和外延都逐渐扩展，政策也在不断升级，由"科研院所、高等学校和企业合作"调整为"以企业为主体、市场为导向、产学研相结合的技术创新体系"，再过渡到"政产学研用一体的创新网络及构建跨区域创新网络"。

表18-1　改革开放以来历次国民经济与社会发展规划纲要的科技政策重点内容

历次规划纲要	涉及科技政策方面的重点内容
"八五"	科学技术的发展继续贯彻"科学技术工作必须面向经济建设，经济建设必须依靠科学技术"。通过改革，建立有活力、有效率的科研、引进、创新、推广和应用相互结合、相互促进的新机制，使之同经济发展相适应。稳定和完善促进科技进步的政策，抓紧制定有关的法律和法规

续表

历次规划纲要	涉及科技政策方面的重点内容
"九五"	科技发展和经济建设要统筹规划。一是加速科技成果商品化、产业化进程；二是积极发展高技术及其产业；三是加强基础性科学研究，瞄准世界科学前沿，重点攻关，力争在我国具有优势的领域中有重大突破。加强科研院所、高等学校和企业之间的联合与合作，推动科研院所进入大型企业集团，鼓励企业自办技术开发中心，使企业真正成为技术开发的主体
"十五"	发展高科技，实现产业化，提高科技持续创新能力，实现技术跨越式发展。力争在主要领域跟住世界先进水平，缩小差距；在有相对优势的部分领域，达到世界先进水平；在局部可跨越领域，实现突破。有重点地发展高技术产业，实现局部领域的突破和跨越式发展，逐步形成我国高技术产业的群体优势。加强应用基础研究，建立企业技术创新体系，鼓励并引导企业建立研究开发机构，推动企业成为技术进步和创新的主体
"十一五"	建设科技支撑体系，全面提升科技自主创新能力。建设国家重大科技基础设施，实施知识创新工程，整合研究实验体系，建设若干世界一流水平的科研机构和研究型大学，构筑高水平科学研究和人才培养基地。加快建立以企业为主体、市场为导向、产学研相结合的技术创新体系。整合科技资源，合理配置基础研究、前沿技术研究和社会公益性研究力量，促进科研机构、大学、企业间科研人员的合理流动与合作，构建科技资源共享机制
"十二五"	加强军民科技资源集成融合，强化基础性、前沿性技术和共性技术研究平台建设，推进各具特色的区域创新体系建设，鼓励发展科技中介服务，深化科研经费管理制度改革，完善科技成果评价奖励制度。重点引导和支持创新要素向企业集聚，加快建立以企业为主体、市场为导向、产学研相结合的技术创新体系。增强科研院所和高校创新动力，鼓励大型企业加大研发投入，激发中小企业创新活力，发挥企业家和科技领军人才在科技创新中的重要作用。强化支持企业创新和科研成果产业化的财税金融政策，加大政府对基础研究的投入，推进重大科技基础设施建设和开放共享，促进科技和金融结合，培育和发展创业风险投资
"十三五"	发挥科技创新在全面创新中的引领作用，着力增强自主创新能力，强化原始创新、集成创新和引进消化吸收再创新，为经济社会发展提供持久动力。明确创新主体功能定位，构建政产学研用一体的创新网络。强化企业创新主体地位和主导作用，鼓励企业开展基础性前沿性创新研究，支持科技型中小企业发展，形成一批有国际竞争力的创新型领军企业。依托企业、高校、科研院所建设一批国家技术创新中心，支持企业技术中心建设。推动高校、科研院所开放科研基础设施和创新资源。引导创新要素聚集流动，构建跨区域创新网络

（二）基于制度厚度的视角

科技政策的宽泛程度可以作为制度厚度的重要衡量标尺。纵观改革开放40多年来，科技政策呈现由单项指令向多元组合配套发展的趋势。早期的科技政策偏重于创新和产业本身，主要是单项支持科技计划的实施和执行，政策之间的关联性和延续性不强；中期的科技政策虽然也以创新政策和产业政策为主，但开始出现相关的税收、财政和金融政策与之相配套；后期的科技政策则为科技政策、产业政策、税收政策、财政政策、金融政策、人才政策等相互衔接，形成创新体系，共同推动科技创新发展。例如，在1985年《中共中央关于科学技术体制改革的决定》中，重点对科技管理体制、国家重点项目管理、科研机构的组织结构等方面进行改革，改革的本质还是关注科技体制自身。

从改革开放以来的制度厚度层面来看，呈现由"单项科技政策"向"科技政策与经济政策配套发展"的演变趋势，制度演化呈现由"薄"到"厚"的发展过程。"十三五"规划纲要指出，强化支持企业创新和科研成果产业化的财税金融政策，加大政府对基础研究的投入，推进重大科技基础设施建设和开放共享，培育和发展创业风险投资，促进科技和金融结合。

2015年，国务院出台了《深化科技体制改革实施方案》，明确提出建立健全科技和金融结合机制，大力发展创业投资，构建多元化融资渠道，完善科技和金融结合机制，形成各类金融工具协同支持创新发展的良好局面。汇聚全球创新人才，实行更加积极的人才引进政策，将人才政策与科技政策有机配套和实施。

（三）基于政府和市场关系的视角

政府和市场在社会资源配置的不同阶段发挥着不同的作用和功能。但政府和市场也会存在失灵的现象，在政策演变过程中如何有效处理好政府和市场的关系，定位好各自的角色，实现优势互补和协同发展尤为关键。就科技资源配置而言，政府和市场扮演着不同的角色。政府是科技政策的制定者和创新环境的营造者，科技政策的制定不能脱离市场规律，政策的着力点应当充分发挥市场在科技资源配置中的基础性作用。

改革开放40多年来，我国的经济体制经历了由计划经济向市场经济的逐步转型。科技政策也被打上了"由计划到市场"转型的时代烙印。对于早期的科技政策，政府的"计划"色彩比较浓厚，但随着社会主义市场经济体制的建立，后期的科技政策逐渐显现出"市场"的力量，科技政策呈现由"忽视发挥市场机制"向"注重发挥市场机制"的转变趋势。这一政策转型与科技政策的由单项指令向多项配套转型是一脉相承的，市场和计划相互配套发展的科技政策正是顺应当今世界科技和经济发展潮流的产物。

（四）基于创新模式的视角

改革开放后，为了借助外资来推动我国科技发展，我国积极鼓励跨国公司及其境外组织来华设立研发机构，鼓励外资研发机构与国内企业、科研院所及高等学校开展研发合作。1997年9月，国家科学技术委员会颁布了《关于设立中外合资研究开发机构、中外合作研究开发机构的暂行办法》；2000年4月，国家对外经济贸易委员会颁布了《关于外商投资设立研发中心有关问题的通知》，这些政策都明确规定并给予外商研发机构更多的税收、土地、外汇管理、财政资助和奖励制度等优惠政策。此后，我国不断吸引外资在华研发投资，鼓励跨国公司在华设立研发机构，开展研发活动。

2006年1月，全国科学技术大会指出，要实现进入创新型国家行列的奋斗目标，必须坚持对外开放的基本国策，扩大多种形式的国际和地区科技交流合作，有效利用全球科技资源。鼓励科研院所、高等院校与海外研究开发机构建立联合实验室或研究开发中心。2007年，党的十七大报告明确指出，要优化利用外资结构，创新利用外资方式，发挥利用外资在推动自主创新和产业升级等方面的积极作用。

2006年，国家出台了《关于实施科技规划纲要增强自主创新能力的决定》，提出"建设创新型国家，核心就是把增强自主创新能力作为发展科学技术的战略基点，推动科学技术的跨越式发展，走中国特色自主创新道路"。同年，又颁布了《国家中长期科学和技术发展规划纲要（2006—2020年）》，明确提出了自主创新战略，由此反映出这一阶段科技政策的战略性转变。2016年出台了《国家创新驱动发展战略纲要》，明确提出要坚持走中国特色自主创新道路。同年，国务院颁布了《"十三五"国家科技创新规划》，提出以深入实施创新驱动发展战略、支撑供给侧结构性改革为主线，全面深化科技体制改革，为我国科技创新发展描绘出宏伟蓝图。

三、我国科技政策演变特征

通过对我国科技政策的演变进行分析,得出结论:①科技发展和经济建设相互作用是贯穿我国科技政策的主线,发展高新技术产业、注重基础研究、重视产学研合作是科技政策长期关注的重点;②科技政策出现由"科技政策的单项指令"向"科技政策与经济政策配套发展"的演变趋势,科技政策由单项指导向多元配套组合的方向发展;③科技政策呈现由"忽视发挥市场机制"向"注重发挥市场机制"的转变趋势;④科技政策的战略导向从引进、消化吸收的模仿创新过渡到集成创新和自主创新,科技政策的开放程度不断提高。

不同历史时期的科技政策是在当时特定的社会经济条件下出台的,针对当时社会经济发展的客观需求和国际环境,时代性较强。在当今科技全球化时代,科技创新资源在世界范围内的流动速度和规模超过以往任何时候,国际科技合作和交流更加频繁,国家和区域之间的竞争日益表现在科技创新能力方面。今后的科技政策制定、调整和修改都要根据世界科技进步和经济发展的新动态和新趋势,围绕科技和经济发展的战略需求,切实制定出符合我国实际需求和世界发展潮流的科技政策,提高科技创新能力,推动创新型国家建设。

第四节 欧美国家的科技政策与创新系统

特定科技政策的制定、实施都深深地根植在特定的文化土壤中,而在造成这些特质的诸多因素中,政治思想、道德伦理、教育体系,甚至地理位置等文化因素都会产生不可低估的影响。

一、西方国家创新系统

(一)美国的国家创新系统

美国是当今世界上经济最发达的国家,也是国家创新系统发育较为完善和运行较为顺畅的国家。其国家创新系统有以下特点。

1. 市场化程度高

政府虽然是创新系统的重要力量，但对作为创新主体的企业干预力度较小，其创新投资具有严格的选择性，较少干预市场创新。政府投资支持的研究开发主要是具有战略性的基础性研究，或者是意在提高某个特定产业或企业群体竞争力的计划。政府委托政府研发机构主持高技术研究，基础部分由研发机构完成，应用开发研究和产业化过程由政府研发机构通过子项目辐射到高科技创业公司，如果公司能够在政府项目竞争中获胜，不仅能得到相当可观的政府科技投资，更重要的是标志着企业处在该领域的制高点，对于企业的市场竞争和长远发展具有深远的意义，使得创新系统中各主体互动加强，也推动了各主体的创新能力开发。

2. 工商界是主要力量

工商界是创新系统的主要力量，高校、科研机构是培养人才的主要基地，负责创造新的技术和知识，虽然高校、科研机构能够直接将技术成果产业化，但是毕竟企业具有更大的激励将科研成果实现商品化与产业化，从而产生更多的企业利润和实现更大的企业价值。同时，美国的 R&D 投入中，企业是投入的主体。美国大型企业除了与高校、科研机构合作外，内部一般都设有 R&D 机构。企业 R&D 机构先了解的是市场需求，为此在制度上也有相关的规定，凡是使用政府资金的研究开发，必须事先将项目研究成果普及化的义务考虑在技术开发之内。美国的研究开发中，工业机构的经费支出占全部经费支出的比例逐年增加，并且在 1980 年就已经超过政府部门，成为研究与开发经费支出最多的部分。

3. 风险投资机制完善

风险投资是高科技领域研发投资的重要经费来源，已经形成完善和高效的机制。在电子信息、生物医学等领域，约 90% 的企业是在风险投资公司的扶持下迅速发展起来的，如世界著名的英特尔公司、微软公司及苹果公司等。企业在技术创新的初期到技术成果实现产业化的过程中，需要巨额的投资，但是高新技术创新面临着高风险的难题，使得普通的投资者望而却步。风险投资由于资金分散募集，投资分散组合，加之其独特的运营方式，能够更好地规避风险并获得更高的回报，这就为社会资金进入高科技产业架起了一道桥梁，推动了技术创新的产业化。

(二)德国的国家创新系统

德国创新系统的特点：一是德国独特的教育体系为创新提供大量人才；二是企业的竞争创新方式不同，政府扶持中小型企业，但又以大型企业作为创新的重要支柱。

1. 双元制的高校体系

德国的高等院校与职业技术学校并重。根据使命、职能的不同，高等院校分为3类：第一类是以培养科学研究型人才为主的综合性大学；第二类是以培养高技术人才为主的应用技术性大学；第三类是艺术类学院。为了方便学生能够在欧洲范围内实现转学，德国还引进了欧洲的学分转换制，同时在保留传统学位体制的同时，与时俱进地引进国际学士和硕士课程，为了更好地培养人才，还允许专科大学优秀毕业生攻博深造等，从而积极培养创新人才。

2. 企业中心地位

德国市场经济体制的核心是竞争秩序。国家通过一系列政策法规保障企业能够有效竞争，如《反对限制竞争法》《中小企业促进法》等，避免由于垄断式竞争导致企业缺乏创新动力而停滞不前。德国政府非常重视对企业的扶持，特别是对于中小企业的扶持。对资金短缺的中小企业，政府和重建信贷银行于1992年启动了技术革新贷款资助计划，由政府和银行共同承担风险，以低息贷款的方式解决创建企业和开发高新技术产品时的资金困难问题。此外，德国的技术能力集中程度相当高，其国内R&D能力的31%集中在西门子等7家大公司，大型企业集团的研究开发部门同时又是企业技术创新的重要支柱。

(三)日本的国家创新系统

日本的科技发展经历了两个阶段，政府在不同的发展阶段都建立了相对应的国家创新系统，由此在应用技术领域不断突破，成长为公认的"技术大国"。

1. "技术追赶"阶段

日本最为突出的特征就是政府主导国家创新系统的总体建设，实施典型的强干预政策，对国内创新主体的创新活动进行较大程度的引导和重点化管理。一方面，政府通过宏观控制对技术引进实行有效管理，并且在财政上为技术的引进和扩散提供充足的资金支持。制定了装备与技术引进审批制度，有选择地引进能满足经济建设需要且产生较高经济效益的先进设备和技术。实施重大技术研发补助金制度，对装备和技术引进给予税收优惠，给企业创新开发活动提供融资优惠。另一方面，实施专利的弱保护政策，制定了专利申请授权前信息披露制度，延长专利申请时间，在制度上为企业消化吸收外国技术提供便利。

企业是国家创新系统中的创新主体，主导着研发经费的投入和使用，提供大规模的研发人员队伍。但是，日本的企业只是从国外引进现有知识和技术，政府重点扶持大企业花费大量资金从国外引进技术，然后进行消化吸收，即所谓的二次开发，在国内结合实际情况进行大量必要的技术改造和再创新，从而创造出具有日本特色的新技术产品。因此，日本政府及相关政策是企业创新背后的中坚力量。日本政府不是通过直接承担研发任务的方式，而是主要扶植有前途的产业研发，尤其是确立"重点目标战略"，对部分企业给予重点援助。

日本国家创新系统形成以企业为创新主体、大学和政府机构为辅的产学研制度。信息和技术在研究人员、企业和各机构之间的交流是创新系统发挥作用的关键。第二次世界大战后，企业、大学和政府逐渐发展成一种分工合作的运行机制，同时，日本政府颁布"产学教育制度""官民特定共同研究制度""新技术委托开发制度"等法律制度，指导各部门机构研究活动的进行。

2."技术领先"阶段

从20世纪90年代开始，日本逐渐将创新系统重点转向科技创新的成果转化和高新技术的产业化。1995年颁布《科学技术基本法》，标志着日本踏入技术领先阶段，更加突出科学与技术的地位。

首先，基础研究投入比重有较大提高。从"技术追赶"转变为"技术领先"阶段以后，研发投入保持较快增长，在"科技立国"战略的指导下，对自主技术创新给予足够重视。

其次，政府给予创新型中小企业更多的政策优惠。为了鼓励开发新技术，日本在20世纪90年代颁布"中小企业技术创新制度"，并且在财政预算中用以支持中小企业创新的资金每年都在提升。"技术领先"阶段进一步发展了原来以企业为创新主体、大学和政府机构为辅的产学研制度，转而向以大学和科研院所为主的"21世纪产学官合作模式"转变。政府推动科研院所将技术创新成果向企业和产业转移，允许大学教授和政府研究部门的研究人员相互流动，并且促进科研院所的研究设施向企业开放。21世纪开始，日本大学纷纷创办风险投资企业，高校创办科技型企业的数量和规模都达到了历史空前水平。

最后，政府更加重视专利保护制度，加强保护专利发明者的地位和利益。在20世纪90年代推行的"重视专利政策"活动中，日本在立法、司法和行政上三管齐下，都颁布了鼓励技术研究发明创造和保护专利的政策和法规。

二、国家创新系统比较与借鉴

通过对比中国和欧美在国家和区域层面的建设特点，发现我国在区域创新的过程当中，政府的协调创新作用能够很好地发挥出来，能够很好地利用政府强大的调控功能调节国家、区域内的创新要素，从而使得创新系统初具规模。主要区别在于以下方面。

首先，社会主义市场经济不完善。政府与市场在创新中的互动关系并没有很好地建立起来，较多地依靠政府规划、调控这一"有形的手"，而市场经济中"无形的手"并没有发挥应有的作用。

其次，我国产学研的结合不够密切。创新成果缺乏有效快捷的途径进行科技成果商品化、市场化。在德国，政府依据国家产业发展方向制定法律法规，规范科研机构和企业的创新活动，引导创新方向，国家科研经费原则上只用于基础研究和进入市场竞争前的应用基础研究，而各州政府所划拨的经费一般服务于大学和研究机构的研发活动。同样，在美国的创新系统中，公私契合度也相当高，常通过国家在重点研究中的经济扶持，指定税收、法律法规及财政等方面的活动，激励私营创新活动的开展。因此，需要我国政府根据市场需求和国家发展战略，制定相应的产业规划、科技发展计划来适度引导国内的科研活动。

再次，技术转移和技术扩散不充分。对比欧美各国，我国最为薄弱的一个环节就是中介机构、服务体系及科技创新网络并不完善。欧美各国的区域创新系统都拥有完善的中介机构和服务体系以及科技创新网络。从系统论来看，中介机构是连接创新需求和供应方的重要主体，是促进创新主体互动的主要组织机构。在美国，完善的风险投资体制为企业的创新提供动力；在英国威尔士，众多培训机构及培训协会为科技创新提供基础的人才培训平台。欧美不同国家和区域的创新系统中，都以不同形式使得中介机构及其服务体系得以完善，并构建了完整的科技创新网络，促进创新技术、成果传播和应用，从而提高区域创新能力。

最后，区域实践主体发挥不够。欧洲的反馈式集群创新政策与我国在地方分权方面的实践具有较大的可比性。在瑞典和英国，集群创新政策通过在制定发展战略上与国家政府形成伙伴关系，增强了地方治理结构的地位，成为发展地方竞争优势的主要方式。这种集群政策的尺度实践与我国鼓励地方改革实验的方法相类似，即通过充分的放权使得地方政府和行动主体更好地界定本地竞争优势和特点，发展各具特色的区域创新系统，而中央政府更多是肯定并在全国推广成功的地方实践经验。需要注意的是，尽管中国地方政府逐渐获得了越来越多的可用于区域发展的自治权和资源，但其政策能力还没有充分发育，经常简单地复制中央发展规划的概念和想法，而没有去仔细分析特定的区域条件和机遇。

针对以上问题及欧美创新经验，结合我国实际情况，建立和完善创新系统，要以市场机制为基础，加快建立完善的社会主义市场经济，确立企业为创新的主体，充分发挥地方政府的支持和引导能力。同时，加强高校和科研机构的基础研究能力，推动科技创新的研发及为科技创新的发展提供人才储备和知识储备。充分发挥政府与市场在推动创新中的互补作用，完善市场机制的建设。在国家层面使得技术改造、技术引进与科技发展计划有机地结合起来；在地方区域层面寻找本地区域创新的优势和精明增长点，形成有效的地方创新管治机构和制度，推动中介机构和服务体系的建立，建立完善的科技创新网络，实现企业创新的本土化。

第五节　中国科技创新政策建设成就及思考

科技创新政策是引导、激励和规范科技创新活动的政府措施和行为，世界主要国家不断丰富科技创新政策工具，以政策为重要手段的创新环境竞争日趋激烈。党的十八大以来，我国深入实施创新驱动发展战略，将科技创新摆在国家发展全局的核心位置，大力实施创新驱动发展战略，持续推进科技体制改革，科技制度主体架构已经确立，改革驱动创新、创新驱动发展的格局已基本形成。

第十八章　科技政策演变与发展

一、中国科技创新政策建设成就

伴随科技创新战略的实施和科技体制改革的推进，我国逐渐形成了强化要素、增强主体、优化机制、提升产业、集聚区域、完善环境、扩大开放、形成反馈的科技创新政策发展路径，政策措施持续迭代完善，目前已经基本形成了包括创新要素与主体、完善机制与产业、区域环境互动反馈等方面，覆盖全面、门类齐全、工具多元的科技创新政策体系。

（一）加大创新要素投入

在科技人才队伍方面，通过扩大高等教育规模、支持留学培养、引进海外人才3项举措，不断改革人才发展的体制机制，实行以增加价值为导向的分配制度，把科技人力资源摆在国家战略的高度，不断提升培养质量，完善激励机制，创造良好环境，加快促进科技人力资源由大转强，为我国培养造就了一支规模宏大、素质优良、结构优化、作用突出的科技人才队伍。截至2020年年底，我国科技人力资源总量排名世界第一，持续增长，且结构不断优化，这对于我国后续建设高水平的自立自强大国、建设世界重要人才中心和创新高地都是非常厚重的底座。

在科技基础设施方面，围绕国家科技发展战略需求，持续推进基础设施和平台建设。按照分类管理、优化布局的原则，形成3类国家科技创新基地：一是科学与工程研究类，主要开展重大科学前沿、科技任务及大科学工程，开展战略前沿和基础综合类科技活动，主要包括国家实验室和国家重点实验室；二是技术创新与成果转化类，主要面向经济社会发展的需求，开展关键共性技术、工程化技术研究及产业化，主要为国家技术创新中心、工程研究中心、临床医学研究中心等；三是基础支撑和条件保障类，面向发现自然规律、野外观测等科学研究，提供基础科研支撑和科技资源共享服务，主要为科技资源共享服务平台、野外科学观测研究站等。

持续高速增长的创新要素投入带动我国高校和科研院所创新能力持续提升，推动我国创新能力不断攀升。我国综合创新能力显著提升，2021年科技进步贡献率已超过60%。根据世界知识产权组织《2021年全球创新指数报告》，中国居第12位，处于中等收入经济体首位，连续9年稳步上升。该报告从创新投入、创新产出两个方面，通过制度、人力资本与研究、基础设施、市场成熟度、商业成熟度、知识与技术产出、创意产出七大类81项指标，对全球132个经济体的综合创新能力进行系统衡量，具有较强的客观性，受到国际社会高度关注。

（二）实施企业创新政策

我国一直把增强企业创新能力作为重要政策议题，激励企业成为技术创新研发投入、创新决策、科研组织和成果转化的主体。围绕企业在不同发展阶段的创新活动规律和政策需求，不断进行政策探索和优化，形成了覆盖企业全生命周期的创新支持政策体系。

建设孵化器、众创空间和加速器，开展科技型企业孵化和培育。2019年，全国孵化器内在孵企业数为21.68万家，累计毕业企业数量达16.09万家。实施高新技术企业税收优惠政策，激励成熟期科技企业开展高水平研发和创新。高新技术企业所得税优惠减免税额超1900亿元。对所有类型企业实施普惠性的企业研发费用税前加计扣除政策，并不断优化政策、简化流程、提高力度，激发企业研发和创新热情。目前，研发费用加计扣除比例达到75%，为企业减免的税额以年均超30%的速度增长，减免企业税额达2794亿元，已成为我国企业减税降费的亮点。

（三）完善科技成果转化制度

我国持续进行科技成果转化的制度创新与优化，以科技成果的放权为基础，以强化成果转化的激励为核心，致力于解决科技成果转化的法律政策问题和市场与服务体系问题。全国人大2015年完成了《促进科技成果转化法》的修订，国务院2016年制定了《实施〈促进科技成果转化法〉若干规定》，部署了促进科技成果转移转化的行动，形成了我国促进科技成果转化的基础性法规政策保障。

围绕落实《促进科技成果转化法》，形成了一批切实有效的配套政策措施，包括改革职务科技成果产权管理制度、加大对科技人员成果转化奖励力度、完善科技成果市场化定价机制、建立成果转化领导决策双免责机制、实施股权激励和技术成果入股递延纳税、职务科技成果转化现金奖励享受减半计税、国有科技型企业股权与分红激励等，带动科技成果转化量质齐升。全国技术交易市场高速发展，全国技术合同成交额以年均15%的速度增长，2019年成交额超2.2万亿元。科研人员的创新创造热情得到了极大激发，涌现出一大批超亿元的成果转化案例。

（四）营造良好产业创新生态

产业创新政策是引导、促进和规范产业研发和创新的有关政策措施。支持高新技术研发和产业化是国际通行的做法，各国围绕高新技术产业都制定了创新政策。不同产业的创新规律不尽相同，如供应商主导的产业、规模经济产业、专业供应商产业、基于科学的产业等，在创新模式、要素配置、政策需求等方面都存在不同程度的差异。产业创新政策就是要因产施策，深入研究不同产业的创新发展规律，充分发挥市场机制在产业创新中的决定性作用，同时也要针对性地用好政府的"有形之手"，以弥补市场失灵。

总体来看，我国产业创新政策着重于增加创新链前端的科技供给、加强创新链后端的技术标准制定和完善市场准入制度等，在市场竞争环节坚持"竞争中性"原则，发挥市场的优胜劣汰机制，让创新能力强的企业自己"冒出来"。例如，在新能源汽车领域，我国形成从技术研发、产业标准、试点示范到市场推广的国际通行政策链布局，为新能源汽车产业创新发展创造了良好的创新生态。在技术研发方面，着重支持开展竞争前技术研究与开发；在产业标准方面，鼓励和支持国内外企业共同研究制定行业技术标准；在产业化示范方面，开展节能与新能源汽车推广示范；在基础设施方面，大力加强充电网络和设施建设；在市场培养方面，实施节能汽车减半征收车船税、电动车购置补贴等激励措施。

（五）打造区域创新格局

我国高度重视调动地方创新积极性，打造各具特色的区域创新体系。根据不同地区的资源禀赋和发展定位，不断完善区域创新发展机制，充分发挥创新高地的辐射带动作用。建设北京、上海、粤港澳大湾区、成渝地区科技创新中心，打造具有引领能力的科技创新高峰。推动国家自主创新示范区和国家高新区高质量发展，进一步优化园区布局和资源配置，创新引领辐射带动作用持续增强。大力推进京津冀、长三角、粤港澳、长江经济带、黄河流域等战略性区域创新协同，通过资源共享、成果共用、产业联动等方式推动形成区域协同创新共同体。

（六）营造公平竞争的创新环境

保护知识产权就是保护创新创业。加大知识产权保护力度，能够有效促进技术创新。改革开放以来，我国从立法、司法和执法方面三位一体持续推动知识产权保护体系的发展与完善，不断加大知识产权侵权的打击力度，全社会尊重和保护知识产权的意识大幅提升。在立法方面，修订《专利法》等相关法律，推动知识产权法律体系不断完善。在司法方面，加快推进知识产权行政执法与司法"两法衔接"，设立知识产权法院（全世界仅10多个国家建立了专门法院），开展知识产权保护专项行动，探索实施惩罚性赔偿制度。

（七）坚持国际科技交流合作

我国科技领域主动融入全球创新网络，推动人类命运共同体建设。深化政府间国际科技创新合作，我国与160多个国家建立了科技合作关系，加入了200多个政府间国际科技合作组织，建立了与欧盟、德国、俄罗斯等国家和组织的多个创新对话机制。近些年，我国积极牵头组织国际大科学计划和大科学工程，并加强我国大科学设施向国际开放共享（如500米口径球面射电望远镜等）。另外，实施外国人才工作许可制度和外国人才签证制度，完善绿卡制度，开辟外国高端人才来华工作"绿色通道"。

此外，加强科研诚信体系建设。我国出台了科技评价制度改革、加强科研诚信和作风学风等一系列文件，强化科研活动全流程诚信管理，建立了跨部门联合惩戒机制，严肃查处科研违规行为，科研诚信机制的震慑作用初步显现。

总体来看，我国科技创新政策不断发展完善，政策范围从科研领域逐步扩展至经济、社会、安全等各相关领域，政策着力点从注重研发管理转向加强创新服务，政策惠及面从科研机构逐步扩大到各类创新主体，科技创新政策体系的系统性和完备性显著增强。

二、中国科技创新政策的发展

科技创新政策的支撑性。党的十八大以来，对标世界科技强国的战略目标，我国科技创新能力和环境仍存在较大差距，基础研究薄弱、重大原创性成果缺乏、关键技术"卡脖子"等问题较为突出。这要求科技政策着力点更加注重创新链前端，在资源配置、项目组织实施等方面更加注重质量和绩效，加快推动科技创新从量的积累向质的提升转变，大幅增强基础研究和原始创新能力，激励创新主体产生更多高质量成果。

科技创新政策的预见性。随着人工智能、自动驾驶、基因编辑等新技术加速发展和应用，对就业结构、伦理道德、社会治理等方面的影响越来大,各国对于新技术的治理都处于摸索状态。这要求紧跟科技发展创新步伐,加强科技创新活动及其影响的前瞻性研究和政策储备,加快探索适应新科技创新规律的治理机制和监管模式,成为新政策、新做法的设计师和策源者,提高预见式治理能力和水平,在持续推动科技成果造福人类的同时,守好安全和伦理的底线。

科技创新政策的包容性。当今,基础研究、应用研究到产业化的界限越来越模糊,企业在研发和创新活动中的作用越来越凸显,创新活动越来越从少数精英向全社会参与的"大众创新"转变,集中式组织化研发同分布式网络化研发并存,科研活动的数字化转型日益加深。这要求在政策对象上要有更宽广的视野,要更加关注企业、个人和社会组织等多元主体的政策需求,激发全社会的创新创造积极性。

科技创新政策的开放性。面向未来,要坚持目标导向和问题导向,加强基础研究和原始创新,深化科技评价改革,更加注重激发人的积极性,提升科技创新治理能力,推动实现更高水平的开放创新。

思考题

1. 简述雷奥奇尼的创新内容。
2. 简述中国科技政策演变阶段特征。
3. 中国创新系统特点与问题是什么?
4. 中西创新系统比较中的借鉴意义何在?
5. 科技创新政策体系进展和发展趋势体现在哪些方面?

参考文献

[1] 陈德棉,甘辛.美国、日本和韩国的科技体制与政策演变及启示[J].中国科技论坛,1997(1):43-46.

[2] 顾昕.政府主导型发展模式的调适与转型[J].东岳论丛,2014(10):5-11.

[3] 金世斌.新中国科技政策的演进路径与趋势展望[J].中国科技论坛,2015(10):5-9.

[4] 贺德方,周华东,陈涛.我国科技创新政策体系建设主要进展及对政策方向的思考[J].科研管理,2020,41(10):81-88.

[5] 黄义,张清华.国家创新体系中产学研协同机制研究[J].科学管理研究,2013(5):1-4.

[6] 王克敏, 刘静, 李晓溪. 产业政策、政府支持与公司投资效率研究 [J]. 管理世界, 2017 (3): 113-124.

[7] 张永凯. 改革开放40年中国科技政策演变分析 [J]. 中国科技论坛, 2019 (4): 152-153.

[8] 张永凯, 陈润羊. 世界科技强国科技政策的趋同趋势及我国的应对策略 [J]. 科技进步与对策, 2013 (2): 108-111.

[9] 吕拉昌. 创新地理学 [M]. 北京: 科学出版社, 2017.

[10] 苗长虹, 魏也华, 吕拉昌. 新经济地理学 [M]. 北京: 科学出版社, 2011.

[11] 杜德斌. 跨国公司在华研发: 发展影响及对策研究 [M]. 北京: 科学出版社, 2009.

[12] 蒋绚. 制度、政策与创新体系建构: 韩国政府主导型发展模式与启示 [J]. 公共行政评论, 2017, 10 (6): 86-110.

第十九章　创新地理学的规划应用

> **导言**
>
> 基于创新型空间规划的基本原理和框架体系，剖析创新地理学的发展对创新型国家和区域规划的影响。阐明了创新型国家的核心理念，总结了创新地理学在我国三大区域的发展规划、三大类型发展区创新、中心城市和城市群战略作用推进、城市化与乡村振兴战略衔接创新等方面的具体指导作用。

第一节　创新型空间规划体系

创新地理学对创新要素空间格局及其变化规律的研究，在规划领域具有重要的理论指导意义和实践应用价值。通过相关规划的应用，创新地理学的相关理论得到具体验证，并发挥对各类创新系统和空间的科学指导作用。创新地理学对国家和区域规划带来了新的理念和理论、内容和方法，以及规划体系构架的改变和拓展，促进了创新型空间规划体系的形成与发展。

一、创新型空间规划的基本原理

城市空间发展演化形成的创新型空间是传统城市规划学科、城市地理学科所不掌握的，但又是实践发展中产生的、需要探究和解决的规划学科的新问题。创新要素的构成和类型比较复杂，但是各类要素均有其功能属性和空间属性，创新要素在空间上的分布、联系和活动构成了不同尺度的创新空间系统。综合性的城乡空间规划需要全面考虑创新要素对城乡空间发展、布局规律提出的新要求，专门的创新型空间规划对创新要素及其空间系统的发展、布局和配套系统也要综合部署和协调安排，并对创新型空间与其他空间的关系进行协调。

创新地理学

创新地理学通过研究发现和总结的创新空间规律，构成了创新型空间规划的基本原理，在以下几个方面指导创新型空间规划：创新地理学明确各类创新要素的空间区位、空间行为、空间环境、空间关系，从而为各类创新要素的发展和空间布局引导提供科学依据；明确创新联系的空间尺度、空间格局、空间路径等，从而为创新要素和空间的联系和布局规划提供科学指导；明确创新活动发生、发展的空间环境特征及创新主体的空间需求特征等，为创新型空间规划提供重要的指导；明确不同空间尺度上创新活动的差异性、关联性，以及不同空间尺度上创新空间格局的变化，为不同层次创新型空间规划提供差异化的指导。

二、创新型空间规划体系的总体框架

创新型空间规划体系作为一种新的空间规划系统，有两种模式：一是与既有各种规划体系并行、作为一种独立和专门化的规划系统而存在的规划类型，涵盖创新要素的发展、创新空间系统的布局、创新环境塑造、创新配套体系的建设、创新政策等，是一种相对综合性的区域创新系统规划；二是作为城乡规划体系中一种新的、专项性的空间规划类型，其核心内容针对创新载体和空间的布局展开。按照空间尺度的差异性，两种类型的创新型空间规划体系均可以分为跨国和国家尺度、区域与地区尺度、城市与园区或者集群尺度、节点与场所尺度4种空间尺度类型。

相比较而言，第一种模式适用于大尺度的区域性创新空间规划，可以单独编制（创新型区域规划）或者作为国民经济与社会发展规划、各类区域规划的组成部分（区域创新系统规划）；第二种模式适用于中小尺度的城市或者园区创新空间规划，可以单独编制（创新型城市、园区或者集群规划）或者与城市、园区的城乡规划相结合（城市、园区创新系统规划）。

（一）专门化的区域创新型空间规划体系

作为主要针对区域尺度的专门化创新型空间规划体系，主要包括跨国与国家尺度、区域与地区尺度两个层次的规划，主要类型包括全球性的创新协作规划、创新型国家规划、各类创新型区域规划等，其规划内容体系均涵盖规划区域的创新系统发展与布局评价、区域创新联系分析、创新型城市与园区体系的发展与布局、区域创新协同和创新服务体系、区域创新政策体系等内容。具体研究内容又细分为区域创新能力与创新环境评价、区域创新要素发展与布局分析、区域创新联系分析、区域创新发展的总体目标与定位、区域创新型城市与园区体系的发展与布局规划、区域创新协同和创新服务体系规划、区域创新政策体系建议。

（二）城乡规划中的专项性创新型空间规划系列

作为主要针对中小尺度的专项性创新型空间规划体系，主要包括城市与地方性尺度、园区与节点尺度两个层次，主要类型是创新型城市规划、创新型园区规划、创新型集群规划，以及个别的小微尺度创新空间的规划设计。规划内容涵盖城市、园区或者集群的创新要素分析，创新型空间布局，创新服务体系，创新人群的生活配套体系等规划。

第二节　创新地理学在国家创新和规划中的应用

构建创新地理学研究体系，将创新思想和创新活动单独作为研究对象，并以此指导国家、区域、城市、企业等的创新活动，具有非常重要的理论意义与实践意义。以地理学基本理论为基础的创新地理学主要对创新的地域空间分布及组合规律、发展趋势及演变规律等进行系统的研究。创新地理学的发展对国家和区域规划有重要影响，带来了规划理念、规划理论、规划内容和规划方法的改变和拓展。

一、创新型国家规划——以新加坡为例

新加坡总理2014年提出："10年时间里新加坡将发展成为一个智慧国家"，为实现这一发展目标，新加坡成立智慧国家项目办公室，建立基础数据共享平台。智慧国家理念的核心可以用3个"C"来概括：连接（Connect）、收集（Collect）和理解（Comprehend）。"连接"的目标是提供一个安全、高速、经济且具有扩展性的全国通信基础设施；"收集"是指通过遍布全国的传感器网络获取更理想的实时数据，并对重要的传感器数据进行匿名化保护、管理及适当分享；"理解"的含义则是通过收集来的数据，尤其是实时数据建立面向公众的有效共享机制，通过对数据进行分析，以更好地预测民众需求并提供更好的服务。

二、国家区域规划——以中国区域规划为例

(一) 国家三大区域发展战略创新

1. 实施区域重大战略

实施区域重大战略,加快落后地区经济发展,逐步缩小区域之间的经济发展差距。实施区域重大战略是对国土空间布局政策有意识的倾斜和重点开发,加快国内某一部分地区的经济发展,是国家对宏观经济管控的体现。由于市场机制调节的盲目性和滞后性,市场机制需要在国家创造一定条件以后才能充分发挥作用,需要实施区域重大发展战略对市场机制进行补充和促进。京津冀一体化、长江经济带、粤港澳大湾区建设、长三角一体化、成渝经济区和海南自由贸易岛建设等新时代区域重大战略,促进了所涵盖区域经济增长极作用的发挥,并推动所涵盖区域成为中国经济高质量发展的重大创新平台。

2. 推动区域协调发展的战略

区域协调发展的核心是全面协调,重点是东、中、西和东北四大板块的协调,特殊类型区的协调,经济带与经济区的协调。特殊类型区包括老少边穷地区、生态退化地区、资源枯竭地区和老工业基地,这些地区的协调发展是未来区域协调发展战略的关键。党的十九届五中全会提出,十四五时期区域协调的重点是"健全区域战略统筹、市场一体化发展、区域合作互助、区际利益补偿等机制,更好促进发达地区和欠发达地区、东中西部和东北地区共同发展"。

3. 实施新的主体功能区战略

主体功能区战略对地方政府主导的、以行政区划为边界的空间单元开发模式进行了宏观约束和指导,有利于加强区域合作,形成跨行政区的功能区,解决国土开发无序、无度的问题。加强了中央政府对国民经济的管理能力,中央政府通过编制全国层面的主体功能区规划,把宏观经济活动框定在一定的空间范围内,增强经济活动的集聚性。

(二) 构建三大类型发展区创新

中央在提出"十四五"时期三大区域发展战略的同时,强调要健全区域协调发展的机制,完善新型城镇化战略,构建高质量发展的国土空间布局和支撑体系。在区域三大发展战略下,未来要形成以下三大类型区。

第十九章 创新地理学的规划应用

一是城市化地区，主要聚集人口和经济。"十四五"时期将重点发展一批经济基础条件较好的城市群，培育一批新兴城市群。通常在发展知识密集型产业方面，大城市具有比较优势，并且在科学技术的创新、扩散和使用强度方面都优于中小城市，分散化的城市空间分布体系不利于充分利用现代科学管理技术提升城市综合承载力。国家中心城市作为国家发展战略的重要平台和战略支点，对于优化国土空间布局发挥了积极作用，国家中心城市在国土空间上的合理分布有利于平衡地区发展和协调区域经济。大力发展国家中心城市是提升城镇化质量的重要举措之一。

二是农产品主产区，主要包括东部部分平原地区、中部一些农业条件好的地区及西部的绿洲地区，确保中国的基本农田不减少。三大类型区政策的实施可强化区域分工与合作，促进地区产业的专业化水平提升，使得城市化地区主要发展制造业和服务业，而农产品主产区则主要发展现代农业，保障国家粮食安全，为经济安全稳定提供基础保障。

三是生态功能区。除上述两大类型区以外，其他区域都会被划到生态功能区，主要任务包括生态环境保护和提供生态产品，这部分区域覆盖全国大部分地区。生态功能区以生态保护为主，不在该地区从事大规模的经济活动。科学合理的政策类型区划能够做到国土空间布局集聚与平衡性的统一，塑造合理的空间经济结构。

（三）提升中心城市和城市群的战略作用创新

城市群是以若干城市为主要支撑平台的空间经济组织形态，是中国新型城镇化未来发展的重点。"十四五"期间，中央政府将加大力度统筹规划城市群的建设与发展，建立城市之间的利益协调机制。在中央的战略指引下，京津冀城市群一体化有实质性推进，北京疏解非首都功能，加快建设通州和雄安两个城市副中心，统一规划通州地区与河北省"北三县"建设，强化北京核心城市的溢出效应，带动周边地区发展是未来京津冀一体化发展的主要途径。

预计"十四五"时期，京津冀、长三角、珠三角和成渝四大城市群 GDP 可以占到全国 GDP 的 60%，未来中国将形成 10 个左右的城市群，包括京津冀、长三角、粤港澳、长江中游、中原、成渝、关中、辽中南、山东半岛、海峡西岸等。当前中国进入后工业化的高质量发展阶段，经济活动向以中心城市为核心的城市群集聚的趋势明显。人口和产业都在向城市群集聚，预计未来中心城市和城市群的人口和经济占比将继续提升。由于区域经济一体化进程受我国经济管理体制的束缚，城市群内部行政区划导致的市场分割问题还没有得到彻底解决，城市群内各个政府之间的协调能力都有待提升，跨行政区的经济联系较弱。"十四五"时期要进一步推进以中心城市为核心的城市群一体化进程。

（四）推进城市化与乡村振兴战略衔接创新

"十四五"时期，中国的城市化会出现一些新的变化，当城市化率超过60%以后，就不可能保持持续高速提升，城市化的推进速度会逐步减慢。而且，受新冠肺炎疫情的影响，高密度的大城市疫情传播更快，因此，重新审视城市的密度和规模也显得非常重要。为推进农业人口的市民化，有必要建立新型的城乡土地关系。中国迫切需要将发展思路从过去的做大城市转为今后的做强城市。中央提出乡村振兴战略，预计"十四五"期间将会进一步打破城乡之间的二元体制，继续推进户籍制度改革。乡村的兴旺发达离不开城市的带动作用，改革开放以来，中国城市发展取得巨大成就，2020年GDP超过万亿元的城市有23个，但农村发展依旧滞后。由于乡村的发展受到技术、资本等的约束，城乡融合发展才是乡村振兴的现实路径，城市与乡村之间应形成互补性的发展，以城市带动乡村振兴。

第三节　创新型城市规划经验与启示

创新型城市是经济社会发展到一定程度，知识经济、服务经济取代工业经济的背景下产生的，其不仅限于科技范畴，而强调创新是发生在经济、社会各个领域的复杂的系统活动，是一种全方位、全社会、全过程的创新，是城市实现跳跃式发展的途径。创新型城市建设的终极目标是彻底改变传统的经济发展模式，最终实现经济社会的可持续发展。创新地理学更强调信息和智力资源与经济发展的联系，并促使创新型城市规划从以往关注传统资源（资本、土地、劳动力等）的空间配置逐渐转向关注知识资源（知识、人才、信息等）的空间配置。

一、美国波士顿创新型城市建设经验

美国的波士顿具有全美一流的科技创新水平。科教资源和人才资源的集聚、完善的创新环境、充足的风险投资、政府的刻意扶植成为支持波士顿创新发展的四大主要力量。

第一，科教资源和人才资源的集聚。从科教资源方面看，波士顿拥有35所大学，包括世界一流的哈佛大学和麻省理工学院，这些大学的科研力量是支持该城市发展的重要因素之一。从人才资源方面看，这些高等学府中的教师、研究人员及毕业生投入城市的创新建设中，使得波士顿各大企业的研究和工作人员的受教育水平均位于美国前列；同时，波士顿也为创新人才提供了广阔的创业和就业机会。科教、人才资源的集聚使城市拥有得天独厚的科技创新能力，成为高新科技创新型城市发展模式的原动力。

第二，完善的创新环境。首先，波士顿拥有丰富的创新实践经验，创新文化深入人心，整座城市鼓励人们自由思考，激励人们不断创新，为波士顿营造了良好的文化氛围；其次，为了保护创新主体权益，波士顿建立了一套完善的知识产权法律保护体系，打消了创新者最后的后顾之忧，使得创新活动更为纯粹；最后，波士顿完善的基础设施，如完善的地铁网络等从硬件环境上为波士顿的创新提供了便利，形成了具有波士顿特色的创新产业集群。

第三，充足的风险投资。创新过程充满了失败与挑战，同时也需要技术、硬件、软件等各方面的投入，因此通常需要雄厚的资本支持。与世界其他高新科技创新型城市相比，波士顿拥有非常完善的金融体系，风险投资不断寻找具有潜力的创新活动，使得波士顿拥有充足的风险投资，这些投资为创新提供了强有力的资金支持，相应的创新成果为这些支持创新活动的资本提供了丰厚的回报，这就促使了风险投资的进一步支持，久而久之形成了波士顿创新资本充足的良好状况，从而为该城市的创新发展提供源源不断的资金支持。

第四，政府的刻意扶植。在波士顿走上创新型城市发展之路的过程中，其原动力主要在于科教人才集聚、风险投资的注入和完善的创新环境，但政府的作用依然不可忽视。虽然政府对波士顿创新发展的直接支持并不像其他城市那么直接明显，但大笔巨额的政府订单无疑为波士顿的创新成果提供了稳定的市场，政府的这种市场化手段间接地促进了创新成果的转化，进一步鼓励了创新活动，从而推动着这座城市快速发展。

二、日本东京创新型城市建设经验

东京创新型城市发展模式源于服务行业创新,使东京成为亚洲地区经济最有活力的城市之一。政府实施的对高新技术实行优惠政策、为高新技术产业提供金融服务和鼓励校企合作交流等的组合政策,成为东京以服务行业为主要支柱的创新型城市发展的主要动力。

第一,对具有自主知识产权、拥有较强创新能力的企业实行优惠财政政策。首先,对创新型企业减免设备税,降低企业设备采购成本;其次,允许电子设备进行大比例特别折旧,以促进创新型企业设备的更新换代;最后,对信息产业增加贷款、减免技术开发资产税等。这些优惠政策大大减少了创新型企业的创新成本,鼓励并促进了这些拥有自主创新能力的企业从事创新活动。

第二,为高新技术企业提供完善的金融服务。创新离不开资金的支持,为了促进高新技术企业的创新活动,东京为这些企业提供了长期限、低利息贷款,降低企业创新信贷成本;同时,为科技型中小企业提供OTC股票交易市场,为这些企业提供低门槛、便捷的上市融资渠道。充足的信贷资金和金融资本极大支持了东京高新技术企业的创新活动。

第三,鼓励校企合作。政府鼓励产业界与高校建立共同研究中心,并为校企联合项目提供财政补贴;同时,政府对于在创新活动中做出卓越贡献的个人给予丰厚的奖励,以鼓励企业、高校、个人的创新工作。

第四,促进交流研究。东京倡导研究机构之间进行人员交流,更鼓励增加国外研究人员的比例,以吸收和学习更为先进的技术。

思考题

1. 创新型空间规划的基本原理是什么?
2. 新时期我国区域发展战略创新的领域有哪些?
3. 创新地理学对创新型城市规划的影响体现在哪些方面?
4. 举例说明创新地理学在创新型国家规划中的应用。
5. 举例说明创新型城市建设经验。

参考文献

[1] 甄峰,徐海贤,朱传耿.创新地理学:一门新兴的地理学分支学科[J].地域研究与开发,2001(1):9-11.

[2] 吕拉昌,黄茹,廖倩.创新地理学研究的几个理论问题[J].地理科学,2016,36(5):653-661.

[3] 吕拉昌,梁政骥,黄茹.中国主要城市间的创新联系研究[J].地理科学,2015,35(1):30-37.

[4] 孙久文,张翱."十四五"时期的国际国内环境与区域经济高质量发展[J].中州学刊,2021(5):20-27.

[5] 李兰冰.中国区域协调发展的逻辑框架与理论解释[J].经济学动态,2020(1):69-82.

[6] 尤建新,卢超,郑海鳌.创新型城市建设模式分析:以上海和深圳为例[J].中国软科学,2011(7):82-92.

[7] 王一鸣.百年大变局、高质量发展与构建新发展格局[J].管理世界,2020,36(12):1-13.

[8] 徐换歌,蒋硕亮.国家创新型城市试点政策的效果以及空间溢出[J].科学学研究,2020,38(12):61-70.

[9] 陈劲.新时代的中国创新[M].北京:中国大百科全书出版社,2022.

[10] 杨耀武,魏喜武,薛霞.中国区域创新发展前沿热点研究[M].上海:上海交通大学出版社,2021.

[11] 颜子明,杜德斌,刘承良.西方创新地理研究的知识图谱可视化分析[J].地理学报,2018,73(2):362-379.

[12] 陈娟.多元主体协同治理与国家级新区科技进步能力培育[J].开发研究,2021(12):52-60.